I GING

DIE LANDSCHAFTEN DER SEELE

Neue Gedanken zu einem alten chinesischen Orakel

I GING

DIE LANDSCHAFTEN DER SEELE

Neue Gedanken zu einem alten chinesischen Orakel

FRITS BLOK

KÖNEMANN

Eine Joost Elffers/Andreas Landshoff Produktion

Konzept und Text: Frits Blok
Künstlerische Gestaltung und Layout: Erik Thé
Landschaftssymbole: Milo Rottinghuis
Chinesische Schriftzeichen: Tang Xu

Übersetzung aus dem Niederländischen: Andrea Dingemans
Lektorat: Lisa Michel

Originaltitel: The I Ching

Übersetzung aus dem Englischen: Viola Löbig und Susanne Reichert
Redaktion und Satz: Regine Ermert

Projektkoordination: Dr. Birgit Wüller
Herstellung: Ursula Schümer
Reprohaus: divis GmbH, Köln

Druck und Bindung: Stige, Società Torinese/Industrie
Grafiche Editoriali S.p.A., San Mauro (Turin)
Printed in Italy

ISBN 3-8290-6551-5

10 9 8 7 6 5 4 3 2 1

Über den Autor: Frits Blok wurde 1947 in Amsterdam, Niederlande geboren. Auf seiner langen Reise in die Mystik hat er die verborgenen Schichten der hebräischen Bibel ergründet, die ihn zum I Ging geführt haben. Auf dem Weg dorthin hat er ein Kind aufgezogen, einen Baum gepflanzt und ein Haus gebaut. Er ist der Erfinder der I-Ging-Stäbchen und Schöpfer der *I Ging Meditation Experience*.

I Ging
Landschaften der Seele

Einführung

Das *I Ging*, eines der klassischen Bücher Chinas, gehört zu den ältesten philosophischen Werken der Welt und wird seit dem Altertum als Orakel benutzt. Das Buch basiert auf 64 Hexagrammen oder Konfigurationen, die aus sechs durchgezogenen (»starken«) oder unterbrochenen (»schwachen«) Linien bestehen. Der Legende nach wurde die perfekte symbolische und mathematische Struktur des Buches vor etwa 5000 Jahren durch den chinesischen Gelehrten Fu Hsi festgelegt. 2000 Jahre später fügten König Wên und sein Sohn, der Herzog von Chou, den Hexagrammen die ersten bekannten Kommentare hinzu. Seit dieser Zeit haben sich viele berühmte chinesische Gelehrte eingehend mit der tiefen Bedeutung des Textes und der Hexagramme befasst und darüber diskutiert.

Jedes Hexagramm ist eine symbolische Darstellung einer in der Natur vorkommenden Situation, so wie sie sich seit Anbeginn der Schöpfung immer wieder ereignet. Keine Lebenssituation ist von Dauer. Das Leben ist eine ununterbrochene Abfolge von Ereignissen, und daher beschreibt ein Hexagramm nicht nur die momentane Situation, sondern sagt auch etwas über deren naturgemäße Konsequenzen in der Zukunft aus. Die metapherreiche Sprache der Hexagramme und die dazugehörigen chinesischen Schriftzeichen oder symbolischen Bilder lassen mehr als eine Interpretation für die jeweilige Situation zu. Da die Sprache der Symbole über Worte hinausgeht, lässt sie bei der Beantwortung der Fragen mehrere Deutungen zu. Dieser Spielraum macht das *I Ging* beziehungsweise *Das Buch der Wandlungen* schon per Definition zu einem Orakel.

Der Aufbau der Hexagramme

Die Hexagramme, alte, aus sechs Linien bestehende »Strichcodierungen«, die heute so modern wirken, setzen sich zusammen aus verschiedenen Kombinationen von acht Grundtrigrammen (Konfigurationen mit drei Linien), die jeweils ein Naturelement repräsentieren. Das obere und das untere Trigramm bestimmen die Struktur eines Hexagramms. So ergeben unterschiedliche Kombinationen dieser acht Trigramme 8 x 8 = 64 Hexagramme.

Die durch die Trigramme dargestellten Naturelemente sind: ☰ Himmel, ☷ Erde, ☴ Wind, ☳ Donner, ☲ Feuer/Sonne, ☱ Sumpf/Mond, ☵ Regen/Fluss und ☶ Berg. Die unterschiedlichen Eigenschaften dieser Trigramme werden auf den Seiten 8–11 ausführlich erläutert.

So erstellt man ein Hexagramm

Im Altertum wurde das *I Ging* von Gelehrten oder Wahrsagern gedeutet. Bei der ältesten Methode ging es, soweit man weiß, um die Teilung und Unterteilung von 50 Schafgarbenstängeln *(Achillea sibirica* bzw. *Achillea millefolia)*. Am Ende erhielt man eine bestimmte Zahl, die Aufschluss darüber gab, ob eine Linie unterbrochen oder durchgezogen war, oder ob es sich um eine bewegliche Wandlungslinie handelte oder nicht.

Später, als die Menschen souveräner wurden und das *I Ging* selbst befragten, erfreute sich die Münzmethode größerer Beliebtheit. Wenn Fragesteller und Deuter eine Person sind, ist es wichtig, sich ganz auf die eigene Frage zu konzentrieren.

Die sechs Linien des Hexagramms ergeben sich, indem man sechsmal hintereinander drei Münzen wirft. Wenn Sie beispielsweise bei einem Wurf dreimal Kopf erhalten, lesen Sie dies als unterbrochene Wandlungslinie, die als **-x-** notiert wird. Dreimal Zahl bedeutet eine durchgezogene Wandlungslinie, die als -o- geschrieben wird. Zweimal Kopf und einmal Zahl ergeben eine durchgezogene, statische Linie, die durch — dargestellt wird, und zweimal Zahl und einmal Kopf ergeben eine unterbrochene, statische Linie, die als - - notiert wird. Die erste bzw. untere Linie des Hexagramms ergibt sich aus dem ersten Wurf; mit den folgenden Würfen baut man das Hexagramm weiter nach oben bis zur sechsten Linie auf.

Eine neue und viel einfachere Art, ein Hexagramm zu erstellen, ist die Benutzung von sechs I-Ging-Stäbchen. Sie nehmen diese Stäbchen in die Hand und formulieren eine Frage. Dann rollen Sie die Stäbchen zwischen den Händen hin und her, als ob Sie sie waschen würden, und konzentrieren sich dabei ganz auf Ihre Frage. Sobald Sie sich dazu bereit fühlen, geben Sie die Stäbchen auf die Fläche einer Hand und legen sie umgekehrt auf den Tisch. Ihr vollständiges Hexagramm liegt nun vor Ihnen und kann gedeutet werden.

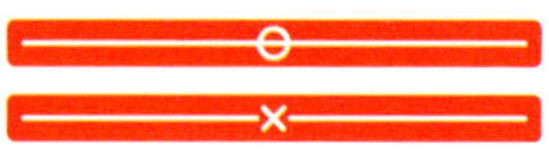

Wie man das Hexagramm liest

Das Hexagramm, das Sie mit Hilfe von Münzen oder Stäbchen erstellt haben, können Sie nun nachschlagen. Eine Linie mit einem -o- stellt eine durchgezogene, veränderliche (Wandlungs-)Linie, eine Linie mit einem **-x-** eine unterbrochene, veränderliche (Wandlungs-)Linie dar. Ergeben beispielsweise die drei oberen Linien des Hexagramms ☱ und die drei unteren ☴, dann haben Sie das Hexagramm 28, Dynamischer Verstand, geworfen. Die Bedeutung des Hexagramms finden Sie in diesem Buch. Lesen Sie den Text und die Beschreibung der Wandlungslinien, falls solche vorhanden sind. Wandlungslinien beschreiben künftige Entwicklungen und weisen auf eine Situation in der Zukunft hin, die durch ein neues Hexagramm dargestellt wird (mehr über Wandlungslinien erfahren Sie weiter unten).

Haben Sie die Münzmethode benutzt und ein Hexagramm mit Wandlungslinien geworfen, so erhalten Sie Ihr endgültiges Hexagramm, indem Sie alle unterbrochenen Wandlungslinien (**-x-**) durch durchgezogene Linien (—) und alle durchgezogenen Wandlungslinien (-o-) durch unterbrochene Linien (- -) ersetzen.

Bei den I-Ging-Stäbchen genügt es, jene mit Wandlungslinien (-o- oder **-x-**) einfach umzudrehen. Beachten Sie, dass eine Linie nur dann »veränderlich« ist, wenn Sie auf beiden Seiten des Stäbchens – der, die nach oben, und der vertikalen, die auf Sie zeigt – eine Wandlungslinie sehen!

Die Bedeutung des endgültigen Hexagramms können Sie ebenfalls im Buch nachlesen. Der Text des Ausgangshexagramms beschreibt die Situation, auf die sich Ihre Frage bezieht. Die Wandlungslinien bieten Vorschläge zur Verbesserung Ihrer Situation an. Das endgültige Hexagramm beschreibt, welche Situation eintritt, nachdem Sie diesem Rat gefolgt sind und die Veränderung stattgefunden hat. Auch gibt sie Anhaltspunkte dafür, was demnächst auf Sie zukommt.

Die Wandlungslinien

Die durchgezogenen und unterbrochenen Linien repräsentieren Yang (—) und Yin (- -). Yang steht für das Männliche, Kreative, Aktive, Kausale, das Himmlische oder die sich ausdehnende Kraft der Schöpfung. Das Yin-Prinzip steht für den weiblichen, empfänglichen, materiellen, einschränkenden oder abnehmenden Aspekt des Universums. Nach chinesischer Philosophie sind beide kosmischen Urgegensätze durch ein unlösbares Band miteinander verbunden und wirken am besten, wenn sie im Gleichgewicht sind. Ihre harmonische Interaktion ist verantwortlich für alle spirituellen und materiellen Prozesse im Leben.

Die 64 Hexagramme des *I Ging* sind Abbilder aller möglichen Beziehungen, die zwischen Yin und Yang im Leben auftreten können. Sie beschreiben nicht nur einen körperlichen oder geistigen Zustand, sondern zeigen auch, welche psychologischen und gesellschaftlichen Perspektiven das Yin-Yang-Gleichgewicht eröffnet. Die Interaktion zwischen Yin und Yang ist immer eine Suche nach dem richtigen Gleichgewicht im Leben, was letztlich bedeutet, dass eines verstärkt und das andere abgeschwächt wird. Auf diesem Prinzip basiert der praktische Rat, den das *I Ging* gibt. Zu viel Yang führt beispielsweise zu Rücksichtslosigkeit, Arroganz, Fanatismus, Aggressionen und einer starren oder intoleranten Haltung. Jemand mit einem Zuviel an Yin läuft Gefahr, passiv, übertrieben gefügig, überempfindlich oder von Versagensängsten bestimmt zu werden.

Gemäß dem *I Ging* steht das Leben niemals still; alles im Universum ist in ständiger Bewegung und unterliegt den Gesetzen des Wandels. Kommt der Tanz von Yin und Yang zum Stillstand, kommt auch der Wandel zum Stillstand. Das bedeutet Nicht-Existenz oder Tod. So wie die Sonne zu sinken beginnt, sobald sie ihren Zenit erreicht hat, und der Mond, sobald er voll ist, anfängt abzunehmen, so entsteht aus Kummer auch wieder Lebensfreude. Jede Situation, selbst wenn sie scheinbar in eine Sackgasse führt, öffnet eine Tür zur Selbsterkenntnis durch Veränderung. Jedes Mal, wenn man eine solche Gelegenheit zur Veränderung nicht wahrnimmt, begeht man eine Sünde gegen das Leben selbst.

Die veränderlichen Wandlungslinien zeigen die Richtung, die Sie einschlagen müssen. Bei durchgezogenen/starken Wandlungslinien (-o-) sollten Sie versuchen, Ihr Handeln zu mäßigen, damit eine konkrete Situation nicht außer Kontrolle gerät. Die unterbrochenen/schwachen Wandlungslinien (**-x-**) drängen Sie hingegen, sich mehr um Ihre eigenen Bedürfnisse zu kümmern, damit Sie nicht Opfer der Umstände werden.

Das *I Ging* in der westlichen Welt

Zur heutigen Version des *I Ging* gehören die chinesischen Zeichen, wie sie ungefähr im Jahr 650 n. Chr. dargestellt wurden. Vermutlich wurden die ursprünglichen Zeichen zwischen 1200 v. Chr. und 650 n. Chr. modifiziert, da sich in jener Zeit die Schreibweise veränderte. Deshalb hat das *I Ging*, so wie wir es heute kennen, nicht genau die Form, die ihm König Wên, der Herzog von Chou oder andere alte chinesische Gelehrte gaben.

Im 19. Jahrhundert übersetzten der römisch-katholische Missionar P. Regis und der Pfarrer Canon McClatchie aus Shanghai zum ersten Mal das *I Ging* in westliche Sprachen. Die interessanteste Übersetzung aus jener Zeit lieferte 1882 der britische Sinologe James Legge.

Doch erst durch die Übersetzung des deutschen Theologen Richard Wilhelm wurde *Das Buch der Wandlungen* in der westlichen Welt so bekannt, dass seither Hunderte von Interpretationen und Übersetzungen erschienen sind. All diese Versionen, die dieser Ausgabe vorausgehen, basieren mehr oder weniger auf dem Werk von Legge und Wilhelm und versuchen, zuerst die wörtliche Bedeutung der chinesischen Schriftzeichen festzustellen und mit Hilfe dieser Information dann die Bedeutung der Interaktion zwischen dem oberen und unteren Trigramm eines jeden Hexagramms zu erschließen.

Das Neue an dieser Ausgabe: Das *I Ging* wird zerlegt

Das Zerlegen der Hexagramme und der entsprechenden Schriftzeichen

Diese Methode führt Sie Schritt für Schritt auf eine abenteuerliche Reise in die Landschaften der Seele.

Ein Hexagramm besteht zwar grundsätzlich aus einem oberen und einem unteren Trigramm, doch jedes Hexagramm enthält zwei weitere »verborgene« Trigramme. Anders als alle früheren I-Ging-Interpretationen berücksichtigt diese das Zusammenspiel aller vier Trigramme bzw. Naturkräfte, die bei jedem Hexagramm mitwirken. So wird wohl auch König Wên, der erste Kommentator des *I Ging*, vorgegangen sein. Ob er tatsächlich der erste Gelehrte war, der die Hexagramme zu deuten versuchte, oder ob sich sein schriftlicher Kommentar auf mündliche Überlieferung stützte – er konnte gar nicht anders, als sich zuerst eingehend mit der symbolischen Bedeutung der Hexagramme zu beschäftigen und dann seine Interpretation in Worte zu fassen.

In diesem Buch wurde jedes Hexagramm in seine vier Trigramm-Bestandteile zerlegt; daneben sind die Naturelemente abgebildet, die sie repräsentieren. Die Trigramme werden auf den Seiten 8–11 ausführlicher besprochen.

Illustrationen, die extra für diese Ausgabe geschaffen wurden, zeigen jedes Hexagramm als eine Landschaft, die sich aus natürlichen Elementen zusammensetzt. Die Elemente selbst und wie sie in der Landschaft angeordnet sind, spiegeln den Aufbau des jeweiligen Hexagramms und die Reihenfolge wider, in der seine Trigramm-Bestandteile erscheinen. Auf diese Weise erschließt sich die bildhafte Sprache des Hexagramms leichter.

Bei der genaueren Betrachtung und Analyse eines Hexagramms sollte man auch die Bedeutung der so genannten inneren Hexagramme berücksichtigen.

Diese inneren Hexagramme ergeben sich, wenn man das obere Trigramm mit dem zweiten, das obere Trigramm mit dem dritten, das zweite Trigramm mit dem dritten, das zweite Trigramm mit dem vierten und das dritte Trigramm mit dem vierten Trigramm verbindet (siehe Abbildung unten).

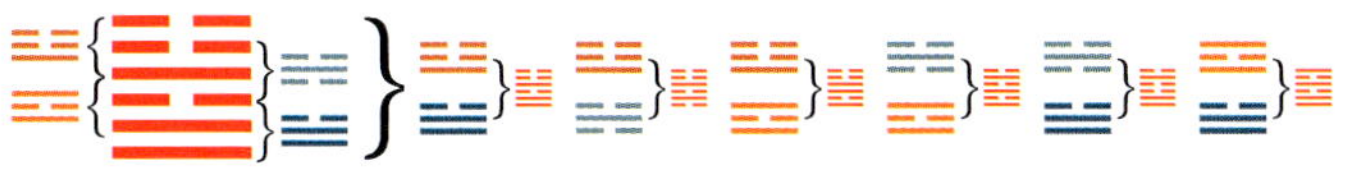

Die inneren Hexagramme geben eine zusätzliche und tiefere Einsicht in die Situation, die mit dem Ausgangshexagramm angesprochen wurde. Dazu schlägt man die Zusammenfassungen für jedes dieser inneren Hexagramme in der im Text angegebenen Reihenfolge nach.

Die obere Linie sowie die Grundlinie jedes Hexagramms gehören jeweils nur zu einem Trigramm. Die zweite und fünfte Linie jedoch jeweils zu zwei verschiedenen Trigrammen, und die dritte und vierte Linie gehören jeweils zu drei verschiedenen Trigrammen.

Das Zerlegen der Hexagramme in Trigramme bzw. in Naturelemente zeigt, wie jede einzelne Linie von dem Kräftespiel zwischen den Elementen beeinflusst wird. Dieser Blickwinkel ist hilfreich, um König Wêns oft schwer verständliche Kommentare zu den Linien zu entschlüsseln. Anhand dieser Methode sieht man, dass er versucht hat, Schriftzeichen zu finden, die die natürliche Situation, die sich für ihn in jeder einzelnen Linie darstellte, am besten symbolisierten.

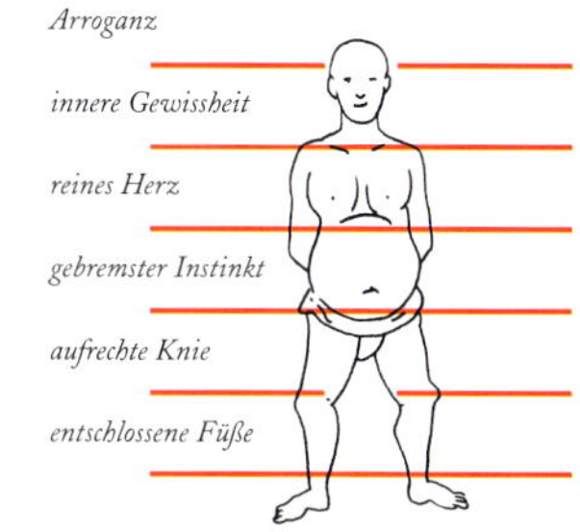

Hexagramme beschreiben Situationen, wie sie sich im Universum immer wieder ereignen. Da Menschen bewusste Wesen und durch ihre Seele mit dem Universum verbunden sind, können sie alle diese Situationen in sich spüren und entsprechend handeln.

Aus diesem Grund gehört zur Analyse jedes Hexagramms in diesem Buch auch eine Zeichnung, in der die einzelnen Linien des Hexagramms auf den menschlichen Körper übertragen wurden. Daran lässt sich erkennen, wie jedes natürliche Element, das im Hexagramm wirkt, mit einem bestimmten Körperteil assoziiert wird und somit das menschliche Verhalten beeinflusst.

Die Abbildungen, die eigens für diese Ausgabe geschaffen wurden, stellen jedes Hexagramm als eine Landschaft dar, die nur aus Naturelementen besteht.

Chinesische Schriftzeichen sind in erster Linie Bilder, die in diesem Buch in ihre Komponenten zerlegt werden. Anders als Worte, die eindeutiger sind, geben Schriftzeichen die Gedanken und Ideen des Schreibers symbolisch wieder. Jedes Schriftzeichen dient als Brücke zwischen Gedanken und gesprochener Sprache. Worte können die Weisheit tiefer Einsichten nicht wiedergeben. Durch die Betrachtung des Symbols jedoch erschließen sich die Gedanken des Schreibers unmittelbarer.

Sieht man sich die Einzelteile eines Schriftzeichens genauer an und liest nach, was jedes darstellt, finden sich Hinweise darauf, was der Schreiber bei jedem Hexagramm wahrnahm.

Das rohe Fell eines gehäuteten Schafes wird ausgebreitet und mit beiden Händen bearbeitet.

Das Zerlegen der Hexagramme und der ihnen zugeordneten Schriftzeichen zeigt die beschriebenen Situationen aus einem neuen Blickwinkel. Wer sich die Zeit nimmt, die einzelnen Bestandteile zu analysieren, aus denen sich eine »Seelenlandschaft« zusammensetzt, kann seine derzeitige Situation besser begreifen und bekommt gleichzeitig einen Blick für den größeren Zusammenhang. Dieses Buch bietet dazu eine einzigartige Gelegenheit.

Himmel

Die unendliche Weite des Himmels, der die Erde umspannt und in der einen oder anderen Weise für ein Gleichgewicht sorgt, das diese Kugel in ihrer Umlaufbahn hält, lässt sich mit jeder beliebig vorstellbaren Illusion ausfüllen. Der Himmel ist die unerschütterliche Quelle schöpferischer Kraft und symbolisiert das Unbekannte, in dem das Geheimnis des Lebens verborgen liegt. Der Himmel lässt sich mit der angeborenen, inneren Leere der Menschen vergleichen, die im Lauf des Lebens mit Ideen und Idealen angefüllt wird, die ihrerseits als Wahrheit erfahren werden. Die ehrlichste Art, mit dem Himmel umzugehen, ist, sich seiner unendlichen Weite zu stellen, ohne den eigenen Ängsten durch Erfinden immer neuer Geschichten zu erliegen. Einige Hexagramme enthalten mehr als einen Himmel. Da es nur einen wahren Himmel geben kann, sind die anderen Produkte des menschlichen Verstandes. Himmel kann daher die Vorstellung von einem ruhmreichen, mythischen Himmel, einem unvollständigen Himmel (das heißt einer Hölle) oder einem Himmel auf Erden bedeuten, der entsteht, indem man sich einen Gott der materiellen Dinge erschafft. Im Himmel-Trigramm repräsentiert die Mittellinie das Innerste des Himmelsgewölbes; je nachdem, wie es mit den anderen Elementen im Hexagramm verbunden ist, sind mit den äußeren Linien entweder seine äußersten Grenzen oder aber jener Himmel gemeint, der der Erde am nächsten liegt.

Erde

Die Erde ist das empfangende Prinzip, das genau wie wir von der schöpferischen Kraft des Himmels durchdrungen wurde, damit das gesamte Potential des Universums Früchte trägt. Suchen Sie nach dem Wesentlichen aller Dinge, die die Erde hervorbringt, dann entdecken Sie vielleicht das Geheimnis des Lebens. Wollen Sie sich mit der Erde vereinigen, sollten Sie ihrem Rhythmus folgen. Dann werden Sie intuitiv wissen, wann es Zeit ist, aktiv zu sein oder sich auszuruhen. Es ist unklug, sich zu sehr an diese fruchtbare, weibliche Kraft zu klammern. Menschen mit einer reifen Beziehung zur Erde bleiben mit der unendlichen Weite des Himmels in Verbindung und betrachten irdische Materie als die Amme, deren Brust ihnen früher oder später entzogen werden wird. Die Erde kann eine Metapher für den menschlichen Körper sein: Dabei symbolisiert die Erdoberfläche (die obere Linie des Erd-Trigramms) Ihr Verhalten, durch das Sie Ihr Inneres (die unteren Linien oder untergründigen Ebenen) der Mitwelt zeigen. Die unteren Linien des Erd-Trigramms weisen möglicherweise auf einen Wachstumsprozess hin. Sie können aber auch andeuten, dass Sie an den Wurzeln Ihrer Vergangenheit festhalten, die entfernt werden müssen, bevor auf der Erdoberfläche eine neue Ernte wachsen und heranreifen kann.

Einige Hexagramme enthalten zwei oder drei miteinander verschlungene Erd-Trigramme. In diesem Fall repräsentiert die obere Linie jedes Erd-Trigramms eine jeweils andere Körperfunktion, die von Ihrem inneren Selbst gespürt und durch Ihre Umgebung erweckt wird.

Wind

Die starken oberen Linien des Windes weisen darauf hin, dass er vom Himmel bzw. vom Unbekannten her über die Erde (die schwache untere Linie) weht. Der Wind symbolisiert Atmung, Denken und Sprechen. Die Atmung, die die innere Spannung und damit unsere Einstellung reguliert, ist für jedes Wesen die Essenz des Lebens. Sie stellt eine ewige Verbindung zum Hier und Jetzt her. Mehr als jedes andere Lebewesen ist sich der Mensch der Vergangenheit und der Zukunft bewusst, die sein Leben beeinflussen und psychische Probleme verursachen, die wiederum seine Atmung und damit auch seinen körperlichen Zustand beeinträchtigen können.

Beim Ausatmen spricht und denkt man; das Einatmen sorgt für eine natürliche Unterbrechung dieses Prozesses. Wenn Ihre Atmung ruhig ist wie die unendliche Weite des Himmels und mit dem beständigen Rhythmus der rotierenden Erde fließt, sind Sie mit dem Makrokosmos im Gleichgewicht. Sind Ihre Gedanken durch Gefühle, Träumereien oder Zukunftserwartungen aufgewühlt, wird Ihre Atmung instabil. Die obere Linie des Wind-Trigramms weist auf das Einsetzen des Windes hin und symbolisiert das Unbewusste oder die natürliche Atmung. Die Mittellinie steht für Bewusstsein und das Ein- und Ausatmen. Die untere offene Linie kann gesprochene Worte (die immer dualistisch sind), Atemlosigkeit oder den Moment des Einatmens bedeuten.

Feuer/Sonne

Feuer nährt sich von Brennstoff. Dieser wird von der schwachen Mittellinie des Trigramms repräsentiert. Die starken Linien symbolisieren Hitze und Flammen, die nach oben in die unendliche Weite des Himmels aufsteigen – von dort kam ursprünglich die Energie, die durch den Brennstoff freigesetzt wurde. Das Feuer-Trigramm ist ein Symbol Ihres inneren Lichts bzw. Ihrer Einsicht, die wie die Sonne einen Überblick über irdische Belange hat und Ihren Körper als Brennstoff benutzt.

Dieses innere Feuer wird vom Wind oder Ihrer Atmung entzündet und immer dann angefacht oder erstickt, wenn Emotionen, Ärger oder kräftezehrende Machtlosigkeit Gewalt über Sie bekommen. Bei bewölktem Himmel – und erst recht in der Nacht – könnte ein Erdbewohner denken, es gäbe die Sonne nicht mehr. In Wahrheit scheint sie jedoch immer. Wenn Sie Ihre Einsicht nicht hinter dunklen Gedanken verstecken, die Ihre innere Gewissheit verdecken wie Wolken die Sonne, und wenn Sie in Momenten der Dunkelheit nicht glauben, es gebe gar kein Licht mehr, dann sind Sie im Einklang mit der makrokosmischen Vorstellung dessen, was die Sonne repräsentiert. Die obere Linie des Trigramms repräsentiert die untergehende Sonne, doch je nach der Position im Hexagramm kann sie auch einen Überblick über das Leben bedeuten. Die Mittellinie steht gewöhnlich für das glühende Herz der Sonne und den Kern Ihres inneren Feuers bzw. Ihrer Einsicht. Die untere Linie weist auf die aufgehende Sonne oder das Aufdämmern einer Einsicht hin.

Regen/Fluss (fließendes Wasser)

Wasser symbolisiert den Zyklus des Lebens: Es fällt vom Himmel herunter und fließt dann ins Meer, wo es verdunstet und wieder als Regen zurückkehrt. Die starke Mittellinie des Regen/Fluss-Trigramms repräsentiert die himmlische Kraft der Sonne, die das süße und nährende Wasser aus den salzigen Meeren befreit. Das Leben gründet sich auf die Meere und wird von ihren Strömen am Leben erhalten. Regen repräsentiert Fruchtbarkeit und Wachstum, während der Fluss – der so leidenschaftlich entspringt und so ruhig ins Meer fließt – den Lebensweg symbolisiert. Dieses Trigramm steht bisweilen auch für die dunklen Regenwolken, die die Sicht behindern wie dunkle Gedanken, die einen davon abhalten, das Wesentliche einer Situation zu begreifen und weise zu handeln. Im Allgemeinen repräsentiert die obere Linie des Trigramms das Einsetzen des Regens, die Oberfläche des Flusses oder die letzten Ausläufer einer Regenwolke. Da das Trigramm auf dem Berggipfel liegt, bezeichnet es den See fruchtbaren Wissens, der die Kraft hat, Wachstum auf die Erde zu bringen.

Die Mittellinie kann das Innerste einer Regenwolke, die Mitte des dahinfließenden Flusses oder Wasser bedeuten, das aus dem See am Berggipfel sickert. Die untere Linie steht für die letzten Ausläufer einer Regenwolke, den Grund des Sees fruchtbaren Wissens oder für ungehindert fließendes Wasser.

Sumpf/Mond (stehendes Wasser)

Die beiden starken unteren Linien des Trigramms repräsentieren den Himmel oder das Unbekannte, das durch die schwache obere Linie verschleiert wird, die für die irdische, dualistische Welt steht. Die schwache Linie ist wie ein Spiegel oder die spiegelnde Oberfläche des Sumpfes/Mondes, in dem man nur das äußere Erscheinungsbild der Dinge sieht und hinter dem sich das wahre innere Wesen verbirgt. Der Mond erhält sein Licht von der Sonne und reflektiert dieses Licht zur Erde – ein Prozess von ausgewogenem Geben und Nehmen. Auch der Sumpf vermittelt diese Vorstellung. Trocknet er aus, verwandelt er sich in einen schlammigen Morast; tritt er über die Ufer, ertrinkt die Vegetation. Der Mond beeinflusst das Wassergleichgewicht auf der Erde und damit den Fluss der Körperflüssigkeiten. Seine subtile Energie hat einen kaum spürbaren Einfluss auf irdische Aktivitäten. Sie erweckt sexuelle Wünsche, die über den Intellekt siegen und körperliche über spirituelle Liebe erheben. Durch Intuition lernen Sie von dieser Energie, und wenn Sie der Intuition vertrauen, entwickelt sie sich zu einer inneren Gewissheit.

Die obere Linie dieses Trigramms steht für den Vollmond oder die spiegelnde Oberfläche des Sumpfes. Die Mittellinie ist der zunehmende Mond oder das schmutzige, trübe Wasser unter der spiegelnden Oberfläche des Sumpfes. Die untere Linie repräsentiert den dunklen Mond bzw. Neumond und den schlammigen Grund des Sumpfes.

Berg

Die unteren Linien dieses Trigramms, die von der Erde zur himmlischen, starken Linie aufsteigen, erinnern an die Umrisse eines Berges. Der Berg symbolisiert einen Platz, auf den man sich zurückzieht, der einen Überblick über die irdischen Belange erlaubt und an dem man sich in Verbindung mit der unendlichen Weite des Himmels befindet. Der Berg ist eine unbezähmbare Erscheinung, die ein Gefühl von Vertrauenswürdigkeit, Weisheit, Gelassenheit, Herausforderung und Achtsamkeit entstehen lässt. Ein Regen/Fluss-Trigramm über einem Berg-Trigramm bedeutet, dass das Regenwasser, das sich auf dem Berggipfel sammelt, einen See fruchtbaren Wissens bildet. Ein Mensch, der sich die oben beschriebenen Eigenschaften des Bergs aneignet, kann dieses produktive Wissen auf der Erde verbreiten.

In Hexagrammen, bei denen der Donner unter dem Berg liegt, kann man zwischen den durchgezogenen Linien einen Spalt durchbrochener Linien sehen, was an einen offenen Mund denken lässt. Hier repräsentiert die obere Linie des Berg-Trigramms die Vorstellung vom unbeweglichen Oberkiefer, der den eifrigen Unterkiefer (symbolisiert durch die untere Linie des Donner-Trigramms) unter Kontrolle halten muss, damit man nicht unüberlegt »in alles beißt« (sich auf alles stürzt), was einem in die Quere kommt. Die obere Linie des Berg-Trigramms repräsentiert meistens den Gipfel, die untere hingegen den Fuß des Berges. Daraus folgt, dass die Mittellinie den Berghang und damit den Auf- und Abstieg bezeichnet.

Donner

Die oberen schwachen Linien dieses Trigramms repräsentieren die Bewegung des Donners, die starke untere bzw. himmlische Linie seinen unsichtbaren und oft unbekannten Ursprung. Alle Erd- und Himmelskörper sind in ständiger Bewegung, die vom Umfang der Körper und deren Energie abhängt. Man begreift nicht immer, welche Idee hinter einer Handlung steht. Der Donner kann den ununterbrochenen Herzschlag oder die Kraft repräsentieren, die den Mond und die Erde auf ihren Umlaufbahnen antreibt. Mit der Aufwärtsbewegung des Donners kann auch die innere Energie gemeint sein, die die Entwicklung der Ideen und Ideale eines Menschen befeuert. Dieser Prozess wird durch den Kampf eines keimenden Samenkorns symbolisiert, das im Boden (bzw. dem inneren Wesen) sprießt, durch die Erdoberfläche (bzw. in die Außenwelt) dringt und der Sonne entgegenwächst, sodass es gedeihen und blühen kann. Da die Sonne klare Einsicht und Überblick repräsentiert, kann die Aufwärtsbewegung des Donners den Versuch eines Menschen bedeuten, diese Qualitäten in seinem inneren Wesen zu entwickeln, das den natürlichen Drang zur vollständigen Entwicklung seiner selbst hat. Die untere Linie dieses Trigramms weist auf den Beginn des Donners hin, die Mittellinie ist sein Kern und die Kraft des Donners findet mit der oberen Linie ein Ende.

1. Das chinesische Schriftzeichen

Die in diesem Buch abgebildeten Schriftzeichen erfand König Wên um etwa 1200 v. Chr. Sie vermitteln seine Vorstellung von der Bedeutung der Hexagramme, die aus der Zeit um 3000 v. Chr. stammen. Ein chinesisches Schriftzeichen ist ein Bild, dessen einzelne Bestandteile einen eigenen Gedanken ausdrücken. Die Sprache des *I Ging* geht über Worte hinaus, da diese die Weisheit tiefer Einsichten nicht ausdrücken können. Betrachtet man jedoch die einzelnen Bestandteile eines Schriftzeichens genauer und beschäftigt sich eingehend mit seiner Beschreibung, dann kann man erahnen, was sich der Schreiber dabei gedacht hat.

2. Das Hexagramm

Jedes Hexagramm (das aus sechs Linien besteht) stellt eine Situation dar, die durch das Zusammenspiel der Kräfte bestimmt wird, die in den vier (aus drei Linien bestehenden) Trigrammen enthalten sind. Jedes der vier im Hexagramm verborgenen Trigramme symbolisiert ein natürliches Element. Bei dem abgebildeten Beispiel handelt es sich bei den beiden oberen um das Erd-Trigramm, beim dritten um das Donner- und beim unteren um das Sumpf/Mond-Trigramm.

3. Die Beschreibung der Situation

Die Hexagramme und ihre entsprechenden Schriftzeichen symbolisieren Gedanken und Vorstellungen und dienen somit als Brücken zwischen dem Reich der Gedanken und des gesprochenen Wortes.

Unter jedem chinesischen Schriftzeichen finden Sie die Beschreibung jener Situation, die das Hexagramm repräsentiert. Die Situation gibt Aufschluss über die emotionale oder geistige Verfassung, in der sich die Person, die das *I Ging* befragt, gerade befindet. Die Beschreibung erhellt die symbolische Bedeutung des chinesischen Schriftzeichens und verbindet diese Einsicht mit der Dynamik des Hexagramms. Sie soll die Wahrnehmung des Fragestellers steigern und eine Tür zu den Ideen dahinter öffnen. Lesen Sie deshalb zuerst diesen Abschnitt, bevor Sie sich mit den inneren Hexagrammen und den einzelnen Linien beschäftigen.

4. Der Inhalt des Hexagramms

Die allgemeine Bedeutung eines Hexagramms ergibt sich aus dem oberen und dem unteren Trigramm. Bei einer Beschränkung auf diese Methode übersehen Sie aber wichtige Hinweise für das Verständnis Ihrer Situation, die Ihnen die so genannten inneren Hexagramme vermitteln. Damit Sie diese inneren Hexagramme sehen, stellen Sie das obere Trigramm mit dem zweiten, das obere mit dem dritten, das zweite Trigramm mit dem dritten, das zweite Trigramm mit dem vierten und das dritte Trigramm mit dem vierten Trigramm zusammen.

So enthält jedes Hexagramm fünf innere Hexagramme. Diese Hexagramme ergeben einen zusätzlichen und tieferen Einblick in die Situation, die das Ausgangshexagramm beschreibt. Anleitungen zum Umgang mit Ihrer derzeitigen Situation finden Sie in den Zusammenfassungen, und zwar in der Reihenfolge, wie sie im Text angegeben ist (manchmal sollten Sie von oben nach unten, manchmal aber auch von unten nach oben lesen). Falls Sie mehr über ein inneres Hexagramm wissen wollen, lesen Sie unter dem Hexagramm mit der Zahl nach, die rechts von der Zusammenfassung steht.

Wie man ein Hexagramm liest

10 *10. Die inneren Hexagramme*

Das Ausgangshexagramm besteht aus dem oberen und dem unteren Trigramm. Die inneren Hexagramme setzen sich wie folgt zusammen: 1. Oberes Trigramm mit dem zweiten Trigramm; 2. Oberes Trigramm mit dem dritten Trigramm; 3. Zweites Trigramm mit dem dritten Trigramm; 4. Zweites Trigramm mit dem vierten Trigramm; 5. Drittes Trigramm mit dem vierten Trigramm.

1. Die Abbildung
ie 64 Abbildungen, die eigens für dieses I-Ging-Buch geschaffen wurden, ellen die Trigramme in Form der Naturelemente dar, die sie repräsentieren. ehen Sie sich die Position dieser Elemente im Verhältnis zueinander an, amit Sie das Spiel der Kräfte im Hexagramm als Ganzem verstehen. usammen betrachtet, bilden diese interaktiven Elemente eine Landschaft, e einen direkteren und leichteren Zugang zur metaphorischen Bedeutung s Hexagramms erlaubt als die Liniendarstellung.

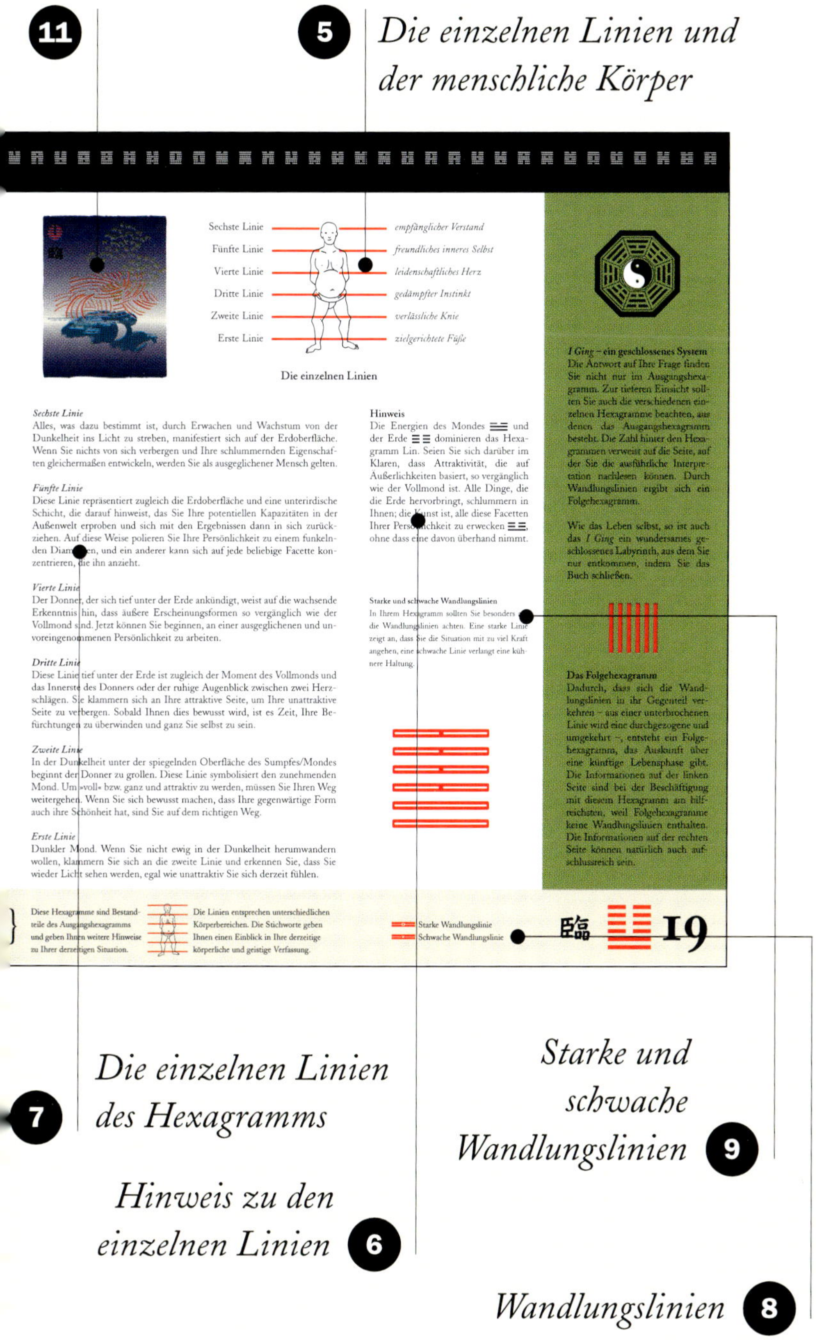

5. Die einzelnen Linien und der menschliche Körper
Die Hexagramme stellen Situationen dar, wie sie sich im Universum immer wieder ereignen. Da Menschen als bewusste Wesen auf tiefer spiritueller Ebene mit dem Universum verbunden sind, können sie jede dieser Situationen in sich spüren und entsprechend handeln.

6. Hinweis zu den einzelnen Linien
In diesem Abschnitt geht es um die dominierenden Kräfte in dem dargestellten Hexagramm. Hier erfahren Sie mehr über Komplikationen in Ihrer Situation und wie Sie sie vermeiden oder überwinden können.

7. Die einzelnen Linien des Hexagramms
Im Allgemeinen liest man den Text zu den einzelnen Linien des Hexagramms nur dann, wenn es sich um Wandlungslinien handelt. Diese Wandlungslinien sind besonders wichtig, weil sie anzeigen, was Sie tun müssen, um in eine andere Phase zu wechseln. Trotzdem führt es zu einem tieferen Verständnis für die unterschiedlichen Entwicklungsphasen der vom Hexagramm gezeigten Situation, wenn Sie alle einzelnen Linien nachlesen. Sie wissen dann genauer, in welche Richtung Sie gehen.

Jede Linie entspricht einem konkreten Seinszustand, der sowohl mit einem bestimmten Körperteil als auch mit Ihrer derzeitigen Situation verbunden ist. Im hier abgebildeten Hexagramm befinden Sie sich beispielsweise am Grund des Sumpfes. Die erste Linie repräsentiert auch Ihre Füße. Zusammengesetzt ergeben diese Bilder ein Gefühl von Hoffnungslosigkeit (es gibt keinen Lichtschimmer) und zeigen an, dass Sie noch nicht fähig sind, etwas zur Verbesserung Ihrer Lage zu unternehmen (Ihre Füße stecken im schlammigen Grund des Sumpfes).

8. Wandlungslinien
Veränderliche Linien, Wandlungslinien genannt, erfordern Ihre besondere Aufmerksamkeit. Eine Wandlungslinie weist auf eine bestimmte Einstellung oder einen Umstand hin, der Sie daran hindert, die innere Veränderung zu vollziehen, die Ihnen den Umgang mit Ihrer derzeitigen Situation erleichtern würde, sodass etwas Neues entstehen kann.

Verändern Sie diese Linie in ihr Gegenteil, dann sehen Sie, was Sie erwarten können, sobald das konkrete, durch die Wandlungslinie dargestellte Problem überwunden ist. Es entsteht ein neues Hexagramm, Folgehexagramm genannt, das eine neue Situation zeigt.

Eigentlich liest man bei einem Folgehexagramm nur den Text auf der linken Seite, weil das Folgehexagramm keine veränderlichen Linien mehr enthält. Wir empfehlen Ihnen jedoch, auch die rechte Seite zu lesen, damit Sie besser verstehen, was auf Sie zukommt.

9. Starke und schwache Wandlungslinien
Eine starke Wandlungslinie wird mit einem Kreis, eine schwache Wandlungslinie mit einem Kreuz dargestellt. Eine starke Wandlungslinie bedeutet, dass Sie Ihre Handlung zügeln sollten, damit Ihnen eine konkrete Situation nicht entgleitet. Hingegen drängt eine schwache Wandlungslinie Sie, Ihre Bemühungen zu erhöhen, um das Ziel zu erreichen und nicht ein Opfer der Umstände zu werden.

I Ging – ein geschlossenes System

Hexagramme sind Symbole oder Abstraktionen von Situationen, wie sie im Leben immer wieder auftreten können. Bei der Befragung des *I Ging* werden Sie zunächst zu einem der 64 Hexagramme geführt, das Licht auf Ihre konkrete Situation wirft. Wandlungslinien im Ausgangshexagramm führen zu einem der anderen 63 Hexagramme. Da Sie für mehr Informationen auch die inneren Hexagramme zu Rate ziehen können, ist *Das Buch der Wandlungen* ein komplexes »Labyrinth«, genauso überraschend und geschlossen wie das wahre Leben eben sein kann. Man kann von einer Situation in die andere geraten. Wer das *I Ging* befragt, ist nicht nur Deuter seiner derzeitigen Situation, sondern blickt auch in seine eigene Zukunft.

Jedes in diesem Buch beschriebene Hexagramm kann man als Kapitel einer zyklischen, sich immer wiederholenden Geschichte betrachten. Sie können das Buch von vorn bis hinten durchlesen oder das *I Ging* zu einer konkreten Frage um Rat bitten. Wenn Sie es als Orakel benutzen, gibt es einige Hexagramme (5, 6, 9, 10, 11, 12, 15, 16, 17, 18, 21, 22, 25, 26, 35, 36, 45, 46, 47, 48, 51, 52), die Ihnen nur dann begegnen werden, wenn Sie sie zufällig erstellt haben oder durch die Wandlungslinien des Ausgangshexagramms darauf verwiesen werden. Sie weisen Ihnen nicht den Weg zu den inneren Hexagrammen. Auch dies ist eine Spiegelung des echten Lebens, das manche Situationen seltener bereit hält als andere. Trotzdem – sobald Sie zufällig auf diese Hexagramme (oder Situationen) gestoßen sind, werden deren innere Hexagramme Sie einladen, sich weiter in das Labyrinth der Selbstentdeckung vorzuwagen. Gleich welche Wege Sie beschreiten, wir wünschen Ihnen eine gute Reise.

Die 64 *I Ging* Symbole

I Ging – ein geschlossenes System
Die Antwort auf Ihre Frage finden Sie nicht nur im Ausgangshexagramm. Zur tieferen Einsicht sollten Sie auch die verschiedenen einzelnen Hexagramme beachten, aus denen das Ausgangshexagramm besteht. Die Zahl hinter den Hexagrammen verweist auf die Seite, auf der Sie die ausführliche Interpretation nachlesen können. Durch Wandlungslinien ergibt sich ein Folgehexagramm.

Wie das Leben selbst, so ist auch das *I Ging* ein wundersames geschlossenes Labyrinth, aus dem Sie nur entkommen, indem Sie das Buch schließen.

Das Folgehexagramm
Dadurch, dass sich die Wandlungslinien in ihr Gegenteil verkehren – aus einer unterbrochenen Linie wird eine durchgezogene und umgekehrt –, entsteht ein Folgehexagramm, das Auskunft über eine künftige Lebensphase gibt. Die Informationen auf der linken Seite sind bei der Beschäftigung mit diesem Hexagramm am hilfreichsten, weil Folgehexagramme keine Wandlungslinien enthalten. Die Informationen auf der rechten Seite können natürlich auch aufschlussreich sein.

Die Sonne strahlt am Himmel.
Der Nebel, der die Sicht behindert,
lichtet sich und enthüllt die Landschaft.

KHIEN (Schöpferische Kraft)

Das Zeichen Khien bedeutet die schöpferische Kraft des Himmels, die das Leben auf der Erde ermöglicht. Dieses unbegreifliche Phänomen beruht auf der Interaktion zwischen Wasser und Feuer oder Körper und Geist. Die Sonne macht alle Dinge sichtbar, sodass Sie nicht im Dunkeln tappen müssen und beim Anblick eines Phänomens sagen können, was dahintersteckt. Das entmystifiziert die äußere Erscheinungsform. Bei genauer Betrachtung der Situationen werden Ihnen Einsichten zuteil, mit denen Sie andere erleuchten können.

Das Hexagramm besteht aus durchgezogenen Linien, die nahe legen, dass Sie in dieser Phase Ihres Lebens Ihre Umgebung beobachten und anderen Rat anbieten – uneigennützig und unaufgefordert wie der Himmel es tut –, ohne dabei die Grenzen der Höflichkeit zu überschreiten. Da das Hexagramm aus vier Himmeln besteht, deren oberster die unerklärliche Tiefe des sichtbaren Universums ist, können Sie nicht in Anspruch nehmen, die Wahrheit zu verkünden, sondern nur etwas Licht in die Dinge zu bringen, indem Sie andere darauf aufmerksam machen, dass die Konfrontation mit diesem wahren Himmel die größte Gewissheit bietet. Auf diese Weise lehnen Sie die darunter liegenden Himmel ab: den ruhmreichen mythischen Himmel, den unvollkommenen Himmel (das heißt die Hölle) und den Himmel auf Erden, der Materie zu Göttlichkeit erhebt.

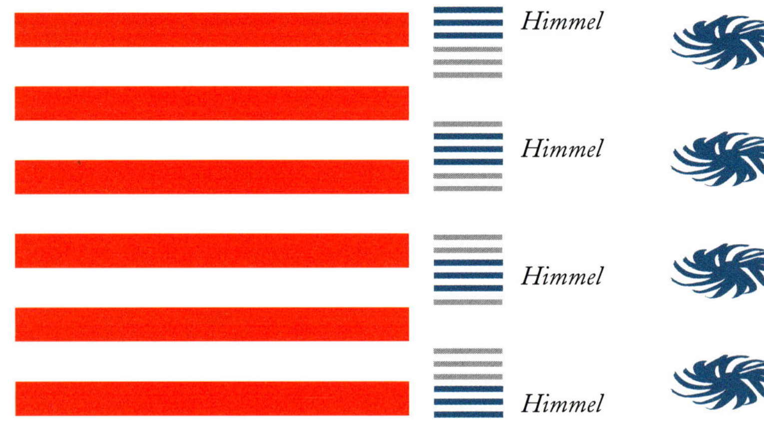

Schöpferische Kraft
Die unendliche Weite des Himmels, der die Erde umspannt und auf die eine oder andere Weise für ein Gleichgewicht sorgt, das diese Kugel in ihrer Umlaufbahn hält, lässt sich mit jeder beliebigen Illusion füllen.

Wenn Sie nach spiritueller Entwicklung streben und beharrlich alle Illusionen ablehnen, übertragen Sie das Kräftespiel in ein inneres Gleichgewicht von Geben und Nehmen. Indem Sie neutral und frei wie der Himmel sind, geben Sie anderen Gelegenheit, sich wie die Erde zu verhalten – sie wenden sich von Ihnen ab, wenn sie bekommen haben, was sie brauchen; es steht ihnen frei, Sie für irrsinnig zu halten, wenn sie Sie nicht verstehen, Sie zu missbrauchen, aber auch Sie zu bewundern. Denken Sie daran, dass die Wahrheit vielfältig interpretiert werden kann, aber denken Sie sich nicht irgendwelche Geschichten aus, die Ihrer innewohnenden Leere eine willkürliche mythische Bedeutung verleihen. Erfreuen Sie sich an der Schönheit und Vollkommenheit des irdischen Lebens, und ermutigen Sie dazu auch andere, ohne ihm einen göttlichen Status zu verleihen oder zu versuchen, es Ihren Normen und Wertvorstellungen anzupassen.

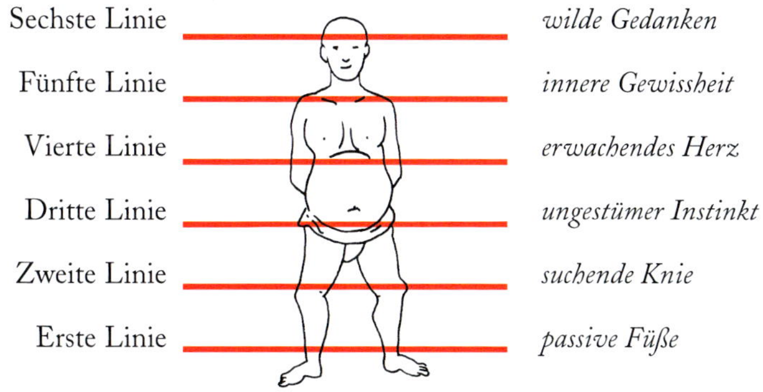

Die einzelnen Linien

Sechste Linie
Die unendliche Weite des Himmels lässt sich nicht rational begreifen. Deshalb vermeidet ein ehrlicher Mensch, Spekulationen und Illusionen zu verbreiten, die andere verwirren, sondern empfiehlt ihnen stattdessen, ihre Gedanken durch Meditation in diesen himmlischen Weiten zu zerstreuen.

Fünfte Linie
Mit innerer Gewissheit – beruhend auf irdischen Erfahrungen, die Ihnen zu spiritueller Einsicht verholfen haben – können Sie die schöpferische Kraft des Himmels intuitiv erfassen. Dies ist möglich, weil Sie beinahe wissen, wie dieses Potential in Ihrem Körper zum Ausdruck kommt.

Vierte Linie
Ihr Herz ist ein Lebensführer, denn es schlägt in jenem unvorhersehbaren Moment, in dem Sie etwas als Wahrheit erkennen, schneller. Messen Sie diesem kurzen Moment der Offenbarung nicht mehr Bedeutung bei, als ihm gebührt.

Dritte Linie
Ihr Überlebensinstinkt warnt Sie, wenn Gefahr droht. Seien Sie tagsüber wachsam und beobachten Sie die Energie, die alle Lebensformen antreibt; wenden Sie nachts Ihre wachsame Aufmerksamkeit dem Universum zu. Wiegen Sie Ihren Instinkt nicht in den Schlaf mit der Vorstellung von einem ruhmreichen Himmel, in dem Sie wie ein Held empfangen werden, weil Sie Ihr Leben einem »guten Zweck« geopfert haben.

Zweite Linie
Zeichen einer ehrlichen Einstellung ist, dass Sie schamlos der sind, der Sie sind. Belasten Sie sich im Leben nicht mit geborgten Ideen. Wenn Sie die Wahrheit ergründen wollen, suchen Sie sich jemanden, der Ihnen so uneigennützig und unaufgefordert wie der Himmel die Hände entgegenstreckt und Sie auch nicht dafür kritisiert, wenn Sie sich wieder abwenden.

Erste Linie
Ihr Körper besteht aus schöpferischer Kraft, und Sie verstehen nicht, wie diese Energie zeitweise in Ihnen verankert ist. Sehen Sie sich an, welche Rolle Sie im universellen Kräftespiel einnehmen, bevor Sie andere mit Ihren Ideen belästigen. Derzeit haben Sie so viel Einsicht wie Ihre Füße.

Hinweis
Falls alle Linien des Hexagramms Khien veränderlich sind, wandelt sich das Hexagramm in *Maßvolle Energie (2)*. Dies ist ein sehr günstiges Zeichen, denn es zeigt an, dass Sie Ihre schöpferische Kraft in die Praxis umsetzen können und die Bedeutung all dessen, was die Erde hervorbringt, verstehen lernen.

Starke und schwache Wandlungslinien
In Ihrem Hexagramm sollten Sie besonders auf die Wandlungslinien achten. Eine starke Linie zeigt an, dass Sie die Situation mit zu viel Kraft angehen, eine schwache Linie verlangt eine kühnere Haltung.

***I Ging* – ein geschlossenes System**
Die Antwort auf Ihre Frage finden Sie nicht nur im Ausgangshexagramm. Zur tieferen Einsicht sollten Sie auch die verschiedenen einzelnen Hexagramme beachten, aus denen das Ausgangshexagramm besteht. Die Zahl hinter den Hexagrammen verweist auf die Seite, auf der Sie die ausführliche Interpretation nachlesen können. Durch Wandlungslinien ergibt sich ein Folgehexagramm.

Wie das Leben selbst, so ist auch das *I Ging* ein wundersames geschlossenes Labyrinth, aus dem Sie nur entkommen, indem Sie das Buch schließen.

Das Folgehexagramm
Dadurch, dass sich die Wandlungslinien in ihr Gegenteil verkehren – aus einer unterbrochenen Linie wird eine durchgezogene und umgekehrt –, entsteht ein Folgehexagramm, das Auskunft über eine künftige Lebensphase gibt. Die Informationen auf der linken Seite sind bei der Beschäftigung mit diesem Hexagramm am hilfreichsten, weil Folgehexagramme keine Wandlungslinien enthalten. Die Informationen auf der rechten Seite können natürlich auch aufschlussreich sein.

Ein loses Seil wird von zwei Händen straff gespannt.
Dieses Zeichen stellt einen Mann dar, der sich gürtet.
Bedeutung: ausdehnen, entwickeln,
öffnen und erhöhen

Die Erde, die alles hervorbringt

K'UN (Maßvolle Energie)

Das Zeichen K'un steht für die Erde oder das empfängliche Prinzip, das von der schöpferischen Kraft des Himmels durchdrungen wird, sodass sich das gesamte Potential im Universum auf der Erde verwirklicht. Wenn Sie nach dem Wesen aller Dinge suchen, die die Erde hervorbringt, entdecken Sie vielleicht das Geheimnis des Lebens.

Das Hexagramm besteht ausschließlich aus offenen Linien. Es weist darauf hin, dass Sie sich in dieser Phase Ihres Lebens nur der Außenwelt öffnen können und diese Erfahrungen aufnehmen sollten. Sie sind wie die Erde, die ständig nach außen blickt, während sie sich innerlich mit dem Samenkorn befasst, das sie birgt und das sich jetzt entwickelt. Die Erde ist untrennbar mit Sonne und Mond verbunden, die ihren Weg erleuchten und sie mit Lebenskraft versorgen. Die Sonne bietet Einsicht und transformative Energie, während der spiegelnde Mond die Bewegung der Meere und fließenden Gewässer reguliert. Deshalb ist es ratsam, sich mit diesen Kräften, die die Erde am sichtbarsten beeinflussen, eingehend zu beschäftigen und darauf zu achten, wie sie auch Sie beeinflussen.

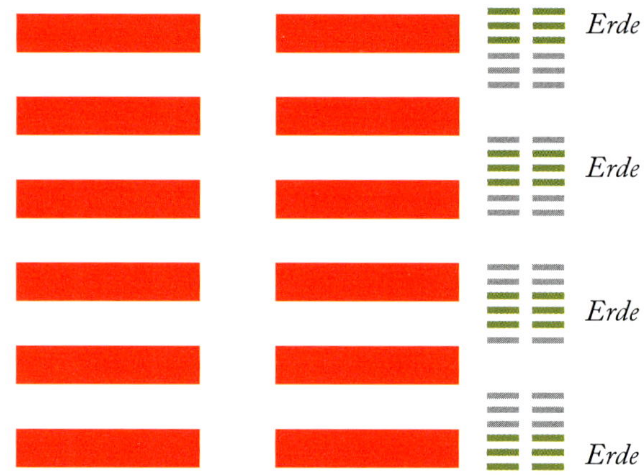

Maßvolle Energie

Das lose Seil, das im Zeichen K'un straff gespannt wird, symbolisiert die Elastizität des irdischen Lebens.

Hat etwas seinen Höhepunkt erreicht, geht es wieder abwärts, und wenn es in der Talsohle angekommen ist, steigt es wieder auf. Dies weist darauf hin, dass Niedergang zu einem Wachstum führen kann und dass Anstrengung durch Entspannung möglich wird und umgekehrt. Der Atemvorgang, der die innere Spannung und damit die Haltung eines Menschen reguliert, ist für jedes Wesen der Kern des irdischen Kräftespiels.

Indem Sie Anstrengung und Entspannung dem natürlichen Rhythmus der Erde (der Tag und Nacht entstehen lässt) angleichen, stellen Sie sich auf die richtige Dosis der kosmischen Kräfte ein, die über Sie kommen.

Ihre Atmung, die durch eine ewige Verbindung zum Hier und Jetzt gekennzeichnet ist, sollte sich nur nach Ihrer körperlichen Betätigung richten. Im Gegensatz zu anderen Lebewesen ist sich der Mensch der Vergangenheit und Zukunft bewusst, die sein Leben beeinflussen und psychische Probleme verursachen, die wiederum die Atmung und damit die körperliche Verfassung beeinträchtigen. Nehmen Sie sich daher jeden Abend die Zeit, Ihre Eindrücke emotional zu verarbeiten, die Sie im Lauf des Tages aufgenommen haben. Dann bleibt Ihr Körper mit der Lebensenergie verbunden.

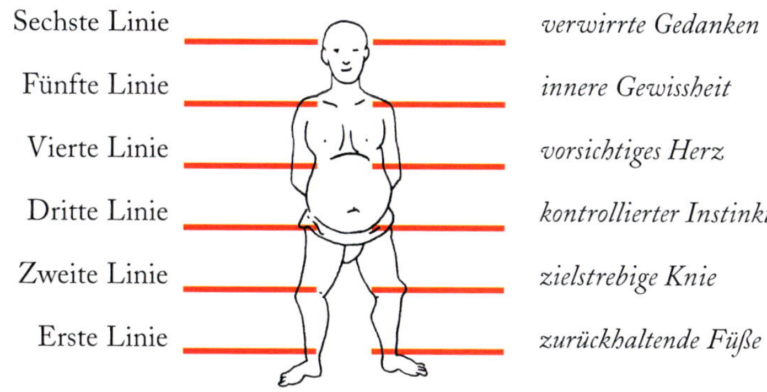

Die einzelnen Linien

Sechste Linie
Die Oberfläche der Erde, die alle Dinge hervorbringt und sogar einen Blick auf den Himmel bietet, wird Ihren Verstand überwältigen, wenn Sie die Eindrücke nicht selektiv aufnehmen. Bleiben Sie in der Gegenwart und schauen Sie nicht weiter voraus als unbedingt nötig, damit Sie Ihre derzeitige Situation deutlicher erkennen können.

Fünfte Linie
Innere Gewissheit beruht auf irdischen Erfahrungen, die Sie zu spirituellen Einblicken geführt haben. Wenn Sie eine Situation wirklich durchschauen, verstehen Sie die Kräfte, die im Spiel sind. Falls Sie wieder einmal in eine solche Situation geraten, können Sie damit umgehen. Auf diese Weise werden Sie langsam, aber sicher Frieden mit dem Leben schließen.

Vierte Linie
Ihr Herz, das immer dann unerwartet schneller schlägt, wenn in Ihnen ein unkontrollierbares Verlangen aufsteigt, ist ein Führer, mit dem Sie die Situationen im Leben vorsichtig ergründen können. Jedes Mal, wenn Sie auf etwas stoßen, das Sie tief bewegt, gibt es etwas zu lernen.

Dritte Linie
Wenn Sie Angst haben oder in Gefahr sind, warnt Ihr Überlebensinstinkt Sie, indem sich Ihr Magen zusammenzieht und sich Ihr Hals, der Sitz Ihrer inneren Gewissheit, anspannt. Je öfter Sie Ihre Ängste überwinden, desto leichter können Sie durchs Leben gehen. Vermeiden Sie Angst deshalb nicht, sondern arbeiten Sie sich ruhig bis zum Kern der Sache vor.

Zweite Linie
Ein Zeichen einer ehrlichen Lebenseinstellung ist, dass Sie schamlos der sind, der Sie sind. Geben Sie nicht vor, ein Löwe zu sein, wenn Sie sich wie ein Lamm fühlen. Wenn Sie sich verstellen, werden Ihre Bedürfnisse nie erfüllt werden.

Erste Linie
Sie bewegen sich zögernd vorwärts, nicht weil etwas mit Ihren Füßen nicht stimmt, sondern aus Unsicherheit. Im Augenblick wäre es besser, Situationen zu vermeiden, die Sie verunsichern. Warten Sie ab, woher der Wind weht, und betrachten Sie das Verhalten der anderen genauer.

Hinweis
Falls alle Linien des Hexagramms K'un Wandlungslinien sind, verändert sich das Hexagramm in *Schöpferische Kraft (1)*. Dies ist ein äußerst günstiges Zeichen, denn es zeigt, dass Sie die irdische Existenz völlig verstehen. Dies wiederum gibt Ihnen einen Einblick in das himmlische Kräftespiel, das seine unendliche Macht auf der Erde manifestiert.

Starke und schwache Wandlungslinien
In Ihrem Hexagramm sollten Sie besonders auf die Wandlungslinien achten. Eine starke Linie zeigt an, dass Sie die Situation mit zu viel Kraft angehen, eine schwache Linie verlangt eine kühnere Haltung.

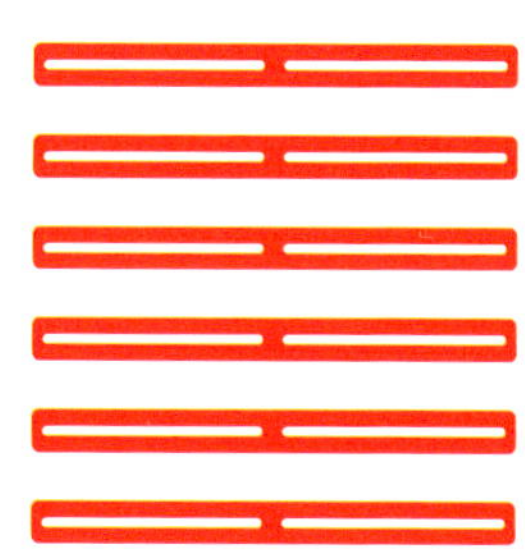

***I Ging* – ein geschlossenes System**
Die Antwort auf Ihre Frage finden Sie nicht nur im Ausgangshexagramm. Zur tieferen Einsicht sollten Sie auch die verschiedenen einzelnen Hexagramme beachten, aus denen das Ausgangshexagramm besteht. Die Zahl hinter den Hexagrammen verweist auf die Seite, auf der Sie die ausführliche Interpretation nachlesen können. Durch Wandlungslinien ergibt sich ein Folgehexagramm.

Wie das Leben selbst, so ist auch das *I Ging* ein wundersames geschlossenes Labyrinth, aus dem Sie nur entkommen, indem Sie das Buch schließen.

Das Folgehexagramm
Dadurch, dass sich die Wandlungslinien in ihr Gegenteil verkehren – aus einer unterbrochenen Linie wird eine durchgezogene und umgekehrt –, entsteht ein Folgehexagramm, das Auskunft über eine künftige Lebensphase gibt. Die Informationen auf der linken Seite sind bei der Beschäftigung mit diesem Hexagramm am hilfreichsten, weil Folgehexagramme keine Wandlungslinien enthalten. Die Informationen auf der rechten Seite können natürlich auch aufschlussreich sein.

TUN (Verwirrung)

Das Zeichen Tun repräsentiert eine keimende Pflanze, die durch das Erdreich an die Oberfläche dringt, um zu voller Blüte zu kommen. Um was auch immer es sich bei dieser Pflanze im übertragenen Sinne handelt – die Geburt neuen Lebens, eine neue Liebe, ein Projekt, eine Idee –, der Prozess verläuft immer von der Dunkelheit (dem inneren Selbst) ans Licht (die Außenwelt).

Im Hexagramm symbolisiert die Aufwärtsbewegung des Donners ein klopfendes Herz, das die Entwicklung der Ideen und Ideale eines Wesens antreibt. Die Abwärtsbewegung des Regens, der fruchtbar und zugleich zerstörerisch ist, verursacht Widerstand oder Schwierigkeiten. Deshalb erleben Sie den Wachstumsprozess wie einen Berg, der drohend über Ihnen aufragt. Denken Sie daran, dass Widerstand und Schwierigkeiten zu einem Wachstumsprozess gehören. Die Verwirrung, die sie hervorrufen können, lässt sich überwinden, indem Sie sich an die Kräfte wenden, die in diesem Hexagramm wirksam sind.

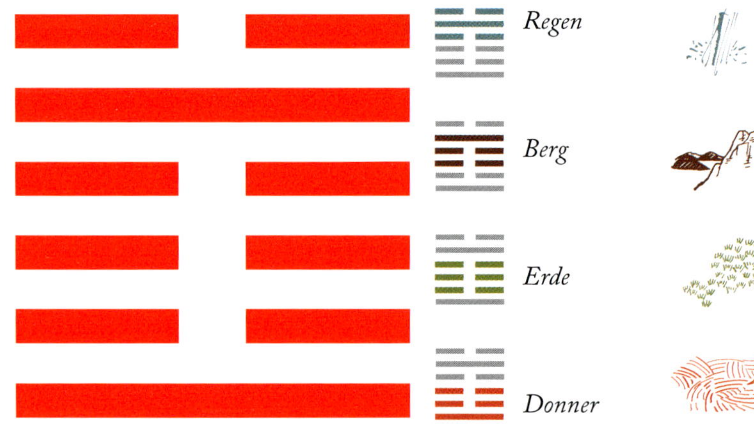

Verwirrung
Wachstum und Verwirrung gehen Hand in Hand, aber wenn Sie die folgenden Hinweise (von unten nach oben) beachten, können Sie den Samen für eine spätere gute Ernte legen.

Anfängliche Schwierigkeit
Ein Wachstumsprozess konfrontiert Sie dauernd mit neuen Situationen, die nach Lösungen verlangen. Dies sorgt für Verwirrung, aber auch für einen zusätzlichen Reiz, Ihre Bemühungen zu verwirklichen.

Verbindung
Sie allein sind für Ihren Wachstumsprozess verantwortlich, doch ein gutes Vorbild und/oder die richtige Gesellschaft kann Sie bei dem Prozess unterstützen. Viele Hände erleichtern die Arbeit.

Die Zerstörung der Vergangenheit
Wenn Sie an der Vergangenheit festhalten, übersehen Sie Gelegenheiten, die sich Ihnen hier und jetzt bieten. Lassen Sie los und konzentrieren Sie sich auf die Zukunft – unbelastet von der Vergangenheit.

Nahrung
Ohne die richtige körperliche und spirituelle Nahrung ist jeder Wachstumsprozess zum Scheitern verurteilt.

Wintersonnenwende, Erwachen
Der erste logische Schritt, um etwas zu erschaffen, ist anzufangen.

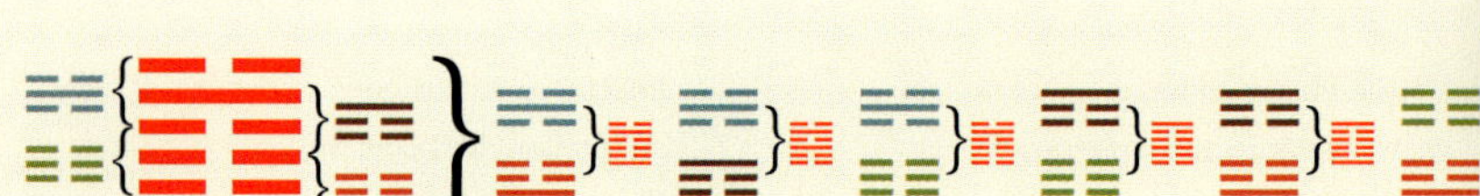

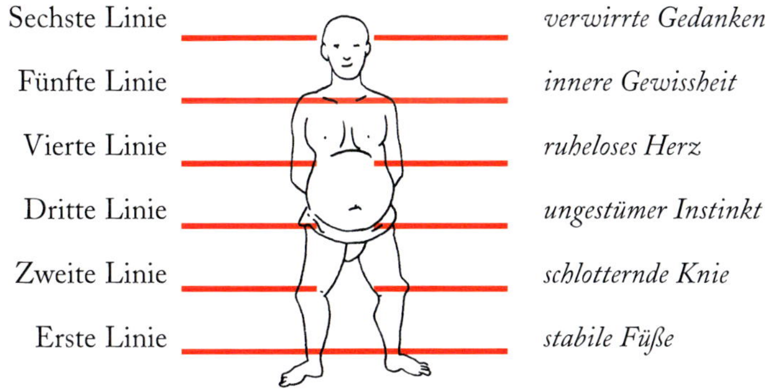

Die einzelnen Linien

Sechste Linie
Das Regenwasser, das sich auf dem Berggipfel sammelt und nicht abfließen kann, ist wie ein Kopf voll wirrer und zwanghafter Gedanken. Unfähigkeit und Wut sind schlechte Ratgeber. Am besten lassen Sie los und warten auf eine befreiende Einsicht.

Fünfte Linie
Sie strahlen erhabene Ruhe aus, wie der Berggipfel oder der unbewegliche Oberkiefer, und andere erwarten von Ihnen Anweisungen. Aufgrund der Unruhe um Sie herum ist dies nicht der richtige Zeitpunkt für weitreichende Entscheidungen. Üben Sie Ihren heilenden Einfluss sparsam aus.

Vierte Linie
Sie kämpfen, um sich von Ihrer Vergangenheit zu befreien, aber Sie können Ihre Basis nicht finden. Sie laufen Gefahr, davonzugleiten wie Wasser, das in der Erde versickert. Das Wissen, dass Sie sich auf Freunde verlassen können und dass die Klarheit zum Greifen nahe ist, gibt Ihnen den Mut standzuhalten.

Dritte Linie
Unter der Erde, wo der Donner am Fuß des Berges grollt, sind Sie wie ein Jäger, der den Spuren eines Hirsches folgt, ohne dass ihn ein Förster führt. Da Sie in den Wäldern verloren sind, ist es klüger, die Jagd abzublasen und genauer über Ihr derzeitiges Tun nachzudenken.

Zweite Linie
Der Donner tief unter der Erdoberfläche ist wie ein Herz, das erwartungsvoll schneller schlägt. Vielleicht sind Sie versucht, sich auf dem sicheren Bett der ersten Linie in Träumen zu wiegen, aber richtiger wäre es, aufzustehen und der Zukunft tatsächlich ins Auge zu sehen. Nur eine Pflanze, die wächst, wird auch blühen.

Erste Linie
Energiegeladen wie der rollende Donner oder der Unterkiefer, der begierig zubeißen will, sind Sie mit einer verwirrenden Situation konfrontiert. Versuchen Sie nicht, eine Lösung zu erzwingen. Gehen Sie ruhig und entschlossen vor, und halten Sie nach Gleichgesinnten Ausschau.

Hinweis
Die Bewegung im Hexagramm Tun wird von *Nahrung (27)* bestimmt. Der Unterkiefer (erste Linie) will unbedingt den Oberkiefer treffen (fünfte Linie). Die Blockade liegt in *Anfängliche Schwierigkeit (39)*. Das Regenwasser bildet einen See auf dem Berg, statt ungehindert abzufließen.

Starke und schwache Wandlungslinien
In Ihrem Hexagramm sollten Sie besonders auf die Wandlungslinien achten. Eine starke Linie zeigt an, dass Sie die Situation mit zu viel Kraft angehen, eine schwache Linie verlangt eine kühnere Haltung.

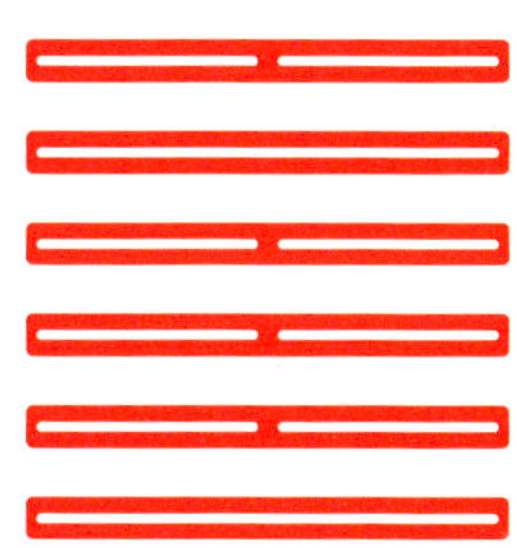

***I Ging* – ein geschlossenes System**
Die Antwort auf Ihre Frage finden Sie nicht nur im Ausgangshexagramm. Zur tieferen Einsicht sollten Sie auch die verschiedenen einzelnen Hexagramme beachten, aus denen das Ausgangshexagramm besteht. Die Zahl hinter den Hexagrammen verweist auf die Seite, auf der Sie die ausführliche Interpretation nachlesen können. Durch Wandlungslinien ergibt sich ein Folgehexagramm.

Wie das Leben selbst, so ist auch das *I Ging* ein wundersames geschlossenes Labyrinth, aus dem Sie nur entkommen, indem Sie das Buch schließen.

Das Folgehexagramm
Dadurch, dass sich die Wandlungslinien in ihr Gegenteil verkehren – aus einer unterbrochenen Linie wird eine durchgezogene und umgekehrt –, entsteht ein Folgehexagramm, das Auskunft über eine künftige Lebensphase gibt. Die Informationen auf der linken Seite sind bei der Beschäftigung mit diesem Hexagramm am hilfreichsten, weil Folgehexagramme keine Wandlungslinien enthalten. Die Informationen auf der rechten Seite können natürlich auch aufschlussreich sein.

Diese Hexagramme sind Bestandteile des Ausgangshexagramms und geben Ihnen weitere Hinweise zu Ihrer derzeitigen Situation.

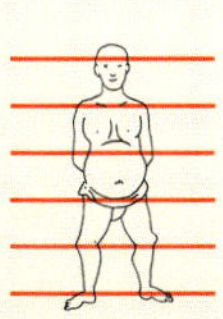

Die Linien entsprechen unterschiedlichen Körperbereichen. Die Stichworte geben Ihnen einen Einblick in Ihre derzeitige körperliche und geistige Verfassung.

Starke Wandlungslinie
Schwache Wandlungslinie

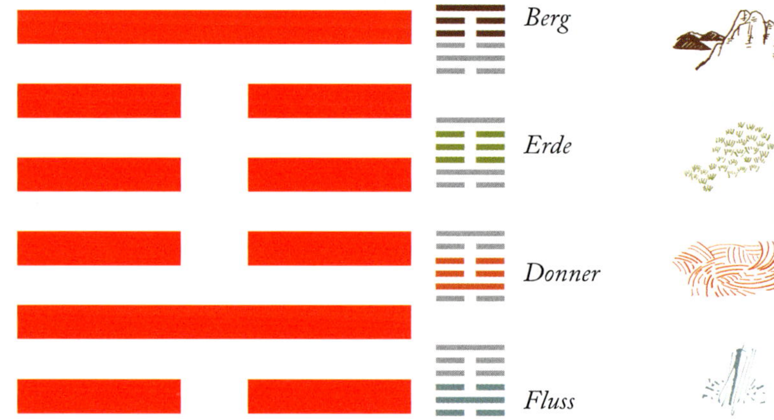

MENG (Jugendliche Unschuld)

Ein männliches Schwein (der Eber), das Symbol ungezügelter Energie, versucht sich aus einem Gewirr klammernder Kletterpflanzen zu befreien. Das Zeichen Meng repräsentiert Ihre ersten verwegenen Schritte, sich selbst und Ihre Ideen oder Ideale zu verwirklichen. Sie sind voll jugendlicher, unschuldiger Rigorosität und Unerfahrenheit im Umgang mit den Normen und Wertevorstellungen einer zivilisierten Gesellschaft.

Das wird im Hexagramm durch den aufgewühlten Fluss, der den Berg hinunterstürzt, und durch die Aufwärtsbewegung des Donners symbolisiert, der versucht, das Strömen aufzuhalten. Das wilde Wasser, das immer unter allen Umständen seinen Weg nach unten findet, symbolisiert ein Kind, das erwachsen wird. Nur ein weiser Lehrer (der Donner) kann mit glaubwürdigen Argumenten, Geduld und Liebe dem Kind eine Erziehung bieten, durch die es von einem wilden, strömenden Bergfluss zu einem friedlich plätschernden Bach wird, der die Felder bewässert und sich und anderen eine Freude ist. Das im Hexagramm wirksame Kräftespiel weist darauf hin, wie sich aus jugendlicher Unbedarftheit erwachsenes Verhalten entwickeln kann.

Jugendliche Unschuld
Sie sind wie Wasser, das ungehindert einen Berg hinunterstürzt, oder wie ein wilder, entfesselter Eber, der durchs Gebüsch bricht. Versuchen Sie die folgenden Ratschläge zu beherzigen, um sich zu bremsen.

Die Zerstörung der Vergangenheit
Lassen Sie die Vergangenheit erst dann los, wenn Sie deren Früchte geerntet haben.

Nahrung
Stärken Sie sich mit der Nahrung der Erfahrung, die Ihnen von weisen Menschen dargereicht wird, die diesen Weg vor Ihnen gegangen sind.

Wintersonnenwende, Erwachen
Nehmen Sie die Scheuklappen ab, und schauen Sie, ob das Leben Ihnen mehr als die begrenzte Sicht bieten kann, mit der Sie Ihr ungestümes Handeln rechtfertigen. Kehren Sie auf halbem Weg um, anstatt so lange weiterzudrängen, bis Sie völlig verloren sind.

Die Armee
Eine Armee ohne Führung wird zu einem plündernden Haufen, der wie ein aufgewühlter Fluss alles auf seinem Weg zerstört. Erst wenn sich jeder Soldat oder jede Zelle Ihres Körpers völlig der Tatsache bewusst ist, dass die Zerstörung der Umgebung auch den eigenen Untergang bedeutet, dann ist aus jugendlicher Unschuld Reife geworden.

Den Knoten durchschneiden
Jeder, der in diesem Stadium aus Unerfahrenheit immer noch hartnäckig blind vorwärts stürmen will, bittet darum, wieder auf den richtigen Pfad gebracht zu werden.

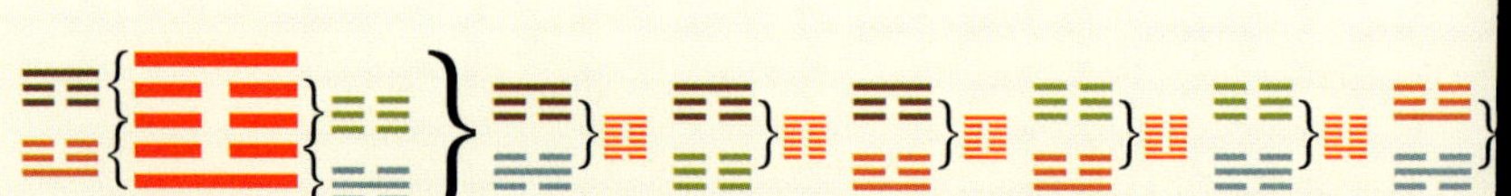

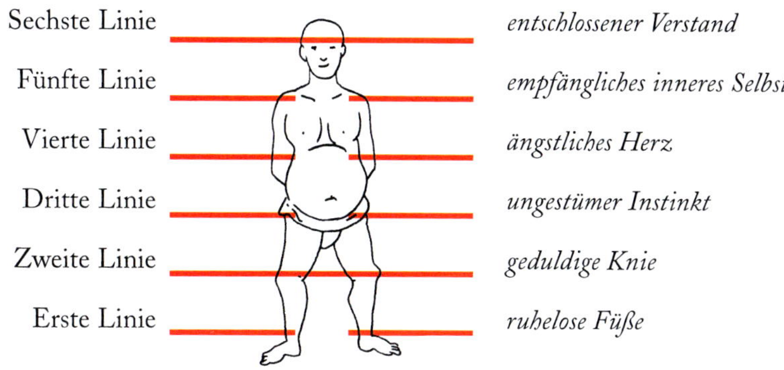

Die einzelnen Linien

Sechste Linie
Wenn jugendliche Unschuld instinktiv nach Grenzen sucht, ist Bestrafung sinnlos. Das Äußerste, was Sie für andere tun können, ist, sie von unnötigem Leid abzuhalten. Im Übrigen seien Sie ein Leuchtfeuer erhabener Ruhe, wie der Berggipfel oder der unbewegliche Oberkiefer.

Fünfte Linie
An der Erdoberfläche, die sich behaglich gegen den Gipfel des unerschütterlichen Berges schmiegt, sind Sie wie ein Acker, der bereit ist, die Samen der Weisheit zu empfangen.

Vierte Linie
Verborgen unter der Erdoberfläche, wo der Donner an den Fuß des Berges schlägt, benehmen Sie sich wie ein erschrockener Häftling, der mit seinen Ketten rasselt, die ihn im Verlies seiner eigenen Unwissenheit festhalten.

Dritte Linie
Tief unter der Oberfläche versucht der Donner, das wilde Wasser zu zähmen. Sie sollten nicht den Weg des geringsten Widerstandes wählen. Vertrauen Sie auf den weisen Rat von Gefährten, die Sie in einen sicheren Hafen geleiten können.

Zweite Linie
In dieser Lage sind Sie wie der nahende Donner oder der Unterkiefer, der sich auf den Oberkiefer zubewegt. Man erwartet von Ihnen, dass Sie sich wie ein weiser General verhalten, der immer den Überblick behält und seinen meuternden Truppen wieder Disziplin beibringt.

Erste Linie
Rücksichtslose Menschen, die die Grenzen der Toleranz überschreiten, können Sie ruhig hart anpacken. Falls sich das Problem dadurch nicht löst, sollten Sie die Tatsache akzeptieren, dass Sie ein Pferd zwar zum Wasser führen können, es aber selbst trinken muss.

Hinweis
Die Bewegung im Meng-Hexagramm wird von *Nahrung (27)* und dem Fluss ☵ bestimmt. Der Oberkiefer (sechste Linie) ist unbeweglich, aber eine Flut sinnlosen Geschwätzes zwingt den Unterkiefer nach unten (zweite Linie, das Einsetzen des Donners). Versuchen Sie, Ober- und Unterkiefer zusammenzubringen, damit ein Raum entsteht, in dem Sie atmen können und Zeit haben nachzudenken.

Starke und schwache Wandlungslinien
In Ihrem Hexagramm sollten Sie besonders auf die Wandlungslinien achten. Eine starke Linie zeigt an, dass Sie die Situation mit zu viel Kraft angehen, eine schwache Linie verlangt eine kühnere Haltung.

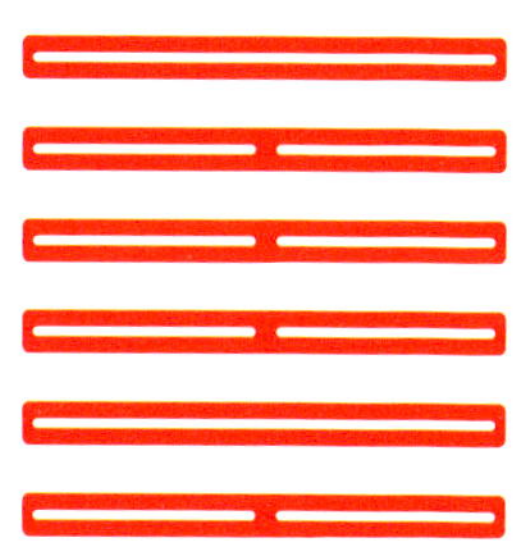

***I Ging* – ein geschlossenes System**
Die Antwort auf Ihre Frage finden Sie nicht nur im Ausgangshexagramm. Zur tieferen Einsicht sollten Sie auch die verschiedenen einzelnen Hexagramme beachten, aus denen das Ausgangshexagramm besteht. Die Zahl hinter den Hexagrammen verweist auf die Seite, auf der Sie die ausführliche Interpretation nachlesen können. Durch Wandlungslinien ergibt sich ein Folgehexagramm.

Wie das Leben selbst, so ist auch das *I Ging* ein wundersames geschlossenes Labyrinth, aus dem Sie nur entkommen, indem Sie das Buch schließen.

Das Folgehexagramm
Dadurch, dass sich die Wandlungslinien in ihr Gegenteil verkehren – aus einer unterbrochenen Linie wird eine durchgezogene und umgekehrt –, entsteht ein Folgehexagramm, das Auskunft über eine künftige Lebensphase gibt. Die Informationen auf der linken Seite sind bei der Beschäftigung mit diesem Hexagramm am hilfreichsten, weil Folgehexagramme keine Wandlungslinien enthalten. Die Informationen auf der rechten Seite können natürlich auch aufschlussreich sein.

Diese Hexagramme sind Bestandteile des Ausgangshexagramms und geben Ihnen weitere Hinweise zu Ihrer derzeitigen Situation.

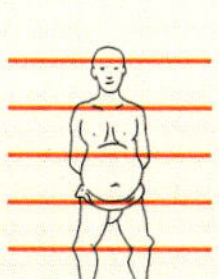

Die Linien entsprechen unterschiedlichen Körperbereichen. Die Stichworte geben Ihnen einen Einblick in Ihre derzeitige körperliche und geistige Verfassung.

Starke Wandlungslinie
Schwache Wandlungslinie

蒙

HSÜ (Den rechten Augenblick abwarten)

Der Himmel weiß, wann es regnen wird. Die fest verwurzelte Pflanze kann nur darauf warten, dass sich die Himmelstore öffnen. Das Zeichen Hsü, das meistens mit »Warten« übersetzt wird, zeigt, dass die Zukunft nicht beliebig ausgefüllt werden sollte. Im Wissen, dass das Leben aus einer Kette von Augenblicken besteht, genießt ein weiser Mensch jeden einzelnen davon. Deshalb kann er warten und den fruchtbaren Regen begrüßen, der zur rechten Zeit wie eine neue, herausfordernde Entwicklungsphase einsetzt.

Im Hexagramm symbolisiert der Himmel den Ursprung aller unerwarteten Dinge, die geschehen können. Fürs Erste wendet die Sonne den Regen ab und erhellt in wunderschöner Spiegelung den Vollmond oder die Oberfläche des Sumpfes. Der weise Mensch genießt diesen Augenblick, weil er weiß, dass der Mond wieder abnimmt, dass der verlockende Sumpf verdunstet und zu einer schlammigen Pfütze wird und der unausweichliche Regen schließlich den Augenblick fortspülen wird, als hätte dieser nie existiert. Das Verständnis für dieses Kräftespiel gibt Ihnen eine feste Grundlage, um der Zukunft entgegenzusehen.

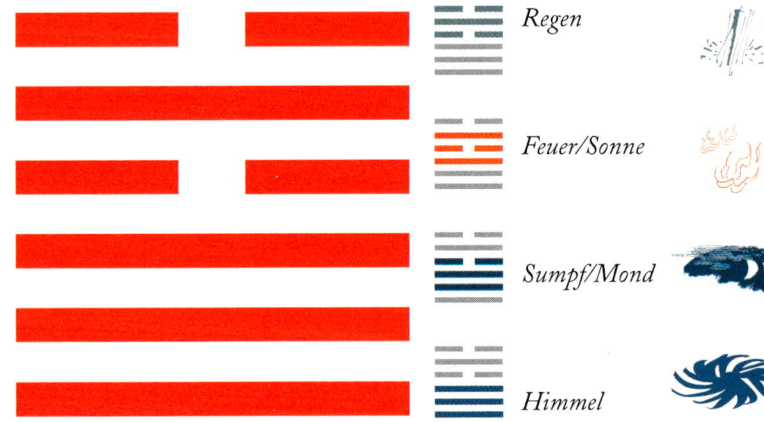

Den richtigen Augenblick abwarten
Die Regenwolken am Himmel symbolisieren künftige Entwicklungen. Es steht fest, dass etwas auftauchen wird, aber was und wann, ist ein Geheimnis. Sie können nur abwarten. Die folgenden Schritte geben Ihnen dafür gute Ratschläge.

Erfolgreiche Bewegung
Die Regenwolke, die wie die unvorhersehbare Zukunft am Himmel erscheint, wird von der Sonne abgewehrt. Genießen Sie den Augenblick, und behalten Sie diese Einstellung möglichst bei; jeder folgende Augenblick wird genauso angenehm sein.

Regelmäßig und ordentlich
Gibt es zu viel Regen, wird der Sumpf überflutet; gibt es zu wenig, dann trocknet er aus. Versuchen Sie nicht, einen schönen Augenblick festzuhalten. Lassen Sie ihn aber auch nicht verstreichen, ohne ihn zu genießen.

Dualität
Der Mond nimmt zu und ab. Auf Freude folgt Kummer und auf Regen Sonnenschein. Die Sonne scheint immer. Denken Sie nicht, es gebe kein Licht mehr, nur weil Sie es momentan nicht sehen können.

Tiefe Einsicht, großer Besitz
Wenn Sie die obigen Hinweise verstehen, sind Sie wie die Sonne, die die himmlischen Entwicklungen überblickt, die sich auf der Erde verwirklichen werden, und Sie sehen ganz klar, was die Zukunft bringt.

Erfüllung
Sie können das irdische Spiel genießen, ohne sich in Illusionen zu verlieren.

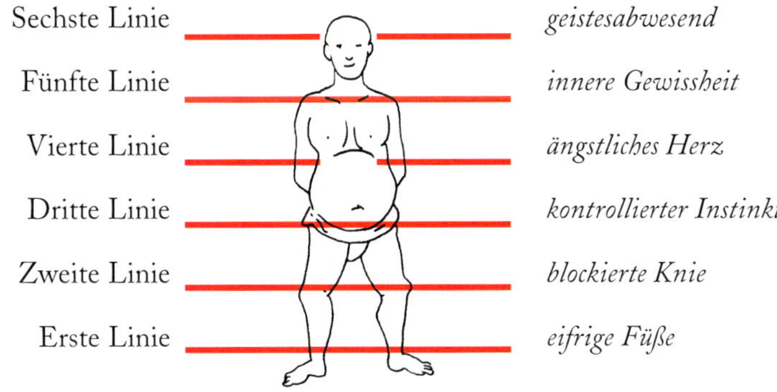

Die einzelnen Linien

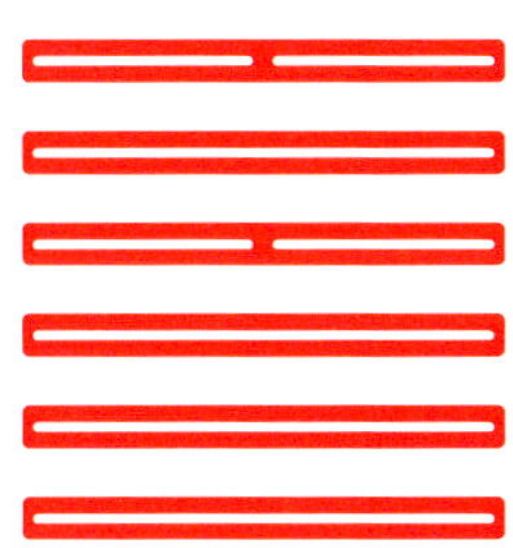

Sechste Linie
In dicken Nebel gehüllt, stolpern Sie blind auf dem Strom des Lebens dahin. Wenn Sie daran denken, dass die Sonne am Himmel immer scheint und die Welt früher oder später in ein wunderschönes Farbenspiel tauchen wird, können Sie der Zukunft freudig entgegensehen.

Fünfte Linie
Die strahlende Sonne lacht über jede drohende Regenwolke. Mit dieser Erkenntnis kann Sie nichts umwerfen. Sie können alles feiern und genießen, was Ihnen geboten wird, denn Sie wissen, dass Schmerz und Kummer nur Zutaten der Sauce sind, die ein Gericht erst würzig und appetitlich macht.

Vierte Linie
Der rosarote Vollmond, der von der Sonne angestrahlt wird, badet in der spiegelnden Oberfläche des Sumpfes. Der Höhepunkt des Augenblicks ist erreicht. Der Mond nimmt ab, der Sumpf verdunstet und wird zu einer schlammigen Pfütze. Ihnen bleibt nur die Möglichkeit, sich mutig den künftigen Ereignissen zu öffnen.

Dritte Linie
Unter der spiegelnden Oberfläche des Sumpfes liegt eine Schlammschicht. Sie stehen im Morast und meinen, Sie könnten sich aus dieser Situation befreien, indem Sie der Zukunft mit glühender Hoffnung entgegensehen, aber genau diese Art des Denkens hält Sie im Morast fest. Meistern Sie erst das Heute, bevor Sie sich an das Morgen wagen.

Zweite Linie
Der Grund des verlockenden Sumpfes ruht wie Sanddünen im Herzen des Himmels. Der Himmel weiß, dass in der Zukunft kein Sandkorn an seinem Platz liegen bleiben wird. Es ist angeraten, dass Sie Ihre derzeitige Situation gründlich erforschen. Nehmen Sie die Ereignisse nicht vorweg, selbst wenn andere Sie als passiv verurteilen.

Erste Linie
An den Außengrenzen des Himmels gibt es keine Zukunft. Deshalb ist dies nicht der Zeitpunkt, um sich in sie zu versenken. Gehen Sie einfach ruhig und würdevoll mit den Anforderungen des heutigen Tages um.

Hinweis
Das Hexagramm Hsü leitet seine Macht von *Tiefe Einsicht, Großer Besitz (14)* ab. Mit dieser Erkenntnis ☲ gewappnet, sehen Sie die Zukunft ☰ nicht als drohende Wolken ☵ am Horizont und können daher jeden Augenblick ☵ genießen.
Hsü/Warten weist darauf hin, dass das Leben eine Kette von Augenblicken ist, von denen jeder seine eigene Schönheit besitzt.

Starke und schwache Wandlungslinien
In Ihrem Hexagramm sollten Sie besonders auf die Wandlungslinien achten. Eine starke Linie zeigt an, dass Sie die Situation mit zu viel Kraft angehen, eine schwache Linie verlangt eine kühnere Haltung.

I Ging – ein geschlossenes System
Die Antwort auf Ihre Frage finden Sie nicht nur im Ausgangshexagramm. Zur tieferen Einsicht sollten Sie auch die verschiedenen einzelnen Hexagramme beachten, aus denen das Ausgangshexagramm besteht. Die Zahl hinter den Hexagrammen verweist auf die Seite, auf der Sie die ausführliche Interpretation nachlesen können. Durch Wandlungslinien ergibt sich ein Folgehexagramm.

Wie das Leben selbst, so ist auch das *I Ging* ein wundersames geschlossenes Labyrinth, aus dem Sie nur entkommen, indem Sie das Buch schließen.

Das Folgehexagramm
Dadurch, dass sich die Wandlungslinien in ihr Gegenteil verkehren – aus einer unterbrochenen Linie wird eine durchgezogene und umgekehrt –, entsteht ein Folgehexagramm, das Auskunft über eine künftige Lebensphase gibt. Die Informationen auf der linken Seite sind bei der Beschäftigung mit diesem Hexagramm am hilfreichsten, weil Folgehexagramme keine Wandlungslinien enthalten. Die Informationen auf der rechten Seite können natürlich auch aufschlussreich sein.

Diese Hexagramme sind Bestandteile des Ausgangshexagramms und geben Ihnen weitere Hinweise zu Ihrer derzeitigen Situation.

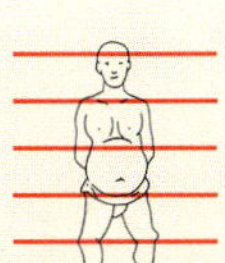

Die Linien entsprechen unterschiedlichen Körperbereichen. Die Stichworte geben Ihnen einen Einblick in Ihre derzeitige körperliche und geistige Verfassung.

Starke Wandlungslinie
Schwache Wandlungslinie

需

訟

Worte strömen freimütig aus dem Mund.

訟

Jeden gleich behandeln

SUNG (Spannung)

Das Zeichen Sung bedeutet, dass Sie Ihre Meinung frei äußern, wobei Rang, Status oder die Frage, ob der Andere Freund oder Feind ist, keine Rolle spielen.

Der Aufbau des Hexagramms bestätigt, wie natürlich dieses Aussprechen ist. Die unendliche Weite des Himmels zeigt, dass kein Subjekt ausgegrenzt ist und dass Ihre Schlussfolgerungen auf Ehrlichkeit basieren. Der Wind steht für Ihre intellektuellen Fähigkeiten und die Sonne für die leidenschaftliche Intensität Ihrer Gedanken. Der strömende Regen repräsentiert Ihren Wortschwall; wenn der Sturm ausbricht, wirkt er sich auf jeden aus, der sich in seinem Einflussbereich befindet. Es ist klar, dass der Prozess, sobald der Regen fällt, nicht rückgängig gemacht werden kann. Seien Sie sich der Gefahr bewusst, dass ein aufgestauter Gedanke das Feuer wie ein Wirbelwind anfachen und sich in einem krachenden Donnerschlag entladen und unweigerlich großen Schaden anrichten wird. Sie sind derjenige, der bestimmt, was Sie anderen gewähren: ein kümmerliches Nieseln, Dauerregen oder einen erfrischenden Frühlingsschauer, der das Wachstum fördert. Das Vestehen dieses Kräftespiels sorgt dafür, dass Sie nicht mehr Probleme aufwerfen, als Sie zu lösen beabsichtigen.

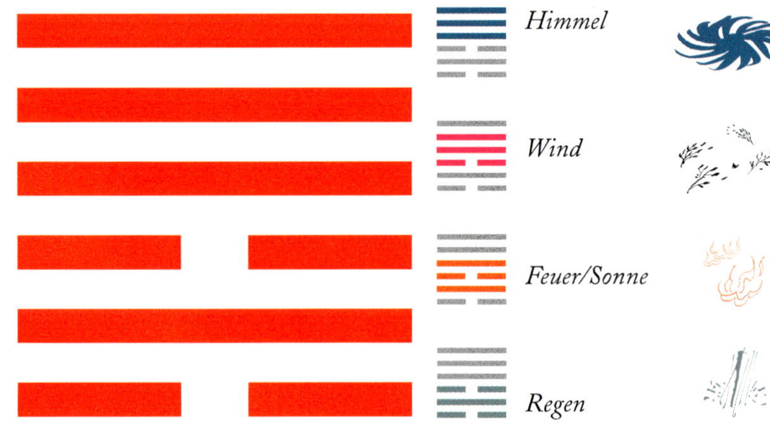

Spannung (6
Der Wille des Himmels manifestiert sich in fruchtbarem Regen. Der Himmel lässt sich nicht von Ängsten und Emotionen verwirren und verteilt daher seine Segnungen frei. Wenn auch Sie Ihre verborgenen Gedanken friedlich und aufrichtig ausdrücken wollen, lassen Sie sich von den folgenden Hinweisen leiten.

Eine reife Beziehung 4
Halten Sie nicht allzu sehr an irdischem Besitz fest, sonst besteht die Gefahr, dass Sie aus einer Mücke einen Elefanten machen.

Einmütige Absicht 1
Lassen Sie Ihr inneres Licht auf Ihre Motive scheinen, damit Sie spüren, ob Sie frei von Ängsten und Emotionen sind, die Ihre Worte beeinflussen könnten.

Die Beherrschung des inneren Wesens 3
Atmen Sie ruhig, um Ihre Gedanken ordnen zu können. Lassen Sie Ihr inneres Feuer gleichmäßig brennen, wie eine reine Flamme, die nicht von Ärger oder Machtlosigkeit angefacht oder gedämpft wird.

Erlösung 5
Sie haben sich völlig im Griff und sind frei von Ängsten und Emotionen. Gedanke und Wort sind eins geworden. Sprechen Sie!

Eingeschränkte Bewegung 6
Sie haben gesagt, was Sie sagen wollten. Das Thema ist damit beendet; es weiter auszuführen bringt nur Ärger. Sie sind wie die Sonne, die keine Macht mehr über den Regen hat. Ihnen bleibt nur abzuwarten, wie Ihre Worte aufgenommen werden.

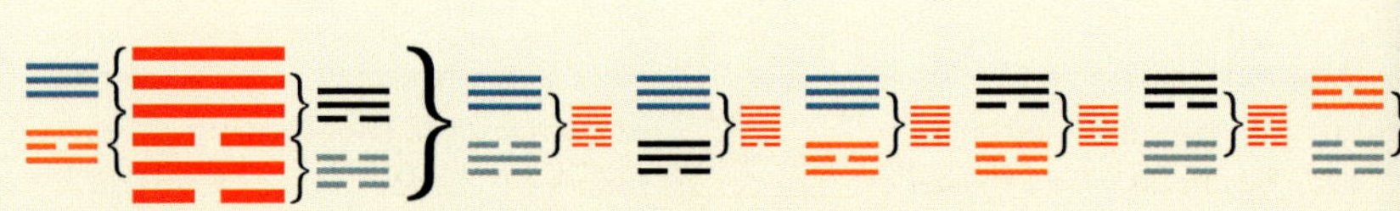

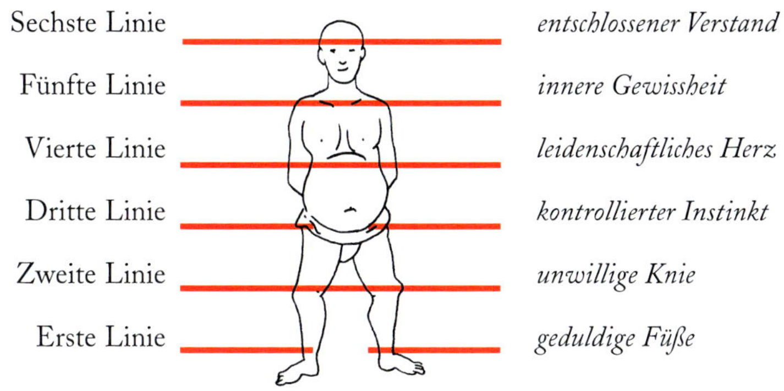

Die einzelnen Linien

Sechste Linie
An den Außengrenzen des Himmels herrscht tiefe Stille. Selbst jetzt ist es nicht klug, wie ein Grab zu schweigen, da andere Sie drängen, Ihre Meinung zu äußern. Sprechen Sie die Worte, die Ihrem Gefühl nach den geringsten Schaden anrichten werden.

Fünfte Linie
Sie blicken in das Herz des Himmels oder in die Tiefen Ihrer Seele, und ein aufrichtiger Gedanke schießt Ihnen durch den Kopf. Wägen Sie Ihre Worte nicht mehr ab, sondern drücken Sie aus, was Sie so deutlich vor sich sehen.

Vierte Linie
Hitzige Argumente wallen in Ihnen auf. Sie haben nicht den nötigen Frieden, um aufrichtig zu sprechen. Klären Sie lieber noch einmal Ihre inneren Beweggründe.

Dritte Linie
Ihre Gedanken sind wohl überlegt und aufrichtig. Trotzdem ist in Ihnen das Feuer des Zweifels erwacht, weil Sie die Auswirkungen Ihrer Worte nicht genau kennen. Zögern Sie nicht; sprechen Sie Ihre ursprünglichen, reinen Gedanken aus. Wenn Sie beweisen wollen, dass Sie geradeheraus sind, ist es unsinnig, über die Konsequenzen nachzudenken.

Zweite Linie
Feuer lodert nach oben und Wasser findet immer seinen Weg nach unten. Lassen Sie die Worte auf Ihren Lippen ersterben. Ihre Argumente sind schlecht überlegt und zwanghaft ehrlich. Schlucken Sie herunter, was Ihnen auf der Zunge liegt, und wecken Sie keine schlafenden Hunde.

Erste Linie
Nachdem Sie die Wahrheit, so wie Sie sie sehen, ausgesprochen haben, können Sie mit Widerstand rechnen. Versuchen Sie nicht, sich zu verteidigen, und greifen Sie nicht an, sondern stehen Sie zu Ihrer Meinung, die Sie freimütig aus tiefster Seele geäußert haben.

Hinweis
Das Wesen von Sung (freimütig sprechen) wird im Hexagramm von *Einmütige Absicht (13)* unterstrichen. Bemühen Sie sich, den Zankapfel ☰ klar zu sehen ☲, der Ihre bekümmerten Gedanken ☴ ausgelöst hat, bevor die Worte aus Ihrem Mund sprudeln ☵.

Starke und schwache Wandlungslinien
In Ihrem Hexagramm sollten Sie besonders auf die Wandlungslinien achten. Eine starke Linie zeigt an, dass Sie die Situation mit zu viel Kraft angehen, eine schwache Linie verlangt eine kühnere Haltung.

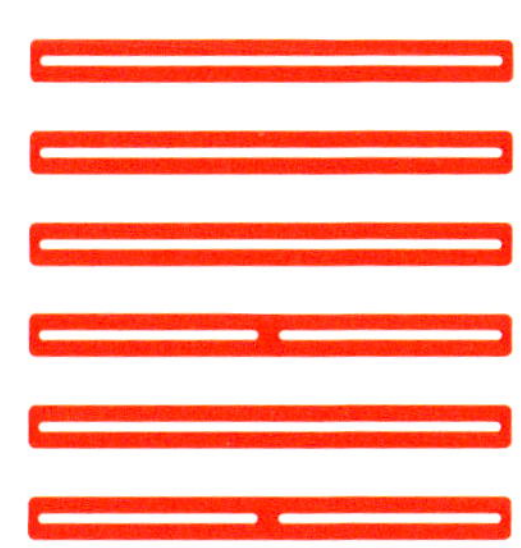

***I Ging* – ein geschlossenes System**
Die Antwort auf Ihre Frage finden Sie nicht nur im Ausgangshexagramm. Zur tieferen Einsicht sollten Sie auch die verschiedenen einzelnen Hexagramme beachten, aus denen das Ausgangshexagramm besteht. Die Zahl hinter den Hexagrammen verweist auf die Seite, auf der Sie die ausführliche Interpretation nachlesen können. Durch Wandlungslinien ergibt sich ein Folgehexagramm.

Wie das Leben selbst, so ist auch das *I Ging* ein wundersames geschlossenes Labyrinth, aus dem Sie nur entkommen, indem Sie das Buch schließen.

Das Folgehexagramm
Dadurch, dass sich die Wandlungslinien in ihr Gegenteil verkehren – aus einer unterbrochenen Linie wird eine durchgezogene und umgekehrt –, entsteht ein Folgehexagramm, das Auskunft über eine künftige Lebensphase gibt. Die Informationen auf der linken Seite sind bei der Beschäftigung mit diesem Hexagramm am hilfreichsten, weil Folgehexagramme keine Wandlungslinien enthalten. Die Informationen auf der rechten Seite können natürlich auch aufschlussreich sein.

Diese Hexagramme sind Bestandteile des Ausgangshexagramms und geben Ihnen weitere Hinweise zu Ihrer derzeitigen Situation.

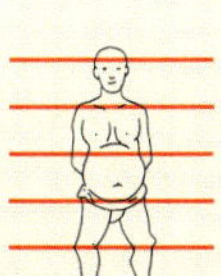

Die Linien entsprechen unterschiedlichen Körperbereichen. Die Stichworte geben Ihnen einen Einblick in Ihre derzeitige körperliche und geistige Verfassung.

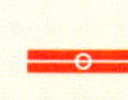

Starke Wandlungslinie
Schwache Wandlungslinie

訟

SZE (Die Armee)

Über der Stadt weht die Fahne des Oberbefehlshabers – ein Zeichen, dass alles rund läuft, so wie sich ein Rad um seine Achse dreht. Das Zeichen Sze, meistens mit »Die Armee« übersetzt, bezeichnet eine blühende, gut organisierte Gemeinschaft, die fähig ist, sich selbst zu verteidigen. In Friedenszeiten tritt die Militärmacht in den Hintergrund. Bei Bedrohung werden die Menschen zweifellos ihr Wohlergehen verteidigen und hinter der Fahne des Befehlshabers antreten. Diese Art der Zusammenarbeit könnte sich auf einen Staat, eine Stadt, eine Firma, eine Familie oder Ihren eigenen Körper beziehen.

Im Hexagramm steht die fruchtbare Erde, die alles hervorbringt, für Wohlstand. Das Wasser, das furchtlos und frei von hohen Bergen in tiefe Schluchten fließt, befindet sich hier unter der Erde und symbolisiert die Armee des Volkes. Der Donner, der unter der Erde pulsiert und das Wasser nach innen drängt, bezeichnet einen weisen General, der sich in die wirtschaftlichen Belange der Erde nicht einmischt, bei Gefahr aber eingreifen wird. Seine Fahne dient dazu, die Armee im Notfall zu sammeln, so wie eine archimedische Schraube bei Bedarf Wasser an die Oberfläche zieht.

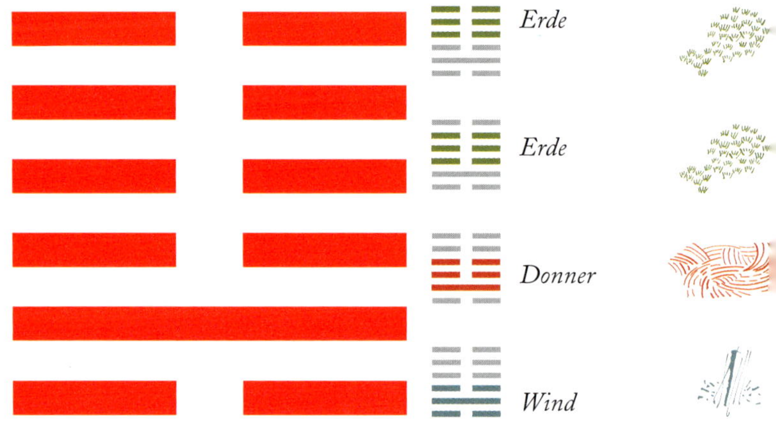

Die Armee
Selbstsicherheit, strategischer Scharfsinn und eine unbeugsame Haltung, die rohe Gewalt nicht ausschließt, sind die Merkmale einer Armee. Finden Sie anhand der folgenden Hinweise heraus, ob Sie diese Kriterien erfüllen.

Maßvolle Energie
Die fruchtbare Erde bringt nicht nur Wohlstand, sondern bietet auch die Mittel, mit denen man diesen mehren kann. Das Erd-Hexagramm ist bodenlos – ein Hinweis auf Bescheidenheit, Großzügigkeit und Verständnis für alles, was die Erde hervorbringt. Altruismus, Geduld und Liebe müssen Sie nicht zeigen, aber wenn Sie mit diesen Eigenschaften gesegnet sind, werden Sie sich nicht viele Feinde machen.

Wintersonnenwende, Erwachen
Die starke Grundlinie in diesem Hexagramm weist auf einen Zustand der Wachsamkeit hin. Es betont, wie wichtig es ist, ständig auf der Hut zu sein, denn Gelegenheit macht Diebe.

Die Armee
In diesem Hexagramm ist die starke Linie eine Stelle weiter nach oben gerückt. Warnung! Sie stehen in unbeugsamer, defensiver Haltung da, um den Feind auf Distanz zu halten. Seien Sie wie ein erfahrener General: Behalten Sie den Überblick, gründen Sie Ihre Strategie auf das Gemeinwohl, und lassen Sie sich nicht von Eigennutz, Wut oder anderen Gefühlen mitreißen.

Den Knoten durchschneiden
Falls Ihre einschüchternde Pose keine Wirkung zeigt und eine Konfrontation unvermeidlich ist, denken Sie an die Worte des hervorragenden Strategen Sun Tzu: »Das Schlachtfeld bestimmt die Strategie. Die meisten Schlachten werden durch Täuschung gewonnen.«

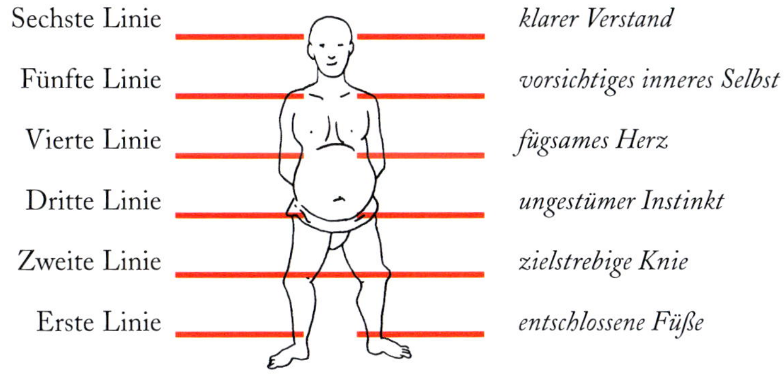

Die einzelnen Linien

Sechste Linie
An der Erdoberfläche ist nur das Äußere einer Situation erkennbar. Die Wurzeln bzw. die zugrunde liegenden Motive sind verborgen. Begeben Sie sich nicht nur aufgrund rationaler Erwägungen in die Schlacht. Wenn Sie erst denken und dann zuschlagen, werden Sie immer zu spät kommen.

Fünfte Linie
Diese Linie direkt unter der Erdoberfläche symbolisiert Ihre innere Gewissheit bzw. Intuition. Es ist diese leise Stimme, die sich so oft als richtig erweist, auf die Ihr Herz und Kopf aber nicht immer zu hören wagen. Schalten Sie diese beiden für einen Moment ab, und lassen Sie Ihren intuitiven Impuls direkt in Ihre Knie (zweite Linie) fließen, dann haben Sie in bedrohlichen Situationen einen festen Stand.

Vierte Linie
Unter der Erde verliert der Donner an Kraft. Wenn Sie sich mit einer höheren Macht konfrontiert sehen und von Zerstörung bedroht werden, ist es keine Schande, die Segel zu reffen. Bleiben Sie im Herzen Ihrer inneren Gewissheit treu und lassen Sie sich nicht von Ihren Gefühlen mitreißen.

Dritte Linie
Tief unten in der Erde peitscht der Donner die Wasseroberfläche zu Schaumkronen. Ihre Gefühle drohen die Oberhand zu gewinnen, wodurch das Kräfteverhältnis zwischen Ihrer inneren Gewissheit und der zielgerichteten Stellung Ihrer Kniegelenke gestört wird, die Ihr körperliches Standvermögen bestimmen. Furcht und Wut sind schlechte Ratgeber, wenn es um das Überleben geht.

Zweite Linie
Der Donner treibt das Wasser nach oben. Ihre Knie übernehmen den Schwung von Ihrer inneren Gewissheit oder Intuition (fünfte Linie). Jede Zelle Ihres Körpers (der immerhin zu 80 Prozent aus Wasser besteht) stimmt sich auf Ihre unbeugsame Haltung ein, die von der Stellung Ihrer Knie vorgegeben wird.

Erste Linie
Wasser sucht sich immer den niedrigsten Punkt. Es besteht eine gewisse Gefahr, dass es wegfließt. In einer realen Schlacht ist Beinarbeit von entscheidender Bedeutung. Aber ohne die Kniegelenke kann es keine Beinarbeit geben. Der Fuß folgt dem Knie und nicht umgekehrt. Achten Sie deshalb darauf, dass Ihre Füße nicht mit Ihnen davonrennen.

Hinweis
Die starke zweite Linie bzw. das Kniegelenk ist die Achse des Hexagramms Sze. Das Knie ist die Angel, die einem Menschen Beweglichkeit verleiht und seine körperliche Kampffähigkeit bestimmt. Wenn Sie ein Knie Ihres Gegners außer Gefecht setzen können, ist die Schlacht schon gewonnen. Wie ein General, der von seinem Herrscher in den Kampf geschickt wird, folgt Ihr Knie dem intuitiven Reflex Ihrer inneren Gewissheit (fünfte Linie).

Starke und schwache Wandlungslinien
In Ihrem Hexagramm sollten Sie besonders auf die Wandlungslinien achten. Eine starke Linie zeigt an, dass Sie die Situation mit zu viel Kraft angehen, eine schwache Linie verlangt eine kühnere Haltung.

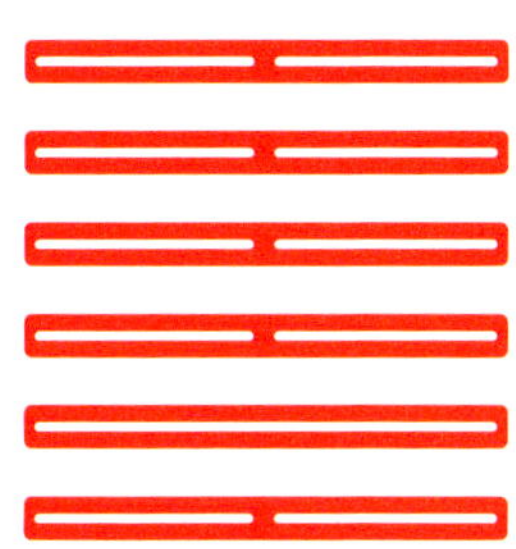

***I Ging* – ein geschlossenes System**
Die Antwort auf Ihre Frage finden Sie nicht nur im Ausgangshexagramm. Zur tieferen Einsicht sollten Sie auch die verschiedenen einzelnen Hexagramme beachten, aus denen das Ausgangshexagramm besteht. Die Zahl hinter den Hexagrammen verweist auf die Seite, auf der Sie die ausführliche Interpretation nachlesen können. Durch Wandlungslinien ergibt sich ein Folgehexagramm.

Wie das Leben selbst, so ist auch das *I Ging* ein wundersames geschlossenes Labyrinth, aus dem Sie nur entkommen, indem Sie das Buch schließen.

Das Folgehexagramm
Dadurch, dass sich die Wandlungslinien in ihr Gegenteil verkehren – aus einer unterbrochenen Linie wird eine durchgezogene und umgekehrt –, entsteht ein Folgehexagramm, das Auskunft über eine künftige Lebensphase gibt. Die Informationen auf der linken Seite sind bei der Beschäftigung mit diesem Hexagramm am hilfreichsten, weil Folgehexagramme keine Wandlungslinien enthalten. Die Informationen auf der rechten Seite können natürlich auch aufschlussreich sein.

Diese Hexagramme sind Bestandteile des Ausgangshexagramms und geben Ihnen weitere Hinweise zu Ihrer derzeitigen Situation.

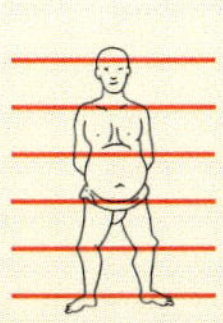

Die Linien entsprechen unterschiedlichen Körperbereichen. Die Stichworte geben Ihnen einen Einblick in Ihre derzeitige körperliche und geistige Verfassung.

Starke Wandlungslinie
Schwache Wandlungslinie

比

比

Zwei Männer gehen gemeinsam.

PÎ (Verbindung)

In dem Zeichen Pî, das Kooperation und Nachfolge bedeutet, ist der Vorausgehende ein Meister, der einem Nachfolgenden den Weg zeigt. Vorbilder sind besser als Vorschriften. Der weise Meister weiß, wann ein Schüler bereit ist, sich Wissen anzueignen, und wirft nicht Perlen vor die Säue.

Im Hexagramm symbolisiert der See auf dem Berggipfel einen Meister, der eine sprudelnde Quelle fruchtbaren Wissens besitzt. Am Fuß des Berges dürsten seine Nachfolger nach Wissen wie brachliegende Felder, die besät werden wollen. Bevor ein Feld bepflanzt werden kann, muss es von Unkraut befreit, gepflügt und geeggt werden. Ebenso muss ein Schüler bereit sein, Wissen aufzunehmen. Bietet ein Meister seine Weisheit zu früh an, werden seine Worte nicht auf fruchtbaren Boden fallen. Wartet er zu lange, wird die Erde trocken und hart. Außerdem ist inzwischen aus seinem Wissensschatz ein Wasserreservoir geworden, das an den Rändern überschwappt; das heißt, es besteht die Gefahr, dass er schließlich in einen Schwall unkontrollierbarer Worte ausbricht, denen der Schüler nicht folgen kann. Bewusstsein für das richtige Maß und den richtigen Zeitpunkt gibt diesem Kräftespiel die Unaufdringlichkeit eines kristallklaren Bergbachs, der manchmal aufregend schäumt und wirbelt, aber niemals über die Ufer tritt oder austrocknet.

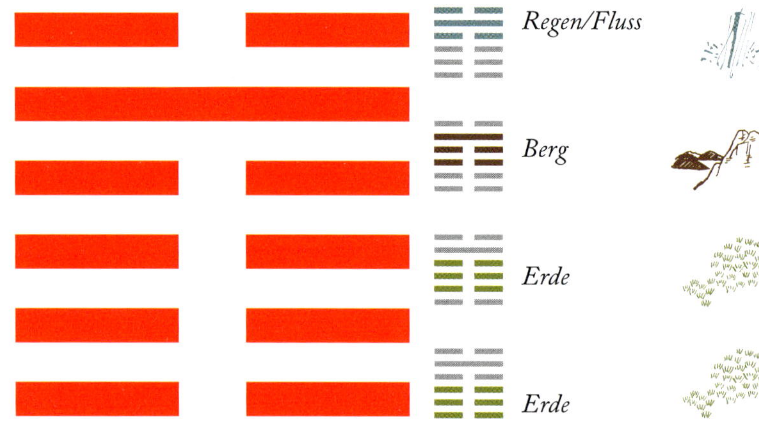

Verbindung
In der Beziehung zwischen einem Lehrer, der Wissen anbietet, und einem Schüler, der bereit ist, es anzunehmen, tragen beide Seiten Verantwortung. Die folgenden Schritte erklären, wie dieses Zusammenspiel zu einer förderlichen Verbindung führen kann.

Anfängliche Schwierigkeit
Das Regenwasser bildet einen See auf dem Berggipfel. Der Lehrer muss entscheiden, wann und in welcher Menge er sein fruchtbares Wissen weitergeben soll. Irgendwann ist er gezwungen, seine Einsichten preiszugeben, so wie die Schwerkraft das Wasser zwingt, seinen Weg nach unten zu finden.

Verbindung
Selbstbeherrschung, Verantwortungsgefühl und Einsicht in den Wachstumsprozess bestimmen, ob das Wissen, das der Lehrer bereithält, auf fruchtbaren oder steinigen Boden fallen wird.

Die Zerstörung der Vergangenheit
Der Lehrer muss seine Schüler davon überzeugen, dass sie ihre vergangenen Erfahrungen verarbeiten müssen, bevor eine neue Anregung zu einem Durchbruch in ihrer Denkweise führen kann. Die Aufgabe der Schüler ist es, ihre Felder zu jäten, damit sie für die Neubepflanzung bereit sind.

Maßvolle Energie
Sobald sich der Schüler als jungfräulicher Boden präsentiert, der reif für neue Ernte ist, kann der Lehrer seine Erkenntnisse in dem Wissen pflanzen, dass diese Saat zu den Früchten seiner Weisheit heranreifen kann. Da man einen Baum an seinen Früchten erkennt, werden sich der Erfolg oder andere Ergebnisse dieser Vereinigung im Lauf der Zeit zeigen.

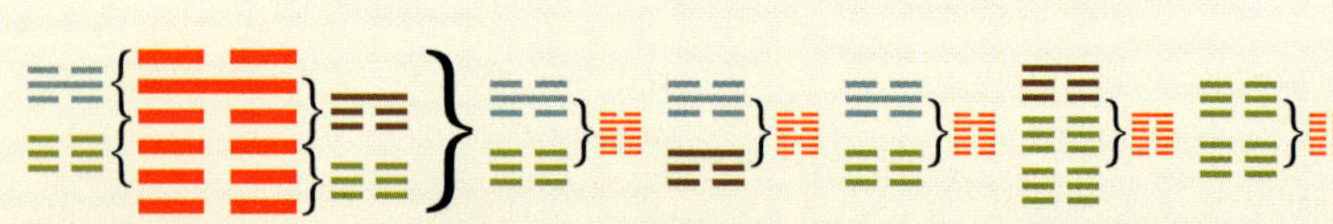

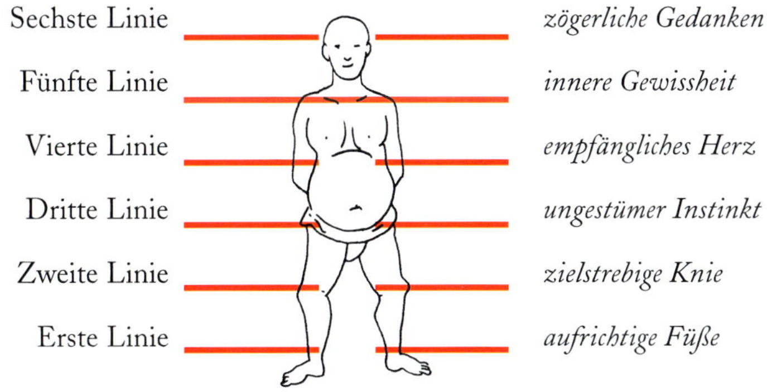

Die einzelnen Linien

Sechste Linie
Das Regenwasser hat auf dem Berggipfel einen See gebildet. Halten Sie Ihr Wissen nicht so lange zurück, bis Sie fast daran ersticken. Der Wortschwall, den Sie dann von sich geben würden, würde nicht auf fruchtbaren Boden fallen.

Fünfte Linie
Diese starke Linie ist der Berggipfel. Wie ein weiser Lehrer, der einen Überblick über die Situation hat und deshalb weiß, wann die Zeit zum Geben reif ist, können Sie Ihre Erkenntnisse – gefragt oder ungefragt – mit der Unaufdringlichkeit eines kristallklaren Bergbaches weitergeben.

Vierte Linie
Die fruchtbare Erdoberfläche schmiegt sich gegen den Berggipfel und saugt das gesunde Wasser auf. Wenn Sie nach Wissen dürsten, sehen Sie sich gründlich nach jemandem um, dem Sie vertrauen und unbedenklich zuhören können.

Dritte Linie
Der Fuß des Berges ist unter der Erde verborgen. In dieser Lage können Sie das Wesen der Person, mit der Sie Verbindung suchen, nicht erkennen. Höchstwahrscheinlich werden Sie die falsche Wahl treffen.

Zweite Linie
Die Wurzeln der geernteten Feldfrüchte liegen noch unter der Oberfläche. Ein Fruchtwechsel verhindert ein Auslaugen des Bodens. Sie sind bereit, reinen Tisch zu machen, um neue Erkenntnisse aufzunehmen, die zu einem Durchbruch in Ihrem Bewusstsein führen können.

Erste Linie
Tief unter der Oberfläche des Feldes liegt unberührter Boden, in dem niemals eine Wurzel Halt gesucht hat. Sie sind so aufrichtig und unschuldig wie Ihre Füße. Wie ein unbeschriebenes Blatt sind Sie offen für die Weisheit, die andere Ihnen anbieten können.

Hinweis
Das Regenwasser ☵ im Hexagramm Pî wird sich letztendlich mit der Erde ☷ vereinen – komme, was da wolle. In der Zwischenzeit bildet das Wasser auf dem Berggipfel einen See, bis *Die Zerstörung der Vergangenheit (23)* vollendet ist. Dies ist die Art, wie ein wirklicher Meister bereitwilligen Schülern Weisheit vermittelt.

Starke und schwache Wandlungslinien
In Ihrem Hexagramm sollten Sie besonders auf die Wandlungslinien achten. Eine starke Linie zeigt an, dass Sie die Situation mit zu viel Kraft angehen, eine schwache Linie verlangt eine kühnere Haltung.

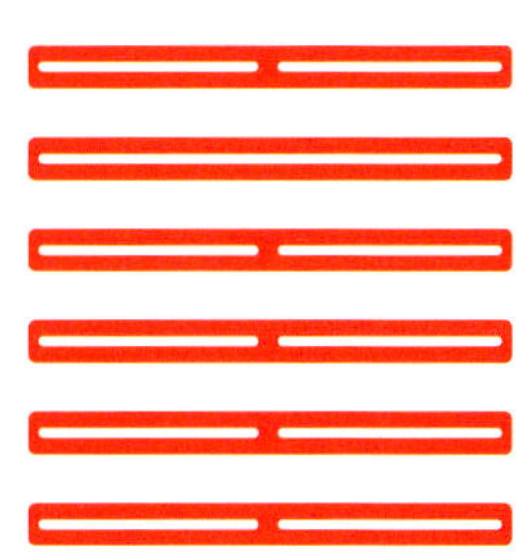

***I Ging* – ein geschlossenes System**
Die Antwort auf Ihre Frage finden Sie nicht nur im Ausgangshexagramm. Zur tieferen Einsicht sollten Sie auch die verschiedenen einzelnen Hexagramme beachten, aus denen das Ausgangshexagramm besteht. Die Zahl hinter den Hexagrammen verweist auf die Seite, auf der Sie die ausführliche Interpretation nachlesen können. Durch Wandlungslinien ergibt sich ein Folgehexagramm.

Wie das Leben selbst, so ist auch das *I Ging* ein wundersames geschlossenes Labyrinth, aus dem Sie nur entkommen, indem Sie das Buch schließen.

Das Folgehexagramm
Dadurch, dass sich die Wandlungslinien in ihr Gegenteil verkehren – aus einer unterbrochenen Linie wird eine durchgezogene und umgekehrt –, entsteht ein Folgehexagramm, das Auskunft über eine künftige Lebensphase gibt. Die Informationen auf der linken Seite sind bei der Beschäftigung mit diesem Hexagramm am hilfreichsten, weil Folgehexagramme keine Wandlungslinien enthalten. Die Informationen auf der rechten Seite können natürlich auch aufschlussreich sein.

Diese Hexagramme sind Bestandteile des Ausgangshexagramms und geben Ihnen weitere Hinweise zu Ihrer derzeitigen Situation.

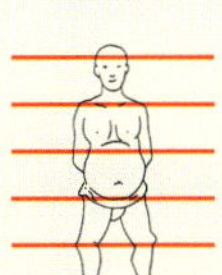

Die Linien entsprechen unterschiedlichen Körperbereichen. Die Stichworte geben Ihnen einen Einblick in Ihre derzeitige körperliche und geistige Verfassung.

Starke Wandlungslinie
Schwache Wandlungslinie

小畜

Etwas teilen, das bereits klein ist
Ein Blitz oder ein Augenblick — 小

Weiblich, Yin, instinktiv;
auch tiefgründig, geheimnisvoll, nähren, füttern, Gelehrigkeit; — 畜
Vieh auf einem Feld, irdisches Leben

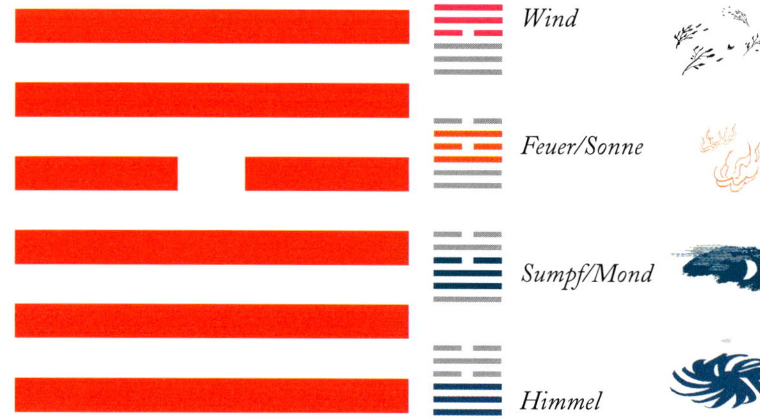

Ein Moment der Einsicht
In einem Moment der Einsicht scheint sich Ihnen der Himmel zu öffnen, und blitzartig erkennen Sie die Wahrheit, die scheinbar verborgen war. Die folgenden Hinweise können Ihnen helfen, diesen scheinbar unkontrollierbaren Vorgang besser zu verstehen. (9

Die Beherrschung des inneren Wesens
Wer seine Atmung kontrollieren kann, kann seine Gedanken und Emotionen lenken. Meditation hilft. 3

Aufrichtigkeit
Erkennen und akzeptieren Sie, dass sich das Geheimnis des Lebens nicht in Worte fassen lässt. 6

Dualität
Zeitlebens werden Sie die Dualität von Yin und Yang spüren. Sie verfügen über das innere Wissen auch dann, wenn Sie nicht mit ihm in Kontakt sind. 3

Tiefe Einsicht, großer Besitz
Wenn Sie die obigen Hinweise verstehen, sind Sie wie die Sonne, die das Spiel von Schein und Wirklichkeit kennt, und wissen aus Erfahrung, dass Meditation Ihren Horizont erweitert. 1

Erfüllung
Ihr einziger Gedanke ist, dass Sie das irdische Spiel genießen können, ohne sich Illusionen hinzugeben. 4

HSIÂO KHÛ (Ein Moment der Einsicht)

Die Zeichen Hsiâo und Khû weisen auf eine blitzartige Einsicht hin. Einen Augenblick lang erkennen Sie, dass Leben mehr bedeutet als nur Alltagsmühen, in denen Sie offenbar gefangen sind.

Die dritte Linie des Hexagramms repräsentiert eine Öffnung im Himmel. Es ist, als ob die Sonne Ihnen einen kurzen Einblick in das Geheimnis des Lebens gewährt. Der Vollmond, der wieder abnehmen wird, und die spiegelnde Oberfläche des Sumpfes, die verdunsten wird, weisen auf die Vergänglichkeit dieser schönen Wahrnehmung hin. Der Wind symbolisiert den Gedankenblitz, den Sie vergeblich festzuhalten versuchen. Sie zerbrechen sich den Kopf, um die richtigen Worte zu finden, mit denen Sie den Augenblick beschreiben können. Es wird keinen Regen und somit auch keine Möglichkeit geben, diese Einsicht sofort als fruchtbares Wissen zu verinnerlichen. Was bleibt, ist die tiefe Überzeugung, dass es einen verborgenen Grund für Ihr Dasein gibt und dass es möglich sein muss, solche Einsichten willentlich heraufzubeschwören.

HSIÂO KHÛ

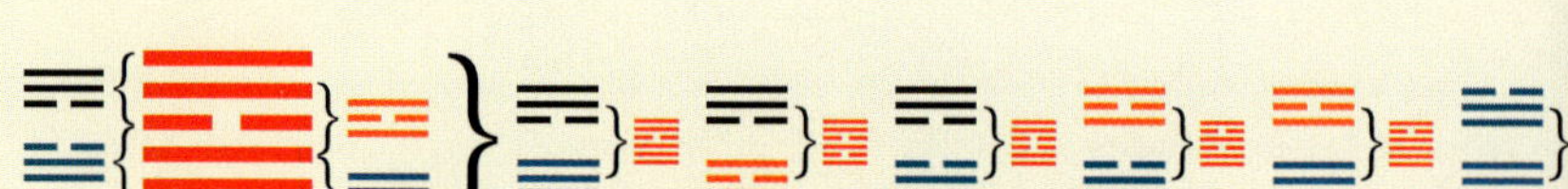

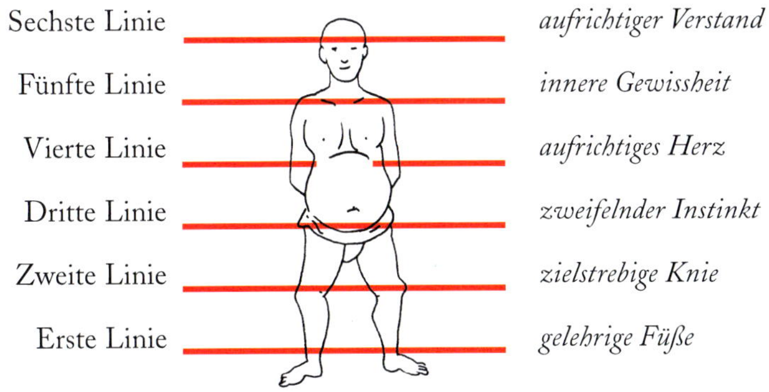

Die einzelnen Linien

Sechste Linie
Diese Linie ist die geheimnisvolle Quelle des Windes und symbolisiert hier Ihren Hinterkopf, in dem die blitzartige Einsicht gespeichert wird.
Es ist unvernünftig, sich den Kopf zu zerbrechen, wie Sie diese Einsicht in das Bewusstsein zurückholen können. Kümmern Sie sich wieder um die Alltagsgeschäfte. Sobald Sie dieses Wissen wirklich brauchen, können Sie darauf zurückgreifen.

Fünfte Linie
Die Mittellinie des Windes und die obere Linie des Feuers/der Sonne kennzeichnen Ihre Stirn. Dank Ihrer inneren Gewissheit steigt die Einsicht so deutlich in Ihnen auf, dass Sie ihren Kern in Worte fassen können.

Vierte Linie
Die Öffnung im Himmel. Wenn eine blitzartige Einsicht Sie tief bewegt, versuchen Sie nicht, sie um jeden Preis festzuhalten. Tief in Ihrem Inneren wissen Sie, dass dieser Moment so flüchtig ist wie ein Vollmond, gefangen in der Unbewegtheit eines schwülen Sommerabends, wenn er sich auf der Oberfläche eines Sumpfes spiegelt, der ringsum von süß duftenden Blumen gesäumt ist.

Dritte Linie
Ein dunstiges Licht durchdringt das Wasser unter der Oberfläche des Sumpfes. Alle Einsichten, die sich hier gesammelt haben, werden für Verwirrung sorgen. Sie scheinen dies tief im Inneren zu spüren. Es wäre klug, diesen verworrenen Geistesblitz loszulassen.

Zweite Linie
Vom Grund des Sumpfes, der im Inneren des Himmels ruht, sieht man undeutlich die leuchtende Wasseroberfläche. Sie haben vielleicht das Gefühl, dass es in Ihrem Leben etwas gibt, dessen Bedeutung Ihnen entgeht. Seien Sie stärker als eine Motte, die dem Kerzenlicht nicht widerstehen kann, und machen Sie so weiter wie bisher.

Erste Linie
Dunkelheit herrscht an der Außengrenze des Himmels. Lassen Sie sich nicht von unnützen Vermutungen ablenken, die im Augenblick völlig unwichtig sind.

Hinweis
Beim Hexagramm Hsiâo Khu repräsentiert die vierte Linie den Augenblick der Einsicht.
Diese Linie ist
1. die spiegelnde Oberfläche des Sumpfes, der verdunstet, oder des Vollmonds, der abnimmt ☱;
2. die Mitte des Feuers oder der untergehenden Sonne ☲;
3. die Unterseite des Windes ☴, der vorbeistreicht oder sich legt.

Starke und schwache Wandlungslinien
In Ihrem Hexagramm sollten Sie besonders auf die Wandlungslinien achten. Eine starke Linie zeigt an, dass Sie die Situation mit zu viel Kraft angehen, eine schwache Linie verlangt eine kühnere Haltung.

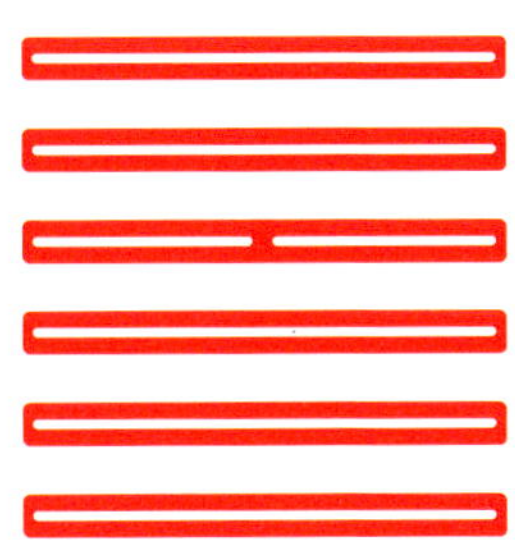

***I Ging* – ein geschlossenes System**
Die Antwort auf Ihre Frage finden Sie nicht nur im Ausgangshexagramm. Zur tieferen Einsicht sollten Sie auch die verschiedenen einzelnen Hexagramme beachten, aus denen das Ausgangshexagramm besteht. Die Zahl hinter den Hexagrammen verweist auf die Seite, auf der Sie die ausführliche Interpretation nachlesen können. Durch Wandlungslinien ergibt sich ein Folgehexagramm.

Wie das Leben selbst, so ist auch das *I Ging* ein wundersames geschlossenes Labyrinth, aus dem Sie nur entkommen, indem Sie das Buch schließen.

Das Folgehexagramm
Dadurch, dass sich die Wandlungslinien in ihr Gegenteil verkehren – aus einer unterbrochenen Linie wird eine durchgezogene und umgekehrt –, entsteht ein Folgehexagramm, das Auskunft über eine künftige Lebensphase gibt. Die Informationen auf der linken Seite sind bei der Beschäftigung mit diesem Hexagramm am hilfreichsten, weil Folgehexagramme keine Wandlungslinien enthalten. Die Informationen auf der rechten Seite können natürlich auch aufschlussreich sein.

LÎ (Frohgemut unterwegs)

Der Aufbau des Zeichens Lî erinnert an jemanden, der seinen ganzen Mut zusammennimmt und nach einigem Zögern aufrichtig und ungehemmt handelt.

In diesem Hexagramm weist die unendliche Weite des Himmels darauf hin, dass Sie sich auf eine völlig unbekannte Situation einlassen wollen. Das Spiel der anderen drei Kräfte zeigt, dass Sie Ihr Zögern überwinden können. Der Wind, der vom Himmel herunterweht, steht für aufrichtige Gedanken, und die Sonne repräsentiert strahlende Offenheit. In einer für Sie völlig fremden Umgebung wird man Ihnen Ihre Fehler verzeihen, sofern Sie aufrichtig und ehrlich sind. Ihre Gegenwart wird voller Freude und Überschwang sein, so wie es die spiegelnde Oberfläche des Sumpfes oder des Vollmonds vermittelt. Da der Sumpf verdunsten und der Mond abnehmen wird, ist klar, dass diese Situation nur vorübergehend ist. Genießen Sie den Augenblick. Ziehen Sie kein Unglück dadurch an, dass Sie sich zu stark zurücknehmen oder über Ihre Verhältnisse leben. Denn dann wird sich Ihre Umgebung wie ein Tiger auf Sie stürzen und nicht eher ruhen, bis scharfe Krallen Ihre Fassade eingerissen haben.

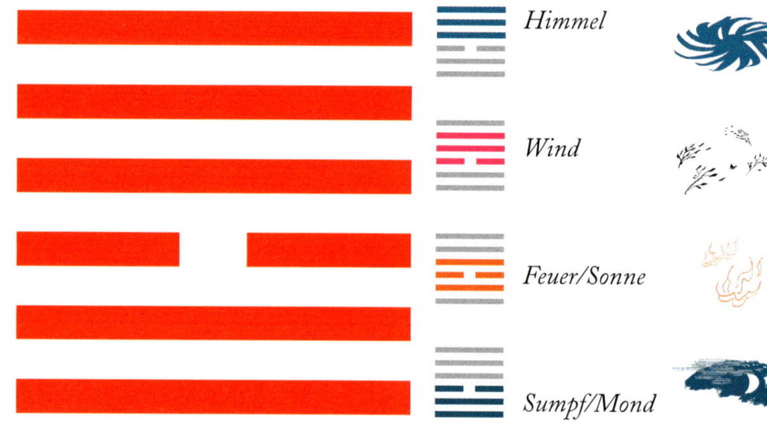

Frohgemut unterwegs (1

Die zerbrechliche Schönheit des Sumpfes oder der Augenblick, wenn der Mond voll ist, im Kontrast zu der überwältigenden Weite des Himmels, symbolisieren einen unbeirrbaren Menschen, der sich auf unbekannte Pfade wagt, ohne etwas zu verbergen. Wie auch Sie kühn vorwärts schreiten können, wird im Weiteren erklärt.

Eine reife Beziehung 4

Konzentrieren Sie sich nicht zu sehr auf das Gelingen Ihrer Mission. Zwanglosigkeit und Spontanität führen oft zu unerwarteten Begegnungen.

Einmütige Absicht 1

Beleuchten Sie Ihre Motive mit Ihrem inneren Licht, um zu erspüren, ob Sie frei von Ängsten und Gefühlen sind, die Ihr Verhalten beeinflussen könnten.

Die Beherrschung des inneren Wesens 3

Konzentrieren Sie sich auf Ihre Atmung, damit Ihr Herz ruhig schlägt; dann können sich weder Angst noch rücksichtslose Gedanken festsetzen.

Aufrichtigkeit 6

Wenn Sie aufrichtig sind, wissen Sie, dass Sprache ein unpassendes Instrument ist, um Ihre Gefühle auszudrücken. Setzen Sie sie umsichtig ein.

Dualität 3

Keine Situation dauert ewig. Wenn Sie dies bedenken, können Sie frei entscheiden, wann Sie kommen und gehen wollen.

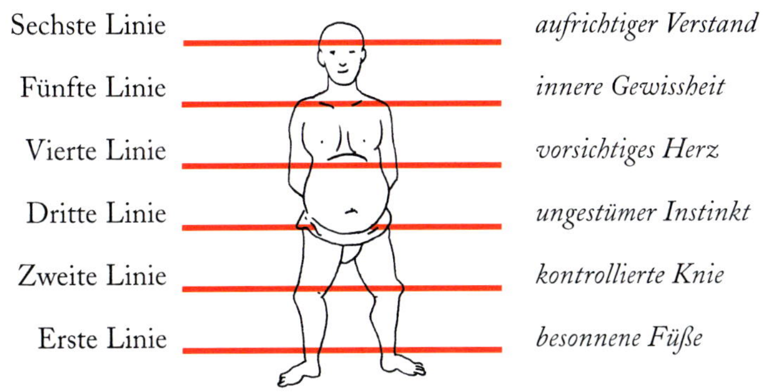

Die einzelnen Linien

Sechste Linie
Von den Außengrenzen des Himmels aus können Sie Ihre kürzlich gemachten Erfahrungen noch einmal Revue passieren lassen. Bleiben keine negativen Gefühle oder Ängste zurück, waren Sie rundherum erfolgreich. Hat das Ganze bei Ihnen aber einen schlechten Nachgeschmack hinterlassen, wissen Sie genau, was Sie beim nächsten Mal zu tun haben.

Fünfte Linie
Das Herz des Himmels und das Einsetzen des Windes deuten darauf hin, dass Sie Ihren Kopf in das Maul des Löwen gesteckt haben. Sie haben noch keine Zeit gehabt, Ihre ersten Eindrücke zu verarbeiten und wissen deshalb nicht genau, was Sie sagen oder tun sollen. Seien Sie spontan und aufgeschlossen, dann brauchen Sie die Folgen Ihres Tuns nicht zu fürchten.

Vierte Linie
Diese Linie steht für den Anfang des Himmels bzw. die Schwelle zum Unbekannten, für das Zentrum des Windes bzw. Ihres Bewusstseins und für die Sonne im Zenit oder die innere Gewissheit, die Ihr Äußeres ausstrahlt. Wenn Sie bewusst aufrichtig sind, werden Sie erfolgreich in neue Situationen einsteigen. Sie werden so feinfühlig handeln, dass Sie den schlafenden Tiger selbst dann nicht wecken, wenn Sie ihm auf den Schwanz treten.

Dritte Linie
Sie merken nicht, dass das vom Vollmond reflektierte Licht von der Sonne stammt. Sie geben Ihre Lügen als Wahrheit aus und behaupten, das Unbekannte zu verstehen, bevor Sie es erfahren haben. Wenn Sie so weitermachen, wird Ihre Fassade abbröckeln, noch ehe Sie die Schwelle überschritten haben.

Zweite Linie
Unter der reflektierenden Oberfläche des Sumpfes, wo das Sonnenlicht nur undeutlich zu sehen ist, sind Sie wie der zunehmende Mond. Meditation offenbart, dass der Weg, den Sie unweigerlich einschlagen werden, eben und einfach ist. Sie brauchen nur der Quelle des Lichts zu folgen, das sich Ihnen zeigt.

Erste Linie
Tief unter der Oberfläche des Sumpfes oder bei Neumond dürfen Sie sich auf keinen Fall auf Unbekanntes einlassen. Bleiben Sie einfach bei Ihrer Alltagsroutine.

Hinweis
Das Hexagramm Lî repräsentiert eine Treppe mit einer gefährlichen Stufe (dritte Linie), die ins Unbekannte führt (fünfte Linie/das Innere des Himmels). Wenn Sie äußere Erscheinungsformen über Wahrheiten stellen und Ihre innere Schönheit sowie die damit verbundenen aufrichtigen Gedanken leugnen, ist ein tiefer Fall unvermeidlich.

Starke und schwache Wandlungslinien
In Ihrem Hexagramm sollten Sie besonders auf die Wandlungslinien achten. Eine starke Linie zeigt an, dass Sie die Situation mit zu viel Kraft angehen, eine schwache Linie verlangt eine kühnere Haltung.

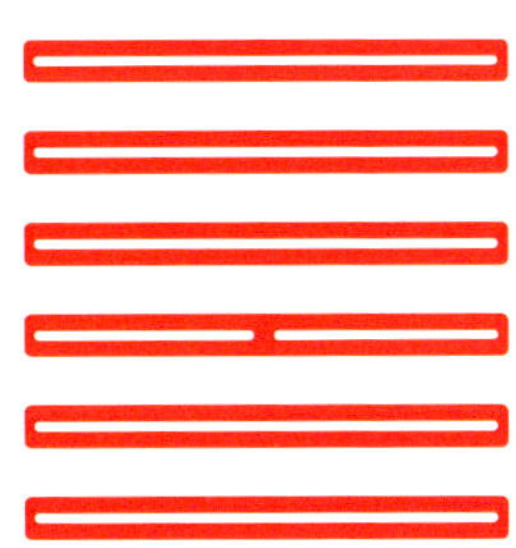

***I Ging* – ein geschlossenes System**
Die Antwort auf Ihre Frage finden Sie nicht nur im Ausgangshexagramm. Zur tieferen Einsicht sollten Sie auch die verschiedenen einzelnen Hexagramme beachten, aus denen das Ausgangshexagramm besteht. Die Zahl hinter den Hexagrammen verweist auf die Seite, auf der Sie die ausführliche Interpretation nachlesen können. Durch Wandlungslinien ergibt sich ein Folgehexagramm.

Wie das Leben selbst, so ist auch das *I Ging* ein wundersames geschlossenes Labyrinth, aus dem Sie nur entkommen, indem Sie das Buch schließen.

Das Folgehexagramm
Dadurch, dass sich die Wandlungslinien in ihr Gegenteil verkehren – aus einer unterbrochenen Linie wird eine durchgezogene und umgekehrt –, entsteht ein Folgehexagramm, das Auskunft über eine künftige Lebensphase gibt. Die Informationen auf der linken Seite sind bei der Beschäftigung mit diesem Hexagramm am hilfreichsten, weil Folgehexagramme keine Wandlungslinien enthalten. Die Informationen auf der rechten Seite können natürlich auch aufschlussreich sein.

Diese Hexagramme sind Bestandteile des Ausgangshexagramms und geben Ihnen weitere Hinweise zu Ihrer derzeitigen Situation.

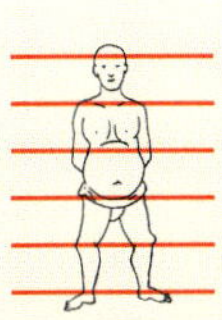

Die Linien entsprechen unterschiedlichen Körperbereichen. Die Stichworte geben Ihnen einen Einblick in Ihre derzeitige körperliche und geistige Verfassung.

Starke Wandlungslinie
Schwache Wandlungslinie

履

Ein Mann kämpft darum, seinen Kopf über Wasser zu halten. —
Seine Hände suchen verzweifelt etwas, —
woran er sich klammern kann.

泰

Fließendes Wasser; Fluss

THÂI (Vorbereitung)

Das fließende Wasser symbolisiert die Zeit. Die Person, die verzweifelt versucht, der Flut der Zeit Herr zu werden, repräsentiert den vergeblichen Versuch, sich an etwas zu klammern, das für immer verschwinden wird. Das Zeichen Thâi zeigt, dass die unvorhersehbare Zukunft sich für Sie auftun wird, wenn Sie bereit sind, Vergängliches loszulassen.

Im Hexagramm symbolisiert die unendliche Weite des Himmels die unergründliche Zukunft. Der Vollmond oder die spiegelnde Oberfläche des in den Himmel eingebetteten Sumpfes symbolisiert die vergängliche Schönheit jedes Augenblicks. Der Donner, der aus dem Himmel rollt, ist wie ein Herz, dessen Schläge das Verstreichen der Zeit bedeuten. Es ist offensichtlich, dass der natürliche Lebensrhythmus ins Stocken gerät, wenn Sie sich an den Augenblick klammern. Wenn die Erde Früchte hervorbringt, ist dies ein Beweis dafür, dass Sie sie in der Vergangenheit entsprechend vorbereitet haben. Wenn nichts wächst, bedeutet das, dass Sie in der Vergangenheit mit der Zeit gerungen haben. An der Qualität der tatsächlichen Ernte können Sie ablesen, wie gut Sie auf Ihre Aufgabe vorbereitet waren.

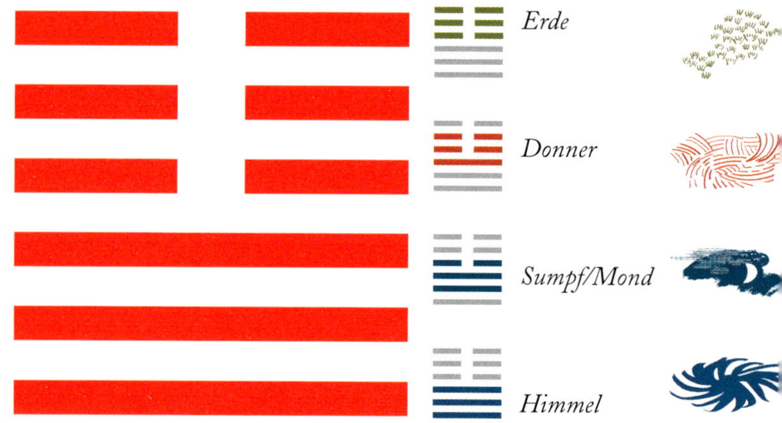

Vorbereitung
Die Zahl der starken Linien nimmt in jedem Hexagramm von unten nach oben kontinuierlich zu. Dieser Aufbau weist auf die vorbereitenden Schritte hin, die Ihnen zu Stärke und Einsicht verhelfen, damit Sie sich der geheimnisvollen Zukunft stellen können. (11

Wintersonnenwende, Erwachen
Wollen Sie einen Plan umsetzen, müssen Sie sich zuerst Ihrer Grundlage (untere Linie) bewusst sein. 24

Anziehung
Ihre Knie (zweite Linie) geben Ihnen die nötige Flexibilität, damit Sie in einer gegebenen Situation die richtige Position einnehmen können. 19

Fruchtbarkeit
Die beste Zeit zum Handeln lässt sich anfangs intuitiv erspüren (vierte Linie). Wenn Sie diesen Gefühlen vertrauen, entwickeln sie sich zu innerer Gewissheit. 54

Lebensenergie
Müssen Sie sich dazu zwingen, etwas zu vollenden, dann sind Sie auf dem falschen Weg. Echte Lebensenergie (dritte Linie), die im Himmel verwurzelt ist, verschwendet nur geringe Kraft. 34

Erfüllung
Der einzig übrig gebliebene Gedanke spiegelt das Wissen (fünfte Linie), dass Sie das irdische Spiel von Vergangenheit, Gegenwart und Zukunft genießen können, ohne sich dabei in flüchtigen Illusionen zu verlieren. 43

Sechste Linie		*wandernde Gedanken*
Fünfte Linie		*innere Gewissheit*
Vierte Linie		*unsicheres Herz*
Dritte Linie		*kontrollierter Instinkt*
Zweite Linie		*stabile Knie*
Erste Linie		*suchende Füße*

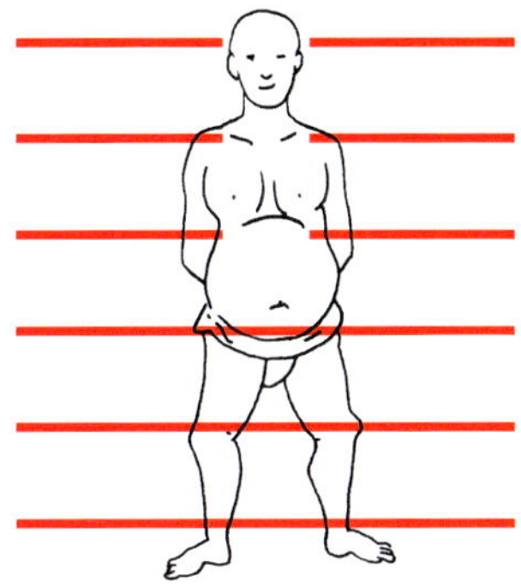

Die einzelnen Linien

***I Ging* – ein geschlossenes System**
Die Antwort auf Ihre Frage finden Sie nicht nur im Ausgangshexagramm. Zur tieferen Einsicht sollten Sie auch die verschiedenen einzelnen Hexagramme beachten, aus denen das Ausgangshexagramm besteht. Die Zahl hinter den Hexagrammen verweist auf die Seite, auf der Sie die ausführliche Interpretation nachlesen können. Durch Wandlungslinien ergibt sich ein Folgehexagramm.

Wie das Leben selbst, so ist auch das *I Ging* ein wundersames geschlossenes Labyrinth, aus dem Sie nur entkommen, indem Sie das Buch schließen.

Sechste Linie
Es gibt kein Anzeichen für Wachstum auf der Erdoberfläche. Es sieht ganz so aus, als versuchten Sie, vergangene Illusionen wahr werden zu lassen. Statt um jeden Preis Ihre Niederlage zu leugnen, sollten Sie Ihre Angelegenheiten in Ordnung bringen, sonst werden Sie später bereuen, dass Sie noch mehr Zeit vergeudet haben.

Fünfte Linie
Unter der Erdoberfläche grollt der Donner wie ein Herz, das aufgeregt schlägt. Sie nehmen die Zukunft in die Hand, sobald Sie merken, dass die Gegenwart ständig zur Vergangenheit wird und mit jedem neuen Herzschlag ein neuer Augenblick anbricht.

Vierte Linie
Tief unter der Erde hämmert der Donner wie ein Herz, das vom Vollmond erregt wurde. Vielleicht werden Sie depressiv, wenn Sie bei einer Situation verweilen, die Sie einst tief bewegt hat. Finden Sie Ihre Lebendigkeit wieder, und vertrauen Sie Ihrer inneren Gewissheit, dass jeder Moment so vergänglich ist wie die Mahlzeit, die Sie gerade zu sich genommen haben.

Dritte Linie
Unter dem Sumpf oder während der zunehmenden Phase des Mondes, wenn das Leben friedlich weiterzugehen scheint, kündet der Himmel mit dem ahnungsvollen Geräusch nahenden Donners erbarmungslos die Zukunft an. Sie können das Leben sorglos genießen, solange Sie sich dessen bewusst sind, dass jeder friedvolle Moment von Störungen bedroht ist.

Zweite Linie
Der Neumond oder das dunkle Bett des Sumpfes, der auf dem Herz des Himmels ruht, repräsentiert einen Augenblick, in dem Vergangenheit, Gegenwart und Zukunft keine Rolle spielen. Sie sollten sich mit dem Strom des Lebens treiben lassen und nicht stur Entscheidungen treffen.

Erste Linie
An den Außengrenzen des Himmels sind Sie in der Lage, die Zukunft zu sehen. Es ist, als rissen Sie eine Schaufel voll Quecken aus, die, wie sich zeigt, mit einem endlosen Wurzelgeflecht verbunden sind. Für einen beherzten, abenteuerlustigen Menschen gibt es keine schönere Entdeckungsreise.

Hinweis
Das Hexagramm Thâi bietet Einsichten in die Vorstellungen von Vergangenheit, Gegenwart und Zukunft. Mit jedem Herzschlag ☳ wird die Zukunft ☰ zur Vergangenheit. Wenn Sie sich ängstlich an den Moment klammern ☱, verweilen Sie in Illusionen, und Ihre Fähigkeiten werden niemals ans Licht kommen ☷.

Starke und schwache Wandlungslinien
In Ihrem Hexagramm sollten Sie besonders auf die Wandlungslinien achten. Eine starke Linie zeigt an, dass Sie die Situation mit zu viel Kraft angehen, eine schwache Linie verlangt eine kühnere Haltung.

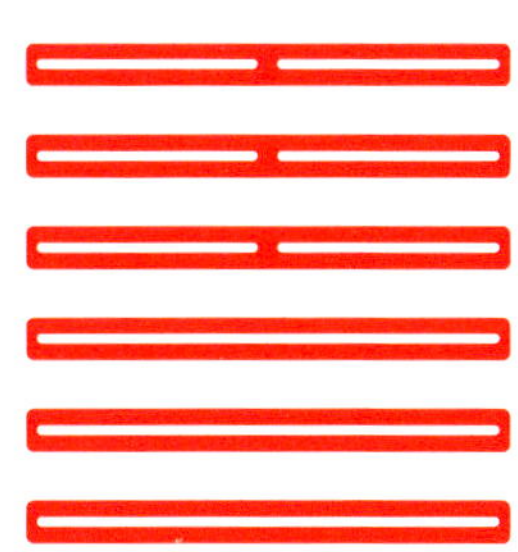

Das Folgehexagramm
Dadurch, dass sich die Wandlungslinien in ihr Gegenteil verkehren – aus einer unterbrochenen Linie wird eine durchgezogene und umgekehrt –, entsteht ein Folgehexagramm, das Auskunft über eine künftige Lebensphase gibt. Die Informationen auf der linken Seite sind bei der Beschäftigung mit diesem Hexagramm am hilfreichsten, weil Folgehexagramme keine Wandlungslinien enthalten. Die Informationen auf der rechten Seite können natürlich auch aufschlussreich sein.

Diese Hexagramme sind Bestandteile des Ausgangshexagramms und geben Ihnen weitere Hinweise zu Ihrer derzeitigen Situation.

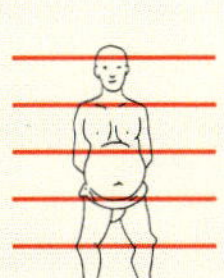

Die Linien entsprechen unterschiedlichen Körperbereichen. Die Stichworte geben Ihnen einen Einblick in Ihre derzeitige körperliche und geistige Verfassung.

Starke Wandlungslinie
Schwache Wandlungslinie

泰

11

PHÎ (Innere Ruhe)

Das Zeichen Phî stellt einen Mund dar, der nein sagt. Das hat nichts mit Verweigerung oder schroffer Ablehnung zu tun, sondern mit geistiger Abstraktion. Der Vogel, der dem Himmel entgegenfliegt, ist Ihr Bewusstsein, das sich im Schlaf zurückzieht.

In diesem Hexagramm sieht die Erde verlassen aus. Es gibt keine Aktivität, auch keine Sonne, noch Mond, Regen oder Donner. Der in den Himmel ragende Berg strahlt tiefen Frieden aus. Einziges Lebenszeichen ist der Wind bzw. Ihre Atmung, die aus der unergründlichen Weite des Himmels weht, wo sich das Geheimnis des Lebens verbirgt. Solange Sie sich Ihrer Atmung bewusst sind, kommen Ihre Gedanken nicht zur Ruhe. Vor dem Einschlafen stürmen die verschiedensten Fragen und mögliche Antworten in Bezug auf Ihre Erlebnisse auf Sie ein. Es wäre klug, sie zu verarbeiten, damit Sie sich der Zukunft möglichst weit öffnen können und nicht von Erfahrungen eingeschränkt werden, die Sie an die Vergangenheit binden.

Innere Ruhe
Die Zahl der starken Linien nimmt in jedem Hexagramm von unten nach oben immer weiter ab. Der allmähliche Übergang zu den schwachen Linien weist darauf hin, dass Sie langsam eine Haltung entwickeln, die Ihnen einen erfrischenden Schlaf ermöglicht.

Eine reife Beziehung
Wenn Sie nicht an irdischen Dingen festhalten, können Sie sich auch schnell und mühelos davon befreien (erste Linie).

Rückzug
Ihre Knie (zweite Linie) geben Ihnen die Beweglichkeit, sich von jeder angespannten Situation abzuwenden.

Die gesegnete Verbindung
Wenn Sie unbeschwert leben (vierte Linie), wissen Sie tief in Ihrem Inneren, wann es Zeit ist, zu handeln oder sich zurückzuziehen, und richten sich danach.

Beobachtung, Betrachtung
Ihr ungestümer Instinkt (dritte Linie) kommt zur Ruhe, sofern Sie sich voll und ganz auf Ihre Atmung konzentrieren. Sobald Ihr Horizont nicht mehr von Emotionen verdunkelt ist, sehen Sie, dass die Wahrheit gar nicht so kompliziert ist, wie Sie dachten.

Die Zerstörung der Vergangenheit
Jetzt, wo Ihr gesamter Körper völlig entspannt ist, verlieren Sie die bewusste Kontrolle über Ihre innere Sicherheit (fünfte Linie) und gleiten in tiefen Schlaf. Von lästigen Gedanken befreit, kann Ihr Körper jetzt auf natürlichem Wege wieder zu Kräften kommen.

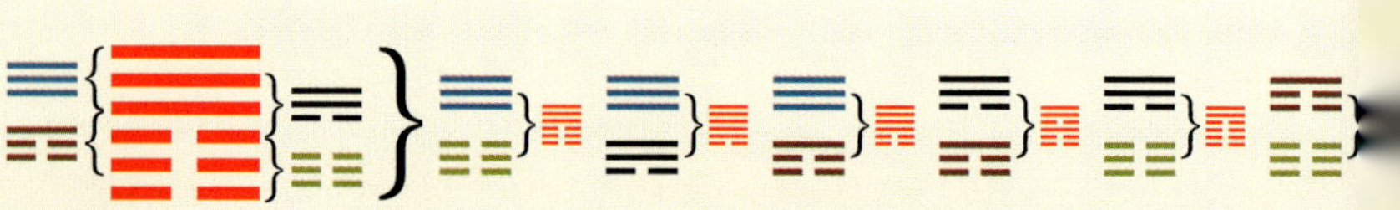

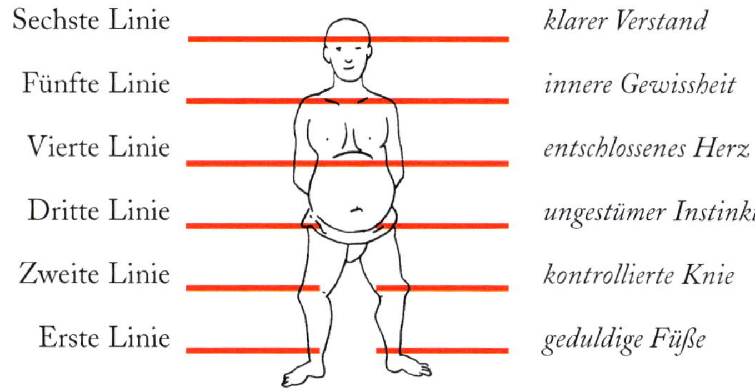

Die einzelnen Linien

I Ging – ein geschlossenes System
Die Antwort auf Ihre Frage finden Sie nicht nur im Ausgangshexagramm. Zur tieferen Einsicht sollten Sie auch die verschiedenen einzelnen Hexagramme beachten, aus denen das Ausgangshexagramm besteht. Die Zahl hinter den Hexagrammen verweist auf die Seite, auf der Sie die ausführliche Interpretation nachlesen können. Durch Wandlungslinien ergibt sich ein Folgehexagramm.

Wie das Leben selbst, so ist auch das *I Ging* ein wundersames geschlossenes Labyrinth, aus dem Sie nur entkommen, indem Sie das Buch schließen.

Sechste Linie
Die Außengrenze des Himmels weist auf einen tiefen Schlaf hin. Wenn Sie dem Kräftespiel im Hexagramm folgen, stehen Sie völlig erfrischt auf.

Fünfte Linie
Diese Linie steht für das Herz des Himmels, von dem alle Schöpferkraft ausgeht, und auch für das Einsetzen des Windes bzw. für Ihren Kopf, der ein endloses Netzwerk existentieller Fragen birgt. Wenn Sie dieses Labyrinth betreten, werden Sie sich verlaufen. Um in tiefen Schlaf sinken zu können, konzentrieren Sie sich ausschließlich auf Ihre Atmung und lassen keinen einzigen Gedanken aufkommen.

Vierte Linie
Das Innerste des Windes, der Rhythmus des Ein- und Ausatmens oder der in den Himmel ragende Berggipfel erinnern an den Dämmerzustand zwischen Wachsein und Schlaf. Sie können diesen Zustand erlangen, indem Sie Ihre Atmung willkürlich auf den natürlichen Rhythmus im Schlaf verlangsamen. Sofern Sie sich völlig konzentrieren, kann kein Gedanke Sie stören.

Dritte Linie
Die Erde, die sich unterhalb des Berggipfels erstreckt, und das Ende des Windes oder der Moment des Einatmens erzeugen die Vorstellung, dass Sie in das Grab Ihrer Vergangenheit starren und sich an unverarbeitete Gefühle erinnern. Erkennen Sie, dass Geschehenes nicht ungeschehen gemacht werden kann. Die einzige Lösung ist das Bemühen um inneren Frieden.

Zweite Linie
Am Fuß des Berges, der unter der Erde verborgen liegt, haben Sie die Wahl: Sie können entweder Ihre Vergangenheit genauer betrachten oder sich in den Frieden des Berggipfels zurückziehen. Entscheiden Sie, was für Sie – abhängig von Ihrer körperlichen Verfassung – das Beste ist.

Erste Linie
Tief unter der Erde können Sie die Vergangenheit zurückholen, indem Sie sich vorstellen, dass der erste Gedanke, der Ihnen in den Sinn kommt, ein Queckenhalm ist, der, wenn man ihn weiterverfolgt, mit einem endlosen Wurzelgeflecht verbunden ist. Wenn Sie nach innerem Frieden streben, ist es Zeit für einen gründlichen seelischen »Frühjahrsputz«.

Hinweis
Im Hexagramm Phî wird die Vergangenheit von der verlassenen Erde ☷ dargestellt. Der Berg ☶ weist darauf hin, dass es Zeit ist, sich eine Phase tiefer Ruhe zu gönnen. Der in die unendliche Weite des Himmels ☰ eingebettete Wind ☴ symbolisiert den endlosen Strom nutzloser Gedanken über Vergangenheit, Gegenwart und Zukunft, die Sie vom Einschlafen abhalten.

Starke und schwache Wandlungslinien
In Ihrem Hexagramm sollten Sie besonders auf die Wandlungslinien achten. Eine starke Linie zeigt an, dass Sie die Situation mit zu viel Kraft angehen, eine schwache Linie verlangt eine kühnere Haltung.

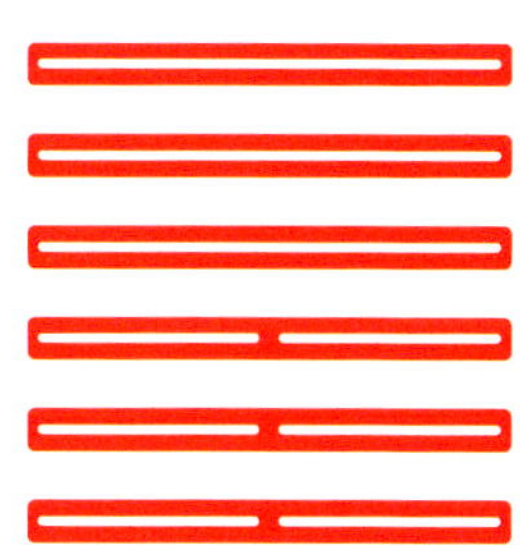

Das Folgehexagramm
Dadurch, dass sich die Wandlungslinien in ihr Gegenteil verkehren – aus einer unterbrochenen Linie wird eine durchgezogene und umgekehrt –, entsteht ein Folgehexagramm, das Auskunft über eine künftige Lebensphase gibt. Die Informationen auf der linken Seite sind bei der Beschäftigung mit diesem Hexagramm am hilfreichsten, weil Folgehexagramme keine Wandlungslinien enthalten. Die Informationen auf der rechten Seite können natürlich auch aufschlussreich sein.

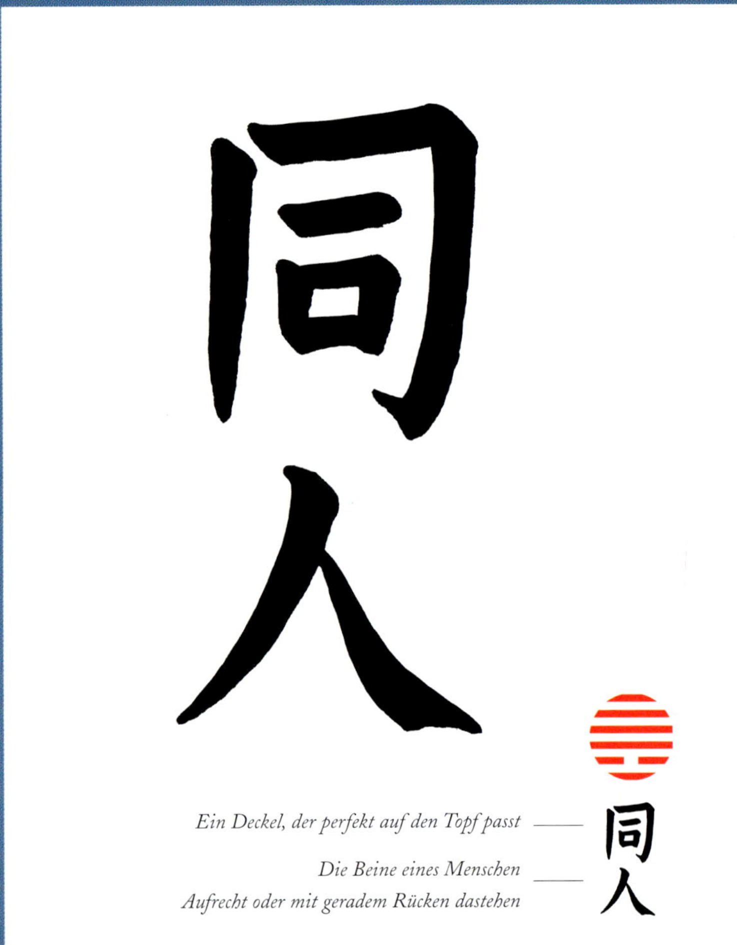

THUNG ZÂN (Einmütige Absicht)

Die Zeichen Thung und Zân weisen auf das dem Menschen angeborene Bedürfnis hin, nach spiritueller Führung zu suchen, um Antworten auf existentielle Fragen zu erhalten. Diese Antworten ermöglichen ihm, das Leben energetisch zu bewältigen.

Der Deckel symbolisiert die Himmel. Das Hexagramm enthält zwei Himmel. Der obere ist der unendliche, wahre Himmel, der das Geheimnis des Lebens birgt. Der untere stellt ein begrenztes, mythisches Universum dar, das von menschlichen Vorstellungen geschaffen wurde. Der Wind bzw. das Reich der Gedanken, das auf den wahren Himmel aufgepfropft wird und durch den unteren Himmel weht, erinnert an einen Menschen, der seine angeborene innere Leere füllt, indem er an etwas glaubt, das seiner Existenz einen Sinn verleiht. Wenn Sie erkennen, dass der untere Himmel ein Produkt des menschlichen Verstandes ist, und sich dem wahren Himmel zuwenden, wird die Glaubensgemeinschaft, der Sie angehören, in Ihnen einen Abtrünnigen sehen. Ihr inneres Feuer wurde ursprünglich vom Wind angefacht, der den Strom mythischer Gedanken darstellt, aber jetzt wird er von dem Wind befeuert, der aus dem wahren Himmel in Form reiner Bewusstheit herunterweht. Dadurch wird Ihr Lebensrhythmus so flexibel, wie er schon immer sein sollte.

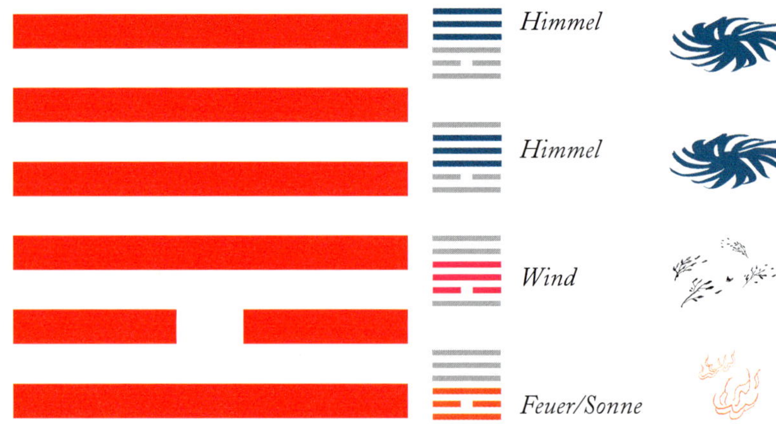

Einmütige Absicht
Wenn Sie den Anweisungen (von unten nach oben) folgen, werden Sie sich vielleicht eine Zeit lang in den alles umfassenden Möglichkeiten des Kosmos verlieren. Wenn Sie auf Ihrem einsamen Weg, der verlangt, das Reich der Märchen hinter sich zu lassen, bis hierher kommen, werden Sie sehen, dass Sie nicht allein sind. Diesen Wunsch haben letztlich alle Menschen. (13

Schöpferische Kraft
Mit Worten allein lässt sich das Universum nicht beschreiben, aber vielleicht erfahren Sie etwas von diesem riesigen Meer schöpferischer Kraft, wenn Sie Ihrem Bewusstsein erlauben, völlig darin aufzugehen. 1

Eine reife Beziehung
Dieses Zeichen betont, dass Sie sich nicht zu stark an Theorien über irdische Dingen klammern sollten. Können Sie erst einmal materielle Dinge loslassen, sind Sie für das Unbekannte aufgeschlossen. 4

Einmütige Absicht
Wer bin ich, woher komme ich, wohin gehe ich? Seit Jahrtausenden wenden sich die Menschen mit diesen Fragen an die Unendlichkeit des Himmels und denken sich Antworten aus, die ihre Ängste beschwichtigen und ihrem Leben einen Sinn geben. Da sich bisher keine Antwort als wahr erwiesen hat, steht es jedem frei, nach einem Weg zu seiner Erfüllung zu suchen. (1

Die Beherrschung des inneren Wesens
Stimmen Sie Ihre Atmung auf den großen Frieden ein, den der Himmel ausstrahlt. Lassen Sie Ihr inneres Feuer nicht von der Angst vor dem Unbekannten, dem Versprechen des Paradieses oder der furchterregenden Vision einer Hölle entfachen oder ersticken. 3

THUNG ZÂN

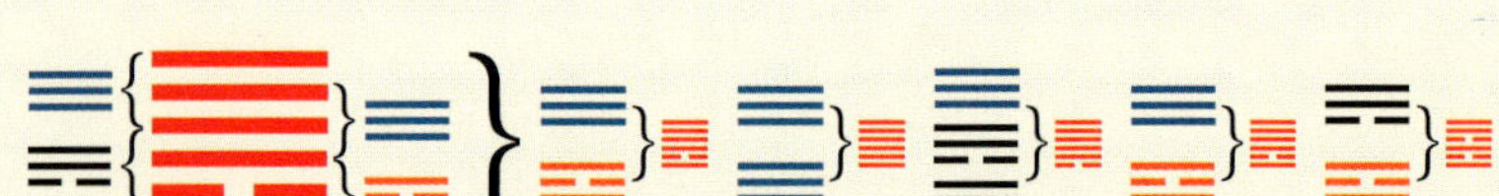

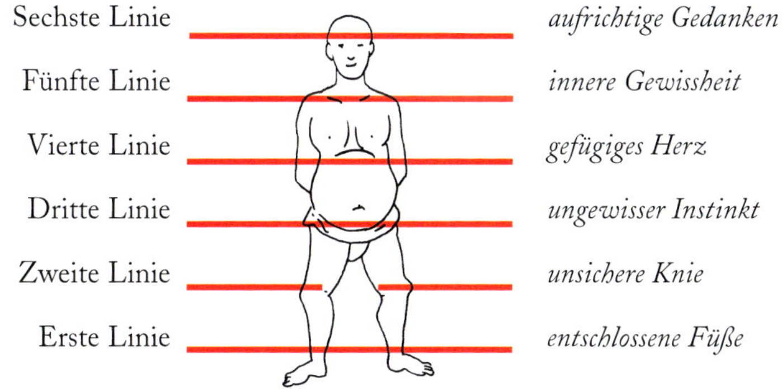

Die einzelnen Linien

Sechste Linie
Diese oberste Linie des wahren Himmels wird nicht vom mythischen Universum beeinflusst. Frei von allen Glaubenssystemen stehen Sie am Strand eines grenzenlosen Meeres schöpferischer Kraft und fühlen sich frei, Ihr Bewusstsein wieder mit ihm zu verbinden.

Fünfte Linie
Das Herz des wahren Himmels wird von der obersten Linie des mythischen Universums überschattet. Vertrauen Sie Ihrer tiefen inneren Überzeugung, dass Sie keine Gefahr zu fürchten brauchen. Das erfordert Mut und schmerzt, aber es ermöglicht Ihnen, den Mythos loszulassen, der Ihre Sicht verdunkelt. Sie können dem Unbekannten mit einem Lächeln entgegentreten.

Vierte Linie
Der Anfang des wahren Himmels liegt tief unter dem Herzen des mythischen Universums verborgen. Der aufkommende Wind ist wie das verschwommene Bild einer verborgenen Wahrheit. Das erschüttert Ihren Glauben, dem Sie verhaftet waren. Noch ist es nicht Zeit, sich ganz davon zu befreien. Versuchen Sie zuerst, sich diese verschwommene Ahnung bewusst zu machen.

Dritte Linie
Der Fluss Ihrer Gedanken bzw. das Innerste des Windes, der auf den wahren Himmel aufgepfropft ist, hat seine anfängliche Reinheit unter dem Einfluss des mythischen Universums verloren. Wenn Sie sich unsicher fühlen, nimmt Ihr inneres Feuer mal ab, mal lodert es auf. Übernehmen Sie die stetige Atmung, die auf der tiefen Beherrschung des wahren Himmels beruht.

Zweite Linie
Ihr inneres Feuer wird durch den Wind bzw. den Fluss Ihrer Gedanken, die Sie mit dem Glauben an ein mythisches Universum erfüllen, am Leben erhalten. Sie wähnen sich sicher unter Glaubensgenossen, doch tief im Herzen wissen Sie, dass Sie sich eigentlich der Angst vor dem Unbekannten beugen.

Erste Linie
Das Feuer steigt auf. Wenn diese Wahrheit bis in die Tiefen Ihrer Seele vorgedrungen ist, haben Sie so festen Boden unter den Füßen, dass Sie die Schleier des mythischen Universums durchdringen und sich der unergründlichen Weite des wahren Himmels stellen können.

Hinweis
Die zweite Linie ist die bedeutendste des Hexagramms Thung Zân. Sie stellt Ihre Knie dar, die es Ihnen konkret und im übertragenen Sinn ermöglichen, sich vor dem Pantheon des mythischen Universums zu verbeugen oder sich zu erheben und aufrecht zu stehen, sodass Sie in die überwältigende Weite des wahren Himmels blicken können.

Starke und schwache Wandlungslinien
In Ihrem Hexagramm sollten Sie besonders auf die Wandlungslinien achten. Eine starke Linie zeigt an, dass Sie die Situation mit zu viel Kraft angehen, eine schwache Linie verlangt eine kühnere Haltung.

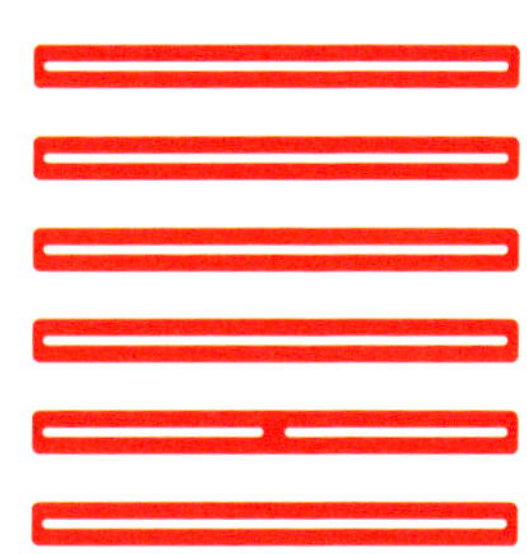

***I Ging* – ein geschlossenes System**
Die Antwort auf Ihre Frage finden Sie nicht nur im Ausgangshexagramm. Zur tieferen Einsicht sollten Sie auch die verschiedenen einzelnen Hexagramme beachten, aus denen das Ausgangshexagramm besteht. Die Zahl hinter den Hexagrammen verweist auf die Seite, auf der Sie die ausführliche Interpretation nachlesen können. Durch Wandlungslinien ergibt sich ein Folgehexagramm.

Wie das Leben selbst, so ist auch das *I Ging* ein wundersames geschlossenes Labyrinth, aus dem Sie nur entkommen, indem Sie das Buch schließen.

Das Folgehexagramm
Dadurch, dass sich die Wandlungslinien in ihr Gegenteil verkehren – aus einer unterbrochenen Linie wird eine durchgezogene und umgekehrt –, entsteht ein Folgehexagramm, das Auskunft über eine künftige Lebensphase gibt. Die Informationen auf der linken Seite sind bei der Beschäftigung mit diesem Hexagramm am hilfreichsten, weil Folgehexagramme keine Wandlungslinien enthalten. Die Informationen auf der rechten Seite können natürlich auch aufschlussreich sein.

Diese Hexagramme sind Bestandteile des Ausgangshexagramms und geben Ihnen weitere Hinweise zu Ihrer derzeitigen Situation.

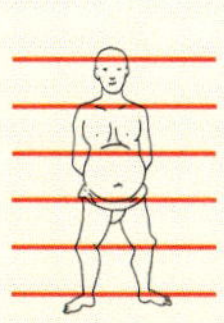

Die Linien entsprechen unterschiedlichen Körperbereichen. Die Stichworte geben Ihnen einen Einblick in Ihre derzeitige körperliche und geistige Verfassung.

Starke Wandlungslinie
Schwache Wandlungslinie

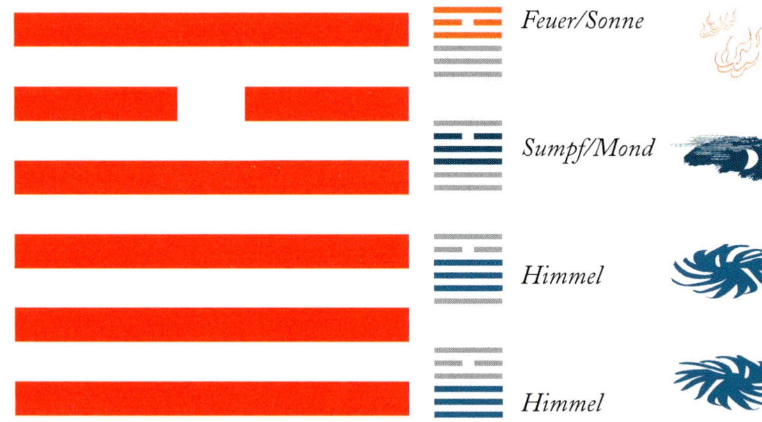

TÂ YÛ (Tiefe Einsicht, großer Besitz)

Tâ und Yû stehen für einen reifen Menschen, der den Wert irdischer Verlockungen richtig einschätzt. Die den Mond bedeckende Hand weist darauf hin, dass die Sicht nicht mehr durch täuschende Erscheinungen getrübt ist und dass das Wesentliche des Lebens erkannt wurde.

Im Hexagramm ist die stets scheinende Sonne mit einer reifen Denkweise vergleichbar. Die Sonne steht hoch über dem Sumpf/Mond und den beiden Himmeln. Der obere Himmel, der meistens mit dem trügerischen Mondlicht assoziiert wird, repräsentiert das hellblaue Himmelsgewölbe oder die Erdatmosphäre, die die materielle Realität umschließt. Von Furcht erfüllt bei dem Gedanken, sich der grenzenlosen Weite des unteren, wahren Himmels zu stellen, klammert sich der unreife Mensch verzweifelt an materielle Dinge. So wird der irdische Anschein zu himmlischer Realität erhöht und materielle Güter und Vergnügungen erhalten einen fast göttlichen Stellenwert. Ein reifer Mensch kann das Erdenspiel unbefangen genießen, weil er sich nicht hinter einer Nebelwand vor der grenzenlosen Weite des Universums zu verstecken braucht.

Tiefe Einsicht, großer Besitz (14

Der Aufbau des Hexagramms zeigt an, dass Schein und Realität miteinander verschmelzen. Sie benötigen tiefe Einsicht in die Funktionsweise dieser Dualität, wenn Sie Gegensätze vereinen und sich nicht mehr von der einen oder anderen Seite blenden lassen wollen. Beachten Sie die folgenden Hinweise.

Dualität 3

Zeit Ihres Lebens sind Sie dem Spiel der Dualität unterworfen. In Ihrem Inneren wissen Sie, dass Sie mit der Einheit verbunden sind, aus der jeder Gegensatz hervorgeht. Bewahren Sie sich dieses Bewusstsein und halten Sie Ihre innere Gewissheit nicht für verloren, auch wenn Sie sie momentan nicht spüren.

Tiefe Einsicht, großer Besitz (1

Liebe beweist, dass sich Gegensätze vereinen lassen, doch Furcht und Kummer vergrößern die Kluft zwischen ihnen. Tiefe Einsicht erwächst aus dem Wissen, dass sich die Dualität zwar in Ihrer äußeren Umgebung zeigt, in Wahrheit jedoch in Ihrer inneren Erfahrung liegt.

Erfüllung 4

Dieser Hinweis ermahnt Sie, auf der Hut vor verführerischem materiellen Gewinn zu sein. Dann verheddern Sie sich nicht so leicht im Spiel der Illusionen, das auf der Erde gespielt wird.

Schöpferische Kraft

Sobald Sie die Dualität als das betrachten, was sie ist, können Sie etwas von dem unbeschreiblichen Meer schöpferischer Kraft erfahren, indem Sie Ihr Bewusstsein ganz in dieser Energie aufgehen lassen. Wenn Sie Ihre bewusste Kontrolle wiedererlangt haben, wissen Sie, wie Sie sich an der Schöpfung, von der Sie ein Teil sind, erfreuen können.

TÂ YÛ

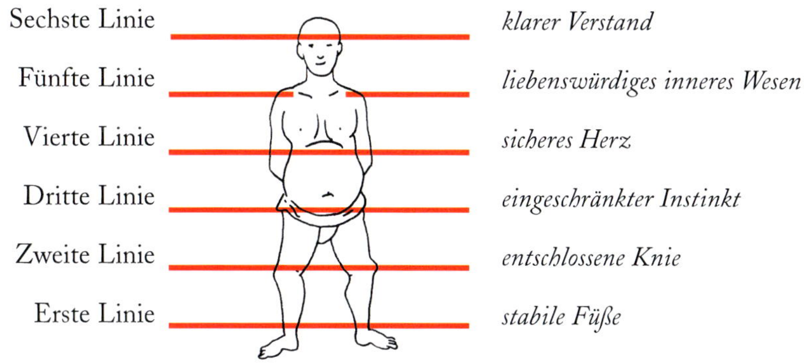

Die einzelnen Linien

Sechste Linie
Die oberste Linie der Sonne impliziert, dass Sie bereit sind, Ihr Bewusstsein mit dem himmlischen Ozean schöpferischer Kraft eins werden zu lassen. Die Einsichten, die Sie erhalten, werden Ihnen ermöglichen, sich an der Schöpfung, von der Sie ein Teil sind, frei und glücklich zu erfreuen.

Fünfte Linie
Das Innerste der Sonne und die spiegelnde Oberfläche des Vollmonds deuten eine Zeit an, in der Sie aufrichtig geben und nehmen können. Achten Sie darauf, dass Sie über die Eigenschaften verfügen, die von den starken Linien dargestellt werden. Dann werden Sie eine majestätische Kraft ausstrahlen, die gewährleistet, dass man Sie respektvoll behandelt.

Vierte Linie
Die Sonne steht hoch am Himmelsgewölbe und ihr Einfluss auf die spiegelnde Oberfläche des Mondes nimmt ab. Diese symbolische Darstellung des abnehmenden Mondes weist darauf hin, dass Sie derzeit nicht in der Lage sind, Ihren reichen Schatz an Einsichten mit anderen zu teilen.

Dritte Linie
Im Zentrum des Himmelsgewölbes befindet sich die irdische Realität, von der aus Sie Ihre Aufmerksamkeit auf den Himmel richten können. Seien Sie so offen wie der dunkle Mond, der immerwährendes Sonnenlicht erhalten und spenden möchte. Wenn Sie die Polarität des Erdenlebens erkannt haben, können Sie in sich die Einheit, nach der Sie sich sehnen, verankern.

Zweite Linie
Vom Herzen des wahren Himmels aus gewahren Sie das Himmelsgewölbe, das die irdische Realität umgibt, und sehen, wie sich die Erde wie ein schwer beladener Waggon auf ihrer Umlaufbahn bewegt. Jetzt, wo die Einflüsse von Sonne und Mond vor Ihnen liegen, erkennen Sie, wie Sie irdische Verlockungen genießen können, ohne sich darin zu verfangen.

Erste Linie
Meditation und Schlaf können Sie vorübergehend an den Ozean schöpferischer Kraft führen und Ihnen so die Illusion vermitteln, Sie seien der materiellen Realität entwichen. Doch der Dualität können Sie Ihr Leben lang nicht entkommen. Erforschen Sie deshalb lieber ihre Funktionsweise.

Hinweis
Im Hexagramm Tâ Yû weist die Sonne ☲ auf Einheit oder das Prinzip reinen Gebens hin. Die Spiegelung des Sumpfes/Mondes ☱ symbolisiert die Dualität von Geben und Nehmen. Auch Sie besitzen diese Eigenschaften. Stufen Sie nicht eine höher als die andere ein, wenn Sie in Harmonie mit dem himmlischen Willen ☰ leben wollen.

Starke und schwache Wandlungslinien
In Ihrem Hexagramm sollten Sie besonders auf die Wandlungslinien achten. Eine starke Linie zeigt an, dass Sie die Situation mit zu viel Kraft angehen, eine schwache Linie verlangt eine kühnere Haltung.

***I Ging* – ein geschlossenes System**
Die Antwort auf Ihre Frage finden Sie nicht nur im Ausgangshexagramm. Zur tieferen Einsicht sollten Sie auch die verschiedenen einzelnen Hexagramme beachten, aus denen das Ausgangshexagramm besteht. Die Zahl hinter den Hexagrammen verweist auf die Seite, auf der Sie die ausführliche Interpretation nachlesen können. Durch Wandlungslinien ergibt sich ein Folgehexagramm.

Wie das Leben selbst, so ist auch das *I Ging* ein wundersames geschlossenes Labyrinth, aus dem Sie nur entkommen, indem Sie das Buch schließen.

Das Folgehexagramm
Dadurch, dass sich die Wandlungslinien in ihr Gegenteil verkehren – aus einer unterbrochenen Linie wird eine durchgezogene und umgekehrt –, entsteht ein Folgehexagramm, das Auskunft über eine künftige Lebensphase gibt. Die Informationen auf der linken Seite sind bei der Beschäftigung mit diesem Hexagramm am hilfreichsten, weil Folgehexagramme keine Wandlungslinien enthalten. Die Informationen auf der rechten Seite können natürlich auch aufschlussreich sein.

Diese Hexagramme sind Bestandteile des Ausgangshexagramms und geben Ihnen weitere Hinweise zu Ihrer derzeitigen Situation.

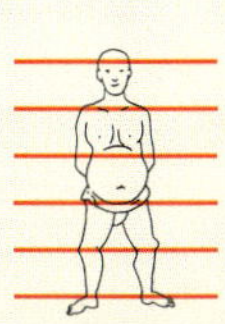

Die Linien entsprechen unterschiedlichen Körperbereichen. Die Stichworte geben Ihnen einen Einblick in Ihre derzeitige körperliche und geistige Verfassung.

Starke Wandlungslinie
Schwache Wandlungslinie

大有

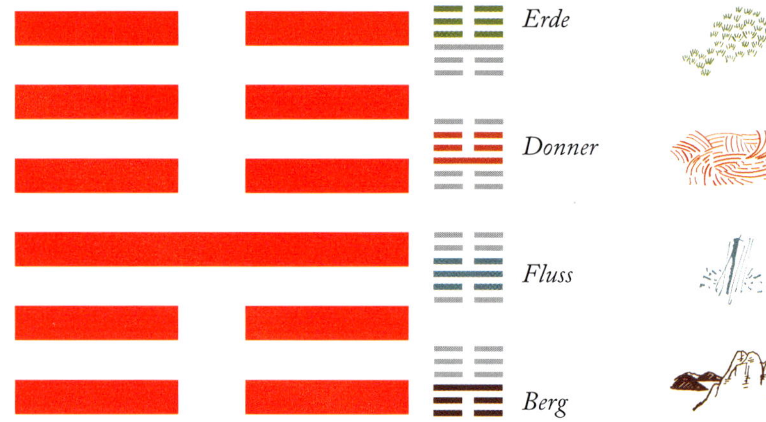

KHIEN (Bescheidenheit)

Die Zusammensetzung des Zeichens Khien lässt an einen aufrichtigen Menschen denken, dessen bescheidenes Verhalten zum Erfolg führt. Um dieses Ziel zu erreichen, versteckt er sich im gemeinen Volk wie ein Getreidehalm in der Garbe. Mit der Sprache des Herzens schmiedet er aus Sympathisanten eine unbesiegbare Armee.

Die Lage des Berges unter der Erde repräsentiert im Hexagramm den Wert dieser Vorgehensweise. Dieser unterirdische Felsen stellt einen verlässlichen Menschen dar. Wie das Frischwasser, das im Berggipfel wie ein unterirdischer See fruchtbaren Wissens gelagert ist, ist er weise, doch er prahlt nicht mit seiner Weisheit. Der Donner, der vom Gipfel nach oben rollt, symbolisiert seine Stimme, die ehrliche Einsichten zum Ausdruck bringt. Seinem Überlebensinstinkt folgend, spricht er leise, doch seine Stimme ist trotzdem aufwühlend. Seine Weisheit sprudelt wie kristallklares, erfrischendes Wasser aus einer unterirdischen Quelle. Im Gegensatz dazu sieht die Erde trostlos aus: Es gibt keinen Wind, keinen Himmel, keine Sonne und keinen Mond. Die inneren Hexagramme weisen auf die Absetzung einer repressiven Regierung durch eine heimlich vorbereitete Revolution hin.

Bescheidenheit (15

Auch Sie sind Teil eines Ganzen und müssen deshalb zum Wohlbefinden Ihrer Umwelt beitragen, selbst wenn das heißt, dass Sie Ihren wahren Charakter eine Zeitlang verbergen müssen. Beachten Sie die folgenden Hinweise (von unten nach oben).

Wintersonnenwende, Erwachen 24

Der Wendepunkt ist abzusehen – das Licht wird die Dunkelheit erobern. Aber es muss noch viel getan werden, bevor sich die Situation wieder normalisiert. Lassen Sie sich nicht vom Siegestaumel davontragen, sondern benehmen Sie sich genauso human wie zuvor.

Die Armee 7

Ein guter General bleibt inmitten seiner Truppen und ist Vorbild für sie. Behalten Sie den Überblick, gründen Sie Ihre Strategie auf das Gemeinwohl und lassen Sie sich nicht von Emotionen mitreißen.

Den Knoten durchschneiden 4

Es ist Zeit zum Handeln. Wenn Sie jetzt zögern, verlieren Sie den Vorteil, den ein Überraschungsangriff bietet. Niemand geht unversehrt aus einem Kampf hervor – denken Sie darüber nach, bevor Sie zuschlagen.

Unterdrückung 6

Wenn Sie unter dem Einfluss eines totalitären Regimes stehen, ist es besser stillzuhalten. Stellen Sie Ihre Segel in den Wind, bleiben Sie auf der Hut und warten Sie ruhig den geeigneten Moment ab, um zuzuschlagen.

Anfängliche Schwierigkeit 3

Das Regenwasser bildet einen See auf dem Berggipfel. Genauso wie Wasser von der Schwerkraft gezwungen wird, seinen Weg nach unten zu finden, müssen Sie anderen Ihr Wissen irgendwann vermitteln. Es liegt an Ihnen, dafür den richtigen Moment zu bestimmen.

KHIEN

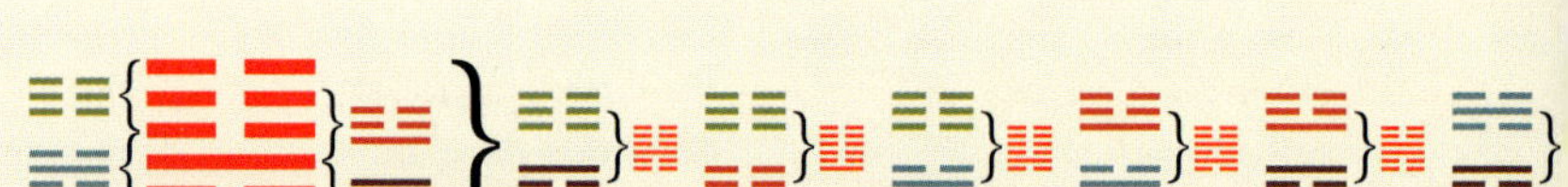

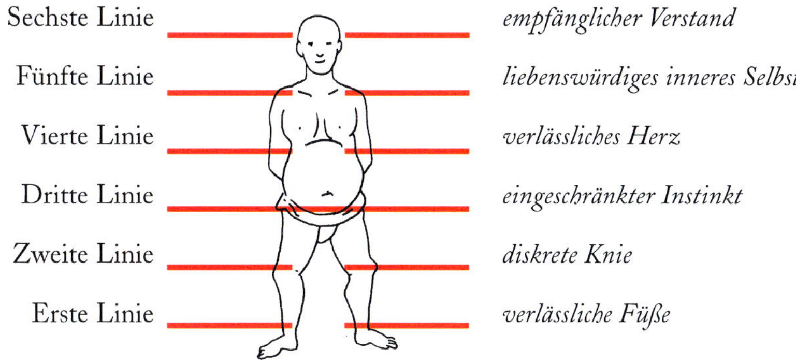

Die einzelnen Linien

Sechste Linie
Diese Linie repräsentiert die Erdoberfläche, wo die Schlacht ausgetragen wird. Wenn Sie sich bis hierher umsichtig verhalten haben, können Sie jetzt zum Angriff übergehen. Machen Sie sich klar, dass Sie nur in Ihrer Umgebung den Frieden wiederherstellen müssen. Verfolgen Sie den Feind nicht auf sein eigenes Territorium.

Fünfte Linie
Unter der Erde verborgen, bringen Sie Ihre Einsichten freimütig, aber so diskret wie der leicht grollende Donner zum Ausdruck. Brüsten Sie sich nicht mit Ihrem Besitz oder Ihrem Status. Nur durch Bescheidenheit und Weisheit werden Sie die Unterstützung der anderen gewinnen. Danach können Sie entscheiden, wann es Zeit ist, zu den Waffen zu greifen.

Vierte Linie
Tief unter der Erde verborgen, wird Ihnen klar, dass der Sieg nur möglich ist, wenn Sie Ihre Ängste und Gefühle unter Kontrolle haben. Wenn Ihr Herz von Emotionen überflutet wird und in Ihrer Brust ein donnerndes Getöse macht, werden ihre klaren Einsichten zu verworrenen Schreien verkümmern, die die Menschen abschrecken.

Dritte Linie
Hier ist der Punkt des Gleichgewichts, wo Ihr Überlebensinstinkt die ganze Ruhe eines unerschütterlichen Felsens ausstrahlt, während die gebremste Kraft des Donners in der Ferne grollt. Sie können Ihre Einsichten jetzt auf eine Art anbieten, die zugleich bescheiden und überzeugend ist, und aus der Schlacht als strahlender Sieger hervorgehen.

Zweite Linie
Unter dem Berggipfel sind Sie so tief in Gedanken versunken, als versuchten Sie, sich gewaltsam durch den Grund des wirbelnden Sees Ihres Wissens zu kämpfen. Allmählich wird Ihnen bewusst, dass Sie die Schlacht nur durch inneren Frieden und Besonnenheit gewinnen können.

Erste Linie
Am Fuß des Berges wird Ihnen klar, dass Sie nur mit großer Umsicht aus diesem Abgrund herauskommen. Mit diesem Wissen, das in Ihre Seele eingeprägt ist, können Sie einem großartigen Sieg entgegensehen.

Hinweis
Im Hexagramm Khien ist die dritte Linie – Ihr Überlebensinstinkt – die Achse, um die in einer gefährlichen Situation alles kreist. Bleiben Sie wie der unter der Erde verborgene Fels liegen und verhalten Sie sich unauffällig. Sie können Unterstützung bekommen, indem Sie Ihre Einsichten , die von der ehrlichen Kraft des Donners gemäßigt werden, gezielt verbreiten.

Starke und schwache Wandlungslinien
In Ihrem Hexagramm sollten Sie besonders auf die Wandlungslinien achten. Eine starke Linie zeigt an, dass Sie die Situation mit zu viel Kraft angehen, eine schwache Linie verlangt eine kühnere Haltung.

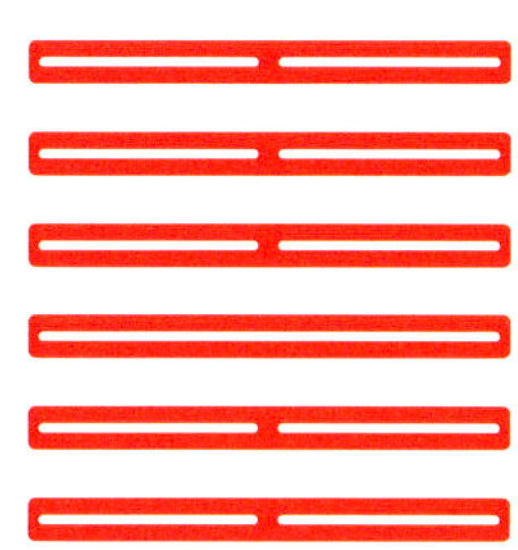

I Ging – ein geschlossenes System
Die Antwort auf Ihre Frage finden Sie nicht nur im Ausgangshexagramm. Zur tieferen Einsicht sollten Sie auch die verschiedenen einzelnen Hexagramme beachten, aus denen das Ausgangshexagramm besteht. Die Zahl hinter den Hexagrammen verweist auf die Seite, auf der Sie die ausführliche Interpretation nachlesen können. Durch Wandlungslinien ergibt sich ein Folgehexagramm.

Wie das Leben selbst, so ist auch das *I Ging* ein wundersames geschlossenes Labyrinth, aus dem Sie nur entkommen, indem Sie das Buch schließen.

Das Folgehexagramm
Dadurch, dass sich die Wandlungslinien in ihr Gegenteil verkehren – aus einer unterbrochenen Linie wird eine durchgezogene und umgekehrt –, entsteht ein Folgehexagramm, das Auskunft über eine künftige Lebensphase gibt. Die Informationen auf der linken Seite sind bei der Beschäftigung mit diesem Hexagramm am hilfreichsten, weil Folgehexagramme keine Wandlungslinien enthalten. Die Informationen auf der rechten Seite können natürlich auch aufschlussreich sein.

Diese Hexagramme sind Bestandteile des Ausgangshexagramms und geben Ihnen weitere Hinweise zu Ihrer derzeitigen Situation.

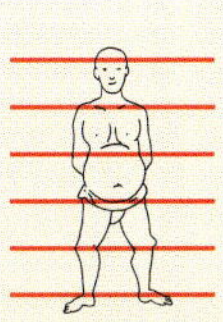

Die Linien entsprechen unterschiedlichen Körperbereichen. Die Stichworte geben Ihnen einen Einblick in Ihre derzeitige körperliche und geistige Verfassung.

Starke Wandlungslinie
Schwache Wandlungslinie

豫

豫

Eine gebende und eine empfangende Handfläche: um etwas von einer Hand zur anderen weiterzureichen; ebenso: geben und nehmen und ich oder wir

Elefant – Symbol des Gleichgewichts und der Kraft

YÛ (Ausgewogene Bewegung)

Die Bestandteile des Zeichens Yû bezeichnen einen überzeugenden und ausgeglichenen Führer, der anderen Autorität verleiht.

In diesem Hexagramm ist der aus der Erde aufragende Berg ein Zentrum der Macht und Stabilität. Er symbolisiert den Anführer. Der Donner lässt an seine Stimme denken, die mit aufrichtigem Herzen spricht und die Weisheit, die auf dem Berggipfel in Form eines Sees fruchtbaren Wissens lagert, verteilt. Trotz der Gegenwart des dauerhaften Berges sieht die Erde trostlos aus, da Wind, Himmel, Sonne und Mond fehlen. Yû, das auf das Hexagramm 15 folgt, deutet auf eine Zeit des Wiederaufbaus nach einer erfolgreichen Revolte gegen ein repressives Regime hin. Die inneren Hexagramme unterstreichen dies. Nach dem Siegesrausch werden Sie großes diplomatisches Geschick sowie Kenntnis für den Wiederaufbau brauchen. Bevor Sie sich versehen, könnte man auch Sie für einen Diktator halten. Die Geschichte beweist, dass alles der Veränderung unterliegt; daher können selbst Ihre guten Vorsätze ins Wanken geraten. Trotzdem müssen Sie sich an die Arbeit machen, denn wer nicht wagt, der nicht gewinnt!

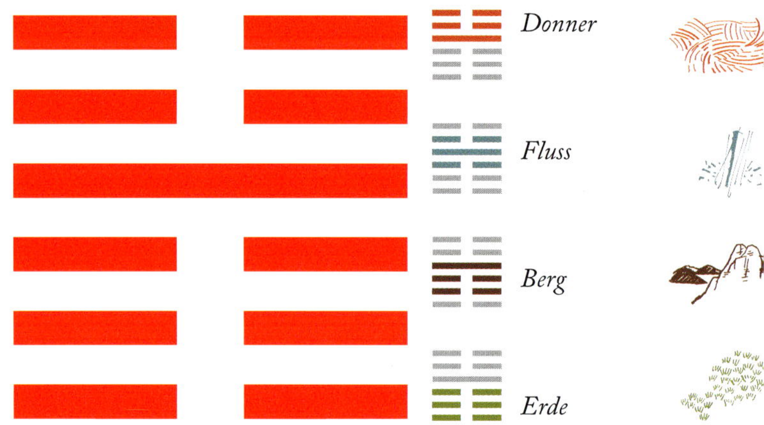

Ausgewogene Bewegung
Der Rhythmus des Universums wird durch eine ausgewogene Bewegung gekennzeichnet. Alles bleibt durch das Spiel von Anziehung und Abstoßung oder Geben und Nehmen im Gleichgewicht. Eine Kraft, die für sich bleibt, bricht irgendwann zusammen. Diese Wahrheit erschließt sich Ihnen von unten nach oben gelesen.

Den Knoten durchschneiden
Wenn Sie erkannt haben, dass das Schicksal Sie einholen wird, egal ob Sie versuchen, alle Fäden in der Hand zu behalten oder nicht, werden Sie den Sprung wagen und Helfer einsetzen, die Ihre Absicht überall verbreiten. Natürlich besteht die Gefahr von Fehlinterpretationen, die sich künftig auswirken werden.

Unterdrückung
Wenn Sie Helfer einsetzen, laufen Sie Gefahr, dass sie sich gegen Sie wenden und Ihnen einen Machtkampf liefern werden. Die Geschichte bestätigt das.

Anfängliche Schwierigkeit
Wer sich nahe am See des fruchtbaren Wissens aufhält, trinkt dessen Erkenntnisse direkt. Je weiter entfernt die Botschaft fließt, desto verworrener wird sie. Es ist vernünftig, vertrauenswürdige Helfer zu ernennen, die Ihre Einsichten wortgetreu vermitteln.

Verbindung
Jetzt wo sich alle erwartungsvoll der Zukunft zuwenden und sich gemeinsam an die Wiederaufbauarbeit machen, sollten Sie neue politische Pläne schmieden.

Die Zerstörung der Vergangenheit
Nach einem Sieg ist es ratsam, alle Spuren des früheren Regimes zu beseitigen, damit der Wiederaufbau mit neuem Elan begonnen werden kann.

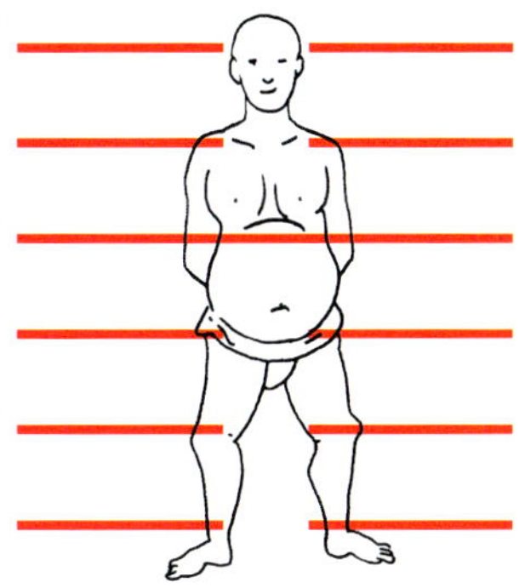

Die einzelnen Linien

Sechste Linie
Die oberste Linie des Donners beschwört die Vorstellung herauf, dass Sie Ihr Herz sprechen lassen und Ihr Verstand darauf vertraut, dass ihre Worte ewiger Balsam auf die Seelen anderer sein werden. Denken Sie daran, dass sich diejenigen, die jetzt mit Ihnen zufrieden sind, später aus verschiedenen Gründen gegen Sie wenden könnten.

Fünfte Linie
Das Innerste des Donners und die Oberfläche des Sees fruchtbaren Wissens deuten an, dass Sie geben wollen, aber keine geeigneten Worte finden können, um auszudrücken, was Sie im Grunde Ihres Herzens bewegt. Das Wissen, dass andere ihre Gedanken auf Sie projizieren werden, falls Sie stumm bleiben, hilft Ihnen vielleicht, dieses Hindernis zu überwinden.

Vierte Linie
Hier ist das Gleichgewichtszentrum, wo Ihre Lebenskraft an die Ruhe des Berges denken lässt und Ihr Herz beständig mit der gebremsten Kraft des Donners schlägt, der in der Ferne grollt. Sie sind bereit, anderen Ihre Einsichten anzuvertrauen, um sie weiter zu verbreiten.

Dritte Linie
Von der Erdoberfläche aus lauschen Sie mit gespitzten Ohren den weisen Worten, die aus den Tiefen des Sees auf dem Berggipfel dringen und nach Wiederaufbau rufen. Aber Sie sind immer noch so im Siegestaumel gefangen, dass Sie nur die Hälfte des empfangenen Wissens erfassen. Das kann zu Missverständnissen führen.

Zweite Linie
Unter der Erde, am Fuß des Berges, blicken Sie bereits erwartungsvoll in die Zukunft, obwohl ringsherum die Siegesfeiern in vollem Gang sind. Mit dem Berg als Führer sind Sie so stabil wie ein Fels. Sie vermeiden den Siegesrausch und schütteln die Last der Vergangenheit ab.

Erste Linie
Tief unter der Erde sind Sie so im Siegesrausch gefangen, dass Sie nicht bemerken, dass Sie immer noch mit den Wurzeln der Vergangenheit ringen. Werden Sie wieder nüchtern, sagen Sie sich von der Vergangenheit los und wenden Sie Ihre Aufmerksamkeit der Zukunft zu.

Hinweis
Die vierte Linie bzw. Ihre Lebenskraft ist das Herz des Hexagramms Yû. Die Ruhe des Berges ☶ versichert Sie der inneren Kraft, sodass Sie Ihr Wissen mit beständig klopfendem Herzen ☳ verschenken. Sie verbreiten Ihre Erkenntnisse mit Hilfe des Flusses ☵ über die Erde ☷, in der Hoffnung, dass sie an der Mündung noch immer so klar sein werden wie an der Quelle.

Starke und schwache Wandlungslinien
In Ihrem Hexagramm sollten Sie besonders auf die Wandlungslinien achten. Eine starke Linie zeigt an, dass Sie die Situation mit zu viel Kraft angehen, eine schwache Linie verlangt eine kühnere Haltung.

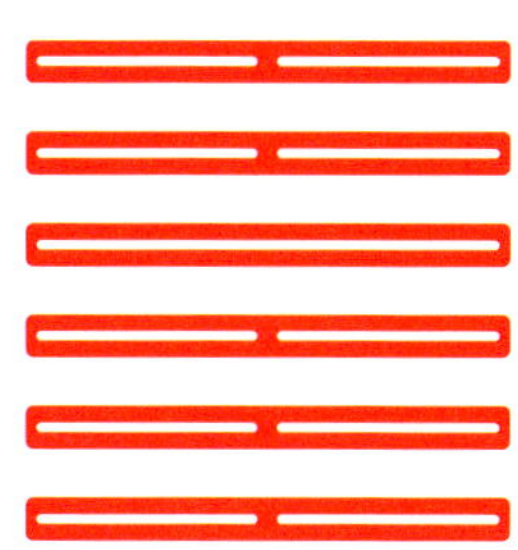

***I Ging* – ein geschlossenes System**
Die Antwort auf Ihre Frage finden Sie nicht nur im Ausgangshexagramm. Zur tieferen Einsicht sollten Sie auch die verschiedenen einzelnen Hexagramme beachten, aus denen das Ausgangshexagramm besteht. Die Zahl hinter den Hexagrammen verweist auf die Seite, auf der Sie die ausführliche Interpretation nachlesen können. Durch Wandlungslinien ergibt sich ein Folgehexagramm.

Wie das Leben selbst, so ist auch das *I Ging* ein wundersames geschlossenes Labyrinth, aus dem Sie nur entkommen, indem Sie das Buch schließen.

Das Folgehexagramm
Dadurch, dass sich die Wandlungslinien in ihr Gegenteil verkehren – aus einer unterbrochenen Linie wird eine durchgezogene und umgekehrt –, entsteht ein Folgehexagramm, das Auskunft über eine künftige Lebensphase gibt. Die Informationen auf der linken Seite sind bei der Beschäftigung mit diesem Hexagramm am hilfreichsten, weil Folgehexagramme keine Wandlungslinien enthalten. Die Informationen auf der rechten Seite können natürlich auch aufschlussreich sein.

Die linke Hand bietet der geschickten rechten (und rechtschaffenen) Hand Unterstützung an.
Geneigtes Gelände, das leicht zugänglich ist
隨
Schritt für Schritt gehen
Getrocknete Fleischstreifen in einem Bündel

SUI (Fröhlich und bereitwillig)

Die geläufige Übersetzung des Zeichens Sui ist folgende: Der Aufbau des Zeichens weist auf einen geschickten, umgänglichen Menschen hin, der ruhig eine helfende Hand ausstreckt und so die Herzen der Anhänger gewinnt.

In diesem Hexagramm ist der Berg das Symbol für einen stabilen Menschen. Der Sumpf/Mond auf dem Berggipfel zeigt die Qualität eines liebevollen, rechtzeitigen Gebens und Empfangens an. Der Wind, der vom Sumpf kommend den Berg herunterweht, steht für das Ein- und Ausatmen – Gegensätze, die für die Dualität des Erdenlebens grundlegend sind. Beim Einatmen blickt der weise Mensch auf die Bedürfnisse der anderen und hört ihnen zu. Beim Ausatmen spricht er freundliche Worte, die Unsicherheiten aus dem Weg räumen und Wohlstand bringen. Der Donner, der sich gegen den Berggipfel zusammenbraut, deutet auf Anhänger hin, die ihr Herz dieser zugänglichen Quelle liebevoller Hilfsbereitschaft öffnen.

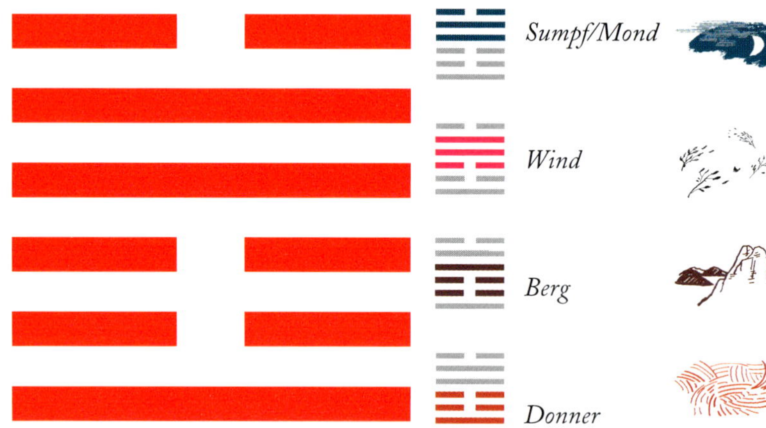

Fröhlich und bereitwillig
Wenn Sie stabile Ruhe und Freundlichkeit ausstrahlen, werden andere gern auf Ihre Ideen hören und sie fröhlich und bereitwillig in die Tat umsetzen. Die folgenden Hinweise zeigen Ihnen, wie Sie diese Qualitäten entwickeln können. (1

Dynamischer Verstand
Willenskraft und innere Zuversicht sind nötig, damit Sie kühn, doch liebevoll geben und nehmen können. 2

Das Spiel der Liebe
Die würdevolle Haltung des stabilen Berges ist Ihr Bezugspunkt. Wenn Sie im Zweifel sind oder die richtige Antwort nicht kennen, geben Sie es offen zu. Jede Lüge wird das felsenfeste Vertrauen erschüttern, das andere in Sie haben. 3

Die gesegnete Verbindung
Hören und sehen Sie weiterhin aufmerksam zu. Entscheiden Sie dann auf der Grundlage Ihrer Beobachtungen, wann es Zeit ist, zu reden oder zu schweigen. 5

Vermehrung
Wenn Sie Güte sehen, regen Sie sie an, und bei abweichendem Verhalten ziehen Sie sich zurück. Nur Freundlichkeit kann Freude im Herzen der anderen und die Stabilität einer fruchtbaren Verbindung erzeugen. 4

Nahrung
Mit der richtigen spirituellen Nahrung sorgt man für körperliche Nahrung. 2

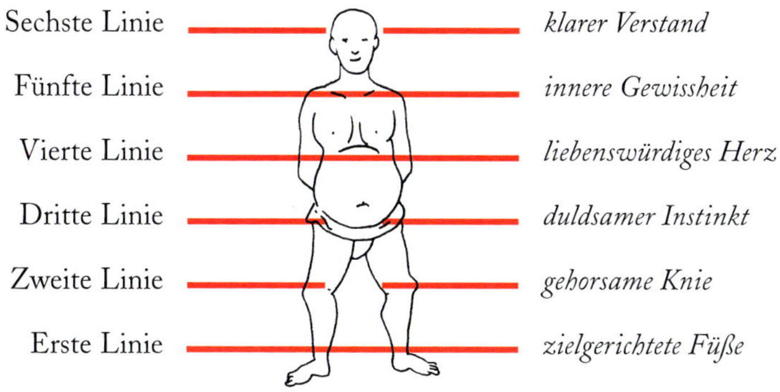

Die einzelnen Linien

Sechste Linie
Die spiegelnde Oberfläche des Sumpfes oder des Vollmonds steht für aufrichtiges, liebevolles Geben und Empfangen. Der Sumpf wird austrocknen und der Mond wird abnehmen. Verschließen Sie deshalb diese aufrichtige Haltung in Ihrem Herzen, damit Sie sie immer zur Verfügung haben.

Fünfte Linie
Der Wind erhebt sich unter der spiegelnden Oberfläche des Sumpfes/Mondes. Sie können über die äußere Erscheinung des Mondes hinaussehen. Sobald Sie sein Geheimnis erfahren haben, können Sie mit einer Atmung geben und empfangen, die so regelmäßig und freudig ist wie sein ewiger Zyklus.

Vierte Linie
Den stabilen Berg krönt der Grund des Sumpfes oder des dunklen Mondes und die Mitte des Windes oder der Moment zwischen Ein- und Ausatmen. Anhänger blicken zu Ihnen auf, aber Sie haben nichts zu sagen. Verstellen Sie sich nicht.

Dritte Linie
Unterhalb des Berggipfels begegnen sich Wind und Donner. Sie besitzen die Weisheit und die Liebe zum Leben, die nötig sind, um so mühelos und regelmäßig zu geben und zu nehmen wie eine ruhige Atmung, die das Herz zufrieden stellt.

Zweite Linie
Das Innerste des Donners grollt am Fuß des Berges. Sie öffnen Ihr Herz gerade jemandem, der nicht die richtigen Eigenschaften besitzt. Um den Richtigen zu finden, müssen Sie lernen, über Ihren Horizont hinauszublicken.

Erste Linie
Das Einsetzen des Donners bzw. des Unterkiefers, der geistesabwesend mit dem Oberkiefer (vierte Linie) zusammentrifft, welcher nichts zu berichten hat, ist ein Zeichen dafür, dass Sie nicht genährt werden. Es ist Zeit, die Initiative zu ergreifen und sich an jemanden zu wenden, der auf Ihre Bedürfnisse hört und Ihnen Nahrung anbietet.

Hinweis
Das Hexagramm Sui wird von der Interaktion zwischen *Dynamischer Verstand (28)* und *Nahrung (27)* dominiert. Diese Nahrung könnte sich auf Anhänger oder Ihren eigenen Körper beziehen; in beiden Fällen wird die Produktivität des Ganzen durch die Reinheit bestimmt, mit der Sie empfangen und geben.

Starke und schwache Wandlungslinien
In Ihrem Hexagramm sollten Sie besonders auf die Wandlungslinien achten. Eine starke Linie zeigt an, dass Sie die Situation mit zu viel Kraft angehen, eine schwache Linie verlangt eine kühnere Haltung.

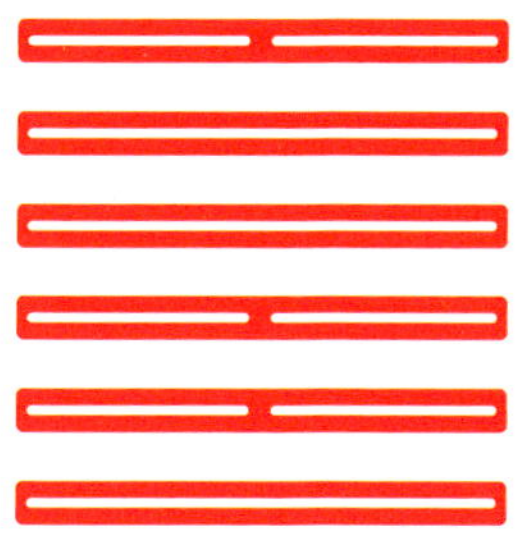

***I Ging* – ein geschlossenes System**
Die Antwort auf Ihre Frage finden Sie nicht nur im Ausgangshexagramm. Zur tieferen Einsicht sollten Sie auch die verschiedenen einzelnen Hexagramme beachten, aus denen das Ausgangshexagramm besteht. Die Zahl hinter den Hexagrammen verweist auf die Seite, auf der Sie die ausführliche Interpretation nachlesen können. Durch Wandlungslinien ergibt sich ein Folgehexagramm.

Wie das Leben selbst, so ist auch das *I Ging* ein wundersames geschlossenes Labyrinth, aus dem Sie nur entkommen, indem Sie das Buch schließen.

Das Folgehexagramm
Dadurch, dass sich die Wandlungslinien in ihr Gegenteil verkehren – aus einer unterbrochenen Linie wird eine durchgezogene und umgekehrt –, entsteht ein Folgehexagramm, das Auskunft über eine künftige Lebensphase gibt. Die Informationen auf der linken Seite sind bei der Beschäftigung mit diesem Hexagramm am hilfreichsten, weil Folgehexagramme keine Wandlungslinien enthalten. Die Informationen auf der rechten Seite können natürlich auch aufschlussreich sein.

Diese Hexagramme sind Bestandteile des Ausgangshexagramms und geben Ihnen weitere Hinweise zu Ihrer derzeitigen Situation.

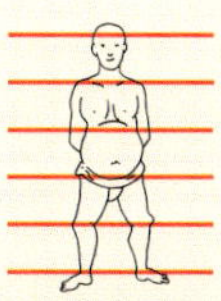

Die Linien entsprechen unterschiedlichen Körperbereichen. Die Stichworte geben Ihnen einen Einblick in Ihre derzeitige körperliche und geistige Verfassung.

Starke Wandlungslinie
Schwache Wandlungslinie

蠱

Alle möglichen schwärmenden und gifti-
gen Insekten und andere Tiere — 虫

Ein Gefäß oder eine Schüssel — 皿

KÛ (Zwanghaftes Verhalten beenden)

Das Zeichen Kû bezieht sich auf ein Gefäß, das mit Regenwasser gefüllt ist, welches von einem Lehm- oder Strohdach stammt, in dem es vor Ungeziefer wimmelt. Daher die Bedeutung: heimtückisches Vergiften, verursacht durch den Gebrauch unreinen Wassers.

In diesem Hexagramm symbolisiert der Berggipfel eine weise Person, die vom Dach der Welt aus den Blick zum Himmel erhebt und sich frei von alltäglichen, materiellen Sorgen fühlt. Der Sumpf/Mond am Fuß des Berges ist wie das Gefäß mit stagnierendem Wasser oder Wissen, das beim Erzählen entweder absichtlich oder unabsichtlich verdorben wird. Der Donner, der aus dem Sumpf auf den Berggipfel zurollt, weist auf das verzweifelt pochende Herz eines Menschen hin, der vom Schlamm nach unten gesogen wird und offen für einen weisen Rat ist, der ihn befreien würde. Der Wind bzw. die Atmung liegt unter dem Sumpf und verursacht einen unregelmäßigen Herzschlag. Diese Arrhythmie ist unvermeidlich, denn der Betreffende ringt in der fauligen Luft unter dem Sumpf bzw. unter dem Dach seines Hauses um Atem. Die verwesenden Ideen und Ideale, die in diesem Haus verbreitet werden, werden beim Einatmen zwangsläufig aufgesogen und beim Ausatmen ausgesprochen.

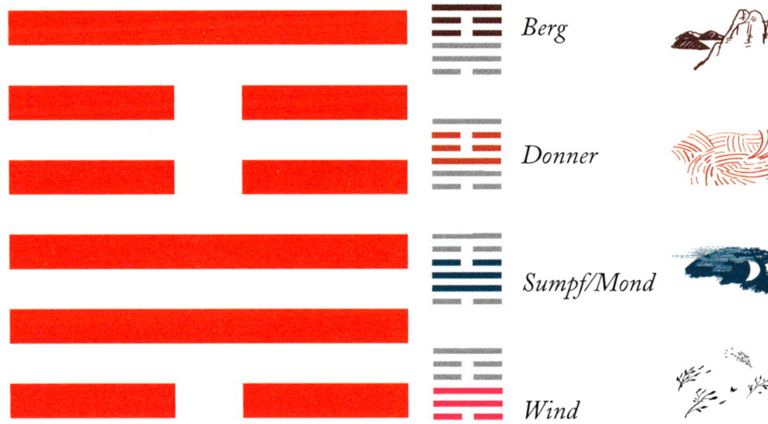

Zwanghaftes Verhalten beenden
Meistens schleicht sich zwanghaftes Verhalten aufgrund Ihrer Erziehung in Ihre unschuldige Seele und kann erst später im Leben ausgemerzt werden. Die folgenden Hinweise (von unten nach oben) dürften Ihnen helfen, diesem Gift entgegenzuwirken.

Nahrung
Schlucken Sie Ihre Vergangenheit hinunter oder spucken Sie sie aus und nehmen Sie neue spirituelle Nahrung zu sich, die Ihnen Ihr klarer Verstand bietet.

Entspannung
Neu an Ihrer Situation ist jetzt, dass Sie Ihr inneres Wesen entspannen können in dem Wissen, dass Sie von dem stabilen Berg bzw. Ihrem klaren Verstand bewacht werden, der Sie zur Ordnung ruft, sobald die Vergangenheit wieder an Ihnen nagt.

Fruchtbarkeit
Beobachten Sie, wie der Mond zu- und abnimmt, und machen Sie sich klar, dass es zum irdischen Leben gehört, Altes loszulassen und nach Neuem zu greifen.

Kontinuität, ausgeglichene Bewegung
Grübeln Sie nicht über Dinge nach, die Sie innerlich zerreißen. Wirken Sie dem Gift durch gleichmäßiges Atmen entgegen, damit Ihr Herz regelmäßig schlägt und Ihr Verstand sich klärt.

Dynamischer Verstand
Im Vertrauen auf Ihren Überlebensinstinkt und einen kompromisslosen Standpunkt können Sie vermeiden, Mitleid mit denjenigen zu empfinden, die Sie hinter sich lassen, um frei zu sein.

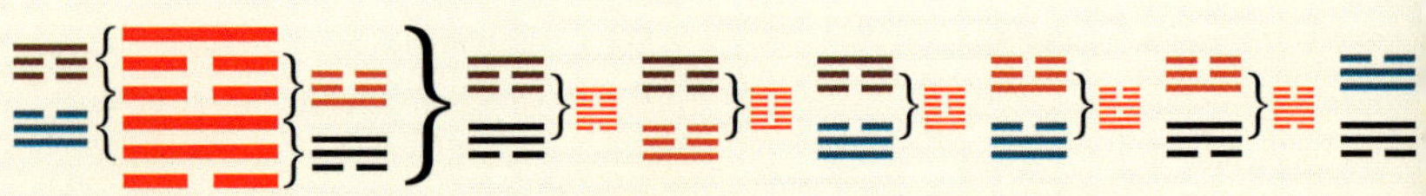

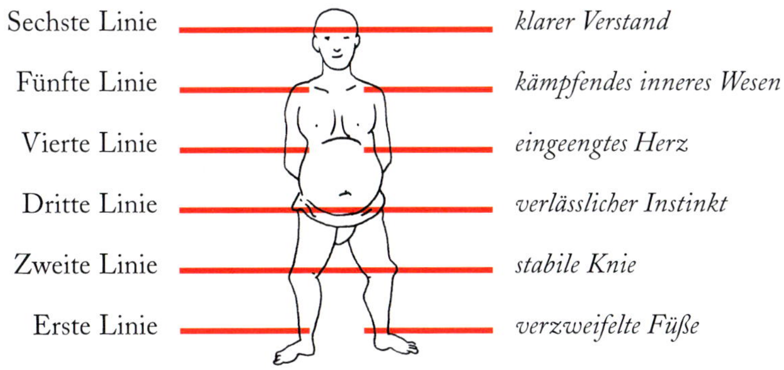

Die einzelnen Linien

Sechste Linie
Der Berggipfel weist darauf hin, dass Sie einen Überblick über die kleinmütigen Sorgen haben, die in Ihrer Jugend ein Teil von Ihnen geworden sind. Wenn Ihre einzige Wahrheit die unendliche Weite des Himmels ist, von dem aus alle schöpferische Kraft ausgeht, werden Sie sich verzerrten »Wahrheiten« nicht mehr beugen.

Fünfte Linie
Der Donner wendet sich an den Berggipfel um Hilfe, wie Ihr Herz, das für den weisen Rat eines Menschen offen ist, der diesen Weg vor Ihnen beschritten hat. Dies ist eine lobenswerte Art, dem zwanghaften Verhalten ein Ende zu machen, das Ihnen im Elternhaus als Vorbild diente.

Vierte Linie
Am Fuß des Berges wühlt der Donner die Oberfläche des Sumpfes auf, wobei er Unrat aufwirbelt. Ihr Herz ist voll von Anklagen gegen Ihr Elternhaus. Wenn Sie sie nicht loslassen, werden Sie für weisen Rat nicht offen sein.

Dritte Linie
Unter der Oberfläche des Sumpfes entdecken Sie wieder die Erinnerung an Ihren ersten Herzschlag (das Einsetzen des Donners) und Ihre erste Atmung (das Einsetzen des Windes) und werden sich erneut Ihres Überlebensinstinkts bewusst. Wenn Sie so friedlich wie ein Baby atmen, können Sie langsam, aber sicher wieder das Gefühl dafür bekommen, dass Sie jungfräulicher Boden sind, in dem alles wachsen kann, was Sie wünschen.

Zweite Linie
Am Grund des Sumpfes und in der Mitte des Windes (oder an dem Punkt, wo man entweder schluckt oder erstickt), wird Ihnen bewusst, dass Sie nicht mehr tiefer sinken können. Straffen Sie den Rücken und werfen Sie die willfährige Haltung ab, die Sie in jungen Jahren angenommen haben.

Erste Linie
Das Ende des Windes symbolisiert das Ausatmen. Dies ist der Moment, um zu sagen, was Sie von Ihrer Erziehung halten. Wenn Sie Ihre Unzufriedenheit zeigen, werden den Menschen, die Sie aufzogen, vielleicht die Augen geöffnet. Falls nicht, werden Sie sich zumindest von der Vorstellung trennen, dass Sie ein willfähriges Lamm sind, dem sie ihre Fehler aufbürden können.

Hinweis
Das Hexagramm Kû wird von *Nahrung (27)* und *Dynamischer Verstand (28)* bestimmt. Nur wenn Sie Ihren Überlebensinstinkt walten lassen und einen kompromisslosen Standpunkt einnehmen (zweite Linie), können Sie den Zwängen entfliehen, die durch Ihre Erziehung entstanden sind, und spirituelle Nahrung zu sich nehmen, die Sie wirklich nährt.

Starke und schwache Wandlungslinien
In Ihrem Hexagramm sollten Sie besonders auf die Wandlungslinien achten. Eine starke Linie zeigt an, dass Sie die Situation mit zu viel Kraft angehen, eine schwache Linie verlangt eine kühnere Haltung.

***I Ging* – ein geschlossenes System**
Die Antwort auf Ihre Frage finden Sie nicht nur im Ausgangshexagramm. Zur tieferen Einsicht sollten Sie auch die verschiedenen einzelnen Hexagramme beachten, aus denen das Ausgangshexagramm besteht. Die Zahl hinter den Hexagrammen verweist auf die Seite, auf der Sie die ausführliche Interpretation nachlesen können. Durch Wandlungslinien ergibt sich ein Folgehexagramm.

Wie das Leben selbst, so ist auch das *I Ging* ein wundersames geschlossenes Labyrinth, aus dem Sie nur entkommen, indem Sie das Buch schließen.

Das Folgehexagramm
Dadurch, dass sich die Wandlungslinien in ihr Gegenteil verkehren – aus einer unterbrochenen Linie wird eine durchgezogene und umgekehrt –, entsteht ein Folgehexagramm, das Auskunft über eine künftige Lebensphase gibt. Die Informationen auf der linken Seite sind bei der Beschäftigung mit diesem Hexagramm am hilfreichsten, weil Folgehexagramme keine Wandlungslinien enthalten. Die Informationen auf der rechten Seite können natürlich auch aufschlussreich sein.

Diese Hexagramme sind Bestandteile des Ausgangshexagramms und geben Ihnen weitere Hinweise zu Ihrer derzeitigen Situation.

Die Linien entsprechen unterschiedlichen Körperbereichen. Die Stichworte geben Ihnen einen Einblick in Ihre derzeitige körperliche und geistige Verfassung.

Starke Wandlungslinie
Schwache Wandlungslinie

臨

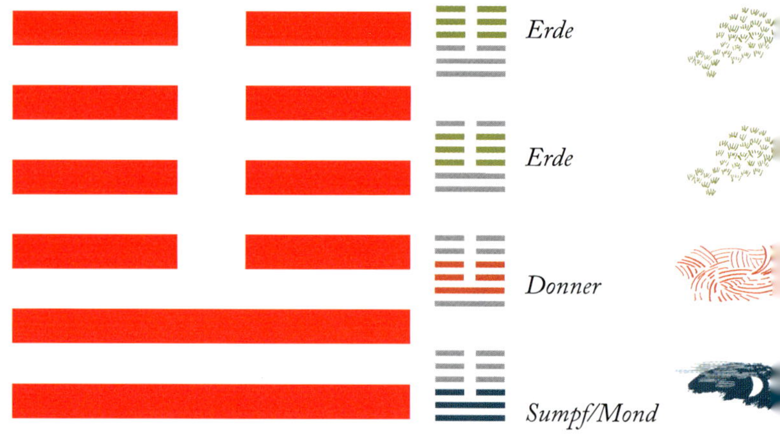

LIN (Anziehung)

Das Zeichen Lin zeigt einen Abgeordneten, der unabhängig von Geburt oder Rang jeden mit derselben Freundlichkeit behandelt.

In diesem Hexagramm ist der Mond der Abgeordnete der Sonne, seines Herrschers. Der Donner symbolisiert das schlagende Herz des Mondes, dessen Rhythmus ihn auf seiner Umlaufbahn hält, damit er das Licht der Sonne liebevoll empfangen und es genauso liebevoll und gerecht auf jeden auf der Erde reflektieren kann. Sie haben das Potential, genauso unvoreingenommen wie der Mond zu werden. Aber vorher müssen Sie anerkennen, dass Menschen sich aufgrund ihrer Unterschiede zueinander hingezogen fühlen und sich die anziehenden Qualitäten des anderen aneignen wollen. Die Menschen vergessen, dass sie die dunkle Seite nicht sehen wollen; sie weisen den anderen zurück, sobald dieser unangenehme Aspekt auftaucht. Der Unterschied zwischen Ihnen und einem anderen Menschen wird erst dann aufgehoben, wenn Sie alle anziehenden und abstoßenden Eigenschaften in sich vereint haben. Dann sind Sie, wie der Mond, fähig, anderen liebevoll und unvoreingenommen Ihre hellen und Ihre dunklen Seiten zu zeigen. Und jeder kann sich nach Belieben zu Ihnen hingezogen oder von Ihnen abgestoßen fühlen.

Anziehung
Wenn Sie jeden unvoreingenommen betrachten und freundlich behandeln, werden Sie zugleich geehrt und verleumdet werden. In beiden Fällen ist Ihre Anziehungskraft auf andere unbestreitbar; Probleme gibt es mit denen, die einen Unterschied zwischen sich und anderen machen. Die Regeln dieses Spiels werden Ihnen von unten nach oben erklärt.

Maßvolle Energie
Wenn Sie alle wesentlichen Unterschiede, die die Erde hervorbringt, in sich vereinen, wird Ihnen bewusst, dass alles, was Sie einmal als »besser« oder »schlechter« definiert haben, die gleiche Daseinsberechtigung hat.

Wintersonnenwende, Erwachen
Seien Sie sich Ihrer dunklen als auch Ihrer hellen Seite bewusst. Natürlich werden Sie Ihre »helle« Seite nicht unbedingt als hell und Ihre »dunkle« Seite nicht als dunkel erleben; diese Unterscheidungen werden von anderen getroffen, die je nach ihrer eigenen Neigung bestimmen, was an Ihnen attraktiv ist und was nicht. Da Sie nicht allen gefallen können, gefallen Sie wenigstens sich selber.

Anziehung
Sie können versuchen, nur die Seite zu zeigen, die ein anderer Ihrer Meinung nach für attraktiv hält. Aber früher oder später wird der andere herausfinden, dass Sie nicht Ihre ganze Persönlichkeit offenbart haben, und Sie werden wieder abgelehnt werden.

Fruchtbarkeit
Der Mond bewegt sich auf vielerlei Art um die Erde. Wenn er voll ist, sieht er schöner aus, als wenn er dunkel ist. Diese Dualität trifft auch auf Sie zu. Solange Sie eine Sache höher als eine andere einschätzen, begreifen Sie nur das halbe Bild.

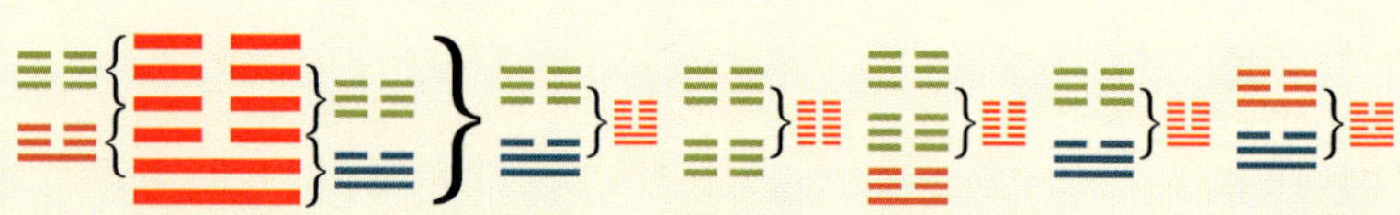

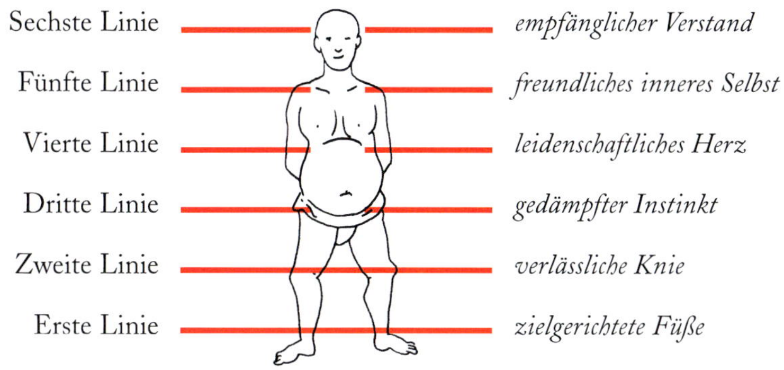

Die einzelnen Linien

Sechste Linie
Alles, was dazu bestimmt ist, durch Erwachen und Wachstum von der Dunkelheit ins Licht zu streben, manifestiert sich auf der Erdoberfläche. Wenn Sie nichts von sich verbergen und Ihre schlummernden Eigenschaften gleichermaßen entwickeln, werden Sie als ausgeglichener Mensch gelten.

Fünfte Linie
Diese Linie repräsentiert zugleich die Erdoberfläche und eine unterirdische Schicht, die darauf hinweist, das Sie Ihre potentiellen Kapazitäten in der Außenwelt erproben und sich mit den Ergebnissen dann in sich zurückziehen. Auf diese Weise polieren Sie Ihre Persönlichkeit zu einem funkelnden Diamanten, und ein anderer kann sich auf jede beliebige Facette konzentrieren, die ihn anzieht.

Vierte Linie
Der Donner, der sich tief unter der Erde ankündigt, weist auf die wachsende Erkenntnis hin, dass äußere Erscheinungsformen so vergänglich wie der Vollmond sind. Jetzt können Sie beginnen, an einer ausgeglichenen und unvoreingenommenen Persönlichkeit zu arbeiten.

Dritte Linie
Diese Linie tief unter der Erde ist zugleich der Moment des Vollmonds und das Innerste des Donners oder der ruhige Augenblick zwischen zwei Herzschlägen. Sie klammern sich an Ihre attraktive Seite, um Ihre unattraktive Seite zu verbergen. Sobald Ihnen dies bewusst wird, ist es Zeit, Ihre Befürchtungen zu überwinden und ganz Sie selbst zu sein.

Zweite Linie
In der Dunkelheit unter der spiegelnden Oberfläche des Sumpfes/Mondes beginnt der Donner zu grollen. Diese Linie symbolisiert den zunehmenden Mond. Um »voll« bzw. ganz und attraktiv zu werden, müssen Sie Ihren Weg weitergehen. Wenn Sie sich bewusst machen, dass Ihre gegenwärtige Form auch ihre Schönheit hat, sind Sie auf dem richtigen Weg.

Erste Linie
Dunkler Mond. Wenn Sie nicht ewig in der Dunkelheit herumwandern wollen, klammern Sie sich an die zweite Linie und erkennen Sie, dass Sie wieder Licht sehen werden, egal wie unattraktiv Sie sich derzeit fühlen.

Hinweis
Die Energien des Mondes ☱ und der Erde ☷ dominieren das Hexagramm Lin. Seien Sie sich darüber im Klaren, dass Attraktivität, die auf Äußerlichkeiten basiert, so vergänglich wie der Vollmond ist. Alle Dinge, die die Erde hervorbringt, schlummern in Ihnen; die Kunst ist, alle diese Facetten Ihrer Persönlichkeit zu erwecken ☱, ohne dass eine davon überhand nimmt.

Starke und schwache Wandlungslinien
In Ihrem Hexagramm sollten Sie besonders auf die Wandlungslinien achten. Eine starke Linie zeigt an, dass Sie die Situation mit zu viel Kraft angehen, eine schwache Linie verlangt eine kühnere Haltung.

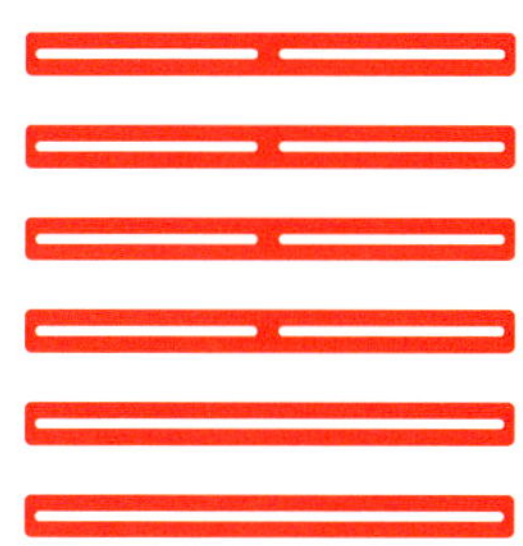

***I Ging* – ein geschlossenes System**
Die Antwort auf Ihre Frage finden Sie nicht nur im Ausgangshexagramm. Zur tieferen Einsicht sollten Sie auch die verschiedenen einzelnen Hexagramme beachten, aus denen das Ausgangshexagramm besteht. Die Zahl hinter den Hexagrammen verweist auf die Seite, auf der Sie die ausführliche Interpretation nachlesen können. Durch Wandlungslinien ergibt sich ein Folgehexagramm.

Wie das Leben selbst, so ist auch das *I Ging* ein wundersames geschlossenes Labyrinth, aus dem Sie nur entkommen, indem Sie das Buch schließen.

Das Folgehexagramm
Dadurch, dass sich die Wandlungslinien in ihr Gegenteil verkehren – aus einer unterbrochenen Linie wird eine durchgezogene und umgekehrt –, entsteht ein Folgehexagramm, das Auskunft über eine künftige Lebensphase gibt. Die Informationen auf der linken Seite sind bei der Beschäftigung mit diesem Hexagramm am hilfreichsten, weil Folgehexagramme keine Wandlungslinien enthalten. Die Informationen auf der rechten Seite können natürlich auch aufschlussreich sein.

Diese Hexagramme sind Bestandteile des Ausgangshexagramms und geben Ihnen weitere Hinweise zu Ihrer derzeitigen Situation.

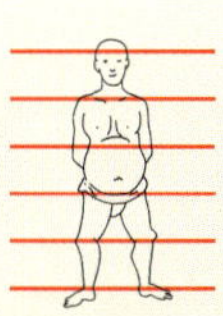

Die Linien entsprechen unterschiedlichen Körperbereichen. Die Stichworte geben Ihnen einen Einblick in Ihre derzeitige körperliche und geistige Verfassung.

Starke Wandlungslinie
Schwache Wandlungslinie

KWÂN (Beobachtung, Betrachtung)

Durch das Auge auf der unteren Hälfte des menschlichen Körpers bekommt das Zeichen Kwân die Bedeutung, sich umzublicken und/oder Ihren spirituellen Zustand zu ergründen. Diese Bedeutung wird bestärkt durch das Verhalten des Kranichs, der immer den Überblick über sein Jagdgebiet bewahrt. Er steht völlig regungslos auf einem Bein, ein Vorbild für Gleichgewicht, und erweckt den Eindruck, er habe sich von der Außenwelt abgeschnitten – und doch entgeht seiner Aufmerksamkeit nichts.

In diesem Hexagramm repräsentiert der von dem standfesten Berg wehende Wind gleichmäßige Atmung und eine ruhige, beschauliche Sicht auf das irdische Treiben. Dies bedeutet, dass Sie einerseits auf den Weg zurückblicken, den Sie gekommen sind, und eine Bestandsaufnahme des bereits Erreichten machen. Andererseits ist die Welt Ihre Auster und Sie können aus den zahllosen Möglichkeiten, die sie Ihnen bietet, Ihr eigenes Ziel wählen. Bevor Sie dazu übergehen, wäre es klug, Ihre Vergangenheit aufzuarbeiten. Wenn Sie der Zukunft mit unverarbeiteten Gefühlen beladen entgegensehen, werden Ihre neuen Eindrücke immer getrübt sein.

Wind

Berg

Erde

Erde

Beobachtung, Betrachtung
Im Allgemeinen sehen Sie nur das, was Sie sehen wollen. Da Ihre Vorurteile nützliche Informationen herausfiltern und den Rest ignorieren, werden Sie ständig in Ihrer Denkweise bestätigt. Wenn Sie Ihren Standpunkt ändern, werden neue Dinge Ihre Aufmerksamkeit auf sich ziehen. Beachten Sie die folgenden Hinweise. (20

Die gesegnete Verbindung
Ziehen Sie sich öfter zurück, und betrachten Sie in aller Ruhe die Dinge, die Sie erlebt haben. 53

Beobachtung, Betrachtung
Gleichmäßige Atmung ermöglicht Ihnen, die erworbenen Eindrücke zu untersuchen. Wenn Ihre Atmung bei einem bestimmten Bild stockt oder sich beschleunigt, wissen Sie, dass Sie auf eine unverarbeitete Emotion gestoßen sind, die Sie verdauen müssen, bevor Sie weitergehen. Erörtern Sie für sich, warum bestimmte Bilder Sie verstören und andere nicht. (20

Die Zerstörung der Vergangenheit
Beim Zurück- und Vorwärtsblicken dürfen Sie die Vergangenheit nicht eher loslassen, bis Sie ihre süßen und sauren Früchte geerntet haben. Arbeiten Sie sich durch die Erfahrungen bis zu dem Punkt, an dem Sie im Gleichgewicht sind, dann können sie einen neuen Stimulus, der einen Durchbruch in Ihrer Denkweise auslösen könnte, nicht verzerren. 23

Maßvolle Energie
Die Erde, die alle Dinge hervorbringt, birgt eine Fülle von Ideen und Idealen. Sie können sich ein konkretes Ziel setzen, doch im Rückblick auf Ihr Leben werden Sie sehen, dass »Zufälle« Ihnen den Weg gewiesen haben. Deshalb können Sie darauf vertrauen, dass Ihre Umgebung in Zukunft immer für Ihre spirituellen und körperlichen Bedürfnisse sorgen wird. 2

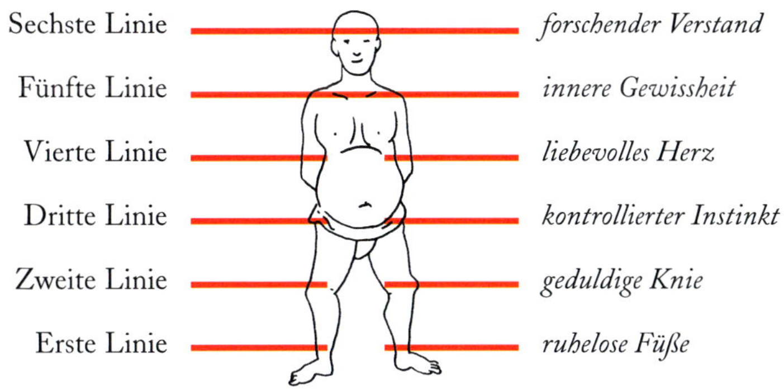

Die einzelnen Linien

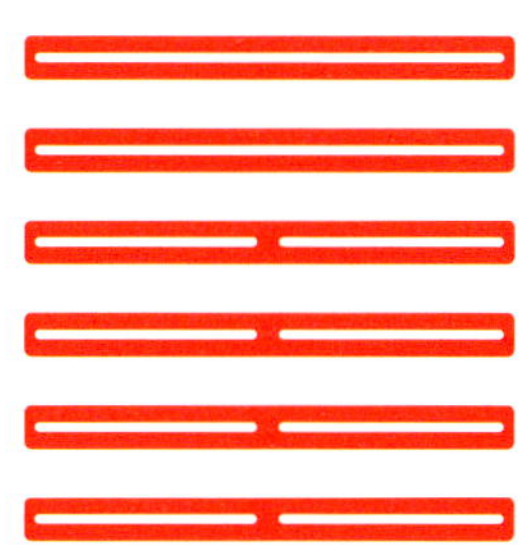

Sechste Linie
Das Einsetzen des Windes repräsentiert das Einatmen oder eine Zeit, in der Ihre Aufmerksamkeit nach innen gerichtet ist. Sie stehen vor der Aufgabe, Ihre spirituelle Verfassung unter die Lupe zu nehmen, um zu sehen, ob Sie frei von unverdauten Emotionen sind.

Fünfte Linie
Der Berggipfel und das Innerste des Windes bzw. der Moment zwischen Einatmen und Ausatmen symbolisieren die kühle Betrachtung Ihres Lebenswegs. Wenn die Bilder, die Sie sich in Erinnerung rufen, keine Emotionen wecken, verfügen Sie über innere Gewissheit und können Ihren Weg weitergehen.

Vierte Linie
Die Lage der untersten Linie des Windes bzw. des Endes Ihrer Atmung unter dem Berggipfel weist darauf hin, dass Sie genug Informationen von der Erdoberfläche aufgenommen haben. Es wäre sinnvoll, sich auf den Berggipfel zurückzuziehen und Ihre Erfahrungen in Frieden und Stille zu verarbeiten.

Dritte Linie
Diese Linie symbolisiert den Fuß des Berges, der unter der Erdoberfläche und zugleich auf gleichem Niveau wie sie liegt. Dies bedeutet, dass Sie noch nicht viele Informationen aus Ihrer Umgebung erworben haben. Sie können entweder den bisherigen Lebensweg weitergehen oder über ihn nachdenken – ganz wie Sie wollen.

Zweite Linie
Von dieser unterirdischen Position aus können Sie Ihre Umgebung ausspionieren. So erwirbt man sich keine Erfahrung. Wenn Sie etwas nicht am eigenen Leib erfahren haben und all Ihre Erfahrungen auf Beobachtungen aus der Distanz beruhen, betrügen Sie sich mit Halbwahrheiten.

Erste Linie
Tief unter der Erde sind Sie wie ein kleines Kind, das sich zwischen den Beinen der Erwachsenen hin und her bewegt. Das ist natürlich ganz in Ordnung, sofern Sie ein Kind sind. Aber wenn Sie sich für einen Erwachsenen halten, ist es Zeit, sich dem Leben auf Ihrer Höhe zu stellen.

Hinweis
Im Hexagramm Kwân denkt Ihr forschender Verstand (sechste Linie) über die Früchte nach, die Sie auf Ihrem Lebensweg gepflückt haben, und verarbeitet diese zu innerer Gewissheit (fünfte Linie). Derart ausgewogen können Sie mit sauberen Händen nach dem üppigen Lohn irdischer Erfahrungen greifen, die ständig vor Ihnen ausgebreitet werden.

Starke und schwache Wandlungslinien
In Ihrem Hexagramm sollten Sie besonders auf die Wandlungslinien achten. Eine starke Linie zeigt an, dass Sie die Situation mit zu viel Kraft angehen, eine schwache Linie verlangt eine kühnere Haltung.

***I Ging* – ein geschlossenes System**
Die Antwort auf Ihre Frage finden Sie nicht nur im Ausgangshexagramm. Zur tieferen Einsicht sollten Sie auch die verschiedenen einzelnen Hexagramme beachten, aus denen das Ausgangshexagramm besteht. Die Zahl hinter den Hexagrammen verweist auf die Seite, auf der Sie die ausführliche Interpretation nachlesen können. Durch Wandlungslinien ergibt sich ein Folgehexagramm.

Wie das Leben selbst, so ist auch das *I Ging* ein wundersames geschlossenes Labyrinth, aus dem Sie nur entkommen, indem Sie das Buch schließen.

Das Folgehexagramm
Dadurch, dass sich die Wandlungslinien in ihr Gegenteil verkehren – aus einer unterbrochenen Linie wird eine durchgezogene und umgekehrt –, entsteht ein Folgehexagramm, das Auskunft über eine künftige Lebensphase gibt. Die Informationen auf der linken Seite sind bei der Beschäftigung mit diesem Hexagramm am hilfreichsten, weil Folgehexagramme keine Wandlungslinien enthalten. Die Informationen auf der rechten Seite können natürlich auch aufschlussreich sein.

噬
嗑

Die Schafgarbenstängel (Millefolium sibirica), *mit denen Wahrsager das Orakel befragen. Der Mund lässt sich die erhaltene Antwort durch den Kopf gehen.*

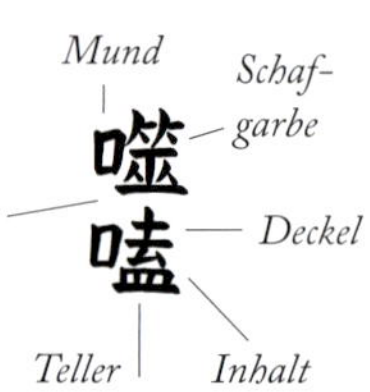

Geschlossener Teller mit Opfergaben. Der Mund lässt an den Klang unsichtbarer Stimmen denken, die aus dem Teller sprechen.

SHIH HO (Sich Durchbeißen)

Shih und Ho weisen auf einen Moment hin, an dem Sie nicht mehr weiter wissen und nach weisem Rat suchen. Wenn Sie zu lange über dem unvoreingenommenen Rat brüten, den Sie erhalten, machen Sie sich zu einem Gefangenen Ihrer eigenen Unentschlossenheit.

In diesem Hexagramm weist das Wasser auf dem Berggipfel darauf hin, dass Sie unfähig sind, Ihr fruchtbares Wissen ungehindert fließen zu lassen. Anscheinend ist Ihnen eine bestimmte Situation so wichtig, dass Sie sich zu einer Entscheidung unfähig fühlen. Wider besseres Wissen blockieren Sie Ihren natürlichen Lebensrhythmus. Das Feuer/der Blitz weist auf unvoreingenommenen weisen Rat hin, der Ihnen von außen zuteil wird; daran erkennen Sie tief im Herzen, dass Sie die Blockade aufheben müssen. Der Donner, der von unten heraufrollt, repräsentiert Aufruhr im unteren Teil Ihres Körpers – ein dringendes Signal dafür, dass ein Durchbruch nötig ist.

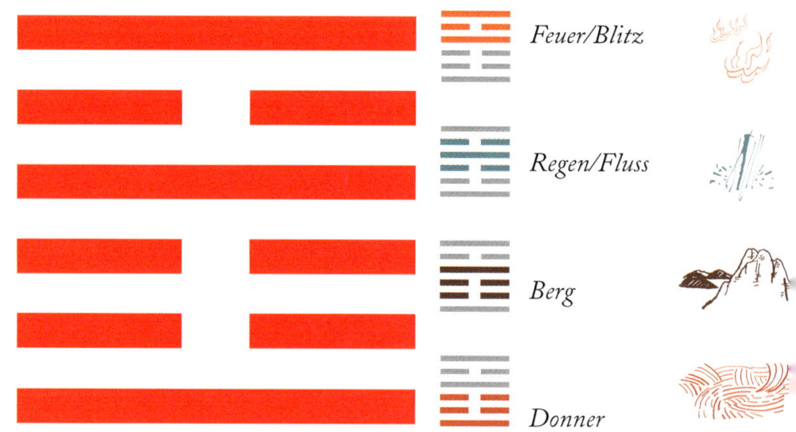

Sich durchbeißen (21

Sie fühlen sich ohnmächtig, weil Sie sich nicht mit einer Entscheidung abfinden können, die Sie treffen müssen. Vielleicht helfen Ihnen folgende Hinweise weiter.

Eingeschränkte Bewegung 64

Sie verhalten sich wie ein junger, unerfahrener Fuchs. Wenn Sie wissen wollen, wie Sie dies in Zukunft vermeiden können, sollten Sie einen alten Fuchs um Rat fragen.

Der weise Mensch 56

Der weise Mensch ist wie die Sonne, die den Berggipfel krönt. Innerer Friede befähigt ihn, vorurteilsfreien, erhellenden Rat zu geben. Wenn Sie nicht wissen, wo Sie ihn finden, befragen Sie das *I Ging*, das angeblich von ihm entwickelt wurde. Da Sie dies bereits getan haben, kennen Sie auch seinen Rat schon: Machen Sie weiter!

Anfängliche Schwierigkeit 39

Die Schwerkraft zwingt das Wasser auf dem Berggipfel, einen Weg nach unten zu finden. In dieser Phase haben Sie noch alles in der Hand und verfügen über weisen Rat. Es wäre unklug, die Entscheidung zu vertagen.

Verwirrung 3

Seien Sie sich bewusst, dass Wachstum und Verwirrung Hand in Hand gehen. Jede Entscheidung ruft neuen Widerstand hervor.

Nahrung 27

Der Weg ist offen. Das Hindernis, das Ihren Unterkiefer vom Oberkiefer trennte, ist verschluckt worden. Da Sie sich diesmal durchgebissen haben, werden Sie das nächste Mal genau wissen, was zu tun ist.

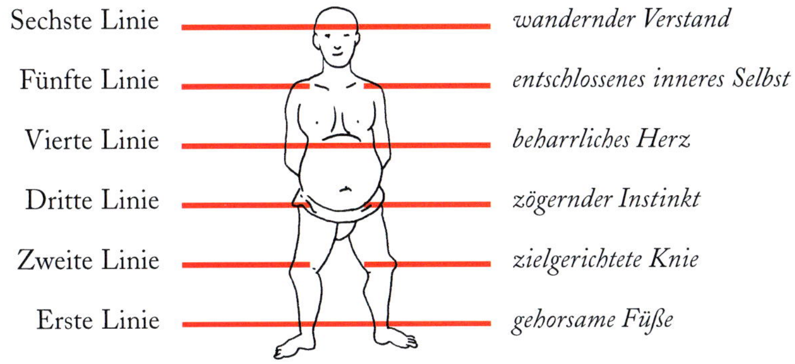

Die einzelnen Linien

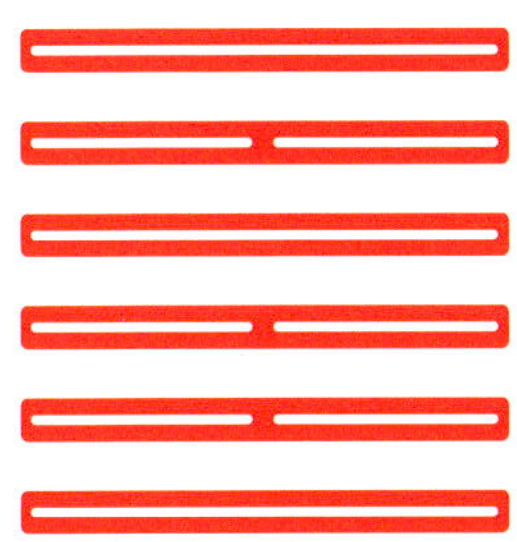

Sechste Linie
Die oberste Linie des Feuers/Blitzes weist darauf hin, dass Sie den erhellenden Rat hören, aber nicht danach handeln. Wenn Sie für diesen Rat taub bleiben und Ihren Verstand mit anderen Lösungen spielen lassen, die Sie schon hundert Mal erwogen haben, werden Sie zum Gefangenen Ihrer eigenen Ohnmacht.

Fünfte Linie
Das Herz des Feuers/Blitzes bzw. der erhellende Rat überstrahlt die Oberfläche des Sees, der Ihr fruchtbares Wissen symbolisiert. Irgendwo im Hinterkopf sehen Sie das Licht. Wenn Sie in den sauren Apfel beißen und dem weisen Rat folgen, dessen Bedeutung Ihnen allmählich klar wird, wird Ihr innerer Kampf zu Ende sein.

Vierte Linie
Das Feuer/der Blitz ist unter die Oberfläche des Sees auf dem Berggipfel eingedrungen. Sie haben den erhellenden Rat völlig aufgenommen und da Sie wissen, dass es besser ist, sich zu beugen als zu brechen, treffen Sie die kühne Entscheidung, die Blockade aufzuheben.

Dritte Linie
Unter dem Berggipfel peitscht der Donner das Bett des Sees. Sie bringen alle möglichen Einwände vor, um die Entscheidung zu verschieben. Ihre Überlebensinstinkt wird durch Ihre Unentschlossenheit ganz krank und drängt Sie, den Sprung zu wagen.

Zweite Linie
Der Donner erschüttert den Berg bis in die Grundfesten. Sie sind so entschlossen, Ihr Problem zu lösen, dass Sie sich voll hineinstürzen. Richtig wäre es, sich vorher intensiv mit sich selbst zu beschäftigen, bevor Sie einen anderen um Rat fragen.

Erste Linie
Das Einsetzen des Donners bzw. des Unterkiefers, der sich nicht mit dem Oberkiefer vereinigen kann, weist darauf hin, dass Sie in Ihrem Problem gefangen sind. Sie wollen Ihre Anwesenheit kundtun, indem Sie mit den Ketten rasseln.

Hinweis
Das Hexagramm Shih Ho wird von *Nahrung (27)* dominiert. Zwischen dem Unter- und Oberkiefer hält Sie etwas, das Ihnen am Herzen (vierte Linie) liegt, davon ab, frische »Nahrung« aufzunehmen und zu wachsen. Mit Ihrem untrüglichen Sinn für Selbsterhaltung werden Sie erkennen, dass die einzige angemessene Handlung ist, sich durchzubeißen.

Starke und schwache Wandlungslinien
In Ihrem Hexagramm sollten Sie besonders auf die Wandlungslinien achten. Eine starke Linie zeigt an, dass Sie die Situation mit zu viel Kraft angehen, eine schwache Linie verlangt eine kühnere Haltung.

***I Ging* – ein geschlossenes System**
Die Antwort auf Ihre Frage finden Sie nicht nur im Ausgangshexagramm. Zur tieferen Einsicht sollten Sie auch die verschiedenen einzelnen Hexagramme beachten, aus denen das Ausgangshexagramm besteht. Die Zahl hinter den Hexagrammen verweist auf die Seite, auf der Sie die ausführliche Interpretation nachlesen können. Durch Wandlungslinien ergibt sich ein Folgehexagramm.

Wie das Leben selbst, so ist auch das *I Ging* ein wundersames geschlossenes Labyrinth, aus dem Sie nur entkommen, indem Sie das Buch schließen.

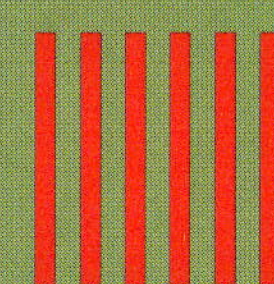

Das Folgehexagramm
Dadurch, dass sich die Wandlungslinien in ihr Gegenteil verkehren – aus einer unterbrochenen Linie wird eine durchgezogene und umgekehrt –, entsteht ein Folgehexagramm, das Auskunft über eine künftige Lebensphase gibt. Die Informationen auf der linken Seite sind bei der Beschäftigung mit diesem Hexagramm am hilfreichsten, weil Folgehexagramme keine Wandlungslinien enthalten. Die Informationen auf der rechten Seite können natürlich auch aufschlussreich sein.

Diese Hexagramme sind Bestandteile des Ausgangshexagramms und geben Ihnen weitere Hinweise zu Ihrer derzeitigen Situation.

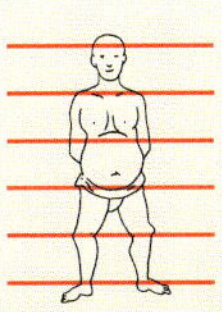

Die Linien entsprechen unterschiedlichen Körperbereichen. Die Stichworte geben Ihnen einen Einblick in Ihre derzeitige körperliche und geistige Verfassung.

Starke Wandlungslinie
Schwache Wandlungslinie

賁

Aus Pflanzen, Blumen, Gemüse
und Muscheln gefertigter Schmuck

賁

PÎ (Natürliches Strahlen)

Mit dem Zeichen Pî sind Verzierungen gemeint, die das Leben verschönern, aber nicht unbedingt notwendig sind. Im Gegensatz dazu haben die ansprechenden, in der Natur vorkommenden Farben und Formen in erster Linie mit dem Überleben der Art zu tun.

Dieses Hexagramm vermittelt dieselbe Botschaft: dass innere Schönheit strahlender ist als der Schmuck und Zierrat, den die Menschen zur Verschönerung verwenden. Daher symbolisiert der stabile Berg im Licht des Feuers/der Sonne einen ausgeglichenen Menschen, der sich so gibt, wie es von der Natur vorgesehen war. Die natürliche Schönheit des glitzernden, sonnenbeschienenen Nebels, der kurz den Berg einhüllt, repräsentiert ein den Umständen angepasstes äußeres Erscheinungsbild. Der funkelnde Bach, der am Fuß des Berges entspringt, stellt jemanden dar, der sich weise, fließend und voller Elan durch das Leben bewegt. Der Donner, der über den dunstigen Berg rollt, ist Ihr verborgener Überlebensinstinkt, der immer wachsam ist und Sie impulsiv wissen lässt, welche äußere Form Ihnen in der betreffenden Situation die beste Überlebensmöglichkeit bietet.

Berg 

Donner 

Regen/Fluss 

Feuer/Sonne 

Natürliches Strahlen (2

Haben Sie keine Angst, sich anderen so zu zeigen, wie Sie sind. Die äußere Haltung vermag zwar zeitweise, Ihr inneres Unvermögen zu verdecken, aber früher oder später kommt Ihre wahre Natur ans Licht. Die folgenden Schritte führen zur Entwicklung innerer Schönheit.

Nahrung 2

Durch gesunde spirituelle und körperliche Nahrung können Sie Ihr inneres Selbst und Ihre äußere Erscheinung zusammenführen, sodass sie sich ergänzen, statt miteinander zu wetteifern.

Jugendliche Unschuld 4

Zu den häufigsten Gründen, weshalb Menschen nicht sie selbst sind, gehören: Unreife, der Wunsch, stark zu wirken und gegen das Establishment zu rebellieren – oder andererseits diejenigen nachzuahmen, die materiellen Erfolg gehabt haben.

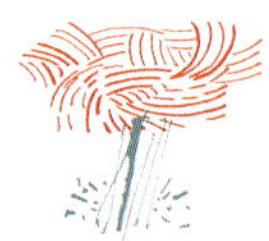

Den Knoten durchschneiden 4

Falls Sie erwachsen wirken wollen, sollten Sie das oben beschriebene Verhalten aufgeben. Sonst gibt es früher oder später eine peinliche Entlarvung.

Abschluss 5

Wenn die Sonne ihren Höchststand erreicht hat, beginnt sie zu sinken. Wenn Sie sich bewusst machen, dass die Sonne immer scheint, werden Sie feststellen, dass Sie immer strahlend aussehen können, sofern Sie in Ihrem inneren Selbst keine Dunkelheit zulassen.

Erfolgreiche Bewegung 6

Wenn Ihnen bewusst ist, dass die Sonne auch durch eine Wolkenschicht immer wieder hervorbricht, werden Sie in jeder Situation die für das Überleben notwendige Haltung einnehmen können; denn Sie wissen, dass Ihr reines inneres Selbst dahinter wartet.

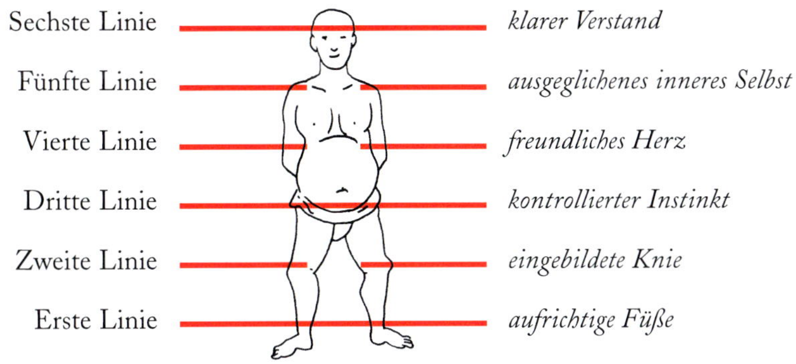

Die einzelnen Linien

Sechste Linie
Der kahle Berggipfel zeigt, dass Sie inneren Frieden, Sicherheit, Selbstachtung und einen klaren Verstand besitzen. Sie brauchen sich nicht hinter Geschwätz zu verstecken. Seien Sie einfach Sie selbst.

Fünfte Linie
Die oberste Linie des Donners, der auf den Berggipfel zurollt, weist darauf hin, dass Sie ein Tal der Fülle verlassen haben, aus dem Sie nur eine kostbare Seidenrolle mitbringen. Man wird Sie für geizig halten, aber eigentlich kann Ihnen der äußere Schein gleichgültig sein. Für Sie zählt, dass Sie Ihr Leben bewahren und den Berg flink und sicher bestiegen haben.

Vierte Linie
Der Fluss entspringt am Fuß des Berges, mitten im Donner. Das Grollen des Donners schickt Ihnen Wasserspritzer vom Fluss, die einen funkelnden Dunstschleier erzeugen, der den Berg einhüllt. Wenn Ihr Herz mit der natürlichen Anmut dieses bezaubernden Umhangs zufrieden ist, der durch die Umstände heraufbeschworen wurde, dann halten Sie dieses Gefühl fest.

Dritte Linie
Der Fluss überdeckt das anfängliche Grollen des Donners und die erwachende Hitze des Feuers/der Sonne. Diese erzeugen einen Dunstschleier, der über dem Fluss hängt und eine äußere Erscheinungsform repräsentiert, die auf Überlebensinstinkt basiert. Wenn dieser Instinkt in ungewohnten Situationen Ihre Haltung bestimmt, werden Sie Selbstachtung ausstrahlen.

Zweite Linie
Das Herz des Feuers/der Sonne scheint undeutlich durch dicke Nebelschwaden und erinnert an ein von einem Bart verdecktes Gesicht. Auch die Knie vermitteln eine Einstellung, die Sie für schmeichelhaft halten. Ihre Eitelkeit wird Ihnen verziehen, solange diese äußere Erscheinung Ihren Überlebensinstinkt widerspiegelt.

Erste Linie
Die unterste Linie des Feuers/der Sonne repräsentiert Ihr Wesen. Dieses Thema wird von Ihren Füßen angesprochen, die das tun, was man ihnen sagt. Wenn Sie aus Überlebensinstinkt regelmäßig diese »Subjekte« gebrauchen, werden Sie mit einem attraktiven, geschmeidigen Körper belohnt.

Hinweis
Das Hexagramm Pî wird von *Nahrung (27)* bestimmt. In einer Notlage taucht der Überlebensinstinkt (dritte Linie) wie der eifrige Unterkiefer auf, der sich unbeirrbar mit dem Oberkiefer (sechste Linie) verbindet, welcher von einem klaren Verstand beherrscht wird. Die Füße (erste Linie) und die Knie (zweite Linie) repräsentieren eine aufrichtige und anmutige Lebenshaltung.

Starke und schwache Wandlungslinien
In Ihrem Hexagramm sollten Sie besonders auf die Wandlungslinien achten. Eine starke Linie zeigt an, dass Sie die Situation mit zu viel Kraft angehen, eine schwache Linie verlangt eine kühnere Haltung.

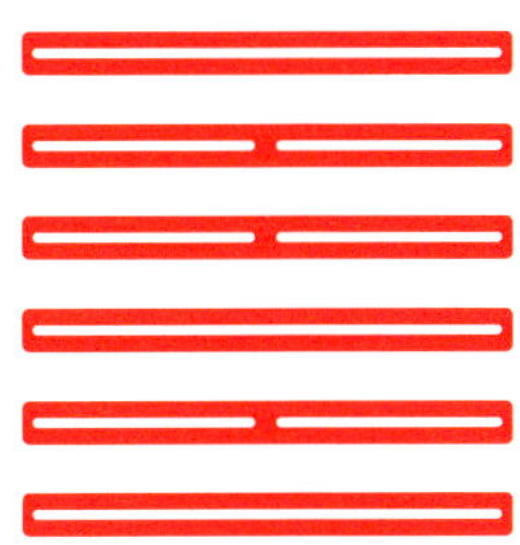

***I Ging* – ein geschlossenes System**
Die Antwort auf Ihre Frage finden Sie nicht nur im Ausgangshexagramm. Zur tieferen Einsicht sollten Sie auch die verschiedenen einzelnen Hexagramme beachten, aus denen das Ausgangshexagramm besteht. Die Zahl hinter den Hexagrammen verweist auf die Seite, auf der Sie die ausführliche Interpretation nachlesen können. Durch Wandlungslinien ergibt sich ein Folgehexagramm.

Wie das Leben selbst, so ist auch das *I Ging* ein wundersames geschlossenes Labyrinth, aus dem Sie nur entkommen, indem Sie das Buch schließen.

Das Folgehexagramm
Dadurch, dass sich die Wandlungslinien in ihr Gegenteil verkehren – aus einer unterbrochenen Linie wird eine durchgezogene und umgekehrt –, entsteht ein Folgehexagramm, das Auskunft über eine künftige Lebensphase gibt. Die Informationen auf der linken Seite sind bei der Beschäftigung mit diesem Hexagramm am hilfreichsten, weil Folgehexagramme keine Wandlungslinien enthalten. Die Informationen auf der rechten Seite können natürlich auch aufschlussreich sein.

Diese Hexagramme sind Bestandteile des Ausgangshexagramms und geben Ihnen weitere Hinweise zu Ihrer derzeitigen Situation.

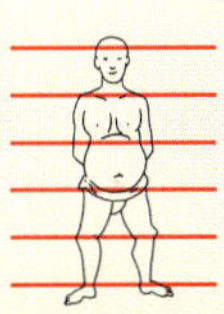

Die Linien entsprechen unterschiedlichen Körperbereichen. Die Stichworte geben Ihnen einen Einblick in Ihre derzeitige körperliche und geistige Verfassung.

Starke Wandlungslinie
Schwache Wandlungslinie

賁

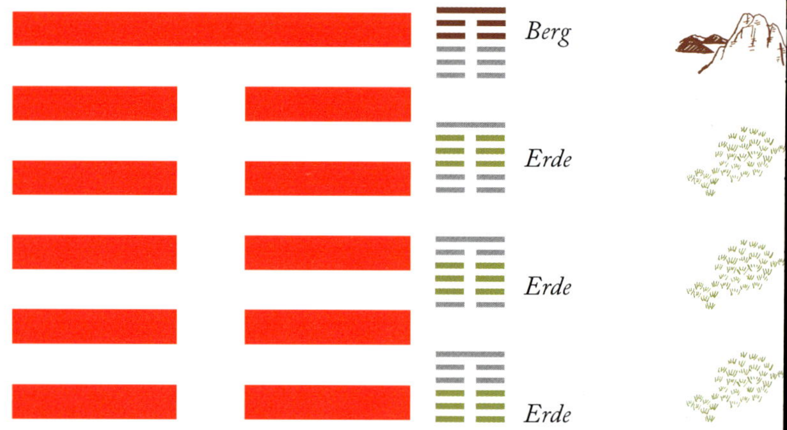

PO (Die Zerstörung der Vergangenheit)

Das Zeichen Po bezeichnet das symmetrische Stutzen eines Baumes. Ohne den Stamm zu beschädigen, entfernen Sie abgestorbene Äste, Unterholz und Ausläufer. Übrig bleibt eine wunderschöne, ausgewogene Form, die wieder lebensfähig ist und viele Früchte tragen wird. Diese Grunderneuerung – die meistens im Spätherbst oder Anfang Frühjahr stattfindet – lässt sich natürlich auch auf Sie übertragen.

In diesem Hexagramm symbolisiert der stabile Berg, der über der Erde thront, einen Menschen, der sich zurückgezogen hat, um sich einer gründlichen Selbstprüfung zu unterziehen. Die Landschaft wirkt gefroren, da andere Elemente fehlen. Diese beeindruckende Stille lässt an tiefe Meditation denken. Die Zweige und Wurzeln der Persönlichkeit werden bis zu den entferntesten Ausläufern unter der Erde (oder im inneren Wesen) untersucht und gleichmäßig gestutzt, entfernt oder beibehalten, je nach ihrer Gesamtbedeutung und ihrem Zustand. Machen Sie keine zu tiefen Einschnitte, sonst wachsen Sie womöglich schief nach.

Die Zerstörung der Vergangenheit (23

Eine ausgewogene Verarbeitung Ihrer früheren Erfahrungen erfordert tiefe Einsicht. Aus den bitteren und süßen Früchten, die Sie in der Vergangenheit geerntet haben, ist schon lange ein modriger Haufen geschmacklosen Staubs geworden. Wenn Sie dies erkennen, wissen Sie, dass alles, was Ihnen zugestoßen ist, Sie geprägt hat. Falls Sie derzeit unzufrieden sind, liegt die Ursache dieser Unzufriedenheit wohl darin, dass Sie sich zu sehr an den bitteren oder süßen Nachgeschmack Ihrer Erfahrungen klammern, sodass Ihre Zunge nichts anderes mehr erkennt und das Tagesgericht immer gleich schmeckt. Wenn Sie in der Gegenwart leben, werden Sie jeden einzelnen Augenblick genießen können. Wenn Sie jeden Abend auf die Tagesereignisse zurückblicken und sich Ihre Form erhalten, werden Sie sich Ihr unbeschwertes Herz bewahren.

Maßvolle Energie 2

Die Erde bringt alle Dinge hervor. Im Wesentlichen ist die Natur immer im Gleichgewicht. Die Menschen stören dieses Gleichgewicht, indem sie der Natur ihre süßen Früchte entreißen und die bitteren verstecken. Würde man beide mit derselben Einsicht verdauen, gäbe es keine Probleme. Sobald die Bitterkeit unterdrückt und versteckt wird, ist das natürliche Gleichgewicht gestört und der Kern des Lebens, das auf Dualität gegründet ist, erkrankt. Man kann unmöglich aus einer Dualität eine Hälfte herausschneiden, ohne die Einheit (das Mark) zu beschädigen, aus der diese Dualität hervorgeht. Deshalb muss man das Gute und das Schlechte, das die Erde hervorbringt, gleichermaßen hegen und zurechtstutzen. Wenn Sie den Wert von Süße und Bitterkeit erkannt haben, werden Sie auch den Unterschied zwischen wahrer Weisheit und der Einsicht eines Einäugigen im Land der Blinden verstehen.

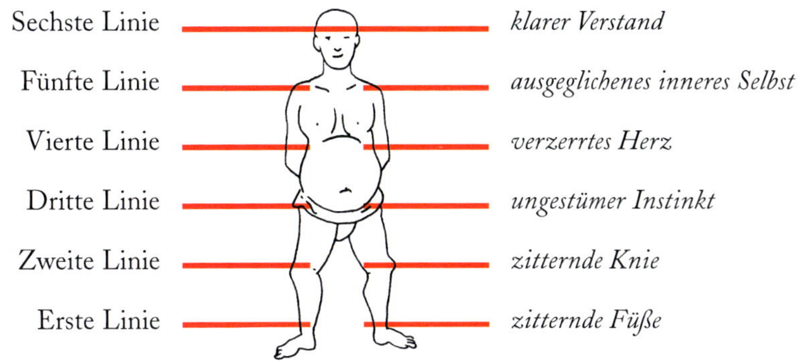

Die einzelnen Linien

Sechste Linie
Der Berggipfel bezeichnet Ihren Kopf, Ihren Geist, mit dem Sie untersuchen, ob Sie sich in eine ausgewogene Form gebracht haben. Sofern Sie Ihre Vergangenheit richtig verarbeitet haben, wird sich Ihr Kopf wie eine kerngesunde Frucht anfühlen, die an einem gesunden Baum (oder einem ausgeglichenen Körper) hängt. Ist dem nicht so, dann müssen Sie wenigstens ein bisschen »beschnitten« werden.

Fünfte Linie
Diese Linie unter dem Berggipfel und auf der Erdoberfläche weist auf die Gegenwart hin. Wenn Sie aus heutiger Sicht auf Ihren Lebensweg zurückblicken, werden Sie jeden störenden Gedanken im Licht Ihrer Vergangenheit sehen können und merken, dass alle Erfahrungen notwendig waren, um Sie ins Hier und Jetzt zu bringen.

Vierte Linie
Der Fuß des Berges, der unter der Erdoberfläche und zugleich auf ihr liegt, weist darauf hin, das Ihr Herz an zermürbenden früheren Erfahrungen hängt, die sich auch in der Gegenwart bemerkbar machen. Sie müssen wie die Ableger eines Baumes entfernt werden.

Dritte Linie
Tief unter der Erde und auf ihrer Oberfläche wacht Ihr Überlebensinstinkt und warnt Sie, wenn Sie sich in Gefahr bringen, indem Sie zu schnell in die Tiefen Ihrer Seele vordringen. Er macht sich auch bemerkbar, wenn Sie unverarbeitete Erfahrungen allzu schnell abtun. Beachten Sie diese Signale.

Zweite Linie
Tief unter der Erde drücken zitternde Knie den Bettrahmen auseinander: dies symbolisiert die Unruhe und die Angst, die über Sie kommen, während Sie Ihre Vergangenheit anschauen. Sobald Sie körperlich entspannt sind, versuchen Sie noch einmal, zu innerem Frieden zu finden.

Erste Linie
Tief unter der Erde erschüttern zitternde Knie das Bett so heftig, dass Sie sich nicht entspannen können; dies weist auf die Unruhe und die Angst hin, die über Sie kommen, wenn Sie sich Ihre Vergangenheit anschauen wollen. Körperliche Betätigung hilft, den inneren Frieden wiederherzustellen.

Hinweis
Das Hexagramm Po stellt ein Bett dar. Die erste Linie ist der Fuß des Bettes; der Kopf liegt an der durchgezogenen, sechsten Linie. Jede offene Linie des Hexagramms repräsentiert eine Körperfunktion, die einen Einfluss auf das Denken des Meisters hat, der sich auf dem Bett ausruht.

Starke und schwache Wandlungslinien
In Ihrem Hexagramm sollten Sie besonders auf die Wandlungslinien achten. Eine starke Linie zeigt an, dass Sie die Situation mit zu viel Kraft angehen, eine schwache Linie verlangt eine kühnere Haltung.

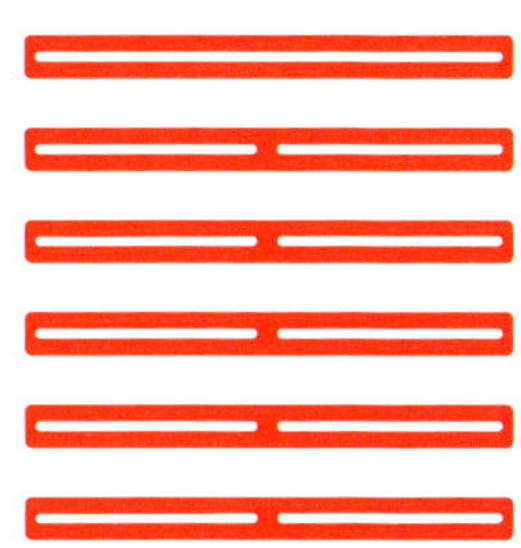

***I Ging* – ein geschlossenes System**
Die Antwort auf Ihre Frage finden Sie nicht nur im Ausgangshexagramm. Zur tieferen Einsicht sollten Sie auch die verschiedenen einzelnen Hexagramme beachten, aus denen das Ausgangshexagramm besteht. Die Zahl hinter den Hexagrammen verweist auf die Seite, auf der Sie die ausführliche Interpretation nachlesen können. Durch Wandlungslinien ergibt sich ein Folgehexagramm.

Wie das Leben selbst, so ist auch das *I Ging* ein wundersames geschlossenes Labyrinth, aus dem Sie nur entkommen, indem Sie das Buch schließen.

Das Folgehexagramm
Dadurch, dass sich die Wandlungslinien in ihr Gegenteil verkehren – aus einer unterbrochenen Linie wird eine durchgezogene und umgekehrt –, entsteht ein Folgehexagramm, das Auskunft über eine künftige Lebensphase gibt. Die Informationen auf der linken Seite sind bei der Beschäftigung mit diesem Hexagramm am hilfreichsten, weil Folgehexagramme keine Wandlungslinien enthalten. Die Informationen auf der rechten Seite können natürlich auch aufschlussreich sein.

Diese Hexagramme sind Bestandteile des Ausgangshexagramms und geben Ihnen weitere Hinweise zu Ihrer derzeitigen Situation.

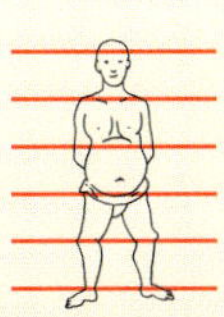

Die Linien entsprechen unterschiedlichen Körperbereichen. Die Stichworte geben Ihnen einen Einblick in Ihre derzeitige körperliche und geistige Verfassung.

Starke Wandlungslinie
Schwache Wandlungslinie

復

Eine Stadtmauer mit einem Wachturm

Ein Schritt nach vorn mit dem linken Fuß. Ein zögerlicher Start — 復

In die Stadt oder auf den Markt gehen

Von dort an einen Ort zurückgehen, an dem Sie vorher waren

FÛ (Wintersonnenwende, Erwachen)

Der Aufbau des Zeichens Fû weist auf eine allmähliche Rückkehr nach einer Zeit der Abwesenheit hin. Im Licht des Hexagramms 23 ist hier die Rückkehr eines Menschen gemeint, der sich zur Verarbeitung der Vergangenheit zurückgezogen hat und jetzt für einen neuen Lebensabschnitt bereit ist.

Im Hexagramm wird diese Rückkehr durch den Donner symbolisiert, der die Erde aus ihrem Winterschlaf weckt. Langsam werden die Bäume zu knospen beginnen; hätte man sie im Herbst nicht zu regelmäßigen Formen gestutzt, könnten Sie dies jetzt noch nachholen, bevor der Saft wirklich zu fließen beginnt. Auf Sie selbst übertragen, weist das Hexagramm auf den Augenblick hin, an dem Sie in die Gemeinschaft, aus der Sie sich zurückgezogen haben, wieder eintreten. Indem Sie sich Ihrer Vergangenheit körperlich wieder stellen, können Sie herausfinden, ob Sie Ihre körperlichen und spirituellen Erfahrungen alle erfolgreich verarbeitet haben. Wurden Ihre Erfahrungen tatsächlich neutralisiert, werden Sie jeden als Freund begrüßen können – dann hat sich der Rückzug gelohnt. Verspüren Sie wider Erwarten noch immer übertriebene Zuneigung oder Feindseligkeit, dann müssen Sie noch etwas an sich arbeiten.

Wintersonnenwende, Erwachen
Dieses Hexagramm wird meistens mit der Wintersonnenwende assoziiert, wenn die Tage allmählich wieder länger werden und sich die Kraft der Sonne bemerkbar macht. Wenn Sie wie die Sonne von einer Zeit des Rückzugs zurückkehren können, haben Sie die Vergangenheit offenbar erfolgreich verarbeitet. Sind Sie darüber im Zweifel, könnten die beiden nächsten Hinweise hilfreich sein (von unten nach oben).

Maßvolle Energie
Die Erde bringt alles hervor, was bedeutet, dass alles, was Sie früher als gut oder schlecht erlebt haben, in der einen oder anderen Form bis in die Gegenwart reicht. Es ist unnötig und unverantwortlich, alles auszulöschen, was eine übertriebene Zu- oder Abneigung in Ihnen auslöst. Tiefe Weisheit erkennt man an der Fähigkeit, Vorurteile zu überwinden. Sorgen Sie dafür, dass Ihr spirituelles und Ihr physisches Wesen dementsprechend förderliche »Nahrung« bekommen.

Wintersonnenwende, Erwachen
Bei der Rückkehr aus Ihrem Exil sollten Sie sich nicht wieder wie früher sofort in den Kampf stürzen. Beobachten Sie und warten Sie erst einmal ab, was des Weges kommt, und spüren Sie, wie sich das spirituell und körperlich auswirkt.

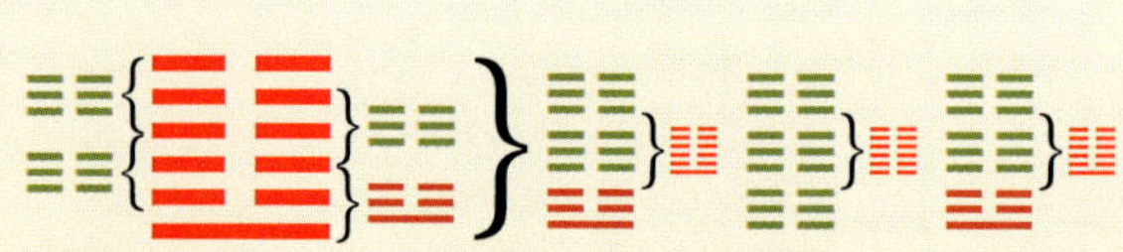

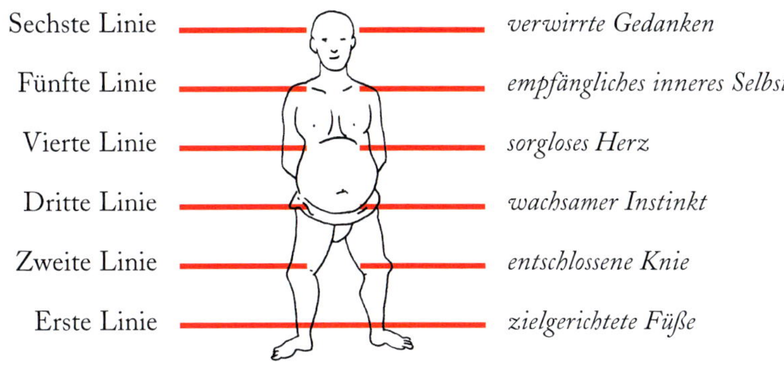

Die einzelnen Linien

Sechste Linie
Auf der Erdoberfläche sind alle im Leben möglichen Erfahrungen für Sie ausgebreitet. Ungeduldig wollen Sie sich wieder an die Arbeit machen, aber um alte Fehler zu vermeiden, sollten Sie einfach ruhig abwarten, was kommt, und spüren, wie Sie spirituell und körperlich darauf reagieren.

Fünfte Linie
Diese Linie unter und auf der Erde repräsentiert das Hier und Jetzt, das im Handumdrehen Vergangenheit wird. Sie haben die Fähigkeit, alles, was des Weges kommt, innerlich zu überprüfen und in aller Ruhe zu bestimmen, ob Sie sich demgegenüber wirklich neutral fühlen.

Vierte Linie
Das pochende Herz liegt tief unter der Erde, ein Symbol für einen zufriedenen, unmerklichen Herzschlag, aber es ist auch auf der Erdoberfläche, wo es sich durch immer heftigeres Schlagen bemerkbar macht. Dies bedeutet, dass Sie von Dingen gestört werden, die Ihr inneres Selbst verwirren. Übersehen Sie dieses Signal nicht.

Dritte Linie
Der pochende Donner lässt Sie Ihren Überlebensinstinkt erkennen, der anfangs tief unter der Erde verborgen lag, doch jetzt an die Oberfläche kommt. Wenn Sie gerade erst aufgewacht sind und Ihr Verstand (sechste Linie) noch nicht klar ist, vertrauen Sie Ihrem Instinkt, der sich bemerkbar macht, um Sie vor überstürzten Entscheidungen zu bewahren.

Zweite Linie
Das Durcheinander in der Mitte des Donners tief unter der Erde bedeutet, dass Ihre Knie gerade aufwachen, womit Ihre körperliche Mobilität wiederhergestellt wird. Um frühere Fehler nicht zu wiederholen, seien Sie weder aggressiv noch defensiv, sondern tolerant und aufgeschlossen.

Erste Linie
Das Einsetzen des Donners bedeutet, dass Sie aus einer Ruhephase erwachen und Ihre Füße wieder für die Wanderschaft bereit sind. Wenn Sie so unpersönlich und unterwürfig wie Ihre Füße sein können, die Sie zielstrebig und liebevoll durchs Leben tragen, wohin und solange Sie wollen, werden Sie keine Fehler machen, die Sie später aufarbeiten müssen.

Hinweis
Das Hexagramm Fû erinnert daran, aufzuwachen und entschlossen auf die Füße zu kommen (erste Linie), um sich dem Leben zielstrebig und liebevoll zu stellen. Die anderen Linien bedeuten, dass Sie sich wie jungfräulicher Boden allen Eindrücken öffnen sollten, die Ihnen begegnen.

Starke und schwache Wandlungslinien
In Ihrem Hexagramm sollten Sie besonders auf die Wandlungslinien achten. Eine starke Linie zeigt an, dass Sie die Situation mit zu viel Kraft angehen, eine schwache Linie verlangt eine kühnere Haltung.

***I Ging* – ein geschlossenes System**
Die Antwort auf Ihre Frage finden Sie nicht nur im Ausgangshexagramm. Zur tieferen Einsicht sollten Sie auch die verschiedenen einzelnen Hexagramme beachten, aus denen das Ausgangshexagramm besteht. Die Zahl hinter den Hexagrammen verweist auf die Seite, auf der Sie die ausführliche Interpretation nachlesen können. Durch Wandlungslinien ergibt sich ein Folgehexagramm.

Wie das Leben selbst, so ist auch das *I Ging* ein wundersames geschlossenes Labyrinth, aus dem Sie nur entkommen, indem Sie das Buch schließen.

Das Folgehexagramm
Dadurch, dass sich die Wandlungslinien in ihr Gegenteil verkehren – aus einer unterbrochenen Linie wird eine durchgezogene und umgekehrt –, entsteht ein Folgehexagramm, das Auskunft über eine künftige Lebensphase gibt. Die Informationen auf der linken Seite sind bei der Beschäftigung mit diesem Hexagramm am hilfreichsten, weil Folgehexagramme keine Wandlungslinien enthalten. Die Informationen auf der rechten Seite können natürlich auch aufschlussreich sein.

Diese Hexagramme sind Bestandteile des Ausgangshexagramms und geben Ihnen weitere Hinweise zu Ihrer derzeitigen Situation.

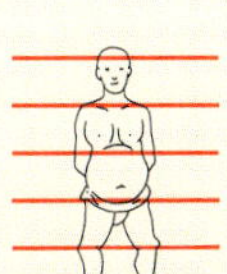

Die Linien entsprechen unterschiedlichen Körperbereichen. Die Stichworte geben Ihnen einen Einblick in Ihre derzeitige körperliche und geistige Verfassung.

Starke Wandlungslinie
Schwache Wandlungslinie

无妄

Ein Mann bietet vergeblich all seine Kraft auf, um ein Hindernis zu überwinden. Das Zeichen bedeutet Verneinung. — 无

Ein Mädchen, das in einer Hütte Obdach sucht; deshalb: Fehler oder Unordnung — 妄

Unschuld (25
Die unendliche Weite des Himmels ist Nahrung für alle realistischen und unrealistischen Gedanken, die Sie hegen mögen. Indem Sie die Machbarkeit dieser Ideen in der Praxis testen, entdecken Sie, dass Sie viele, doch nicht alle Faktoren beeinflussen können. Die folgenden Hinweise (von unten nach oben) helfen Ihnen vielleicht in den Situationen, die Sie beeinflussen können.

Eine reife Beziehung 44
Jetzt, wo Sie tief in die materielle Welt eingetaucht sind und entdeckt haben, dass es unkontrollierbare Faktoren gibt, messen Sie den Ergebnissen keine Bedeutung mehr bei. Das Einzige, was von nun an zählt, ist das Abenteuer der Straße, auf der Sie leichten Fußes reisen.

Rückzug 3
Die praktische Erfahrung lehrt Sie, wann es Zeit ist, sich zurückzuziehen und Ihre Erfahrungen zu verarbeiten. Sobald Sie erkennen, dass die bereits zurückgelegte Strecke wichtiger als das Ziel ist, haben Sie mehr gelernt, als Sie vorhatten.

Die gesegnete Verbindung 5.
Distanzieren Sie sich regelmäßig von Ihren Handlungen und beobachten Sie, wie sie sich auf Ihre Umwelt auswirken. Bestimmen Sie aufgrund dieser Beobachtungen, wann Sie handeln sollen und wann nicht.

Vermehrung 4
Erzwingen Sie nichts. Wenn Sie beständig Ihre Gedanken in Taten umsetzen und jedes Ergebnis entsprechend würdigen, können Sie grobe Fehler vermeiden.

Nahrung 2
Lassen Sie sich von der Erfahrung nähren, indem Sie einen Gedanken umsetzen und sich darin festbeißen.

WÛ WANG (Unschuld)

Wû und Wang bezeichnen einen schüchternen Rückzug, den Sie antreten, weil Ihnen die Verwirklichung einer Idee über den Kopf wächst. Solange Ihr Versagen auf mangelndes Wissen um himmlische oder irdische Gesetze zurückzuführen ist, haben Sie in vollkommener Unschuld gehandelt und brauchen sich für diesen Lernprozess nicht zu schämen.

Das Kräftespiel im Hexagramm kann bei diesem Lernprozess helfen. Die Weite des Himmels, von dem der Wind oder Ihr Gedankenfluss ausgeht, weist darauf hin, dass nichts zu verrückt ist, um erwogen zu werden, und dass Ihre Gedanken aufrichtig sind. Der in den Himmel ragende Berg symbolisiert nicht nur den Überblick, mit dessen Hilfe Sie die himmlischen Einflüsse in Betracht ziehen, die Sie nicht unter Kontrolle haben, sondern auch den inneren Frieden, den Sie zur Verwirklichung Ihrer Ideen brauchen. Der Donner, der den Berg hinaufrollt, symbolisiert Ihre körperlichen Fähigkeiten, die Ihre Gedanken in Taten umsetzen und Ihnen so zeigen, welche materiellen Ressourcen erreichbar sind.

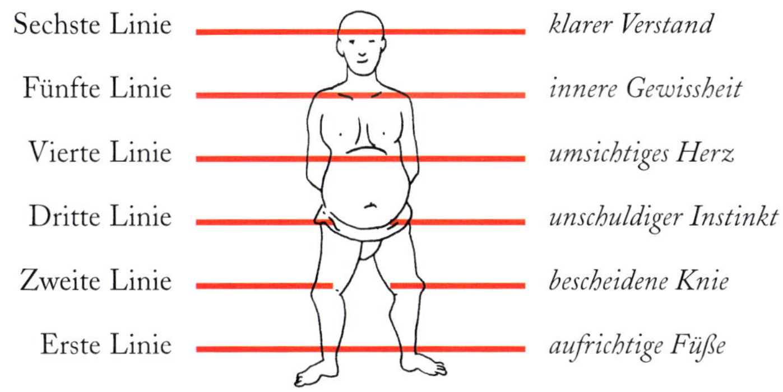

Die einzelnen Linien

Sechste Linie
Die Außengrenze des Himmels zeigt an, dass Sie in einer bestimmten Situation einen untrüglichen Einblick in die himmlischen und irdischen Faktoren haben. Einige Dinge nehmen einfach ihren Lauf, weil jedes auf seine Weise recht hat; greifen Sie nicht ein.

Fünfte Linie
Das Herz des Himmels und das Einsetzen des Windes oder Ihres Unterbewusstseins deuten auf einen verschwommenen Gedanken hin, den Sie nicht richtig zu fassen kriegen, über dem Sie aber sorgenvoll brüten. Wenn Sie in aller Aufrichtigkeit zugeben, dass Sie im Augenblick nicht mehr weiterwissen, werden Sie Erleichterung und Freude empfinden.

Vierte Linie
Der Beginn des Himmels, der Berggipfel und das Innerste des Windes (oder der Moment zwischen Ein- und Ausatmen) – sie alle weisen auf eine Zeit des Friedens und der Ruhe hin, in der Sie die himmlischen und irdischen Umstände genauer betrachten können. Ordnen Sie Ihre Gedanken, damit Sie den günstigsten Zeitpunkt zum Handeln abschätzen können.

Dritte Linie
Der Donner unter dem Berggipfel rollt zu Ihnen zurück. Alle Handlungen haben unvorhergesehene Folgen. Sie führen einen unbewachten Ochsen weg, und jemand mit Kuhmist an den Schuhen wird beschuldigt. Ihre gute Tat von heute wird morgen verachtet werden.

Zweite Linie
Das Grollen des Donners am Fuß des Berges weist darauf hin, dass Sie Ihre Situation nicht überblicken, aber Sie können Erfahrungen sammeln, indem Sie sich an ein Projekt wagen. Dann können Sie Ihre ursprüngliche Gedankenlinie beständig anpassen und zu gegebener Zeit die Gesetze von Himmel und Erde erkennen.

Erste Linie
Der Beginn des Donners symbolisiert Ihren Unterkiefer und Ihre Füße, die unschuldig sind, weil sie sich nicht von allein bewegen. Wenn Sie als ihr Meister genauso unschuldig und unwissend sein können, werden Sie keine absichtlichen Fehler begehen und brauchen sich für nichts zu schämen.

Hinweis
Das Hexagramm Wû Wang wird von *Nahrung (27)* bestimmt. Der eifrige Unterkiefer (erste Linie) hebt die Nahrung der Erfahrung zum Oberkiefer hoch, wo das Ergebnis Ihrer Handlung mit klarem Verstand (sechste Linie), innerer Gewissheit (fünfte Linie) und einem umsichtigen Herzen (vierte Linie) gekostet wird, bevor neue Anweisungen erlassen werden.

Starke und schwache Wandlungslinien
In Ihrem Hexagramm sollten Sie besonders auf die Wandlungslinien achten. Eine starke Linie zeigt an, dass Sie die Situation mit zu viel Kraft angehen, eine schwache Linie verlangt eine kühnere Haltung.

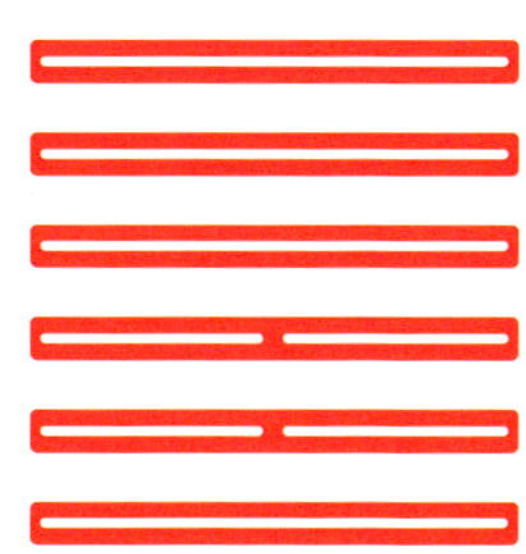

***I Ging* – ein geschlossenes System**
Die Antwort auf Ihre Frage finden Sie nicht nur im Ausgangshexagramm. Zur tieferen Einsicht sollten Sie auch die verschiedenen einzelnen Hexagramme beachten, aus denen das Ausgangshexagramm besteht. Die Zahl hinter den Hexagrammen verweist auf die Seite, auf der Sie die ausführliche Interpretation nachlesen können. Durch Wandlungslinien ergibt sich ein Folgehexagramm.

Wie das Leben selbst, so ist auch das *I Ging* ein wundersames geschlossenes Labyrinth, aus dem Sie nur entkommen, indem Sie das Buch schließen.

Das Folgehexagramm
Dadurch, dass sich die Wandlungslinien in ihr Gegenteil verkehren – aus einer unterbrochenen Linie wird eine durchgezogene und umgekehrt –, entsteht ein Folgehexagramm, das Auskunft über eine künftige Lebensphase gibt. Die Informationen auf der linken Seite sind bei der Beschäftigung mit diesem Hexagramm am hilfreichsten, weil Folgehexagramme keine Wandlungslinien enthalten. Die Informationen auf der rechten Seite können natürlich auch aufschlussreich sein.

Ein reifer Mensch. Auch: groß und hochgewachsen — 大

Yin, weiblich und instinktiv. Auch: tiefgründig, geheimnisvoll, nähren, füttern, Sanftmut. Vieh auf einem Feld, irdisches Leben — 畜

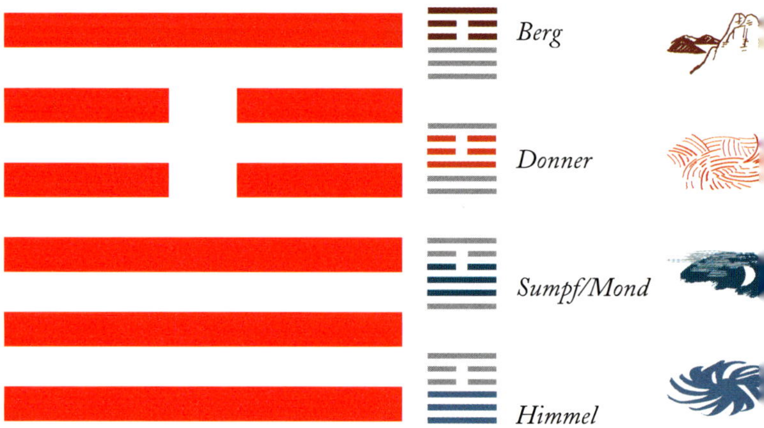

TÂ KHÛ (Die Kraft der Stärke)

Die Beziehung zwischen den Zeichen Tâ und Khû weist darauf hin, dass Sie nur dann wirklich reif sind, wenn Sie die Fähigkeit zu dienen entwickelt haben und wissen, wie Sie Ihre körperliche und geistige Kraft angemessen ausdrücken können.

Im Hexagramm wird dies durch den stabilen Berg versinnbildlicht, der sich aus der grenzenlosen, schöpferischen Kraft des Himmels erhebt. Der in den Himmel eingebettete Sumpf/Mond repräsentiert eine tiefe Kenntnis des irdischen Lebens, was eine gleichmäßige Verteilung der Kraft garantiert. Diese Kraft ist niemals exzessiv, wie der den Berg hinaufrollende Donner zeigt. Die größte Stärke eines weisen Menschen ist Hilfsbereitschaft, denn er weiß, dass es ein schrittweiser und anstrengender Prozess ist, zu Einsichten zu gelangen. Sie mögen anderen zu dem Aussichtspunkt am Berggipfel, von dem aus sich ein Überblick über das Leben bietet, helfen wollen, doch den steilen Anstieg können Sie ihnen nicht ersparen. Jeder muss seinem eigenen Tempo folgen.

Die Kraft der Stärke
Sie werden den Meister an seiner Selbstbeherrschung erkennen. Dienen hat nichts mit Unterwürfigkeit zu tun. Denken Sie immer daran, dass ein anderer nur auf die Erfolge stolz sein kann, die er aus eigener Anstrengung erzielt hat. Die folgenden Schritte können Ihnen helfen, den Elfenbeinturm zu verlassen.

Nahrung
Andere mit spiritueller Nahrung zu versorgen, um ihnen zu helfen, ist eine Sache. Sie von sich abhängig zu machen, ist etwas ganz anderes.

Entspannung
Kein Mensch kann dauernd zum Handeln bereit sein. Das sollten Sie wissen, denn Sie haben bei Ihrem Lernprozess die Zügel oft genug schleifen lassen. Wenn nicht, haben Sie nichts von den Gesetzen des Himmels und der Erde begriffen.

Fruchtbarkeit
Beobachten Sie die Bewegung des Mondes. Sobald er voll ist, nimmt er wieder ab, und wenn er dunkel ist, wissen Sie, dass er ganz sicher wieder voll wird. Jeder einsichtige Mensch weiß genau, wann jemand nach Wissen dürstet und wann er trunken davon ist.

Lebensenergie
Immer wenn Sie sich zwingen müssen, anderen zu Diensten zu sein, irren Sie sich. Echte Lebenskraft, die sich im Einklang mit der Kraft des Himmels befindet, erkennt man an geringstmöglicher Energievergeudung.

Erfüllung
Lassen Sie sich nicht von Gefühlen leiten, die Sie in irdische Angelegenheiten verstricken. Halten Sie an dem Gedanken fest, dass Sie das irdische Spiel genießen wollen, ohne sich in Illusionen zu verlieren.

TÂ KHÛ

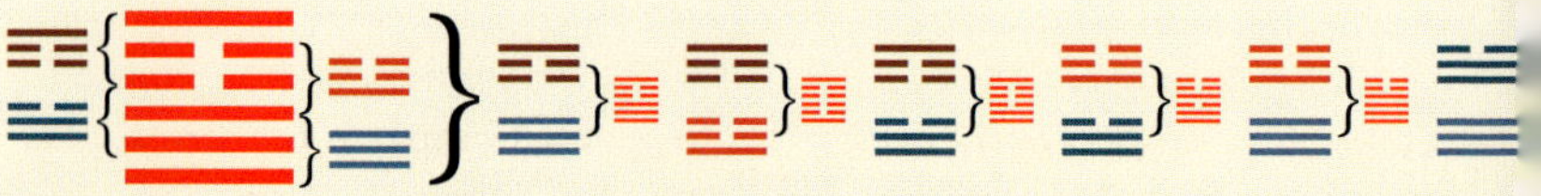

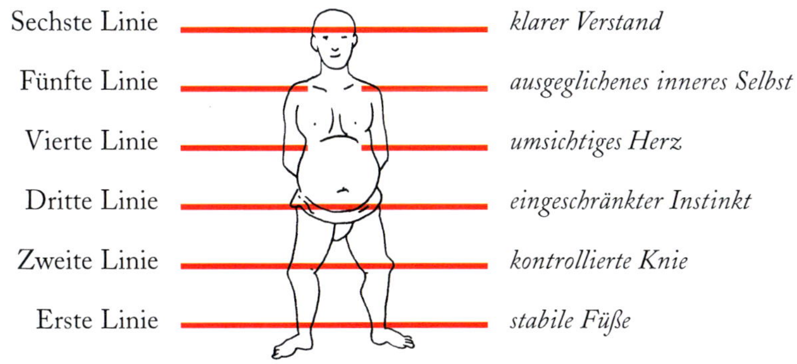

Die einzelnen Linien

Sechste Linie
Der Berggipfel weist darauf hin, dass Sie einen Überblick über Ihre Umgebung haben. Sofern Sie ein würdiger Vertreter der schöpferischen Himmelskraft sind, werden Sie wissen, wie Sie die Verteilung Ihres Wissens auf der Erde dosieren müssen, und genau sehen, wann und wo Ihre Dienste gebraucht werden oder nicht.

Fünfte Linie
Der aufwärts rollende Donner, der sich unter dem Berggipfel zusammenballt, symbolisiert eine entschlossene Vorgehensweise, die das innere Gleichgewicht aufrechterhält, sodass Ihr klarer Verstand nicht von Emotionen vernebelt wird. Denken Sie daran, dass die Zähne eines kastrierten Ebers solange furchteinflößend sind, wie niemand weiß, dass der Eber kastriert wurde.

Vierte Linie
Das Herz des Donners, der Fuß des Berges und der zunehmende Mond zeigen, dass Sie Ihre Höchstkraft noch nicht erreicht haben; zudem fehlt Ihnen der Überblick. Sie können anderen dienen, aber Vorsicht, denn Sie sind wie ein Jungbulle, dessen Hörner abgedeckt werden sollten, bevor er gefährlich wird.

Dritte Linie
Der vom Himmel kommende Donner und der Neumond weisen auf große Stärke und die richtige Motivation hin, aber es fehlt die Erfahrung. Wenn Sie ruhig jemanden beobachten, der Ihnen vorausgegangen ist, können Sie lernen, wie Sie Ihre Energie ausgewogen einsetzen, ohne zum Sklaven oder Despoten zu werden.

Zweite Linie
Der dunkle Mond in der unendlichen Weite des Himmels ist wie ein leerer, abfahrbereiter Waggon. Sie sehnen sich so sehr danach ernstgenommen zu werden, dass Sie bei jeder Gelegenheit Ihre Dienste anbieten, obwohl Sie nicht bereit dazu sind. Sie befinden sich in einer Entspannungsphase, weshalb Ihnen keiner Beachtung schenkt.

Erste Linie
Die Außengrenze des Himmels bestätigt große Stärke, aber halten Sie sich vom irdischen Treiben fern. Wie Ihre Füße, die Sie nicht von selbst irgendwohin führen, sollten Sie lieber nicht aktiv in Ihre Umgebung eingreifen.

Hinweis
Das Hexagramm Tâ Khû wird von *Nahrung (27)* bestimmt. Der Oberkiefer (sechste Linie) weist auf klaren Verstand hin, der Ihren eifrigen Unterkiefer bzw. Ihren Instinkt (dritte Linie) mäßigt und so Ihren Verbrauch sorgfältig dosiert. Ihr Mund ist mit einem ausgeglichenen inneren Selbst (fünfte Linie) und einem umsichtigen Herzen (vierte Linie) gefüllt.

Starke und schwache Wandlungslinien
In Ihrem Hexagramm sollten Sie besonders auf die Wandlungslinien achten. Eine starke Linie zeigt an, dass Sie die Situation mit zu viel Kraft angehen, eine schwache Linie verlangt eine kühnere Haltung.

I Ging – ein geschlossenes System
Die Antwort auf Ihre Frage finden Sie nicht nur im Ausgangshexagramm. Zur tieferen Einsicht sollten Sie auch die verschiedenen einzelnen Hexagramme beachten, aus denen das Ausgangshexagramm besteht. Die Zahl hinter den Hexagrammen verweist auf die Seite, auf der Sie die ausführliche Interpretation nachlesen können. Durch Wandlungslinien ergibt sich ein Folgehexagramm.

Wie das Leben selbst, so ist auch das *I Ging* ein wundersames geschlossenes Labyrinth, aus dem Sie nur entkommen, indem Sie das Buch schließen.

Das Folgehexagramm
Dadurch, dass sich die Wandlungslinien in ihr Gegenteil verkehren – aus einer unterbrochenen Linie wird eine durchgezogene und umgekehrt –, entsteht ein Folgehexagramm, das Auskunft über eine künftige Lebensphase gibt. Die Informationen auf der linken Seite sind bei der Beschäftigung mit diesem Hexagramm am hilfreichsten, weil Folgehexagramme keine Wandlungslinien enthalten. Die Informationen auf der rechten Seite können natürlich auch aufschlussreich sein.

Die grobe Skizze eines Gesichts, mit Betonung auf dem Kinn oder dem Unterkiefer

頤

Ein Kopf auf einem Körper
Die Bedeutung ist meistens auf den Kopf beschränkt.

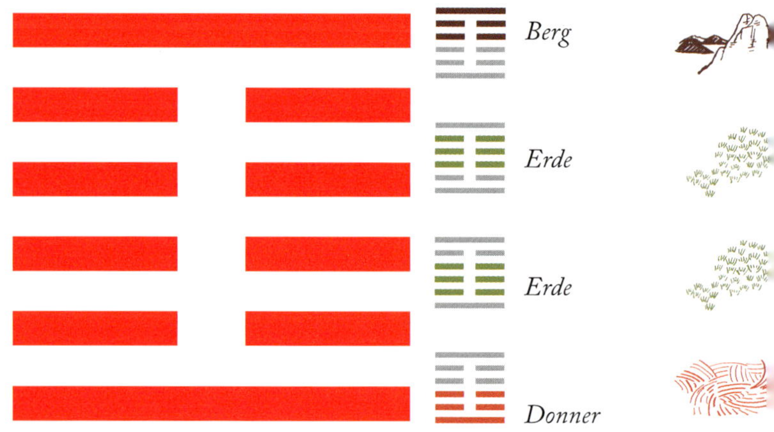

Î (Nahrung)

Die Betonung auf dem Unterkiefer des Kopfes beim Zeichen Î bedeutet das Aufnehmen von Nahrung, was sich nicht nur auf physische, sondern auch auf spirituelle Speise bezieht.

In diesem Hexagramm symbolisiert der über der Erde aufragende Berg einen stabilen Menschen, der in aller Ruhe die Umgebung überblickt und entscheidet, mit welcher Nahrung er körperlich und spirituell wachsen kann. Den Berg kann man mit dem Oberkiefer vergleichen, der dem Unterkiefer zeigt, wo er seine Zähne hineinschlagen soll. Der Unterkiefer wird vom Donner repräsentiert, der sich auf den Berg zubewegt. Folglich lässt sich der bewegliche Unterkiefer mit Ihrem Körper vergleichen, der die von Ihrem Kopf gesammelten Informationen umsetzt. Die Erde, die alles hervorbringt, ist zwischen dem Berg (oder Oberkiefer) und dem Donner (oder Unterkiefer) eingezwängt. Dies weist darauf hin, dass Ihnen alle Nahrung zur Verfügung steht. Die Entscheidung, was Sie davon aufnehmen und was nicht, liegt bei Ihnen.

Nahrung
Alle Informationen, die Sie aufnehmen, werden verdaut und erhalten eine besondere Bedeutung. Was auch immer für Sie von Nutzen ist, wird in Wissen umgesetzt und der Rest wird ignoriert. Denken Sie daran, dass die Eindrücke Ihrer Erfahrungen in Ihrem Körper bewusst oder unbewusst zurückbleiben, während die Abfallprodukte Ihrer körperlichen Nahrung ausgeschieden werden. Die folgenden Schritte (von unten nach oben) zeigen Ihnen, wie Erfahrungen verdaut werden.

Die Zerstörung der Vergangenheit
Innere Sicherheit durch Besitz steht oft einer Auseinandersetzung mit der Vergangenheit im Weg. Kaum haben Sie ein Problem verarbeitet, das Sie stark beschäftigte, werden Sie von einer körperlichen und spirituellen Leere überwältigt. Sie sind noch nicht für etwas Neues bereit und sehnen sich fast nach den alten Zuständen zurück, in denen Ihnen die Nahrung gewiss war. Wenn Sie nicht mehr in der Vergangenheit leben wollen, probieren Sie etwas Neues aus.

Maßvolle Energie
Die Erde bringt alles hervor. Trotzdem werden Sie sich an Essgewohnheiten klammern, die Sie in Ihrer Jugend entwickelt haben, um zu überleben – selbst wenn sie inzwischen nutzlos sind. Wenn Sie diese Gewohnheiten loslassen, können Sie möglicherweise die Dinge genießen, nach denen Sie sich sehnen.

Wintersonnenwende, Erwachen
Von dem Moment an, wo Ihre Sinne aktiviert sind, strömen die Informationen ein. Allmählich entwickelt sich in Ihrem Verstand ein Bezugsrahmen, der Ihren Eindrücken Bedeutung verleiht. Da Sie anfangs von den Erfahrungen abhängig sind, die Sie durch Ihre Erziehung gemacht haben, sind dies die Eindrücke, die Ihrem Verstand Gestalt geben.

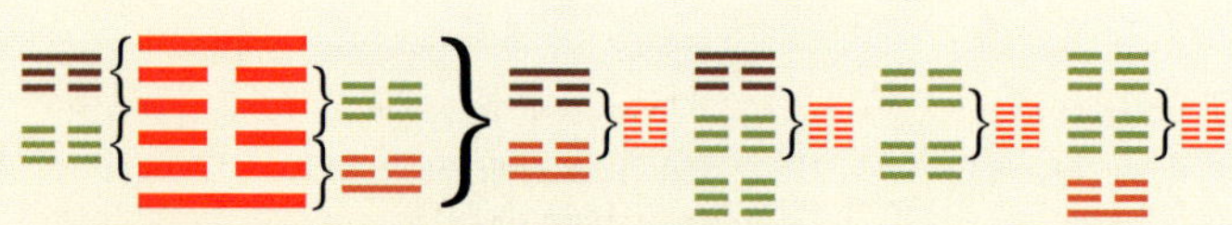

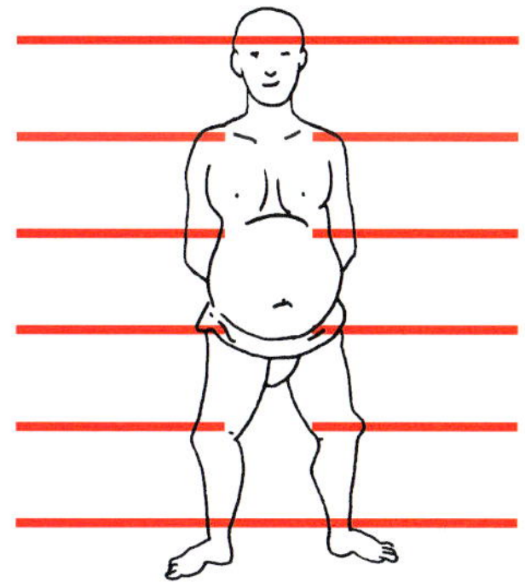

Die einzelnen Linien

Sechste Linie
Der Berggipfel bzw. Oberkiefer repräsentiert Ihren Verstand, der entscheidet, in was Sie beißen. Ihr Intellekt und die Signale, die Ihre Sinne aussenden, können nicht garantieren, dass die Nahrung, die Sie aufnehmen, Ihrem Geschmack entspricht, aber versuchen Sie sie trotzdem.

Fünfte Linie
Diese Linie unter dem Berggipfel und auf der Erdoberfläche repräsentiert die Gegenwart. Sie wissen, was Sie haben, aber nicht, was Sie bekommen werden. Sie könnten beschließen, an Ihrer derzeitigen Situation festzuhalten, aber sobald Sie erkennen, dass man Ihnen Ihre innere Sicherheit nie nehmen kann, streben Sie vertrauensvoll neuen Vorhaben entgegen.

Vierte Linie
Der Fuß des Berges, der zugleich unter der Erde und auf ihrer Oberfläche liegt, repräsentiert Ihr aufgewühltes Herz. Ein Herz, das sich nach Leckereien sehnt, ist wie das gierige, auf die Beute gerichtete Auge eines Tigers. Ein natürliches Essbedürfnis ist nichts Ungewöhnliches.

Dritte Linie
Unter der Erde hat der Donner seinen Höhepunkt erreicht. Der Unterkiefer bewegt sich nicht mehr auf den Oberkiefer zu. Dies zeigt, dass Sie sich an Überlebensstrategien klammern, die Sie in der Vergangenheit erlernt haben. Trauen Sie Ihrem Herzen, Ihrer inneren Gewissheit und Ihren derzeitigen Einsichten, und machen Sie sich frei.

Zweite Linie
Der Donner grollt tief unter der Erde, was bedeutet, dass Sie Angst haben, sich von Ihren alten Überlebensstrategien zu verabschieden. Sie wenden sich hilfesuchend an die erste Linie oder den Unterkiefer, die nichts zu sagen haben. Richten Sie sich auf und wenden Sie sich Neuem zu.

Erste Linie
Das Einsetzen des Donners bzw. der Unterkiefer, der von sich aus nichts tun kann und der wie Ihre Füße vollkommen auf Anweisungen von oben angewiesen ist, weisen auf Ihren derzeitigen Geisteszustand hin. Sie haben die Mentalität einer Schildkröte – die sich aber im Nu in die Mentalität eines Tigers verwandeln kann, sofern Sie Ihrem Herzen geradewegs folgen.

Hinweis
Im Hexagramm Î beeinflusst jede offene Linie die Entscheidung des Oberkiefers (sechste Linie) dahingehend, ob der Unterkiefer (erste Linie) in neue Nahrung aus der unerschöpflichen Auswahl der Erde ☷ beißen wird oder ob Sie wieder einmal einen Bissen hinunterwürgen müssen, der schon seit Jahren auf der Speisekarte steht.

Starke und schwache Wandlungslinien
In Ihrem Hexagramm sollten Sie besonders auf die Wandlungslinien achten. Eine starke Linie zeigt an, dass Sie die Situation mit zu viel Kraft angehen, eine schwache Linie verlangt eine kühnere Haltung.

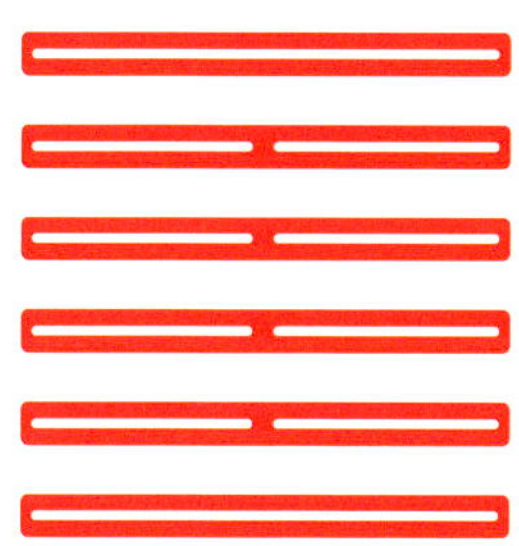

***I Ging* – ein geschlossenes System**
Die Antwort auf Ihre Frage finden Sie nicht nur im Ausgangshexagramm. Zur tieferen Einsicht sollten Sie auch die verschiedenen einzelnen Hexagramme beachten, aus denen das Ausgangshexagramm besteht. Die Zahl hinter den Hexagrammen verweist auf die Seite, auf der Sie die ausführliche Interpretation nachlesen können. Durch Wandlungslinien ergibt sich ein Folgehexagramm.

Wie das Leben selbst, so ist auch das *I Ging* ein wundersames geschlossenes Labyrinth, aus dem Sie nur entkommen, indem Sie das Buch schließen.

Das Folgehexagramm
Dadurch, dass sich die Wandlungslinien in ihr Gegenteil verkehren – aus einer unterbrochenen Linie wird eine durchgezogene und umgekehrt –, entsteht ein Folgehexagramm, das Auskunft über eine künftige Lebensphase gibt. Die Informationen auf der linken Seite sind bei der Beschäftigung mit diesem Hexagramm am hilfreichsten, weil Folgehexagramme keine Wandlungslinien enthalten. Die Informationen auf der rechten Seite können natürlich auch aufschlussreich sein.

大
過

Ein reifer Mensch; auch groß und klein — 大

Schritt um Schritt vorwärts gehen — 過

Ein Skelett. Dieses Zeichen deutet auf einen Mund hin, der durch einen Wolfsrachen deformiert ist.

TÂ KWO (Dynamischer Verstand)

Das Zusammenspiel der Zeichen Tâ und Kwo zeigt, dass es Ihnen an Reife mangelt, solange Ihr Mund die Wahrheit, von der Sie bis ins Innerste durchdrungen sind, verdreht. In diesem Hexagramm stehen Sumpf/Mond, die in den oberen Himmel eingebettet sind, für Ihren Mund, der mit Vorstellungen angefüllt ist, die auf Illusionen basieren. Sie erheben irdische Dinge auf die Stufe himmlischer Glückseligkeit und verbergen die unendliche Weite des vom Skelett des Lebens dargestellten, tiefer liegenden wahren Himmels.

Der vom Himmel herabwehende Wind deutet an, dass es keine einfache Antwort auf die Frage nach dem Sinn des Lebens gibt. Ihre einzige Gewissheit ist die, dass Ihr Körper funktioniert, solange Sie atmen. Sind Sie sich dessen bewusst, werden Sie versuchen, im Einklang mit der schöpferischen Kraft des Universums zu leben. Dann können Sie der Wahrheit offen ins Auge blicken.

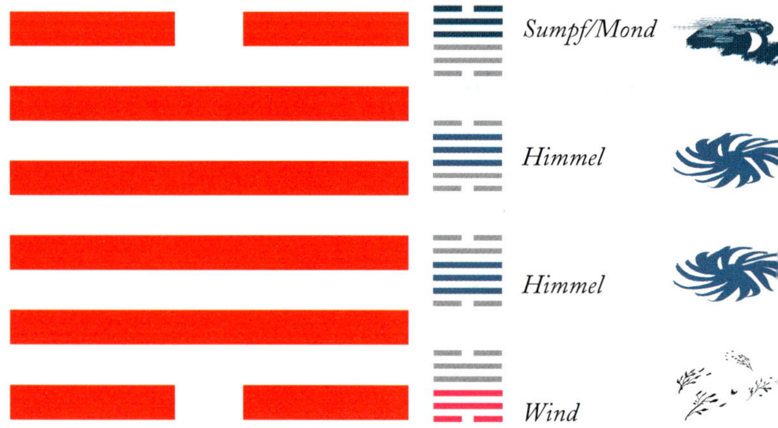

Dynamischer Verstand
Wenn Sie an Illusionen festhalten, ziehen Sie mehr Unglück als Freude an. Dann finden sie keine Antwort auf Ihre Fragen, oder Sie verstricken sich immer tiefer in Ihre eigenen Lügen. Die folgenden Anmerkungen (von unten nach oben) können Ihnen helfen, sich der Realität zu stellen.

Erfüllung
Wenn Sie die unten genannten Ratschläge verstanden haben, finden Sie am irdischen Spiel Freude, ohne sich in Illusionen zu verlieren.

Schöpferische Kraft
Die unendlichen Weiten der Himmel, die auf die eine oder andere Art und Weise die Erde umkreisen, gewährleisten ein Gleichgewicht, das die Kugel auf Ihrer Umlaufbahn hält. Wenn Sie ein ähnliches Gleichgewicht zwischen Geben und Nehmen für sich selbst herstellen, werden Sie letztendlich keine anderen Gründe mehr für Ihr Dasein brauchen.

Eine reife Beziehung
Lassen Sie sich nicht von irdischen Sorgen erdrücken. Beobachten Sie das Kräftespiel der Himmel, durch das das Leben im Gleichgewicht gehalten wird. Dann schauen Sie sich um und begreifen, dass jede Kreatur, die zu einem Glied in der Kette des Lebens wird, kommt und geht. Versuchen Sie daher, Ihren geistigen und körperlichen Reichtum mit anderen im Wissen zu teilen, dass alles, was Sie nicht teilen, seinen Wert verliert und verschwindet.

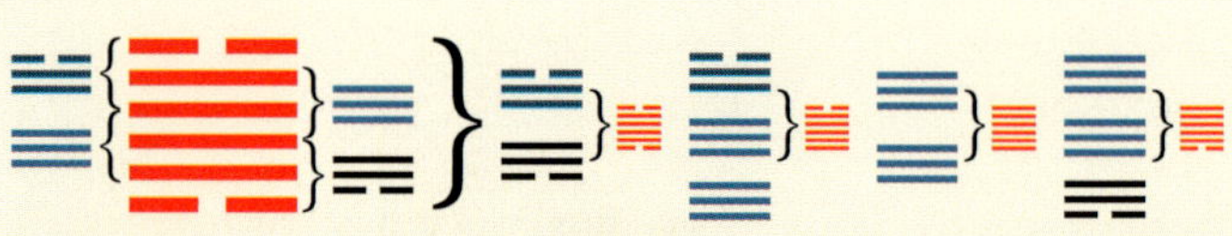

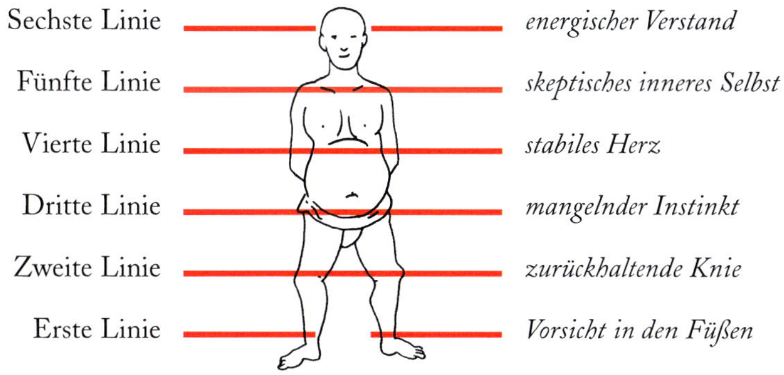

Die einzelnen Linien

Sechste Linie
Der Vollmond steht für eine Person, die schamlos in irdischen Illusionen schwelgt. Wenn Sie daran denken, sich von diesem flüchtigen Vergnügen zu befreien, sobald der Mond abnimmt, kann Sie niemand wegen Ihres Verhaltens beschuldigen – obwohl es immer noch etwas fragwürdig bleibt.

Fünfte Linie
Der am Himmel aufsteigende Neumond ist wie eine verdorrte Weide, die neue Kraft schöpft oder wie eine alte Frau mit einem jungen Bräutigam. Die in einer solchen Situation erlebte Freude ist es wert, genossen zu werden, und sie wird niemals in einer Enttäuschung enden, vorausgesetzt Sie glauben nicht, dass vorübergehende Dinge ewig währen.

Vierte Linie
Der dunkle Mond konfrontiert Sie mit der unendlichen Weite des Himmels. Der Mond wird wieder zunehmen und Ihre Einsamkeit vertreiben; die Gründe für seine Wiederkehr werden aber auf immer im Ozean der schöpferischen Kraft verborgen bleiben. Zerbrechen Sie sich nicht den Kopf darüber, sondern versuchen Sie, eine innere Ausgeglichenheit zu erreichen.

Dritte Linie
Der aus der unendlichen Weite des Himmels stammende Wind steht für die Lebenskraft, deren Funktionsweise Sie noch nicht verstehen. Sie wissen nicht, um was es im Leben geht, und sind ein wenig verloren. Beginnen Sie mit der Stärkung Ihres Selbsterhaltungstriebes.

Zweite Linie
Das Innerste des Windes oder Ihr Bewusstsein am Grunde der unendlichen Himmelstiefe ist wie ein verdorrter Weidenbaum, der von neuem sprießt, oder wie ein alter Mann mit einer jungen Braut. Sie erkennen, dass der Fortbestand des Lebens von der Fortpflanzung abhängig ist, und Sie teilen Ihren körperlichen und geistigen Reichtum mit anderen.

Erste Linie
Die äußere Linie des Windes weist darauf hin, dass Sie jedes Wort abwägen, ehe Sie eine Meinung über die Funktionsweise der schöpferischen Kraft des Himmels äußern. Wenn Ihr Geist keine Erklärung bieten kann, wie können Sie dieses Wissen von Ihren Füßen erwarten?

Hinweis
Das Tâ-Kwo-Hexagramm zeigt den sichersten Weg zu einer Annäherung an das Leben auf. Wenn Sie irdische Dinge zu Ihrer Grundlage machen, werden Sie früher oder später in Ihren eigenen Illusionen ☱ untergehen. Wenn Sie sich am Wind ☴ ein Beispiel nehmen, werden Sie immer Zuflucht in einer greifbaren Realität finden, und deren ungewisse Ergebnisse können nur besser ausfallen als erwartet.

Starke und schwache Wandlungslinien
In Ihrem Hexagramm sollten Sie besonders auf die Wandlungslinien achten. Eine starke Linie zeigt an, dass Sie die Situation mit zu viel Kraft angehen, eine schwache Linie verlangt eine kühnere Haltung.

***I Ging* – ein geschlossenes System**
Die Antwort auf Ihre Frage finden Sie nicht nur im Ausgangshexagramm. Zur tieferen Einsicht sollten Sie auch die verschiedenen einzelnen Hexagramme beachten, aus denen das Ausgangshexagramm besteht. Die Zahl hinter den Hexagrammen verweist auf die Seite, auf der Sie die ausführliche Interpretation nachlesen können. Durch Wandlungslinien ergibt sich ein Folgehexagramm.

Wie das Leben selbst, so ist auch das *I Ging* ein wundersames geschlossenes Labyrinth, aus dem Sie nur entkommen, indem Sie das Buch schließen.

Das Folgehexagramm
Dadurch, dass sich die Wandlungslinien in ihr Gegenteil verkehren – aus einer unterbrochenen Linie wird eine durchgezogene und umgekehrt –, entsteht ein Folgehexagramm, das Auskunft über eine künftige Lebensphase gibt. Die Informationen auf der linken Seite sind bei der Beschäftigung mit diesem Hexagramm am hilfreichsten, weil Folgehexagramme keine Wandlungslinien enthalten. Die Informationen auf der rechten Seite können natürlich auch aufschlussreich sein.

Diese Hexagramme sind Bestandteile des Ausgangshexagramms und geben Ihnen weitere Hinweise zu Ihrer derzeitigen Situation.

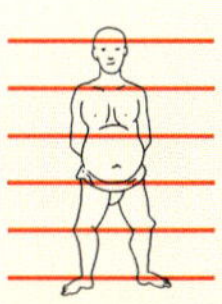

Die Linien entsprechen unterschiedlichen Körperbereichen. Die Stichworte geben Ihnen einen Einblick in Ihre derzeitige körperliche und geistige Verfassung.

Starke Wandlungslinie
Schwache Wandlungslinie

大過  **28**

坎

Die Erde, von der alle Dinge abstammen — 坎

Ein atmender Mensch. Das Zeichen bedeutet auch Atemlosigkeit, erschöpft zu sein und bei seinen Pflichten zu versagen.

KHAN (Wasser, der Lebensspender)

Das vollständige Zeichen steht für ein Loch, eine Grube und eine Falle. Der Aufbau von Khan zeigt, dass die Grube oder die Falle das irdische Leben ist, dem Sie, solange Sie atmen, nicht entfliehen können.

In diesem Hexagramm symbolisiert das Wasser den Lebenskreislauf. Es fällt vom Himmel und strömt zum Meer hin, wo es verdunstet, um als Regen wiederzukehren. Der Berg und der Donner deuten symbolisch auf die ewige Wiederkehr dieses Kreislaufes hin. Andererseits steht der Berg für einen gefestigten Menschen, der fruchtbares Wissen sammelt (das Regenwasser) und es wie der von der pulsierenden Bewegung des Donners begleitete Fluss erneut verteilt. Die ideale Lebensweise ist die eines ruhig dahinströmenden Flusses, der in seinem Verlauf mit allen von der Erde geschaffenen Situationen in Berührung kommt. Ohne sich an irgendetwas zu binden, bewässert der Fluss viele Felder und mündet schließlich in das Meer. Denken Sie daran, dass das Flussbett bereits durch die Strömung verwittert ist. Viele sind Ihnen auf diesem Pfad vorausgegangen. Auch sie waren sich bewusst, dass das Sammeln von Wissen, das Nachdenken darüber und seine Weitergabe der natürliche, unausweichliche Lauf des Lebens ist.

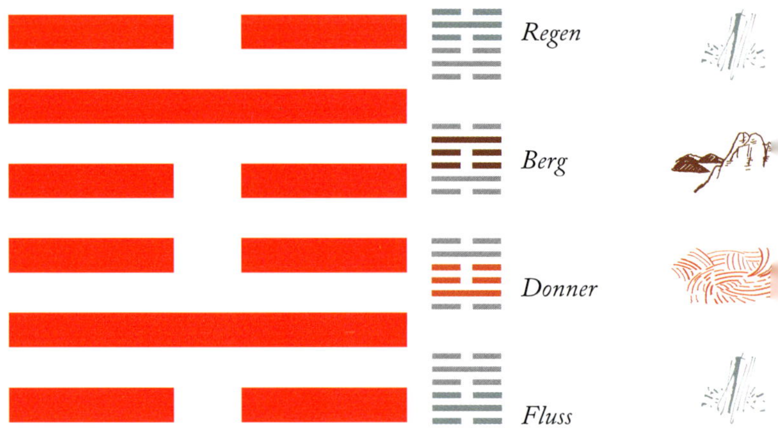

Wasser, der Lebensspender
Regen steht für Fruchtbarkeit, während der Fluss – der so leidenschaftlich entspringt und so ruhig ins Meer strömt – den Verlauf des Lebens symbolisiert. Die folgenden Anmerkungen zeigen den sinnvollsten Weg, durch das Leben zu gehen.

Anfängliche Schwierigkeit
Auf dem Berggipfel bildet das Regenwasser einen See aus schöpferischem Wissen. Fließt er über, so bahnt sich das Wasser als Fluss seinen Weg durch die zu bewässernden Felder. Auf eine ähnliche Art und Weise sollten auch Sie wissen, worüber Sie reden, wenn Sie jemandem etwas anzubieten haben.

Verwirrung
Wachstum und Verwirrung gehen Hand in Hand. Weil Sie aus der Erfahrung gelernt haben, werden die gestern von Ihnen verkündeten Vorstellungen und Ideale morgen überholt sein.

Nahrung
Ernähren Sie sich durch Wissen, dessen ewige Weisheit sich als zutreffend herausgestellt hat.

Jugendliche Unschuld
Wenn Sie an der Quelle des Flusses sind, dann denken Sie nicht, Sie wüssten bereits, welche Stromschnellen auf Sie warten. Nach einer simplen Einführung in uraltes Wissen sollten Sie sich nicht als jemand ausgeben, der diesen Weg bereits gegangen ist.

Den Knoten durchschneiden
Wenn der See randvoll ist, läuft er über. Wenn Sie das Gefühl haben, in Ihrem Verstand Platz schaffen zu müssen, bevor Sie irgendetwas Neues aufnehmen können, dann sollten Sie das Gelernte teilen.

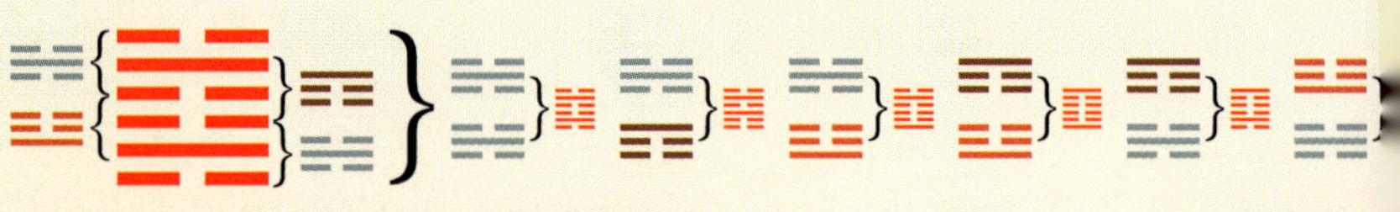

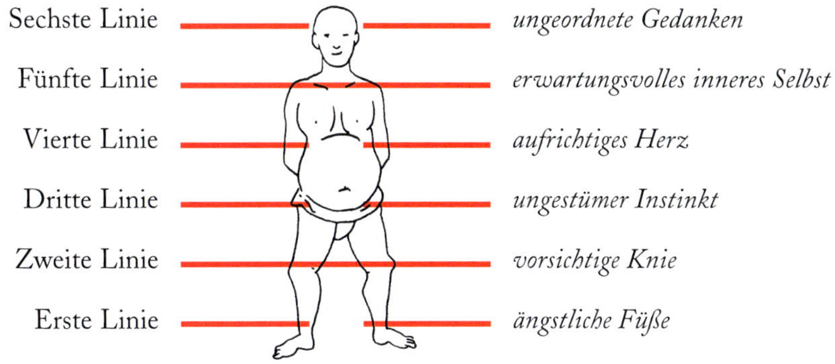

Die einzelnen Linien

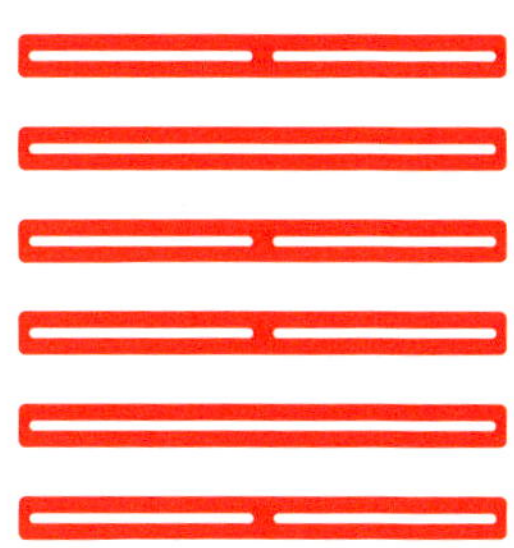

Sechste Linie
Das sich auf dem Berggipfel sammelnde Regenwasser kann nicht abfließen. Es ist wie ein Kopf voll wirrer und zwanghafter Gedanken. Sie haben die Glocke läuten gehört, wissen aber nicht, was Sie zum Klingen bringt. Informieren Sie sich gut, bevor Sie etwas unternehmen.

Fünfte Linie
Der See auf dem Berggipfel ist noch nicht bis zum Rand gefüllt. Sie sind drauf und dran, Ihr fruchtbares Wissen zu verbreiten. Überfallen Sie andere nicht wie ein turbulenter Fluss. Sie brauchen inneren Frieden und Selbstbeherrschung, wenn Sie klar verstanden werden wollen.

Vierte Linie
Unterhalb des Berggipfels hält der Donner den Fluss im Zaum. Sie sind fähig, Ihr Wissen auf eine leicht verständliche Art und Weise zu verbreiten, gerade so als ob Sie eine leicht verdauliche Mahlzeit auf schlichtem Tongeschirr servieren würden. Seit Menschengedenken wurden die Wahrheiten des Universums auf diese Art weitergegeben.

Dritte Linie
Der Fuß des Berges erzittert unter dem Getöse des herabstürzenden Flusses und dem Grollen des herannahenden Donners. Diese verwirrende Situation deutet darauf hin, dass Einsichten, die Sie anderen vermitteln wollen, durch neue Informationen, die auf Sie zukommen, überholt sind. Halten Sie sich zurück und warten Sie ab, bis Sie die Situation überschauen.

Zweite Linie
Der Anfang des Donners bzw. der erwartungsfrohe Unterkiefer versucht, sich am Fluss des Lebens festzuhalten. Es erscheint schwierig, aus all dem von der Erde hervorgebrachten Überfluss auszuwählen. Indem Sie immer wieder vorsichtig mit den Zähnen in irgendetwas hineinbeißen, können Sie sich über Wasser halten, bis Sie etwas begegnen, in das Sie lieber beißen würden.

Erste Linie
Der Fluss des Lebens, auf dem Sie friedlich dahinströmen können, bringt Sie mit allen Dingen, die die Erde hervorbringt und die sie unwiderruflich in das Meer entlässt, in Berührung. Auch wenn Sie sich an das Ufer klammern wollen, können Sie nicht verhindern, dass das Leben zu Ende geht.

Hinweis
Das Hexagramm Khan wird von der *Nahrung (27)* bestimmt. Der Berggipfel oder der unbewegliche Unterkiefer (fünfte Linie) stehen für innere Selbstsicherheit. Sie entwickeln diese, indem Sie Ihre Zähne vorsichtig in die Dinge graben – dies wird durch die pulsierende Bewegung des Donners oder des Unterkiefers (zweite Linie) symbolisiert – und indem Sie alles untersuchen, ehe Sie sich hindurch beißen.

Starke und schwache Wandlungslinien
In Ihrem Hexagramm sollten Sie besonders auf die Wandlungslinien achten. Eine starke Linie zeigt an, dass Sie die Situation mit zu viel Kraft angehen, eine schwache Linie verlangt eine kühnere Haltung.

***I Ging* – ein geschlossenes System**
Die Antwort auf Ihre Frage finden Sie nicht nur im Ausgangshexagramm. Zur tieferen Einsicht sollten Sie auch die verschiedenen einzelnen Hexagramme beachten, aus denen das Ausgangshexagramm besteht. Die Zahl hinter den Hexagrammen verweist auf die Seite, auf der Sie die ausführliche Interpretation nachlesen können. Durch Wandlungslinien ergibt sich ein Folgehexagramm.

Wie das Leben selbst, so ist auch das *I Ging* ein wundersames geschlossenes Labyrinth, aus dem Sie nur entkommen, indem Sie das Buch schließen.

Das Folgehexagramm
Dadurch, dass sich die Wandlungslinien in ihr Gegenteil verkehren – aus einer unterbrochenen Linie wird eine durchgezogene und umgekehrt –, entsteht ein Folgehexagramm, das Auskunft über eine künftige Lebensphase gibt. Die Informationen auf der linken Seite sind bei der Beschäftigung mit diesem Hexagramm am hilfreichsten, weil Folgehexagramme keine Wandlungslinien enthalten. Die Informationen auf der rechten Seite können natürlich auch aufschlussreich sein.

離

Ein Yak — 離

Ein Vogel mit kurzem Schwanz

LÎ (Feuer, das verwandelnde Element)

Lî bedeutet Trennen, Verlassen und Auflösen. Der Aufbau des Zeichens verdeutlicht diese Definition. Der Vogel steht für die Freiheit Ihres Geistes, der Nahrung und Bewegung unseres materiellen Körpers bestimmt, der seinerseits vom Yak symbolisiert wird. Wenn der Tod sich nähert, verlässt die Seele den Körper und der Pakt wird aufgelöst.

In diesem Hexagramm wird die Auflösung durch das alle Dinge verwandelnde Feuer/Sonne repräsentiert. Diese Kraft manifestiert sich in der sich regelmäßig wiederholenden Verwandlung des Mondes von einem leuchtenden Satelliten zu einem toten Felsen. Das ewige Zentrum, die Sonne, um das sich unser Planetensystem dreht, steht für Einsicht und Perspektive. Auf eine sehr ähnliche Art und Weise sind auch Sie ein Mikrokosmos mit einer inneren Lichtquelle, die durch Ihren Atem, oder den wie der Geist des Lebens durch Sie hindurch strömenden Wind am Brennen gehalten wird. Indem Sie Ihren Körper mit irdischen Erfahrungen nähren und sich geistig wie ein Vogel über die Materie erheben, können Sie eine Weisheit entwickeln, die Ihnen, der Sonne gleich, einen Überblick über das Materielle erlaubt. Denken Sie daran, dass Ihr Körper sich mit jedem Atemzug verwandelt, weil das innere Feuer Sie verzehrt. Im Gegensatz dazu wird Ihre Ausstrahlung umso jugendlicher sein, je mehr inneres Licht Sie besitzen.

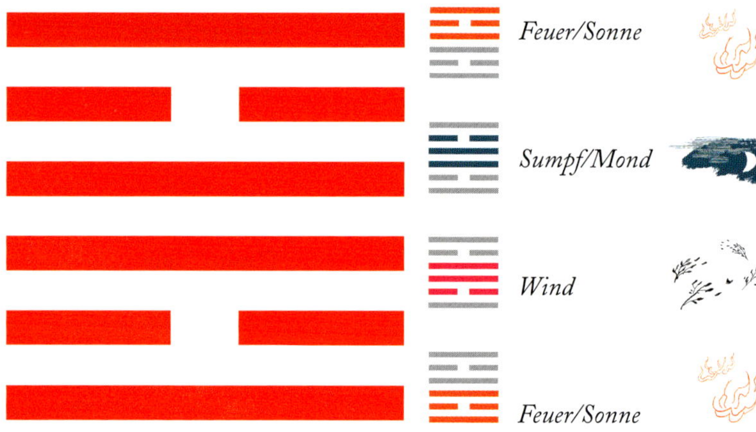

Feuer, das verwandelnde Element
Feuer nährt sich durch Brennstoff. Das Licht des Feuers gibt alles Sichtbare wieder, und die Hitze zerlegt das Brennmaterial in seine Bestandteile. Sind Sie sich bewusst, dass Ihr inneres Feuer aus klarer Einsicht besteht, dann begreifen Sie den Wert Ihres Körper als Brennstoff. Die folgenden Hinweise (von unten nach oben) helfen Ihnen, wie eine ruhige Flamme zu brennen.

Dualität
Der Mond nimmt zu und wieder ab. Auf Freude folgt Trauer und nach dem Regen scheint wieder die Sonne. Die Sonne wird niemals ausgelöscht. Es gibt sie, auch wenn Sie im Augenblick kein Licht sehen.

Auflösen, Zerfließen
Seien Sie sich dessen bewusst, dass Sie ständig Eindrücke aufnehmen und verarbeiten. Sie sollten Ihren Körper einer regelmäßigen Betrachtung unterziehen und sogar kleine Schmerzen analysieren, die Sie normalerweise nicht beachten würden.

Dynamischer Verstand
Befreien Sie sich von vergänglichen irdischen Illusionen, und stimmen Sie Ihren Lebensrhythmus auf die ewige kreative Kraft des Universum ein. Auf diese Weise können Sie sich der Wahrheit sehenden Auges stellen.

Innere Wandlung, Verarbeiten
Sie können die Schöpfung nicht vervollkommnen und brauchen dies auch nicht zu tun. Nur durch eine innere Verwandlung können Sie zu der Einsicht gelangen, dass alles so ist, wie es sein soll.

Die Beherrschung des inneren Wesens
Atmen Sie ruhig, damit Sie Ihre Gedanken ordnen können. Dann wird Ihr inneres Feuer stetig und klar brennen und nicht durch Emotionen erstickt.

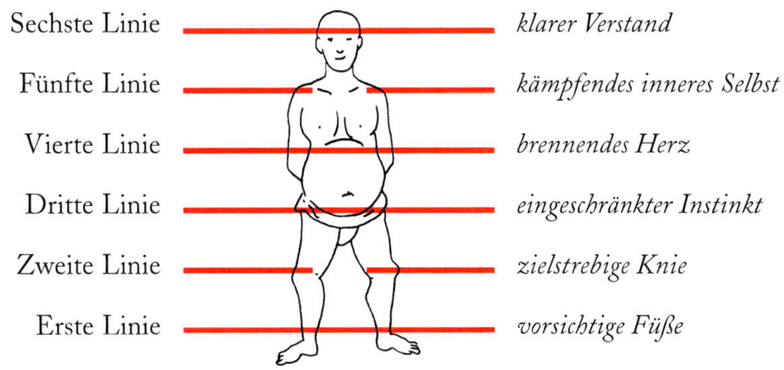

Die einzelnen Linien

Sechste Linie
Wie die stets scheinende Sonne, so vereint Ihr klarer Verstand Körper und Seele, indem er gewissenhaft störende Gedanken und die damit einhergehenden physischen Beschwerden austreibt. Für die Sonne sind alle Dinge gleich und eine Sache kann nicht im Widerspruch zu einer anderen stehen.

Fünfte Linie
Der von der Sonne angestrahlte rosarote Vollmond nimmt ein Bad in der reflektierenden Oberfläche des Sumpfes. Der Zenit ist erreicht, und wieder einmal müssen Sie sich von etwas verabschieden, das Ihnen viel Freude bereitet hat. Glauben Sie nicht, dass es kein Licht mehr gibt, nur weil Sie es im Augenblick nicht sehen können.

Vierte Linie
Die Sonne und der Anfang des Windes sind unter der Oberfläche des Sumpfes/Mondes verborgen. So plötzlich, wie das Licht durch Ihren ersten Atemzug zum Aufleuchten gebracht wurde, wird es auch mit Ihrem letzten verlöschen. Nur wenige Menschen können sich mit dieser Tatsache anfreunden.

Dritte Linie
Die untergehende Sonne ist auf den Grund des Sumpfes/Mondes hinabgesunken und das Innerste des Windes verkörpert eine Zeit zum Luft holen. Diese Situation lässt erkennen, dass Sie sich verhalten, als ob Sie dabei wären, Ihren letzten Atemzug zu tun, während Sie in Wirklichkeit noch ein ganzes Leben vor sich haben. Genießen Sie es, und geben Sie nicht auf, bevor Ihre Zeit tatsächlich gekommen ist.

Zweite Linie
Das Zentrum des inneren Feuers, welches vom Wind oder dem Atem gespeist wird, stellt eine Person dar, die ihr Leben genießt. Wenn Sie sich dergestalt mit Ihrem inneren Wesen in Einklang befinden, können Sie gelassen und zielstrebig durch das Leben gehen.

Erste Linie
Ihr inneres Feuer ist entfacht, aber Sie haben noch keinen großen Einblick erlangt. Ihre ersten Schritte werden vorsichtig sein. Je mehr Ihr inneres Selbst wächst, umso stärker erkennen Sie, dass Sie einfach durch das Atmen zu noch mehr Einblicken gelangen können.

Hinweis
Das Hexagramm Lî wird vom *Dynamischen Verstand (28)* beherrscht. Ihre inneren Zweifel (fünfte Linie) hinsichtlich des richtigen Einsatz Ihres Körpers (zweite Linie) wird Ihnen zeitlebens Streiche spielen. Auch wenn Sie sich entschlossen auf das Spiel der Kräfte im Universum einstellen, sodass Sie den Weg kennen, der so rein wie möglich ist, können Sie nicht wissen, welchen Verlauf Ihre Wandlung nehmen wird.

Starke und schwache Wandlungslinien
In Ihrem Hexagramm sollten Sie besonders auf die Wandlungslinien achten. Eine starke Linie zeigt an, dass Sie die Situation mit zu viel Kraft angehen, eine schwache Linie verlangt eine kühnere Haltung.

***I Ging* – ein geschlossenes System**
Die Antwort auf Ihre Frage finden Sie nicht nur im Ausgangshexagramm. Zur tieferen Einsicht sollten Sie auch die verschiedenen einzelnen Hexagramme beachten, aus denen das Ausgangshexagramm besteht. Die Zahl hinter den Hexagrammen verweist auf die Seite, auf der Sie die ausführliche Interpretation nachlesen können. Durch Wandlungslinien ergibt sich ein Folgehexagramm.

Wie das Leben selbst, so ist auch das *I Ging* ein wundersames geschlossenes Labyrinth, aus dem Sie nur entkommen, indem Sie das Buch schließen.

Das Folgehexagramm
Dadurch, dass sich die Wandlungslinien in ihr Gegenteil verkehren – aus einer unterbrochenen Linie wird eine durchgezogene und umgekehrt –, entsteht ein Folgehexagramm, das Auskunft über eine künftige Lebensphase gibt. Die Informationen auf der linken Seite sind bei der Beschäftigung mit diesem Hexagramm am hilfreichsten, weil Folgehexagramme keine Wandlungslinien enthalten. Die Informationen auf der rechten Seite können natürlich auch aufschlussreich sein.

Diese Hexagramme sind Bestandteile des Ausgangshexagramms und geben Ihnen weitere Hinweise zu Ihrer derzeitigen Situation.

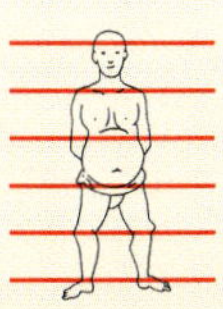

Die Linien entsprechen unterschiedlichen Körperbereichen. Die Stichworte geben Ihnen einen Einblick in Ihre derzeitige körperliche und geistige Verfassung.

Starke Wandlungslinie
Schwache Wandlungslinie

咸

Eine Art Hellebarde (Waffe mit langem Griff)

Ein sichelförmiger zunehmender Mond und ein Mund
Daher: Mit dem Mund verwunden oder beißen

咸

HSIEN (Das Spiel der Liebe)

Die gebräuchlichste Bedeutung des Zeichens Hsien ist: ein Ganzes, alles und vollständig. Der Aufbau des Zeichens deutet darauf hin, dass Sie durch den Gebrauch der Hellebarde intakt bleiben, damit Sie den inneren Frieden aufrecht erhalten und sich zur rechten Zeit aus zerstörerischen emotionalen Situationen befreien können. Die vom Mund verursachte Wunde deutet darauf hin, dass Sie dabei standhaft bleiben müssen, um nicht mehr von Selbstvorwürfen geplagt zu werden.

Die Bewegung des Sumpfes/Mondes im Hexagramm zeigt die Nacht als die Zeit an, in der Erfahrungen geerntet werden können. Der Sumpf/Mond ist in den Himmel, der innere Kraft repräsentiert, eingebettet. Das Zentrum des Himmels (vierte Linie) ist Ihr Herz, das zum Spielball für äußere, körperliche und geistige Eindrücke wird. Es wird durch Ihren Atem (oder den Wind) genährt, der mit dem festen Berg in Verbindung steht. Das Hexagramm besagt, dass Sie durch ruhiges Atmen die Übersicht und Ihren inneren Frieden bewahren können. Dieser Frieden kommt nicht durch Unbeugsamkeit zustande, sondern dadurch, dass Sie sich ständig mit der irdischen Materie bewegen (so wie es der Mond tut), ohne sich in Leidenschaften oder unbewältigte Emotionen zu verstricken. Die Liebe zu sich selbst und anderen hängt von Ihrer Lebenslust ab, die Sie durch eine ständige Erneuerung Ihrer selbst entwickeln und die Sie nur dadurch verlieren können, dass Sie sich an Vergangenes klammern.

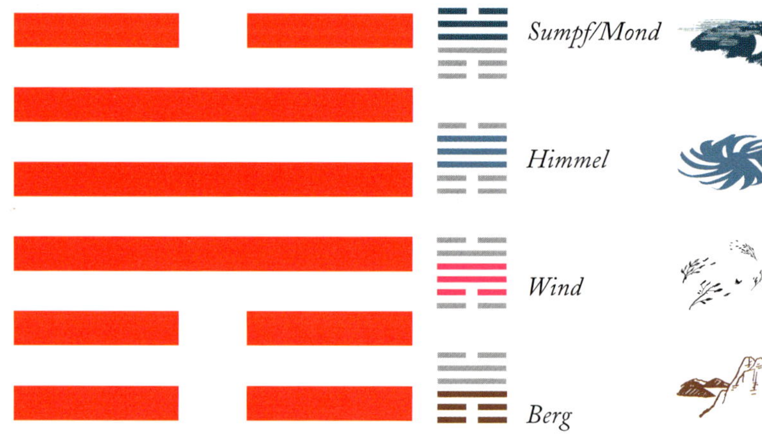

Das Spiel der Liebe
Irdische Liebe wird durch Hochs und Tiefs charakterisiert. Himmlische Liebe ist konstant. Durch Erfahrung können Sie den inneren Frieden des Himmels entwickeln, wodurch Sie immer strahlend gegenwärtig sein können. Die folgenden Hinweise (von oben nach unten) zeigen den Weg zu einem liebevollen Dasein.

Erfüllung
Wenn Sie die vorhergehenden Hinweise verstanden haben, ist der einzig noch verbleibende Gedanke der, sich in friedvoller Weise und liebevoll am irdischen Spiel zu erfreuen, ohne sich Illusionen hinzugeben.

Dynamischer Verstand
Sollte eine emotionale Liebe Sie festzuhalten drohen, dann konzentrieren Sie sich zur Wiederherstellung Ihrer inneren Ruhe auf Ihre Atmung.

Eine reife Beziehung
Stützen Sie Ihre Atmung auf die Macht des Himmels, die das Leben liebevoll und ausgeglichen erhält.

Rückzug
Wenn der Höhepunkt einer Situation erreicht ist, ziehen Sie sich zurück, verarbeiten Sie Ihre Erlebnisse und konzentrieren Sie sich abwechselnd auf Himmel und Erde.

Die gesegnete Verbindung
Sommer, Herbst, Winter, Frühling, Tag, Nacht, Einatmen und Ausatmen – all diese Wechsel kennzeichnen den Rhythmus des irdischen Lebens. Jeder Augenblick besitzt seine eigene Schönheit. Wenn Sie liebevoll an diesen Augenblicken teilnehmen, werden Sie handeln, wenn die Zeit reif ist und sich im richtigen Augenblick zurückziehen.

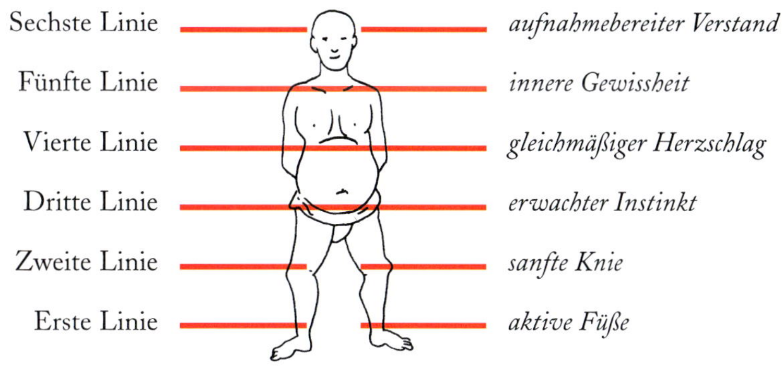

Die einzelnen Linien

Sechste Linie
Der Vollmond beeinflusst Ihren Kiefer und Ihre Zunge, sodass Sie aufgeregt plappern. Der Mund fließt über, wenn das Herz voll ist. Ihre Ernte ist reich, aber Sie müssen weiter ziehen. Kauen Sie, schlucken Sie und machen Sie die nächste Erfahrung.

Fünfte Linie
Jenseits der reflektierenden Oberfläche des zunehmenden Mondes liegen die am weitesten entfernten Bereiche des Himmels. Hier zucken Sie angesichts der durch die sechste Linie charakterisierten Aufregung mit den Schultern. Innere Selbstsicherheit und Lebenslust gehen Hand in Hand. Diese Ausgeglichenheit wird durch emotionale Erregung bedroht.

Vierte Linie
Sie haben Ihr Herz bzw. den Kern des inneren Himmels an den Mond, das heißt an eine Illusion gehängt. Das Funktionieren Ihres Herzens hängt von Ihrer Atmung ab. Solange Sie Ihr Auf und Ab durch das Atmen unter Kontrolle halten können, wird Ihr Herz gleichmäßig schlagen und sich durch ein warmes und freudiges Gefühl bemerkbar machen.

Dritte Linie
Der Berggipfel, der nach dem Himmel greift, und das Zentrum des Windes (oder der Augenblick zwischen dem Ein- und dem Ausatmen) stehen dafür, dass Sie sich entscheiden müssen, ob Sie die Übersicht behalten oder sich irdischen Freuden hingeben wollen. Behalten Sie solange die Kontrolle, bis Sie den Augenblick erkennen (sechste Linie), an dem Sie sich eine Weile gehen lassen können.

Zweite Linie
Unterhalb des Berggipfels übt der Wind (oder Ihre Atmung) Einfluss auf Ihre Lebenseinstellung aus. Sobald Sie die Versuchungen der Erde in der Nase wittern, brennen Sie vor Ungeduld. Innerer Friede oder Ihre Lebenslust können Sie davon abhalten, vollkommen in irdische Dinge einzutauchen.

Erste Linie
Am Fuß des Berges bewegen Sie Ihre Zehen. Ihre Füße können die Richtung des Weges nicht bestimmen. Warten Sie gelassen ab, was sich ergibt, und folgen Sie, ohne Ihren inneren Frieden aufzugeben, dem Weg des Lebens.

Hinweis
Das Hexagramm Hsien wird durch den *Dynamischen Verstand (28)* bestimmt. Die sechste Linie zeigt einen aufnahmefähigen Verstand und die zweite Linie eine gefestigte Lebenseinstellung an. Innerer Friede ☰ wird sowohl durch das Geben und Nehmen (wie es der Mond ☱ tut) sowie durch regelmäßiges Atmen ☴ aufrechterhalten.

Starke und schwache Wandlungslinien
In Ihrem Hexagramm sollten Sie besonders auf die Wandlungslinien achten. Eine starke Linie zeigt an, dass Sie die Situation mit zu viel Kraft angehen, eine schwache Linie verlangt eine kühnere Haltung.

***I Ging* – ein geschlossenes System**
Die Antwort auf Ihre Frage finden Sie nicht nur im Ausgangshexagramm. Zur tieferen Einsicht sollten Sie auch die verschiedenen einzelnen Hexagramme beachten, aus denen das Ausgangshexagramm besteht. Die Zahl hinter den Hexagrammen verweist auf die Seite, auf der Sie die ausführliche Interpretation nachlesen können. Durch Wandlungslinien ergibt sich ein Folgehexagramm.

Wie das Leben selbst, so ist auch das *I Ging* ein wundersames geschlossenes Labyrinth, aus dem Sie nur entkommen, indem Sie das Buch schließen.

Das Folgehexagramm
Dadurch, dass sich die Wandlungslinien in ihr Gegenteil verkehren – aus einer unterbrochenen Linie wird eine durchgezogene und umgekehrt –, entsteht ein Folgehexagramm, das Auskunft über eine künftige Lebensphase gibt. Die Informationen auf der linken Seite sind bei der Beschäftigung mit diesem Hexagramm am hilfreichsten, weil Folgehexagramme keine Wandlungslinien enthalten. Die Informationen auf der rechten Seite können natürlich auch aufschlussreich sein.

Diese Hexagramme sind Bestandteile des Ausgangshexagramms und geben Ihnen weitere Hinweise zu Ihrer derzeitigen Situation.

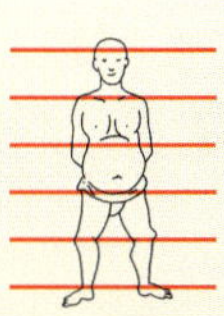

Die Linien entsprechen unterschiedlichen Körperbereichen. Die Stichworte geben Ihnen einen Einblick in Ihre derzeitige körperliche und geistige Verfassung.

Starke Wandlungslinie
Schwache Wandlungslinie

咸 ䷞ **31**

恒

Ein menschliches Herz — 恒

Ein Objekt, das zu seinem Ursprung zurückkehrt. Ein Kreislauf

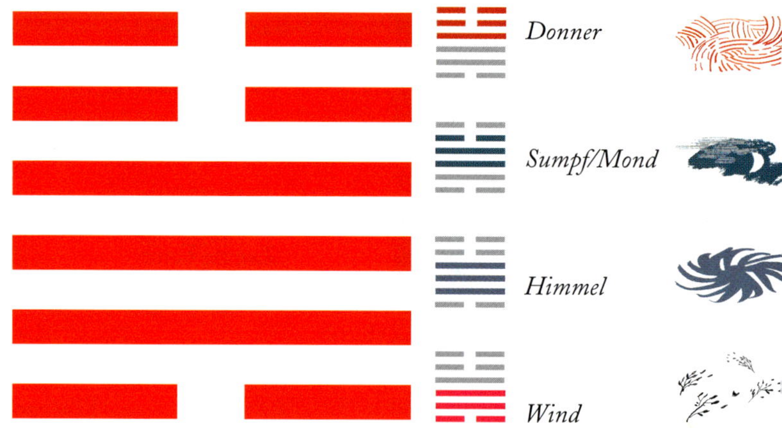

HÊNG

(Kontinuität, ausgeglichene Bewegung)

Das Zeichen Hêng steht für Beständigkeit, die sich auf die Lebensspanne des menschlichen Herzens bezieht. Ihr Herz schlägt am gleichmäßigsten und längsten, wenn Ihr Atem mit der Intensität Ihrer körperlichen Anstrengung übereinstimmt, anstatt geistiger Verwirrung unterworfen zu sein. Langes Leben basiert auf einem ausgeglichenen Körper, dessen Bedürfnisse erfüllt sind.

In diesem Hexagramm ist das Innerste des Himmels oder Ihr Instinkt (dritte Linie) der Sitz Ihres körperlichen Wohlbefindens. Dieser Himmel wird vom Sumpf/Mond und dem Wind gebildet. Einerseits weist dies auf einen gefestigten Lebenszyklus hin – wie der des zu- und abnehmenden Mondes –, bei dem sich die in Ihrem Körper aufgebaute Spannung zur rechten Zeit löst. Andererseits lässt der Wind (oder Ihre Atmung), der mit dem unteren Bereich Ihres Körpers in Verbindung gebracht wird, darauf schließen, dass Ihr Pulsschlag nicht von beunruhigenden Gedanken in Mitleidenschaft gezogen wird. Daher pulsiert der Donner wie ein gleichmäßig schlagendes Herz. Er wird durch seine instinktive Bewegung und bei körperlicher Anstrengung schneller werden, beruhigt sich aber wieder, sobald Ihr Körper versorgt ist.

Kontinuität, ausgeglichene Bewegung
Regelmäßige körperliche Entspannung trägt zu größerer Lebensfreude und einer längeren Lebensdauer bei. Die folgenden Hinweise (von unten nach oben) warnen Sie aber davor, sich lediglich auf die Befriedigung körperlicher Bedürfnisse zu konzentrieren. (32

Fruchtbarkeit
Der beste Augenblick zum Lösen körperlicher Spannung wird intuitiv wahrgenommen. Wenn Sie diesem Gefühl vertrauen, verwandelt es sich in Überzeugung. 54

Lebensenergie
Sie sind immer dann auf dem falschen Weg, wenn Sie sich dazu zwingen müssen, die Bedürfnisse Ihres Körpers zu erfüllen. Wahre, mit dem Himmel in Verbindung stehende Lebenskraft zeichnet sich durch eine geringstmögliche Energievergeudung aus. 34

Erfüllung
Wenn Sie die vorhergehenden Hinweise verstanden haben, ist der einzig noch verbleibende Gedanke der, sich in friedvoller Weise und liebevoll am irdischen Spiel zu erfreuen, ohne sich Illusionen hinzugeben. 43

Dynamischer Verstand
Geraten Sie in körperliche Abhängigkeit, sobald Sie sich gehen lassen, dann konzentrieren Sie sich auf die Atmung, um den inneren Frieden wieder herzustellen. 28

Eine reife Beziehung
Machen Sie die Kraft des Himmels zur Grundlage Ihrer Atmung. Diese erhält das Leben auf eine unpersönliche, gut ausgeglichene und liebevolle Art und Weise aufrecht. 4

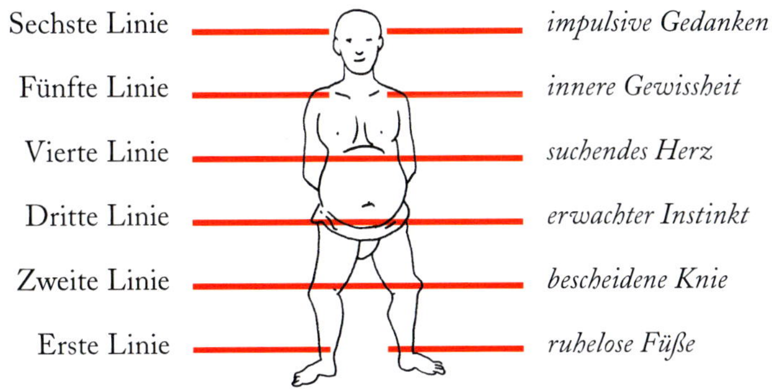

Die einzelnen Linien

Sechste Linie
Die oberste Linie des Donners weist darauf hin, dass Sie darum kämpfen, einen Weg zur Verlängerung Ihrer Lebensdauer zu finden. Ihr Körper meldet sich, wenn er hungrig oder durstig ist oder Ruhe braucht. Vertrauen Sie darauf, dass er Ihnen seine Bedürfnisse signalisiert.

Fünfte Linie
Der Vollmond und die Unruhe im Innersten des Donners weisen auf eine Phase körperlicher Unruhe hin. Es schadet nicht, sich jetzt um die körperlichen Bedürfnisse zu kümmern. Aber so gewiss wie der Mond wieder abnehmen wird, müssen Sie später Ihren inneren Frieden wieder herstellen.

Vierte Linie
Jenseits der reflektierenden Oberfläche des zunehmenden Mondes findet sich der äußere Rand des Himmels, und der Anfang des Donners pulsiert wie ein regelmäßig schlagendes Herz. Zurzeit finden Sie keinen Geschmack an körperlicher Erfüllung. Es sieht ganz so aus, als ob in Ihrem Umfeld kein aufregendes »Spiel« stattfände. Hören Sie mit dem Jagen auf!

Dritte Linie
Der Kern des inneren Himmels bzw. Ihr Instinkt ist dank Ihrer unbewussten Atmung immer noch ausgeglichen, aber der zunehmende Mond regt Sie dazu an, körperliche Erfüllung zu suchen. Vielleicht finden Sie Ihre Instinkte beschämend und versuchen, sie zu unterdrücken. Um ein langes Leben uneingeschränkt zu genießen, ist dies aber von Nachteil.

Zweite Linie
Das Innerste des Windes (oder der Augenblick zwischen Ein- und Ausatmen) hat seinen Sitz an der Grenze des inneren Himmels. Sie warten darauf, zur Tat zu schreiten. Ihren geschmeidigen, gehorsamen Knien gleich, erwarten Sie Anregungen, die Sie in Bewegung versetzen. Sie werden instinktiv reagieren, ohne diese Anregungen im Geiste einer Betrachtung zu unterziehen.

Erste Linie
Die äußere Linie des Windes steht für den ununterbrochenen Rhythmus Ihrer Atmung. Diese Linie ist mit Ihren Füßen verbunden und zeigt an, dass Sie sich ständig bewegen wollen, obwohl diese Bewegung (im Gegensatz zu einer ruhigen Atmung) einem langen Leben nicht förderlich ist.

Hinweis
Das Hexagramm Hêng wird vom *Dynamischen Verstand (28)* bestimmt. Die fünfte Linie steht für die innere Gewissheit, dass körperliche Ausgeglichenheit für eine lange Lebensdauer notwendig ist. Dies wird von der ersten Linie (oder Ihren Füßen) die stets darauf brennen, sich in Bewegung zu setzen, bestätigt.

Starke und schwache Wandlungslinien
In Ihrem Hexagramm sollten Sie besonders auf die Wandlungslinien achten. Eine starke Linie zeigt an, dass Sie die Situation mit zu viel Kraft angehen, eine schwache Linie verlangt eine kühnere Haltung.

***I Ging* – ein geschlossenes System**
Die Antwort auf Ihre Frage finden Sie nicht nur im Ausgangshexagramm. Zur tieferen Einsicht sollten Sie auch die verschiedenen einzelnen Hexagramme beachten, aus denen das Ausgangshexagramm besteht. Die Zahl hinter den Hexagrammen verweist auf die Seite, auf der Sie die ausführliche Interpretation nachlesen können. Durch Wandlungslinien ergibt sich ein Folgehexagramm.

Wie das Leben selbst, so ist auch das *I Ging* ein wundersames geschlossenes Labyrinth, aus dem Sie nur entkommen, indem Sie das Buch schließen.

Das Folgehexagramm
Dadurch, dass sich die Wandlungslinien in ihr Gegenteil verkehren – aus einer unterbrochenen Linie wird eine durchgezogene und umgekehrt –, entsteht ein Folgehexagramm, das Auskunft über eine künftige Lebensphase gibt. Die Informationen auf der linken Seite sind bei der Beschäftigung mit diesem Hexagramm am hilfreichsten, weil Folgehexagramme keine Wandlungslinien enthalten. Die Informationen auf der rechten Seite können natürlich auch aufschlussreich sein.

Diese Hexagramme sind Bestandteile des Ausgangshexagramms und geben Ihnen weitere Hinweise zu Ihrer derzeitigen Situation.

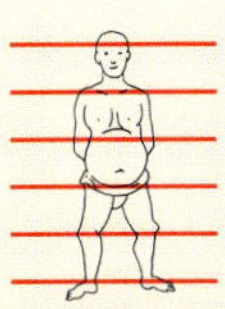

Die Linien entsprechen unterschiedlichen Körperbereichen. Die Stichworte geben Ihnen einen Einblick in Ihre derzeitige körperliche und geistige Verfassung.

Starke Wandlungslinie
Schwache Wandlungslinie

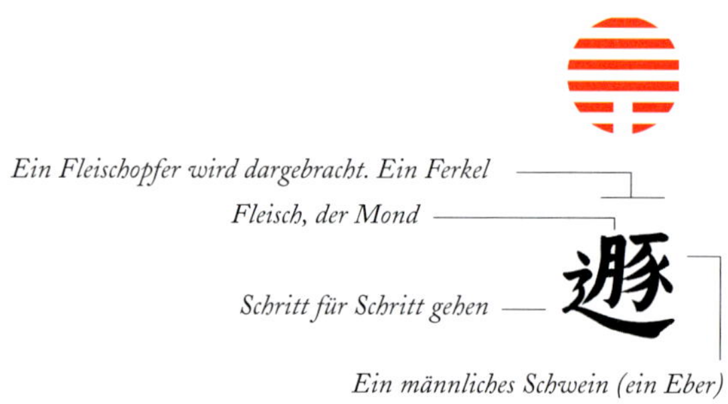

THUN (Rückzug)

Thun bedeutet fliehen, sich verstecken und zurückziehen. Der Aufbau des Zeichens deutet darauf hin, dass die illusorischen Phantasien der hirnlosen Massen (dargestellt durch das Fleisch) allmählich der Wahrheit weichen werden. Wenn Sie Ihre inneren Gedankenwelten nicht so darbringen wollen, wie ein Ferkel geopfert wird, dann bringen Sie den Mut auf, sich rechtzeitig und aufrechten Hauptes zurückzuziehen und die Einsamkeit des wilden Ebers zu suchen.

Die beiden Himmel im Hexagramm weisen auf eine Situation hin, in der die unendlichen Weiten des oberen, wahren Himmels vom unteren, mythischen Himmel verhüllt werden. Dieser ist ein Produkt des menschlichen Geistes. Der vom wahren Himmel abstammende und durch den Himmel der Vorstellung wehende Wind bzw. das Reich der Gedanken deuten auf die Vorstellung hin, die innere Leere durch einen Glauben zu erfüllen, mittels dessen der menschlichen Existenz eine Bedeutung zukommt. Wenn Sie sich nicht diesen Illusionen hingeben wollen, die üblicherweise religiös sind, jedoch auch von einer gewissen Art der Naivität herrühren können, bleibt Ihnen nur die Möglichkeit, sich mutig von der leichtgläubigen Masse auf den Berggipfel zurückzuziehen. Hier können Sie das Zusammenspiel zwischen sich selbst und der unendlichen Weite der Himmel klar erkennen.

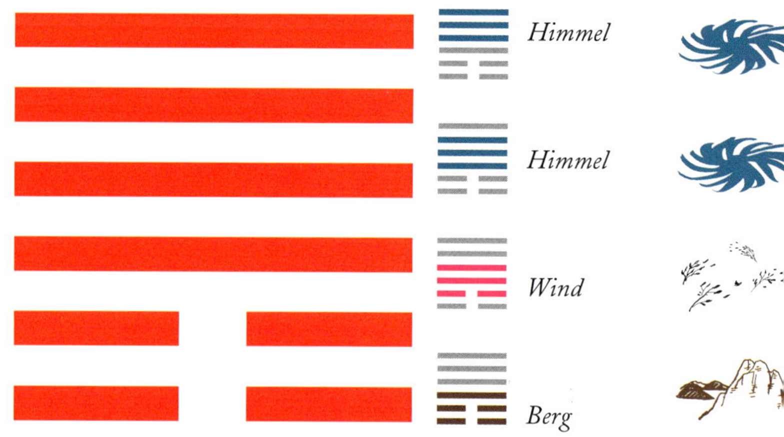

Rückzug (33

Wenn Sie Gefahr laufen, sich in Vorstellungen zu verfangen, die mit Ihrer inneren Wahrheit unvereinbar sind, ist es ein Zeichen des Mutes, sich aus dieser Situation zurückzuziehen, denn das heisst, Freunde und Verwandte zu verlassen. Dieser schwierige Weg ist im Folgenden beschrieben (von unten nach oben).

Schöpferische Kraft 1

Worte reichen zur Beschreibung des Universums nicht aus, aber Sie können seine schöpferische Kraft erfahren, indem Sie zulassen, dass Ihr Bewusstsein völlig darin aufgeht. Danach können Sie zu den menschlichen Schwächen mit einem Achselzucken und einem klaren Verstand zurückkehren.

Eine reife Beziehung 44

Während Sie versuchen, den Verlust von Freunden und Verwandten zu verkraften, wird Ihnen angeraten, sich der Himmelstiefe zu stellen. Es ist schwer sich zurückzuziehen, weil Sie sich selbst viel verweigern, wenn Sie sich über die Menschheit erheben und Vorstellungen folgen, die sich wie die Macht des Himmels ausgeglichen und liebevoll, aber unpersönlich anfühlen.

Rückzug (33

Verschwinden Sie nie übereilt. Behalten Sie eine wohlausgewogene Präsenz bei und bringen Sie Ihre Angelegenheiten zu Ende. Durch Ihre innere Ruhe heben Sie sich von der Masse ab und werden gesehen, ohne Aufmerksamkeit zu erregen – so wie der wahre Himmel.

Die gesegnete Verbindung 53

Behalten Sie immer den Überblick und achten Sie darauf, nicht unbewusst durch Gedanken an Pflichten oder Sicherheit beeinflusst zu werden. Bleiben Sie sich selbst treu, und ziehen Sie sich nur dann zurück, wenn Sie das Gefühl haben, es sei an der Zeit dazu.

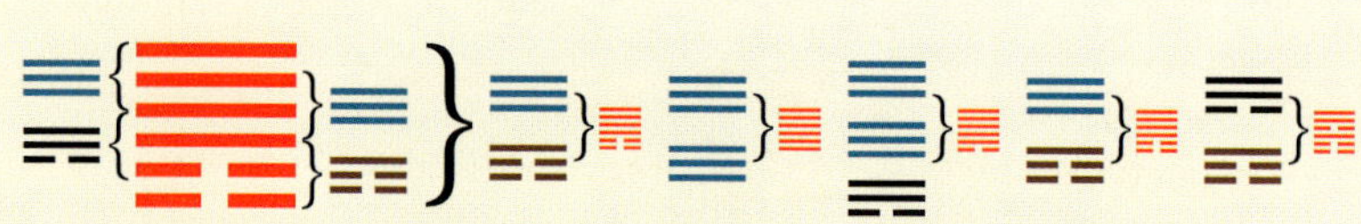

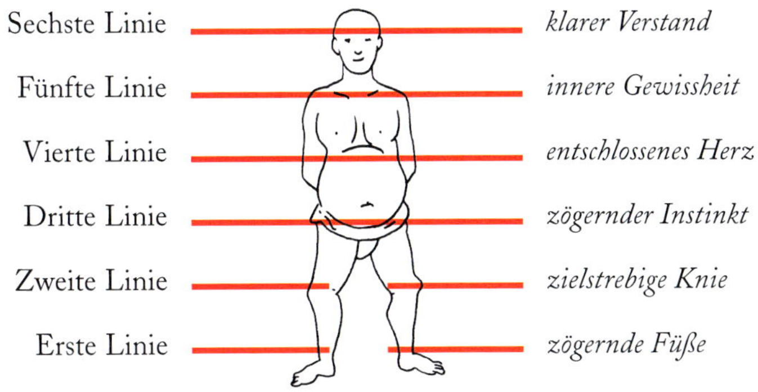

Die einzelnen Linien

Sechste Linie
Diese äußerste Linie des wahren Himmels unterliegt keinem Einfluss durch den erfundenen Himmel. Sie müssen sich selbst treu bleiben und sich edelmütig zurückziehen, um mit Ihrer tiefsten inneren Wahrheit in Kontakt zu bleiben. Sobald Sie spüren, dass die Zeit reif ist, können Sie die irdische Arena wieder mit einem klaren Verstand betreten.

Fünfte Linie
Das Innerste des wahren Himmels wird von der äußersten Linie des erdachten Universum überschattet. Ihre innere Gewissheit ist so mächtig, dass Sie sich nicht weiter zurückziehen als unbedingt notwendig, um Ihren Rücken nicht allem und jedem zukehren zu müssen, das ihnen lieb ist.

Vierte Linie
Der Anfang des wahren Himmels liegt versteckt unter dem Innersten des erfundenen Universums. Der hier entstehende Wind ist wie Ihre tiefste, innere Wahrheit. Sie ziehen sich zurück, um dieses Gefühl der Reinheit in sich zu bewahren. Es macht Sie aber traurig, das zu verlassen, was Ihnen lieb ist.

Dritte Linie
Der Berggipfel ist verhüllt durch den Anfang des erfundenen Universums, während die Mitte des Windes (oder der Augenblick zwischen Ein- und Ausatmen) auf Ihr zögerliches Verhalten hindeutet. Es wird Ihnen leichter fallen, dieses Zögern zu überwinden, wenn Sie nur materielle Sicherheit hinter sich lassen und nicht Freunde und Verwandte. Bleiben Sie sich selbst treu!

Zweite Linie
Der aus der unendlichen Weite des wahren Himmels aufsteigende Wind weht unterhalb des Berggipfels. Solange diese Energie die Reinheit Ihres inneren Wesen beibehält, werden Sie flexibel genug sein, unter Durchschnittsmenschen zu überleben. Mittels des von Ihnen ausgestrahlten inneren Friedens ist gewährleistet, dass Sie gesehen werden, jedoch wie der wahre Himmel keinerlei Aufmerksamkeit auf sich ziehen.

Erste Linie
Sie befinden sich am Fuß des Berges und können den Gipfel nicht rechtzeitig erreichen. Das Beste, was Sie tun können, ist abzuwarten und eine tiefe innere Ruhe zu bewahren, bis die Flut der Dummheit verebbt.

Hinweis
Im Hexagramm Thun ist der Berggipfel (dritte Linie) der einzige Ort, an dem Sie sich von den Gedanken zurückziehen können, die Ihren inneren Frieden bedrohen.
Indem Sie das Reich Ihrer Gedanken ☴ direkt mit der unendlichen Weite des wahren, oberen Himmels ☰ verbinden, können Sie bei der Sache bleiben und abwarten, bis die Flut der Dummheit verebbt.

Starke und schwache Wandlungslinien
In Ihrem Hexagramm sollten Sie besonders auf die Wandlungslinien achten. Eine starke Linie zeigt an, dass Sie die Situation mit zu viel Kraft angehen, eine schwache Linie verlangt eine kühnere Haltung.

***I Ging* – ein geschlossenes System**
Die Antwort auf Ihre Frage finden Sie nicht nur im Ausgangshexagramm. Zur tieferen Einsicht sollten Sie auch die verschiedenen einzelnen Hexagramme beachten, aus denen das Ausgangshexagramm besteht. Die Zahl hinter den Hexagrammen verweist auf die Seite, auf der Sie die ausführliche Interpretation nachlesen können. Durch Wandlungslinien ergibt sich ein Folgehexagramm.

Wie das Leben selbst, so ist auch das *I Ging* ein wundersames geschlossenes Labyrinth, aus dem Sie nur entkommen, indem Sie das Buch schließen.

Das Folgehexagramm
Dadurch, dass sich die Wandlungslinien in ihr Gegenteil verkehren – aus einer unterbrochenen Linie wird eine durchgezogene und umgekehrt –, entsteht ein Folgehexagramm, das Auskunft über eine künftige Lebensphase gibt. Die Informationen auf der linken Seite sind bei der Beschäftigung mit diesem Hexagramm am hilfreichsten, weil Folgehexagramme keine Wandlungslinien enthalten. Die Informationen auf der rechten Seite können natürlich auch aufschlussreich sein.

Diese Hexagramme sind Bestandteile des Ausgangshexagramms und geben Ihnen weitere Hinweise zu Ihrer derzeitigen Situation.

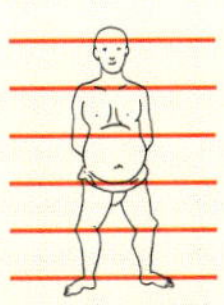

Die Linien entsprechen unterschiedlichen Körperbereichen. Die Stichworte geben Ihnen einen Einblick in Ihre derzeitige körperliche und geistige Verfassung.

Starke Wandlungslinie
Schwache Wandlungslinie

大壯

Ein reifer Mensch. Auch: groß und klein — 大

Die linke Hälfte eines Baumes. Auch: dick und stark — 壯

Ein weiser Mensch oder ein Gelehrter

Donner

Sumpf/Mond

Himmel

Himmel

TÂ KWANG (Lebensenergie)

Die Zeichen Tâ und Kwang deuten auf eine reife Art des Umganges mit der Lebensenergie hin. Die linke Hälfte des Baumes symbolisiert auch die linke Hand oder die Kraft. Der weise Mensch verfügt über große Stärke und benutzt die rechte (oder gebende) Hand, um diese diplomatisch, intelligent und voller Selbstbeherrschung einzusetzen.

In diesem Hexagramm wird die vom Wesen her ausgeglichene und unpersönliche Lebensenergie durch den tieferen, wahren Himmel dargestellt. Dieser wird in Verbindung mit dem unteren Teil des Körpers gebracht, was bedeutet, dass Sie über so viel Energie verfügen, wie Sie in ihn hineinlenken. Der spiegelnde Sumpf/Mond ist in den wahren Himmel und die Farben des oberen Himmels eingebettet. Sie müssen Ihre Lebensenergie in Einklang mit den Anforderungen der irdischen Existenz bringen. Wenn Sie diese Energie so einsetzen, wie es der Mond tut, werden Sie sich niemals überanstrengen. Sobald Ihre innere Kraft sich dem Höhepunkt nähert, lässt sie nach, und genau dann, wenn Sie glauben, schwach zu sein, nimmt sie wieder zu. Wenn Sie so mit Ihrer Lebensenergie umgehen, wird Ihr Herz von Lebensfreude erfüllt sein.

Lebensenergie
Wirklich stark sind Sie dann, wenn Sie Ihre Kraft klug nutzen. Dann ist große Stärke eher ein Segen denn ein Quell des Leids. Die folgenden Hinweise (von unten nach oben) erklären, wie Sie Ihre ungezügelte Energie am besten einsetzen können.

Fruchtbarkeit
Beobachten Sie den Rhythmus des Mondes, der zu- und abnimmt und nie von seiner Bahn abkommt. Auf die gleiche Art und Weise müssen Sie spüren, wann die beste Zeit ist, Ihre Lebensenergie einzusetzen. Je mehr Sie auf Ihre Sinne vertrauen, um so stärker wird sich daraus eine innere Überzeugung entwickeln.

Lebensenergie
Sie sind immer dann auf dem falschen Weg, wenn Sie sich dazu zwingen müssen, etwas zu erreichen. Die mit dem Himmel verbundene echte Lebensenergie öffnet Türen mittels Diplomatie, Intelligenz und Selbstbeherrschung und nicht mit roher Gewalt.

Erfüllung
Wenn Sie Ihre Lebenslust beibehalten wollen, müssen Sie Ihr inneres Gleichgewicht sorgfältig hüten. Schreiben Sie materiellen Besitztümern keine größere Bedeutung zu, als ihnen wirklich zusteht. Wenn Sie Ihre Lebenskraft für sie vergeuden, verwandeln Sie einen Quell der Freude in ein Meer des Leidens.

Schöpferische Kraft
Die unendlichen Weiten der die Erde umkreisenden Himmel, die auf die eine oder andere Weise ein Gleichgewicht gewährleisten, durch das diese Kugel auf Ihrer Umlaufbahn gehalten wird, dienen Ihnen als gutes Beispiel dafür, wie vorsichtig Sie Ihre Kraft einsetzen sollten.

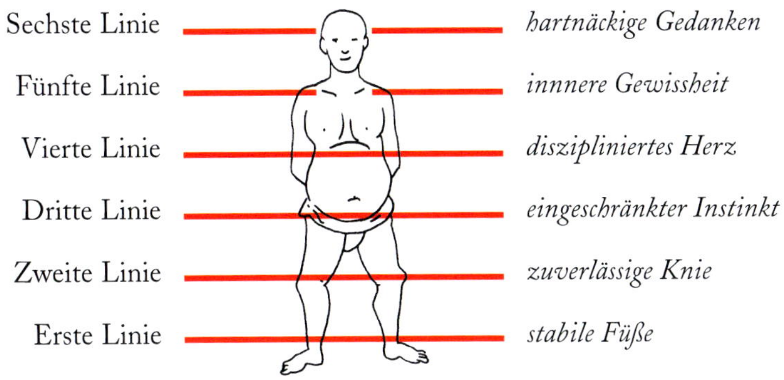

Die einzelnen Linien

Sechste Linie
Die oberste Linie des Donners weist darauf hin, dass Denken allein Ihre Lebensenergie schwinden lässt. Wenn Sie Ihren Worten keine Taten folgen lassen, werden diese weiter in Ihrem Kopf kreisen, sodass Sie wie ein enttäuschter Widder ziellos mit dem Kopf gegen das Gatter schlagen, das Ihnen weder Aufbruch, noch Rückzug erlaubt.

Fünfte Linie
Im Inneren des Donners ist der Augenblick des Vollmondes noch nicht erreicht. Dies deutet auf die Notwendigkeit hin, Ihre Lebensenergie geschickt einzusetzen, ehe die innere Spannung am Höhepunkt angelangt ist. Sie beherrschen diese Kraft durch Weisheit, sodass Sie nicht einem Widder in Hitze gleichen, der über ein friedliches Mutterschaf herfällt.

Vierte Linie
Ihr Herzschlag ist so fest wie der Donner, der seinen Rhythmus vom Mond herleitet. Ein kräftiges Herz ist wie die Achse eines Rades, dessen Spannung gleichmäßig auf die Speichen verteilt ist. Bei geistiger und körperlicher Ausgeglichenheit werden sich Türen auftun, die brutale Kraft nie öffnen könnte.

Dritte Linie
Der dunkle Mond symbolisiert Ihren Überlebenswillen, der auf der ausgeglichenen und unpersönlichen Kraft des Himmels basiert und in gefährlichen Situationen unbewusst geweckt wird. Wenn Sie bewusst die in Ihrem Instinkt eingebaute Bremse lösen, kommt es zu einer brutalen Explosion der Kraft. Ein starker Mensch übt in jeder Situation Selbstbeherrschung.

Zweite Linie
Indem Sie sich auf das Zentrum des wahren Himmels einstellen, der ein Beispiel für Gleichgewicht in der Bewegung und für Bewegung im Gleichgewicht ist, entwickeln Sie innere Ruhe und Flexibilität. Dadurch können Sie Ihre Lebensenergie jeder Lebenssituation entsprechend nutzen.

Erste Linie
Die äußerste Grenze des wahren Himmels stellt enorme Lebensenergie zur Verfügung, aber wie auch Ihre Füsse ist sie nicht in der Lage, Sie zu motivieren, etwas mit dieser Kraft anzufangen. Es wäre zurzeit klug, diese Lebensenergie ausschließlich zum Erhalt Ihres inneren Friedens zu nutzen.

Hinweis
Das Hexagramm Tâ Kwan deutet darauf hin, dass Sie wie jedes andere Wesen ein Quell der unbewussten Lebensenergie sind (Linien eins bis vier einschließlich), die das Überleben der Art zum höchsten Ziel hat. Innere Weiterentwicklung (fünfte Linie) und Intelligenz (sechste Linie) ermöglichen es Ihnen, über einer solchen Verhaltensweise zu stehen, und sie helfen dabei, diese Ihnen innewohnende Kraft in die richtigen Kanäle zu leiten.

Starke und schwache Wandlungslinien
In Ihrem Hexagramm sollten Sie besonders auf die Wandlungslinien achten. Eine starke Linie zeigt an, dass Sie die Situation mit zu viel Kraft angehen, eine schwache Linie verlangt eine kühnere Haltung.

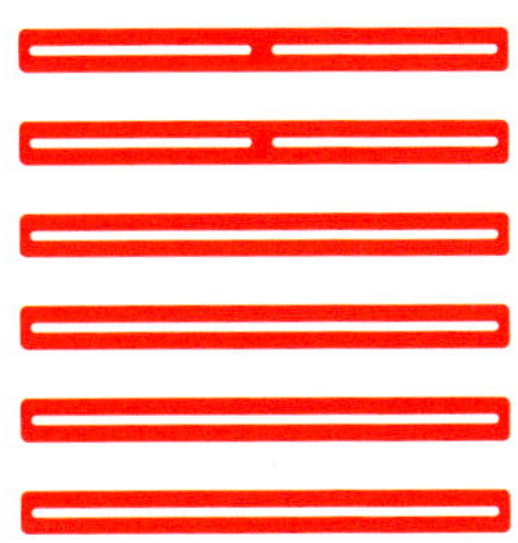

***I Ging* – ein geschlossenes System**
Die Antwort auf Ihre Frage finden Sie nicht nur im Ausgangshexagramm. Zur tieferen Einsicht sollten Sie auch die verschiedenen einzelnen Hexagramme beachten, aus denen das Ausgangshexagramm besteht. Die Zahl hinter den Hexagrammen verweist auf die Seite, auf der Sie die ausführliche Interpretation nachlesen können. Durch Wandlungslinien ergibt sich ein Folgehexagramm.

Wie das Leben selbst, so ist auch das *I Ging* ein wundersames geschlossenes Labyrinth, aus dem Sie nur entkommen, indem Sie das Buch schließen.

Das Folgehexagramm
Dadurch, dass sich die Wandlungslinien in ihr Gegenteil verkehren – aus einer unterbrochenen Linie wird eine durchgezogene und umgekehrt –, entsteht ein Folgehexagramm, das Auskunft über eine künftige Lebensphase gibt. Die Informationen auf der linken Seite sind bei der Beschäftigung mit diesem Hexagramm am hilfreichsten, weil Folgehexagramme keine Wandlungslinien enthalten. Die Informationen auf der rechten Seite können natürlich auch aufschlussreich sein.

Diese Hexagramme sind Bestandteile des Ausgangshexagramms und geben Ihnen weitere Hinweise zu Ihrer derzeitigen Situation.

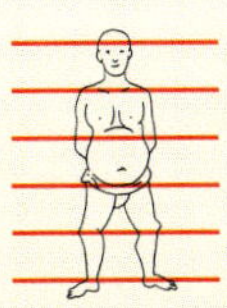

Die Linien entsprechen unterschiedlichen Körperbereichen. Die Stichworte geben Ihnen einen Einblick in Ihre derzeitige körperliche und geistige Verfassung.

Starke Wandlungslinie
Schwache Wandlungslinie

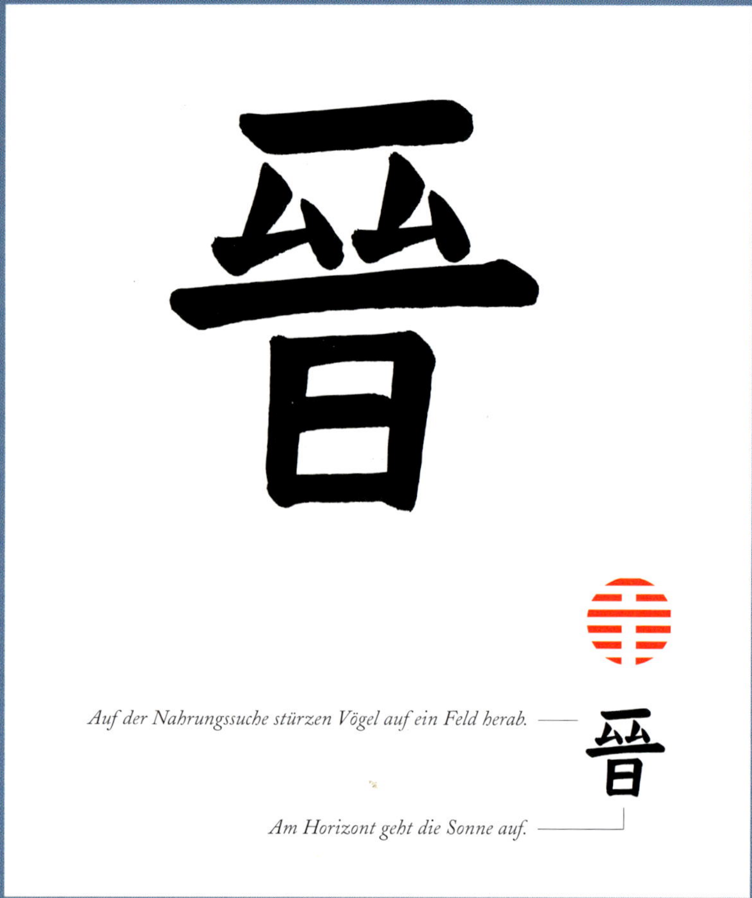

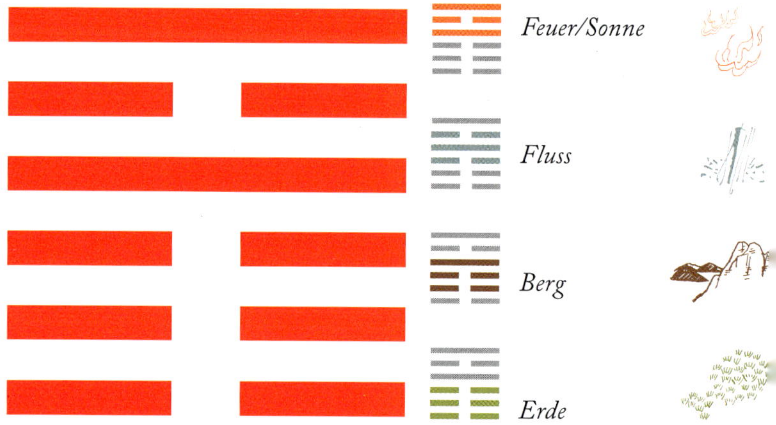

CHIN (Vorrücken, Annäherung)

Das Zeichen Chin steht für den Sonnenaufgang, der alle Dinge sichtbar macht, die die Erde hervorbringt. Die zur Erde herabstoßenden Vögel zeigen an, dass Sie sich von einem günstigen Punkt aus den von Ihnen benötigten Dingen nähern. Das irdische Leben gibt jedem das, was er braucht, und wenn Sie einen unabhängigen Geist besitzen, können Sie aus dem Überfluss auswählen, was immer Ihnen momentan gefällt. Die unparteiisch auf alle Dinge herabscheinende Sonne befindet sich in diesem Hexagramm über dem Berg und zeigt an, dass Sie im Besitz eines nicht durch Vorurteile getrübten Überblickes sind. Ihr fruchtbares Wissen, das sich einem See gleich auf dem Berggipfel angesammelt hat, wurde vollständig durchdacht, sodass Sie von der Vergangenheit unbehindert ausziehen können, um die Zukunft zu treffen, die von der Erde für Sie bereit gehalten wird. Diese Errungenschaften bedeuten, dass Sie sich durch das irdische Leben mit dem inneren Frieden eines festen Berges und der Geschmeidigkeit des Wassers in einem Bach bewegen können, der alles an seinem Lauf durchtränkt, sich aber an nichts bindet. Wenn Sie ferner das von Ihnen unterwegs gesammelte Wissen verarbeiten, werden Sie sich zu einer Sonne entwickeln, die mit Ihrem Licht alle heiter stimmt.

Vorrücken, Annäherung
Der erste Sonnenstrahl macht sichtbar, was vor Ihnen liegt. Zur Mittagszeit haben Sie einen Überblick über das Erreichte und noch Unerreichte. Bei Sonnenuntergang wissen Sie, was Ihnen der Tag gebracht hat. Die folgenden Hinweise verdeutlichen, dass »Annäherung« auch bedeutet, einen Einblick zu bekommen oder eine stärkere Beziehung zu sich selbst zu haben. (3

Eingeschränkte Bewegung
Sie bewegen sich wie ein junger, unerfahrener Fuchs. Wenn Sie dies in Zukunft vermeiden wollen, dann sollten Sie lieber erst einen alten Fuchs zu Rate ziehen. 6

Der weise Mensch
Der weise Mensch ist wie die Sonne, die den Berggipfel krönt. Ausgestattet mit innerem Frieden und Übersicht, bewegt sich dieser Fuchs unparteiisch über die Erde. 5

Anfängliche Schwierigkeit
Die Schwerkraft zwingt das Wasser auf dem Berggipfel, seinen Weg nach unten zu finden. Um als leuchtendes Beispiel gesehen zu werden, muss man sich auch entsprechend benehmen und jeden Tag sein Wissen unparteiisch und entgegenkommend weitergeben. 3

Verbindung
Selbstbeherrschung, innerer Friede und Einfühlungsvermögen bestimmen, ob Ihr Wissen auf fruchtbaren Boden fällt. Wie weise Sie auch immer sein mögen, denken Sie daran, dass auch Sie etwas aus dem Vorgang des Gebens lernen können.

Die Zerstörung der Vergangenheit
Wenn Sie nachts die tagsüber gesammelten Erfahrungen verarbeiten, treten Sie den folgenden Tag gut gelaunt an und sind in der Lage, erneut Ihre Auswahl aus dem Überfluss der Eindrücke zu treffen.

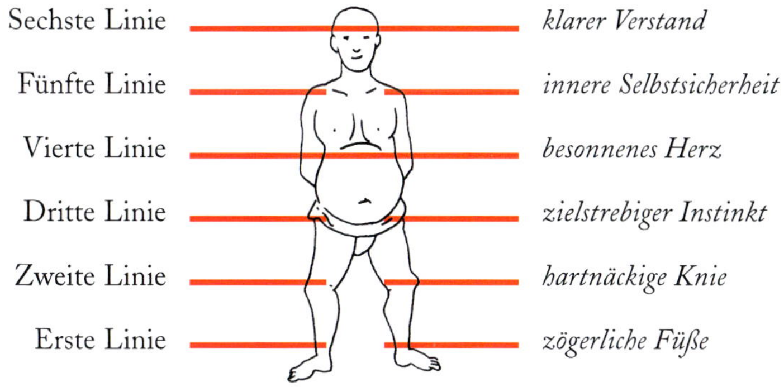

Die einzelnen Linien

Sechste Linie
Die hinter dem Berggipfel untergehende Sonne erinnert an ein mit Hörnern gekröntes Haupt. Während Sie der Außenwelt feste Meinungen vermitteln, werden Sie insgeheim von Zweifeln darüber geplagt, was geschehen wäre, wenn Sie eine andere Entscheidung getroffen hätten.

Fünfte Linie
Die Sonne steht im Zenit und hat sich mit dem Wasser bzw. Ihrem fruchtbaren Wissen vereint. Sie besitzen innere Selbstsicherheit und sind bereit, dasjenige zu verbreiten, das Sie sich zu Eigen gemacht haben. Tun sie es nicht, dann ist es sinnlos, sich Sorgen darüber zu machen, ob Sie erfolgreich sein oder versagen werden. Die Sonne stellt sich eine solche Frage nie.

Vierte Linie
Die aufgehende Sonne unter dem See des fruchtbaren Wissens auf dem Berggipfel ist ein Zeichen dafür, dass Sie vorrücken wollen. Sie verhalten sich aber wie ein Maulwurf, der das Licht der Sonne scheut. Wenn Sie die gestrigen Erfahrungen verarbeitet haben, kann nichts Sie davon abhalten, sich für diesen Tag ein neues Ziel vorzunehmen.

Dritte Linie
Unter dem Berggipfel strömt das fruchtbare Wissen wie Wasser über die Erdoberfläche. Selbstbeherrschung, innerer Frieden und Einblick in den Wachstumsprozess anderer verwandelt Sie zu einer Sonne, die mit Ihrem Licht alle um sich herum bescheint.

Zweite Linie
Unter der Erdoberfläche, dort wo der Fuß des Berges verborgen ist, wollen Sie vorrücken. Sie haben jedoch keinen Überblick. Wenn Sie stehen bleiben und sich umsehen, werden Sie erkennen, wie andere in der Mutter Erde verwurzelt sind. Sie werden entdecken, dass es noch viel zu lernen gibt.

Erste Linie
Unter der Erdoberfläche sind Ihre Füße zum Vormarsch bereit. Bleiben Sie standhaft, und seien Sie immer (wie Ihre gehorsamen Füße) bereit, alle, die sich Ihnen nähern, freundlich zu behandeln. Sie müssen nicht den Überblick besitzen, um Ihre eigenen Lektionen im Leben zu lernen.

Hinweis
Das Hexagramm Chin wird bestimmt von der *Zerstörung der Vergangenheit (23).* Sie können sich genau wie die Sonne ☲, die immer ihr Licht strahlend und unparteiisch verschenkt, durch die Schöpfung bewegen – vorausgesetzt Sie untersuchen mittags noch einmal das Ziel, das Sie sich am Morgen gesetzt haben, und verarbeiten die Erfahrungen des Tages in der Nacht.

Starke und schwache Wandlungslinien
In Ihrem Hexagramm sollten Sie besonders auf die Wandlungslinien achten. Eine starke Linie zeigt an, dass Sie die Situation mit zu viel Kraft angehen, eine schwache Linie verlangt eine kühnere Haltung.

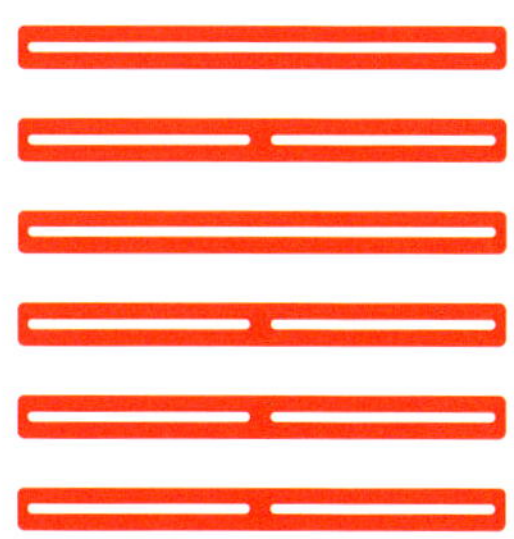

***I Ging* – ein geschlossenes System**
Die Antwort auf Ihre Frage finden Sie nicht nur im Ausgangshexagramm. Zur tieferen Einsicht sollten Sie auch die verschiedenen einzelnen Hexagramme beachten, aus denen das Ausgangshexagramm besteht. Die Zahl hinter den Hexagrammen verweist auf die Seite, auf der Sie die ausführliche Interpretation nachlesen können. Durch Wandlungslinien ergibt sich ein Folgehexagramm.

Wie das Leben selbst, so ist auch das *I Ging* ein wundersames geschlossenes Labyrinth, aus dem Sie nur entkommen, indem Sie das Buch schließen.

Das Folgehexagramm
Dadurch, dass sich die Wandlungslinien in ihr Gegenteil verkehren – aus einer unterbrochenen Linie wird eine durchgezogene und umgekehrt –, entsteht ein Folgehexagramm, das Auskunft über eine künftige Lebensphase gibt. Die Informationen auf der linken Seite sind bei der Beschäftigung mit diesem Hexagramm am hilfreichsten, weil Folgehexagramme keine Wandlungslinien enthalten. Die Informationen auf der rechten Seite können natürlich auch aufschlussreich sein.

Die Sonne — 明
Ein mit einem Bogen bewaffneter Mann. Ein Barbar, töten
Das Zeichen kann ebenso auf ein friedvolles Gefühl hindeuten. — 夷
Der das Sonnenlicht reflektierende Mond. Licht, Klarheit, Einsicht

MING Î (Verborgene Einsicht)

Ming und Î deuten auf die Ankunft einer dunklen Kraft hin, die Licht und Einsicht vertreibt. Wenn in Ihrer Umgebung Intoleranz herrscht, tun Sie gut daran, Ihre Weisheit vorerst zu verbergen. Akzeptieren Sie gelassen, dass es wie beim periodischen Verschwinden von Sonne und Mond eine Zeit geben wird, in der Sie Ihr Licht wieder strahlen lassen können.

In diesem Hexagramm wird das Verschwinden des Lichts durch dichte Regenwolken und die sich von der Erde abwendende Sonne symbolisiert. Die Lage ist jedoch nicht hoffnungslos, worauf der in der dritten Linie beginnende Donner (Ihre Überlebenslinie) hindeutet. Der pulsierende Donner zeigt einerseits, dass die Erde sich ständig dreht und gewährleistet, dass die Sonne wieder zu sehen ist. Anderseits deutet er darauf hin, dass Sie Ihr inneres Licht und fruchtbares Wissen solange für sich behalten, bis die Zeit reif ist, um die Ihre Umgebung beherrschende Dunkelheit zu vertreiben wie eine Wolke, die die Sonne verschleiert.

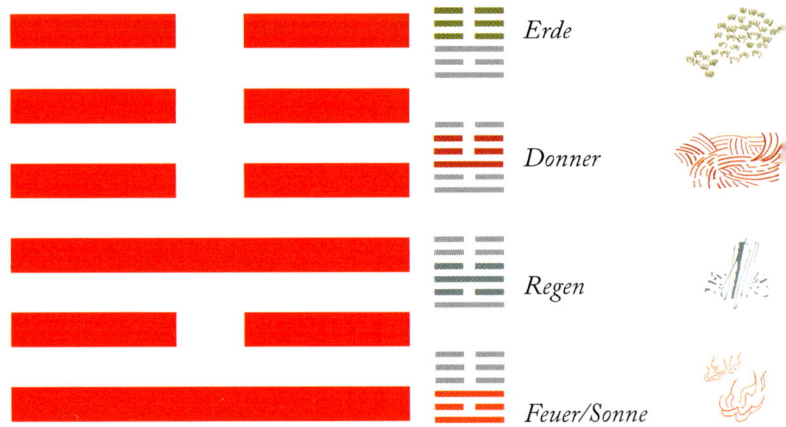

Verborgene Einsicht (36
Wenn ein Regime, das das Tageslicht meidet, die Macht übernimmt, dann verbergen Sie Ihre klare Einsicht. Ihr undurchschaubares Äußeres wird Ihre Handlungsfreiheit schützen. Die folgenden Hinweise können in dunklen Zeiten Ihren Weg beleuchten.

Wintersonnenwende, Erwachen 24
Ebenso wie es erneut eine Zeit geben wird, in der die Kraft der Sonne wieder zu spüren sein wird, so wird Ihnen auch abermals gelingen, die in Ihrer Umgebung herrschende Dunkelheit zu vertreiben.

Die Armee 7
Hören Sie auf Ihren Selbsterhaltungstrieb, suchen Sie Verbündete, machen Sie das Allgemeinwohl zu Ihrer grundlegenden Strategie und lassen Sie nicht zu, von Emotionen überwältigt zu werden.

Den Knoten durchschneiden 4
Jetzt, da Sie wieder zu Kräften kommen und die dunkle Macht beginnt, ihre Schwächen zu zeigen, ist es an der Zeit zuzuschlagen.

Abschluss 5
Wenn die Sonne im Zenit steht, beginnt sie zu sinken. Die Sonne scheint weiter, sie kann die Nacht aber nicht verhindern. Seien Sie sich deshalb bewusst, dass Sie die dunkle Macht eine Zeit lang vertreiben, diese aber nicht für immer zerstören können.

Erfolgreiche Bewegung 6
Mit der Zeit bricht stets die Sonne durch die Wolken. Wenn Sie sich dessen bewusst sind, können Sie sich jeder dunklen Situation dadurch stellen, indem Sie Ihre Einsicht in dem Bewusstsein verbergen, dass Ihr reines inneres Wesen nicht von äußerlichen Erscheinungen abhängig ist.

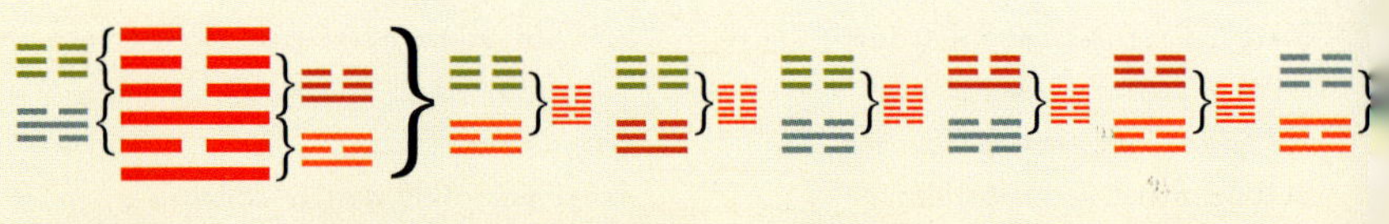

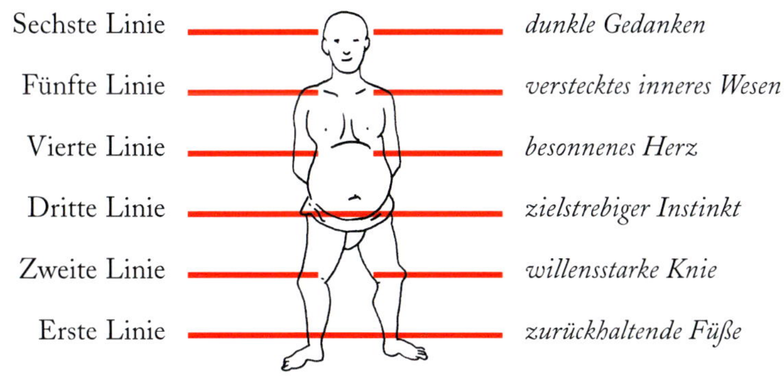

Die einzelnen Linien

Sechste Linie
Die Oberfläche der Erde ist in Dunkelheit gehüllt. Die dunkle Macht, die jetzt die am weitesten entfernten Bereiche des Himmels beherrscht, wird bald unter der Erde verschwinden. Die Dunkelheit wird immer vom Licht vertrieben werden, und auf die gleiche Weise werden alle Arten der Tyrannei ein Ende finden, wenn sie ständig untergraben werden.

Fünfte Linie
Der Donner grollt unter der Erdoberfläche. Viele Bäume, die in ihrem Schatten nichts geduldet haben und dachten, sie könnten bis zum Himmel wachsen, wurden von Menschen gefällt, die fortwährend an ihren Wurzeln nagten, während sie sorgfältig ihre Absicht verbargen.

Vierte Linie
Tief unter der Erdoberfläche hebt der Donner einen Vorhang aus Dunst. Wenn Sie eine äußere Erscheinung annehmen, durch die Ihre innere Absicht verborgen blieb, können Sie vorsichtig Ihr Versteck verlassen und die feindliche Position erkunden, indem Sie sich in die dunkle Kraft hineinbegeben und diese wieder verlassen.

Dritte Linie
Der Anfang des Donners bzw. Ihr Selbsterhaltungstrieb erlaubt es Ihrem inneren Licht, in der Mittagssonne zu strahlen. Die dunkle Kraft hat Sie wie eine Wolkenschicht verhüllt, ist jetzt aber aufgebrochen und vertrieben worden. Erkennen Sie, dass Sie in einer dualistischen Welt das Böse für kurze Zeit bannen, es aber nicht für immer zerstören können.

Zweite Linie
Die rote Wolkendecke, von der die aufgehende Sonne verdeckt wird, zeigt an, dass die dunkle Macht Ihr Gespür für das, was richtig und angemessen ist, beleidigt. Seien Sie wie die Sonne, die hinter den Wolken zu verschwinden scheint, in Wirklichkeit jedoch bereit ist, Ihr Licht leuchten zu lassen.

Erste Linie
Die Sonne ist untergegangen. Seien Sie wachsam wie die Sonne und verbergen Sie Ihre Einsicht. Niemand wird Sie an der Türe klopfen hören, weil alle schlafen. Warten Sie auf den richtigen Augenblick, um die rettenden Worte zu sprechen, die die Dunkelheit verursachende Kraft vertreiben.

Hinweis
Das Hexagramm Ming Î wird von *Wintersonnenwende, Erwachen (24)* bestimmt. Sie müssen erkennen, dass es genau wie bei der Sonne ☲, die regelmäßig durch die Kraft der Dunkelheit ☰☰ verbannt wird, Zeiten gibt, in denen es besser ist, sich solange zu verstecken ☵, bis man Sie zu Taten ☳ aufruft.

Starke und schwache Wandlungslinien
In Ihrem Hexagramm sollten Sie besonders auf die Wandlungslinien achten. Eine starke Linie zeigt an, dass Sie die Situation mit zu viel Kraft angehen, eine schwache Linie verlangt eine kühnere Haltung.

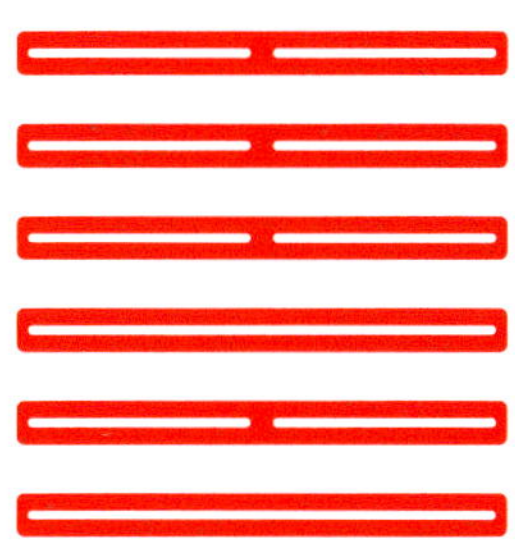

***I Ging* – ein geschlossenes System**
Die Antwort auf Ihre Frage finden Sie nicht nur im Ausgangshexagramm. Zur tieferen Einsicht sollten Sie auch die verschiedenen einzelnen Hexagramme beachten, aus denen das Ausgangshexagramm besteht. Die Zahl hinter den Hexagrammen verweist auf die Seite, auf der Sie die ausführliche Interpretation nachlesen können. Durch Wandlungslinien ergibt sich ein Folgehexagramm.

Wie das Leben selbst, so ist auch das *I Ging* ein wundersames geschlossenes Labyrinth, aus dem Sie nur entkommen, indem Sie das Buch schließen.

Das Folgehexagramm
Dadurch, dass sich die Wandlungslinien in ihr Gegenteil verkehren – aus einer unterbrochenen Linie wird eine durchgezogene und umgekehrt –, entsteht ein Folgehexagramm, das Auskunft über eine künftige Lebensphase gibt. Die Informationen auf der linken Seite sind bei der Beschäftigung mit diesem Hexagramm am hilfreichsten, weil Folgehexagramme keine Wandlungslinien enthalten. Die Informationen auf der rechten Seite können natürlich auch aufschlussreich sein.

Diese Hexagramme sind Bestandteile des Ausgangshexagramms und geben Ihnen weitere Hinweise zu Ihrer derzeitigen Situation.

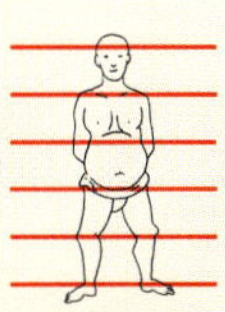

Die Linien entsprechen unterschiedlichen Körperbereichen. Die Stichworte geben Ihnen einen Einblick in Ihre derzeitige körperliche und geistige Verfassung.

Starke Wandlungslinie
Schwache Wandlungslinie

KÎA ZÂN
(Die Beherrschung des inneren Wesens)

Die Zeichen Kîa und Zân deuten auf die gerechte Führung eines Haushalts (oder des inneren Wesens) hin. Ihr männlicher Aspekt bzw. Ihre geistige Veranlagung ist vor allem für den weiblichen Aspekt oder Ihr körperliches Wohlergehen verantwortlich. Wenn Sie aufrichtig sind und Ihre äußere Erscheinung die Gelassenheit Ihres inneren Wesen ausstrahlt, werden Sie Ihrer Umgebung als gutes Beispiel dienen.

Das Hexagramm zeigt, dass die richtige Einstellung zum Leben von Ihrem Atem bzw. dem Wind herrührt. Der Wind steht auch für das Reich Ihrer Gedanken, und es liegt auf der Hand, dass Ihr Atemrhythmus mit ihrem geistigen Frieden in Einklang steht, wenn Sie aufrichtige Gedanken hegen. Wenn Sie gleichmäßig atmen, brennt Ihr inneres Feuer dank eines regelmäßig schlagenden Herzen weiter. Das Blut, das für die richtige Körpertemperatur sorgt, wird mit Ihrem Charakter und Ihrem Sexualtrieb in Verbindung gebracht. Auch diese Eigenschaften sind von der Intensität Ihres inneren Frieden abhängig, und Sie sollten darauf achten, dass die Spannungen, die sie zeitweilig verursachen, rechtzeitig abgebaut werden.

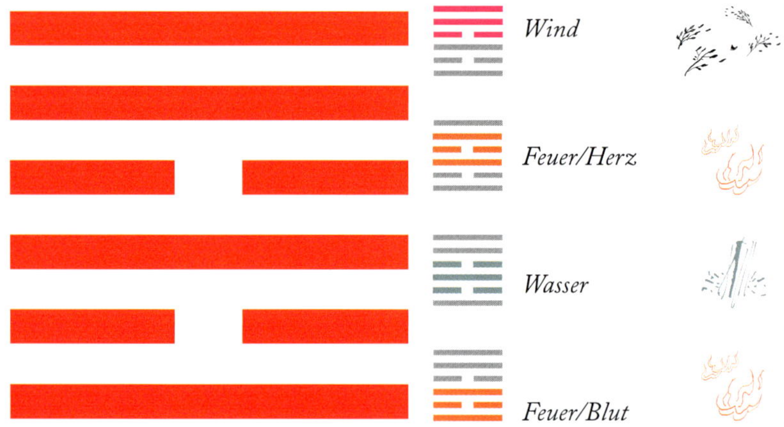

Die Beherrschung des inneren Wesens (37)

Ihr äußeres Verhalten hängt von Ihrer geistigen Haltung ab. Je stärker Sie unter Enttäuschungen leiden, um so mehr werden Sie von Wut und unkontrollierten Emotionen dazu gebracht, sich wie ein wilder Eber zu gebärden und sich sogar von den Menschen in Ihrer Umgebung zu entfremden. Andererseits sollten Sie sich aber auch nicht wie ein Schwein behaglich im Schlamm wälzen und sich dann schlachten lassen. Die folgenden Hinweise zeigen einen Mittelweg auf.

Erlösung 59

Wenn Sie zuerst abwägen, was Sie denken, und es nicht nur sagen, sondern Ihre Worte auch in Taten umsetzen, gewinnen Sie das Vertrauen Ihrer Mitmenschen. Wenn Sie immer nur das sagen, was Ihnen durch den Kopf geht, ohne Taten folgen zu lassen, haben Sie bereits verloren, ehe Sie angefangen haben.

Eingeschränkte Bewegung 64

Sie verhalten sich so unklug wie ein junger, unerfahrener Fuchs. Für die Befriedigung körperlicher Bedürfnisse haben Sie Ihren inneren Frieden geopfert.

Feuer, das verwandelnde Element 30

Wenn Sie sich bewusst machen, dass Ihr inneres Feuer wie eine klare Einsicht ist, können Sie den Wert Ihres Körpers als Brennstoff für dieses Feuer verstehen und wissen, dass Sie ihn sorgsam behandeln müssen. Seien Sie jedoch nicht zu vorsichtig. Wenn Ihr inneres Thermostat niemals voll aufgedreht wird, kann von Lebensfreude keine Rede sein.

Erfolgreiche Bewegung 63

Jetzt, da Sie sich wie ein alter Fuchs bewegen, wissen Sie genau, wann und wo Sie Ihre körperlichen Bedürfnisse befriedigen können, ohne die Grenzen der Höflichkeit zu überschreiten.

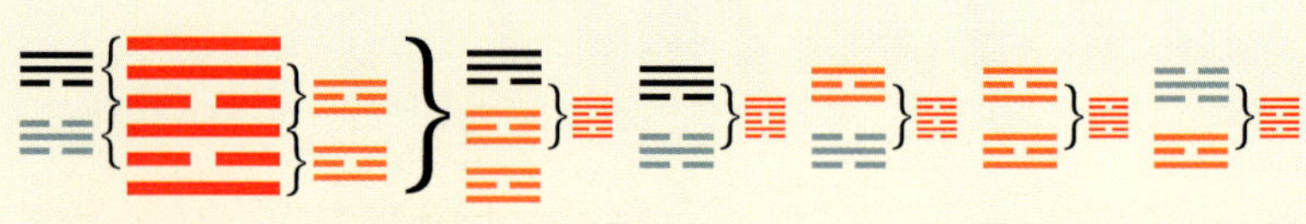

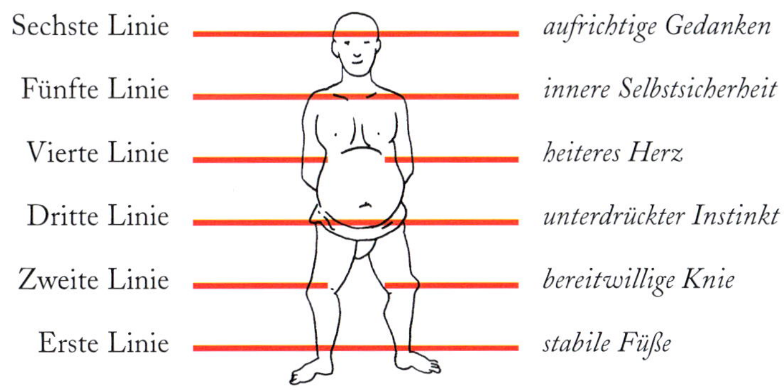

Die einzelnen Linien

Sechste Linie
Der Anfang des Windes ist wie Ihr – noch unbewusstes – Reich der Gedanken, die von Natur aus nicht durch äußere Eindrücke getrübt und so aufrichtig wie ein neugeborenes Kind sind. Wenn Sie Ihrer Umgebung weiterhin unvoreingenommen begegnen, sind Sie ein wahrhaft aufrechter Mensch.

Fünfte Linie
Das Innere des Windes bzw. Ihr Bewusstsein lässt Ihr inneres Feuer zuversichtlich brennen. Es ist der Souverän Ihres Körpers, der die Bedürfnisse all seiner Untertanen spürt und keine einzige Funktion vernachlässigt. Wenn Sie diese Selbstsicherheit ausstrahlen, sind Sie allen ein Vorbild.

Vierte Linie
Genährt durch Ihren Atem, schlägt Ihr Herz regelmäßig und Ihr Körper, der vorwiegend aus Wasser besteht, behält die richtige Temperatur bei. Dies stimmt Sie froh, sodass Sie sich ihren Mitmenschen gegenüber freundlich verhalten und nicht frustriert auf irgendjemanden einschlagen müssen.

Dritte Linie
Das innere Feuer beherrscht das Wasser bis in sein Zentrum hinein. Das bedeutet, dass Sie Ihre Launen und Instinkte im Griff haben. Passen Sie auf, dass Ihr Geist nicht zu streng ist. Wenn Ihr Körper die Spannung nicht rechtzeitig abbauen kann, verschwindet Ihre Lebenslust und Ihre Umgebung wird Sie wegen Ihres übertriebenen Gerechtigkeitssinns verspotten.

Zweite Linie
Durch das innere Feuer bzw. durch das Blut wird Ihre Körpertemperatur aufrechterhalten. Indem Sie die Bedürfnisse Ihres Körpers respektieren und ihn mit viel Luft, Licht, Wasser, Nahrung und Aktivität versorgen, die er seinem Wesen entsprechend verlangt, bauen Sie körperlichen Gebrechen vor, die Auswirkungen auf Ihren Geist haben können.

Erste Linie
Ihr Geist schürt ein Feuer, das Ihre Füße in Bewegung versetzt. Wenn Sie mit den Füßen denken, wird Ihr ganzes Leben von Ruhelosigkeit beherrscht. Sind Sie sich erst einmal bewusst, daß jeder Bereich Ihres Körpers eine besondere Funktion hat, können Sie entdecken, was andere Menschen bewegt, und sie auf diese Weise besser einschätzen.

Hinweis
Das Hexagramm Kîa Zân wird durch Ihre Atmung ☴ bestimmt, die es Ihnen ermöglicht, Ihr inneres Feuer ☲ zu regulieren. Ihr äußerliches Verhalten bzw. Ihre körperliche Präsenz, die durch das Wasser ☵ symbolisiert werden, verlangsamen sich und verlieren das Interesse, sobald das Wasser zu stark abkühlt. Wird es zu stark erhitzt, reagiert es emotional und aggressiv.

Starke und schwache Wandlungslinien
In Ihrem Hexagramm sollten Sie besonders auf die Wandlungslinien achten. Eine starke Linie zeigt an, dass Sie die Situation mit zu viel Kraft angehen, eine schwache Linie verlangt eine kühnere Haltung.

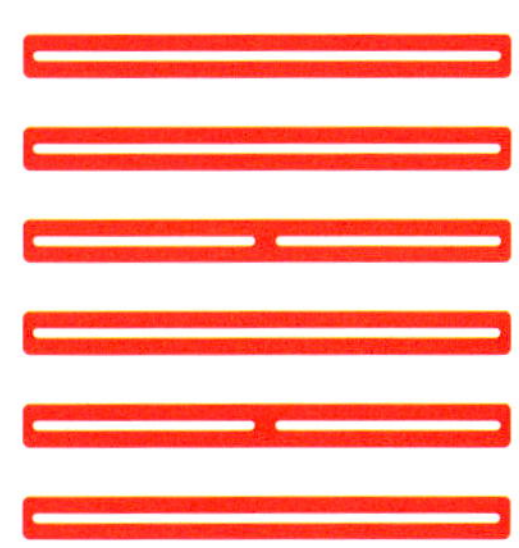

***I Ging* – ein geschlossenes System**
Die Antwort auf Ihre Frage finden Sie nicht nur im Ausgangshexagramm. Zur tieferen Einsicht sollten Sie auch die verschiedenen einzelnen Hexagramme beachten, aus denen das Ausgangshexagramm besteht. Die Zahl hinter den Hexagrammen verweist auf die Seite, auf der Sie die ausführliche Interpretation nachlesen können. Durch Wandlungslinien ergibt sich ein Folgehexagramm.

Wie das Leben selbst, so ist auch das *I Ging* ein wundersames geschlossenes Labyrinth, aus dem Sie nur entkommen, indem Sie das Buch schließen.

Das Folgehexagramm
Dadurch, dass sich die Wandlungslinien in ihr Gegenteil verkehren – aus einer unterbrochenen Linie wird eine durchgezogene und umgekehrt –, entsteht ein Folgehexagramm, das Auskunft über eine künftige Lebensphase gibt. Die Informationen auf der linken Seite sind bei der Beschäftigung mit diesem Hexagramm am hilfreichsten, weil Folgehexagramme keine Wandlungslinien enthalten. Die Informationen auf der rechten Seite können natürlich auch aufschlussreich sein.

Diese Hexagramme sind Bestandteile des Ausgangshexagramms und geben Ihnen weitere Hinweise zu Ihrer derzeitigen Situation.

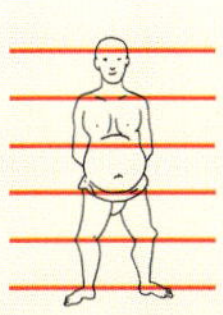

Die Linien entsprechen unterschiedlichen Körperbereichen. Die Stichworte geben Ihnen einen Einblick in Ihre derzeitige körperliche und geistige Verfassung.

Starke Wandlungslinie
Schwache Wandlungslinie

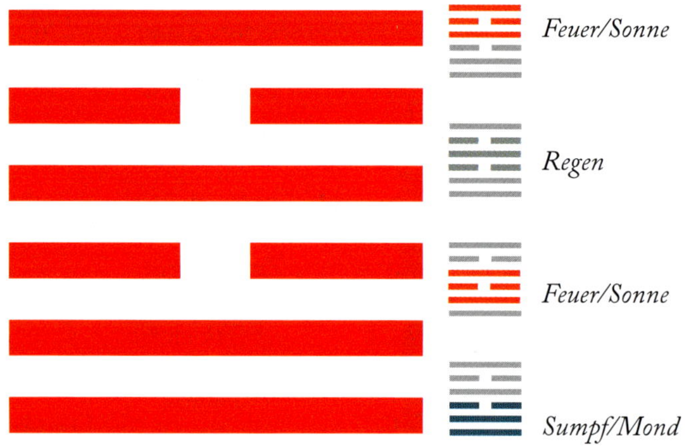

KHWEI (Dualität)

Das Zeichen Khwei bedeutet, doppelt zu sehen, zu schielen und Gegensatz. Der Aufbau des Zeichens deutet darauf hin, dass Sie die Dinge nur klar sehen, wenn Sie über genügend Selbsterkenntnis verfügen, um den richtigen Weg durch das Leben zu kennen. Wenn Sie das Ziel nicht in sich selbst finden, wandern Sie von links nach rechts und werden eher von widersprüchlichen Gedanken geleitet denn durch innere Zuversicht. Weil Sie zugleich unfähig sind, die inneren Motive hinter der äußeren Fassade anderer Menschen zu sehen, müssen Sie Ihre Ansichten immer wieder zurechtrücken.

In diesem Hexagramm macht die obere, wahre Sonne die Materie sichtbar. Die untere Sonne steht für Ihr inneres Licht, während die Regenwolken und der Sumpf/Mond Ihre äußere Erscheinung repräsentieren. Indem Sie fruchtbares Wissen (Regen) sammeln, lernen Sie sich selbst kennen. Dies wiederum versetzt Sie in die Lage, sich selbst zu lieben, sodass Sie Ihren Lebenswillen (Sumpf/Mond) aufrechterhalten können und nicht vorgeben müssen, anderes zu sein, als Sie sind. Indem Sie ein Bewusstsein für Ihr inneres Selbst entwickeln, bekommen Sie auch zunehmend ein Gespür für die Motive anderer, sodass Sie genau wissen, mit wem Sie es zu tun haben.

Dualität
Ihr äußeres Verhalten hängt in erster Linie von Ihren inneren Impulsen ab. Wenn Sie zu Selbsterkenntnis gelangen, bleibt es Ihnen erspart, zur Tarnung Ihrer Unsicherheit eine Fassade aufzubauen, und Sie lernen, den wahren Wert anderer einzuschätzen. Folgende Hinweise sind bei der Selbsterkenntnis hilfreich.

Eingeschränkte Bewegung
So lange Sie sich wie ein unerfahrener Fuchs durch das Leben bewegen, sind Sie von der äußeren Erscheinung abhängig. Sie sehen nur bis zu Ihrer Nasenspitze.

Feuer, das verwandelnde Element
Erkennen Sie, dass inneres Feuer aus klarer Einsicht besteht, und durchschauen Sie das äußere Erscheinungsbild als eine Fassade, die inneres Unvermögen verbirgt.

Erfolgreiche Bewegung
Ein alter Fuchs erhält ein Erscheinungsbild aufrecht, das stets seinen inneren Frieden widerspiegelt.

Regelmäßig und ordentlich
Regnet es zu viel, fließt der Sumpf über; regnet es zu wenig, trocknet er aus. Ihr Lebenswille hängt vom Grad Ihrer Selbsterkenntnis ab. Wenn Sie aus Unsicherheit vorgeben, mehr oder weniger zu sein, als Sie sind, verletzen Sie Ihr wahres Selbst. Dann stellt sich die Frage eines wirklich befriedigenden Lebens erst gar nicht.

Dualität
Der Mond nimmt zu und wieder ab. Auf Kummer folgt Freude, und auf Sonnenschein folgt Regen. Solange Sie leben, sind Sie der Dualität unterworfen, je bewusster Sie aber Ihr inneres Licht einsetzen, umso seltener wird der Blick auf das Leben getrübt sein.

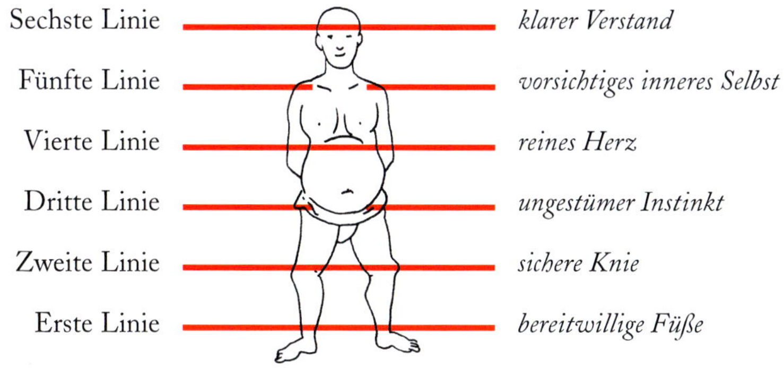

Die einzelnen Linien

I Ging **– ein geschlossenes System**
Die Antwort auf Ihre Frage finden Sie nicht nur im Ausgangshexagramm. Zur tieferen Einsicht sollten Sie auch die verschiedenen einzelnen Hexagramme beachten, aus denen das Ausgangshexagramm besteht. Die Zahl hinter den Hexagrammen verweist auf die Seite, auf der Sie die ausführliche Interpretation nachlesen können. Durch Wandlungslinien ergibt sich ein Folgehexagramm.

Wie das Leben selbst, so ist auch das *I Ging* ein wundersames geschlossenes Labyrinth, aus dem Sie nur entkommen, indem Sie das Buch schließen.

Sechste Linie
Die Sonne steht im Zenit. Wenn Sie weiter zum Kern Ihrer Existenz vordringen, können Sie die äußere Fassade anderer durchschauen. Indem Sie sich so zeigen, wie Sie wirklich sind, können Sie andere auf den von Ihnen durchlaufenen Prozess aufmerksam machen, sodass diese sich nicht mehr vor Ihnen verstecken müssen.

Fünfte Linie
Das Innerste der Sonne besitzt die Macht, die Regenwolken zu vertreiben. Sie sind auf dem richtigen Weg zur Entdeckung Ihres Selbst. Sie tun nichts Falsches, wenn Sie die letzten Dunstschleier abwerfen, die Ihre innere Wahrheit verhüllen, wissend, dass es Ihnen freisteht, die einer bestimmten Situation angemessene Erscheinung anzunehmen.

Vierte Linie
Ihr inneres Licht verbindet sich mit der aufgehenden Sonne, ist aber noch hinter dem Zentrum der Regenwolke verborgen. Sie kommen in Kontakt mit Ihrer inneren Wahrheit und treffen andere mit dem gleichen Ziel. Sie haben sich wie eine Waise gefühlt, jetzt scheint es, als hätten Sie Verwandte.

Dritte Linie
Die äußere Reflexion Ihres inneren Lichtes ist wie Vollmond hinter einem Dunstschleier. Sie geben anderen gegenüber vor, mehr zu sein, als Sie wirklich sind. Und schlimmer noch: Sie verstecken sich weiterhin hinter Täuschungen und machen sich dadurch noch lächerlicher.

Zweite Linie
Der zunehmende Mond spiegelt Ihr inneres Licht wider. Wenn Sie versuchen, eine äußere Erscheinung anzunehmen, von der Sie glauben, Sie passe zu Ihrem inneren Wesen, werden andere Sie durchschauen oder auch nicht, und auf diese Weise werden Sie sich allmählich selbst kennen lernen.

Erste Linie
Der dunkle Mond wartet darauf, dass ihn das Sonnenlicht wieder erreicht. Es ist für Sie solange nicht an der Zeit, etwas zu unternehmen, bis jemand Ihren Weg kreuzt. Verhalten Sie sich ruhig und orientieren Sie sich an Ihren Mitmenschen. Um Ihr eigenes Verhalten anpassen zu können, muss alles, was Sie bei anderen wahrnehmen, auch ein Teil von Ihnen sein.

Hinweis
Das Hexagramm Khwei wird vom Feuer und der Sonne beherrscht. Durch das Ansammeln von Erkenntnis ☲ (unteres Feuer/Sonne), verschaffen Sie sich einen Überblick ☲ (oberes Feuer/Sonne) und müssen sich nicht mehr mit trügerischem Dunst ☵ verhüllen. Die Selbsterkenntnis kann Ihnen auch dabei helfen, vom äußeren Zustand ☱ anderer den inneren Zustand abzulesen.

Starke und schwache Wandlungslinien
In Ihrem Hexagramm sollten Sie besonders auf die Wandlungslinien achten. Eine starke Linie zeigt an, dass Sie die Situation mit zu viel Kraft angehen, eine schwache Linie verlangt eine kühnere Haltung.

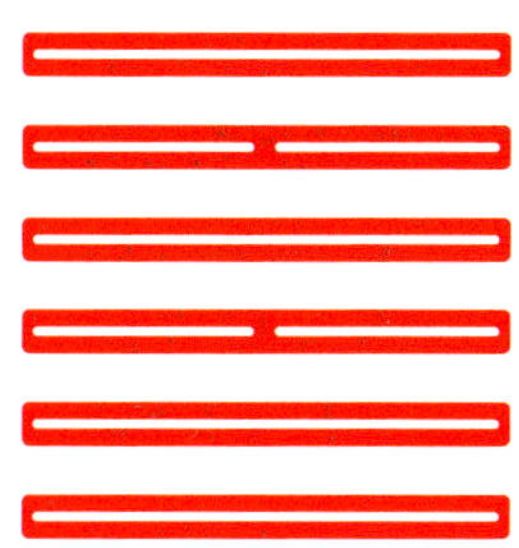

Das Folgehexagramm
Dadurch, dass sich die Wandlungslinien in ihr Gegenteil verkehren – aus einer unterbrochenen Linie wird eine durchgezogene und umgekehrt –, entsteht ein Folgehexagramm, das Auskunft über eine künftige Lebensphase gibt. Die Informationen auf der linken Seite sind bei der Beschäftigung mit diesem Hexagramm am hilfreichsten, weil Folgehexagramme keine Wandlungslinien enthalten. Die Informationen auf der rechten Seite können natürlich auch aufschlussreich sein.

Diese Hexagramme sind Bestandteile des Ausgangshexagramms und geben Ihnen weitere Hinweise zu Ihrer derzeitigen Situation.

Die Linien entsprechen unterschiedlichen Körperbereichen. Die Stichworte geben Ihnen einen Einblick in Ihre derzeitige körperliche und geistige Verfassung.

Starke Wandlungslinie
Schwache Wandlungslinie

蹇

Ein leerer Raum, durch Steine oder andere Materialien umfriedet. Einbauen, einmauern und wegschließen

Ein ruhender Fuß

Der geschlossene Kreis deutet auf Unbeweglichkeit hin.

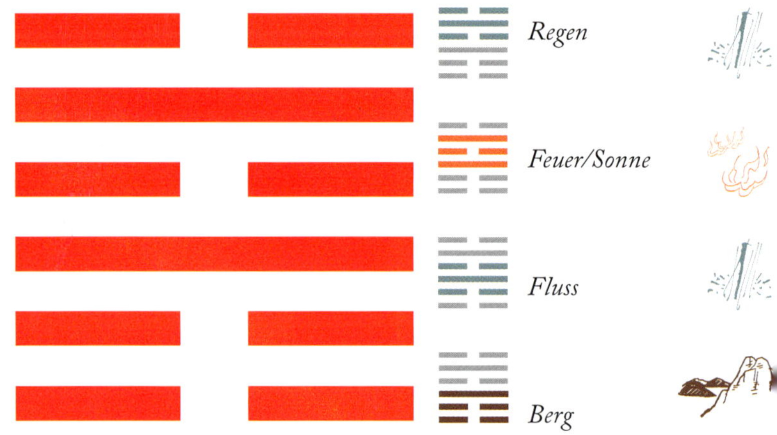

KIEN (Anfängliche Schwierigkeit)

Das Zeichen Kien bedeutet, zu hinken, verkrüppelt, widerspenstig oder starrköpfig zu sein. Geistige oder körperliche Erschöpfung zwingt Sie dazu, ein Kapitel in Ihrem Leben abzuschließen. Es ist offensichtlich an der Zeit, Ihre vergangenen Erlebnisse zu verarbeiten und sich körperlich zu erholen. Wenn Sie sich enttäuscht von der Welt abwenden, wird es schwierig werden, sich wieder in Bewegung zu setzen.

Diese Situation wird im Hexagramm durch den Berg symbolisiert, den Sie, um einen Überblick zu erhalten und um inneren Frieden zu finden, unter Schwierigkeiten besteigen müssen. Jetzt, da Sie angekommen sind, ist es an der Zeit, Ihre Erlebnisse zu verarbeiten. Dies wird von der durch Regenwolken verdeckten Sonne angedeutet. Diese sind ein Zeichen dafür, dass Ihre äußere Erscheinung durch die von Ihnen gesammelten Erfahrungen beeinflusst wird, die noch nicht verarbeitet wurden. Weil Sie entschlossen sind, nicht auf der gleichen Stufe weiterzumachen, legen Sie Ihr Innenleben nicht vor anderen offen, und die angesammelte Energie – Regenwasser ähnlich, das nicht abfließen kann – bildet einen See auf dem Berggipfel. Für das Wasser ist das Fließen selbstverständlich, Sie aber haben anfänglich mit Schwierigkeiten zu kämpfen. Schließen Sie diese Periode Ihres Lebens ab, damit das Neue nicht unter alten Gewohnheiten leidet.

Anfängliche Schwierigkeit
Wenn Sie sich vor Erschöpfung zurückziehen müssen, haben Sie etwas falsch gemacht und fühlen sich entmutigt, wieder ins Leben zurückzukehren. Die folgenden Schritte helfen, diese Blockade zu verhindern und Sie vom Berggipfel wieder herunterzuführen.

Erfolgreiche Bewegung
Die Sonne vertreibt die Wolken. Wenn Sie wie ein alter Fuchs sein wollen, sollten Sie sich nicht mehr aufbürden, als Sie bewältigen können.

Wasser, der Lebensspender
Regen steht für Fruchtbarkeit, während der Fluss – der so leidenschaftlich entspringt und so ruhig ins Meer strömt – den Verlauf des Lebens symbolisiert. Der Beginn dieses Weges ist unausweichlich!

Eingeschränkte Bewegung
Sie gehen durch das Leben wie ein junger, unerfahrener Fuchs. Sie haben sich zu leidenschaftlich in eine Situation begeben, mit der Sie nicht umgehen können.

Der weise Mensch
Der weise Mensch ist wie die strahlende Sonne, die den Berggipfel krönt. Wenn Sie sich regelmäßig zurückziehen, um über Ihre Erfahrungen nachzudenken und sie zu Ihrer inneren Weisheit zu machen, werden Sie sich immer fröhlich dem irdischen Abenteuer stellen.

Anfängliche Schwierigkeit
Die Schwerkraft zwingt das Wasser, sich seinen Weg nach unten zu suchen. Die Sonne erscheint jeden Tag aufs Neue und verschwindet, wenn sie nicht willkommen ist, und das fließende Wasser bindet sich an nichts. Auf die gleiche Art sollten Sie Ihre Weisheit verteilen, ohne sich anderen aufzudrängen. Dies rettet Sie davor, sich in Situationen festzufahren.

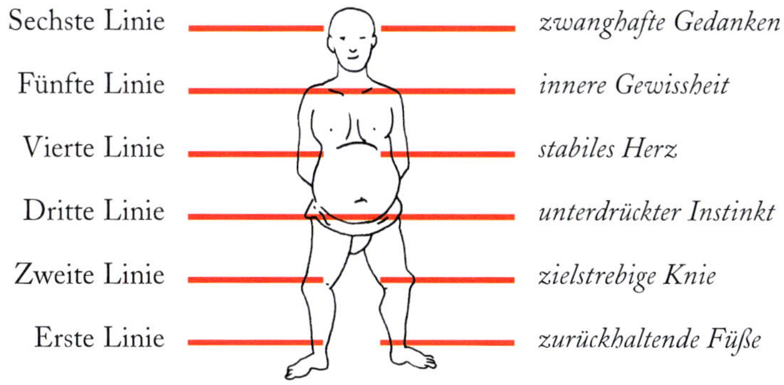

Die einzelnen Linien

Sechste Linie
Der äußere Rand der Regenwolke steht für Ihren Verstand. Dieser kann sich nicht von einer hinter ihm liegenden Periode befreien. Gedanken drängen sich zwanghaft auf. Beruhigen Sie Ihre Atmung, verarbeiten Sie Ihre Vergangenheit, und schließen Sie das Kapitel dann zuversichtlich ab.

Fünfte Linie
Im Zenit wird die Sonne vom Zentrum einer Regenwolke verdeckt. Dies ist der entscheidende Augenblick zur Verarbeitung der Vergangenheit. Konzentrieren Sie Ihre Energie darauf, dass Sie nicht mehr wie bisher fortfahren wollen – so können Sie die Wand niederreißen, hinter der Sie sich verbergen.

Vierte Linie
Die aufgehende Sonne hat die Wolkenwand fast aufgelöst, bleiben Sie dennoch so untätig wie das Wasser, das auf dem Berggipfel einen See bildet. Bauen Sie durch Lebenskraft Ihre innere Zuversicht auf, bis der Bann Ihrer Vergangenheit gebrochen ist und Sie neu anfangen können.

Dritte Linie
Die Sonne wirft ihre ersten Strahlen über den See auf dem Berggipfel. Ihr Selbsterhaltungstrieb zeigt Ihnen, wann Sie wie das Wasser fließen müssen. Sie sind sich Ihrer selbst aber nicht sicher. Warten Sie, bis Sie über Frieden und Selbstsicherheit verfügen, die aus dem Wissen entstehen, dass Sie sich an nichts binden und verschwinden werden, wenn Sie unwillkommen sind.

Zweite Linie
Unter dem Berggipfel fließt das Wasser ab. Weil die Vergangenheit in Ihrem Geist immer noch lebendig ist, schwimmen Sie gegen den Strom und kämpfen darum, nicht in alte Lebensmuster zurückzufallen. Solange Ihr Verhalten noch von alten Gewohnheiten geprägt wird, ist es wichtig, auf eigenen Füßen zu stehen und zu vermeiden, sich an etwas zu klammern.

Erste Linie
Am Fuß des Berges können Sie nichts tun als abzuwarten. Sie verfügen nicht über die Kraft, sich auf den Berggipfel zurückzuziehen. Wenn Sie so weitermachen wie bisher, werden Sie sich in den gleichen problematischen Situationen wiederfinden, denen Sie eben erst entkommen sind. Der erste Schritt auf etwas Neues zu besteht in der Befreiung von unerträglichen Situationen.

Hinweis
Im Hexagramm Kien deutet die hinter dem Berg ☶ aufgehende und durch die Wolkendecke ☵ (oben) brechende Sonne ☲ darauf hin, dass Sie auf der anderen Seite des Berges der Situation ein Ende bereiten werden. Wie ein im Sonnenlicht funkelnder Bach ☵ (unten) kehren Sie vom Berg mit einem Gefühl inneren Friedens zurück und wenden sich in Richtung des Sonnenunterganges, wo Sie eine neue Lebensphase erwartet.

Starke und schwache Wandlungslinien
In Ihrem Hexagramm sollten Sie besonders auf die Wandlungslinien achten. Eine starke Linie zeigt an, dass Sie die Situation mit zu viel Kraft angehen, eine schwache Linie verlangt eine kühnere Haltung.

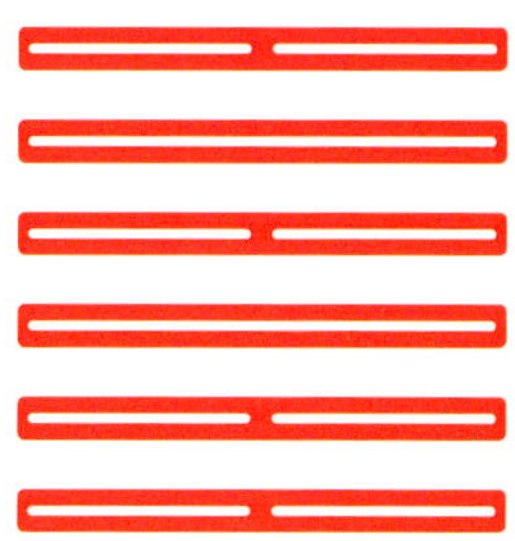

***I Ging* – ein geschlossenes System**
Die Antwort auf Ihre Frage finden Sie nicht nur im Ausgangshexagramm. Zur tieferen Einsicht sollten Sie auch die verschiedenen einzelnen Hexagramme beachten, aus denen das Ausgangshexagramm besteht. Die Zahl hinter den Hexagrammen verweist auf die Seite, auf der Sie die ausführliche Interpretation nachlesen können. Durch Wandlungslinien ergibt sich ein Folgehexagramm.

Wie das Leben selbst, so ist auch das *I Ging* ein wundersames geschlossenes Labyrinth, aus dem Sie nur entkommen, indem Sie das Buch schließen.

Das Folgehexagramm
Dadurch, dass sich die Wandlungslinien in ihr Gegenteil verkehren – aus einer unterbrochenen Linie wird eine durchgezogene und umgekehrt –, entsteht ein Folgehexagramm, das Auskunft über eine künftige Lebensphase gibt. Die Informationen auf der linken Seite sind bei der Beschäftigung mit diesem Hexagramm am hilfreichsten, weil Folgehexagramme keine Wandlungslinien enthalten. Die Informationen auf der rechten Seite können natürlich auch aufschlussreich sein.

Diese Hexagramme sind Bestandteile des Ausgangshexagramms und geben Ihnen weitere Hinweise zu Ihrer derzeitigen Situation.

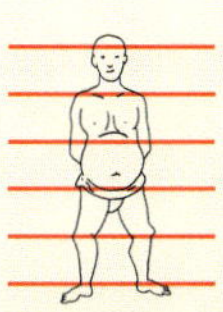

Die Linien entsprechen unterschiedlichen Körperbereichen. Die Stichworte geben Ihnen einen Einblick in Ihre derzeitige körperliche und geistige Verfassung.

Starke Wandlungslinie
Schwache Wandlungslinie

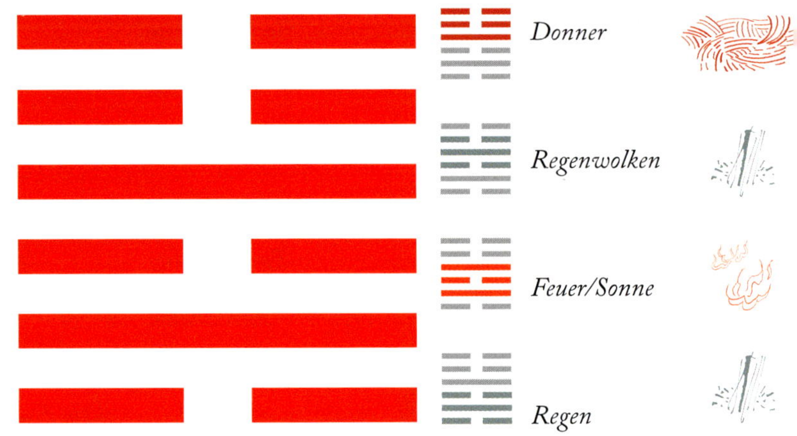

KIEH (Den Knoten durchschneiden)

Das Zeichen Kieh steht für eine Haarnadel, die aus dem Horn eines Ochsen, einer Kuh oder eines Bullen gefertigt wurde, und bedeutet, sich zu befreien, zu erklären oder zu rechtfertigen. Dies lässt darauf schließen, dass Sie einer schwierigen Situation gegenüberstehen, aus der Sie sich nur mit der Geduld eines Ochsen oder einer Kuh befreien oder die Sie mit der entschlossenen Stärke eines Bullen beiseite räumen können.

Das Spiel der Kräfte in diesem Hexagramm deutet darauf hin, dass die Sonne bzw. Ihr inneres Licht in diesem alles verzehrenden Problem gefangen ist, das so schwierig aufzulösen ist wie eine dicke Wolkenschicht. Der aus dieser Sonne entspringende Donner symbolisiert, dass Sie den Knoten entweder mittels analytischer Geduld entwirren können oder der Situation ein Ende bereiten, indem Sie ihn mit Lichtgeschwindigkeit spalten. Der daraufhin freigesetzte Wolkenbruch mag heftig sein, er reinigt aber den Himmel. Verhalten Sie sich wie die Sonne, die versucht, während des Tages die Wolken aufzulösen, ehe Sie scheinbar im Westen verschwindet, obwohl Sie in Wirklichkeit immer noch am Himmel steht. Wenn Sie bei Ihren Vorhaben während des Tages keinen Erfolg haben, zerschneiden Sie den Knoten in der Nacht mit der Kraft des Blitzes, sodass Sie am darauf folgenden Morgen wieder strahlend gegenwärtig sein können.

Den Knoten durchschneiden (40)
Wenn Sie andauernd von dunklen Wolken verhüllt werden (und es kein Anzeichen für Regen oder Taten gibt), sollten Sie den Mühlstein um Ihren Hals entschieden abwerfen, ehe Sie körperlich und geistig ausgelaugt sind. Die folgenden Hinweise zeigen Ihnen den Weg zu einem wolkenlosen Himmel.

Abschluss 55
Wenn die Sonne ihren höchsten Punkt erreicht, beginnt sie zu sinken. Sind Sie sich erst einmal dessen bewusst, dass die Sonne weiterhin scheint und es Ihnen immer möglich ist, Ihre Umgebung zu sehen, werden Sie nicht mehr zulassen, dass man Ihre Sicht behindert.

Erfolgreiche Bewegung 63
Genauso wie die Sonne die Wolken auflöst, vergewissert sich ein alter Fuchs, dass er die Situation im Griff hat. Sollte er eine Situation falsch eingeschätzt haben, schafft er sich diese rechtzeitig vom Hals. Wenn er sich aus Unaufmerksamkeit in ihr verfängt, findet er einen Weg, sich des Problems zu entledigen.

Wasser, der Lebensspender 29
Regen steht für Fruchtbarkeit, während der Fluss – der so leidenschaftlich entspringt und so ruhig ins Meer strömt – den Lebensweg symbolisiert. Ein alter Fuchs ist durch Erfahrung klug geworden, in einer Notlage wird er aber genauso heftig reagieren wie ein junger.

Eingeschränkte Bewegung 64
Sie bewegen sich wie ein alter Fuchs, der sich unklug verhalten und seinen Schwanz nass gemacht hat. Sie haben sich gewaltsam aus einer Situation befreit, die Sie nicht länger ertragen konnten. Warten Sie gelassen ab, bis Ihr Schwanz trocken ist, ehe Sie etwas Neues anfangen.

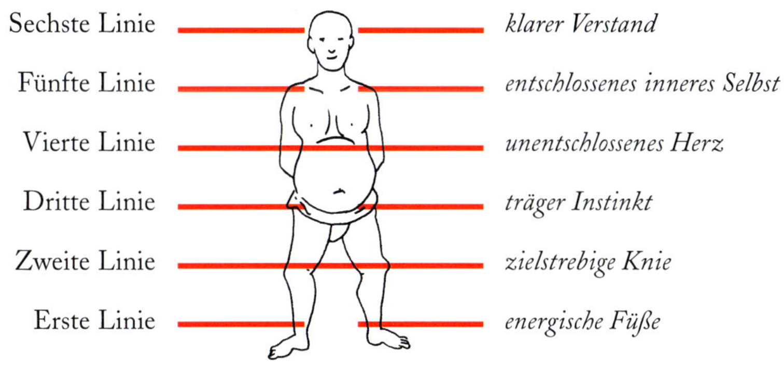

Die einzelnen Linien

Sechste Linie
Der Donner ist an seinem höchsten Punkt. Dies deutet darauf hin, dass Ihr klarer Verstand weiß, wodurch die Sackgasse entstanden ist. Sie kennen aber keine vernünftigen Gründe, durch die das Hindernis abzubauen wäre. Sobald Sie den Kern des Problems erkennen, sollten Sie mit einer Zunge, die so scharf wie das knisternde Aufleuchten des Blitzes ist, dagegen vorgehen.

Fünfte Linie
Das Innere des Donners spaltet die Wolkenschicht. Sie suchen entschlossen nach einem Mittel, die Macht zu sprengen, die Sie einengt. Sie haben die Situation noch nicht genau durchschaut, und tief in Ihrem Herzen suchen Sie noch immer nach einer friedlichen Lösung. Machen Sie aber ruhig deutlich, dass Sie mit Ihrer Geduld bald am Ende sind.

Vierte Linie
Die im Zenit stehende Sonne kann nicht durch die Wolkenschicht brechen. Deswegen hört sich der entfernte Donner wie ein unentschlossenes Herz an, das durch Sorgen bedrückt ist. Sie können sich keinen Überblick verschaffen, also sollten Sie solange die verworrenen Wurzeln des Problems bearbeiten, bis Sie gleichgesinnte Gefährten gefunden haben.

Dritte Linie
Die aufgehende Sonne scheint durch ein Loch zwischen den Wolken. Ihr Selbsterhaltungstrieb ist noch nicht völlig erwacht, sodass Sie die Situation nicht als so bedrohlich erleben, dass Sie flüchten müssen. Durch diese Art der Selbstzufriedenheit könnten Sie bis über beide Ohren in Schwierigkeiten geraten, die Sie jetzt lösen sollten.

Zweite Linie
Die Sonne wirft erste Strahlen durch eine dichte Wolkenschicht. Sie sind sich bewusst, dass ein Damoklesschwert über Ihrem Kopf schwebt, und haben noch Zeit zu fliehen. Bewegen Sie sich schlau wie ein alter Fuchs und tricksen Sie die jungen Füchse aus, die versuchen, Sie in ihre Probleme hineinzuziehen.

Erste Linie
Es regnet. Wenn Sie gelassen mit dem Strom schwimmen und sich an nichts binden, werden Sie auch nicht in Probleme hineingezogen.

Hinweis
Im Hexagramm Kieh bringt die Wolkenschicht ☵ den Rhythmus Ihres Lebens (die Linien zwei bis einschließlich vier) durcheinander. Die mit diesen Linien in Verbindung gebrachte Sonne ☲ deutet darauf hin, dass Sie die ruhige Gelassenheit besitzen, um die Situation zu lösen. Der Donner ☳ aber ist ein Zeichen dafür, dass Sie nicht ewig warten können und dass Sie zum gegebenen Zeitpunkt die Wand niederreißen werden, die Ihnen die Sicht nimmt.

Starke und schwache Wandlungslinien
In Ihrem Hexagramm sollten Sie besonders auf die Wandlungslinien achten. Eine starke Linie zeigt an, dass Sie die Situation mit zu viel Kraft angehen, eine schwache Linie verlangt eine kühnere Haltung.

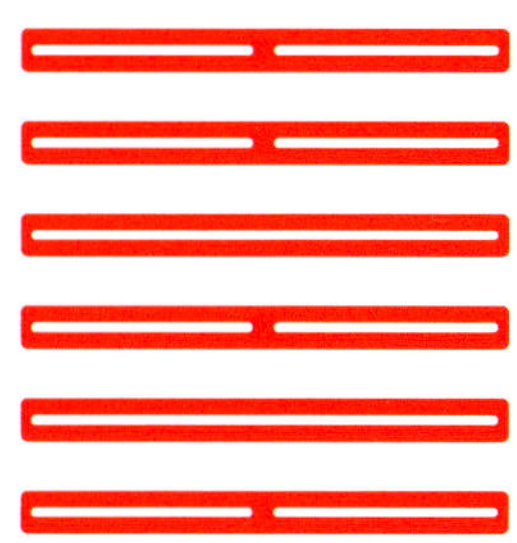

***I Ging* – ein geschlossenes System**
Die Antwort auf Ihre Frage finden Sie nicht nur im Ausgangshexagramm. Zur tieferen Einsicht sollten Sie auch die verschiedenen einzelnen Hexagramme beachten, aus denen das Ausgangshexagramm besteht. Die Zahl hinter den Hexagrammen verweist auf die Seite, auf der Sie die ausführliche Interpretation nachlesen können. Durch Wandlungslinien ergibt sich ein Folgehexagramm.

Wie das Leben selbst, so ist auch das *I Ging* ein wundersames geschlossenes Labyrinth, aus dem Sie nur entkommen, indem Sie das Buch schließen.

Das Folgehexagramm
Dadurch, dass sich die Wandlungslinien in ihr Gegenteil verkehren – aus einer unterbrochenen Linie wird eine durchgezogene und umgekehrt –, entsteht ein Folgehexagramm, das Auskunft über eine künftige Lebensphase gibt. Die Informationen auf der linken Seite sind bei der Beschäftigung mit diesem Hexagramm am hilfreichsten, weil Folgehexagramme keine Wandlungslinien enthalten. Die Informationen auf der rechten Seite können natürlich auch aufschlussreich sein.

Diese Hexagramme sind Bestandteile des Ausgangshexagramms und geben Ihnen weitere Hinweise zu Ihrer derzeitigen Situation.

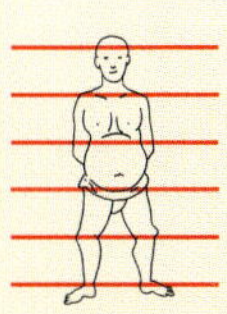

Die Linien entsprechen unterschiedlichen Körperbereichen. Die Stichworte geben Ihnen einen Einblick in Ihre derzeitige körperliche und geistige Verfassung.

Starke Wandlungslinie
Schwache Wandlungslinie

Eine von der Seite gesehene Hand — 損

Eine kleine Muschel, die in früheren Zeiten in China als Münze benutzt wurde. Hier ist die Münze rund, daher ist ihre Bedeutung: abgeschieden, rund, beendet und das Ende eines Rituals.

SUN (Entspannung)

Das Zeichen Sun bedeutet nachlassen, Rückgang und zusammenziehen. Der Aufbau des Zeichens deutet darauf hin, dass eine Periode schwerer Arbeit zu Ende geht und eine Zeit der Entspannung herannaht, in der Sie für Ihre Mühen belohnt werden.

In diesem Hexagramm steht der über der Erde thronende feste Berg dafür, dass Sie die Übersicht haben und zu innerem Frieden gelangt sind. Der aus dem Sumpf/Mond aufsteigende Donner erweckt alles, was die Erde hervorbringen kann, zum Leben und zeigt an, dass Sie sich jetzt in einer Phase befinden, in der sich die irdischen Früchte bis zum Himmel ausdehnen. Weil Sie die Übersicht besitzen und Ehrlichkeit an den Tag legen, sind Sie nicht in der Lage, eine falsche Wahl zu treffen, und wie das Hexagramm andeutet, können Sie sich der Schönheit, die die Erde zu bieten hat, völlig öffnen.

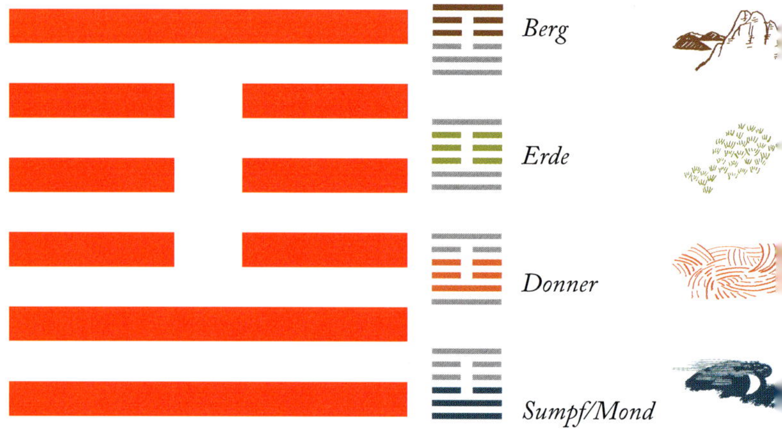

Entspannung
Sie haben gekämpft, um den Berg zu ersteigen. Jetzt da Sie Überblick und inneren Frieden erlangt haben, ist es an der Zeit, diejenigen materiellen Dinge zu genießen, die Sie früher belastet haben. Die folgenden Hinweise zeigen, dass es auch in dieser Situation Regeln gibt, derer Sie sich bewusst sein sollten. (4

Die Zerstörung der Vergangenheit
Wenn Sie sich in der Welt unbekümmert entspannen wollen, müssen Sie sich die Sorgen der Vergangenheit aus dem Kopf schlagen. 2

Nahrung
Verlieren Sie nicht das Gespür für Probleme, von denen Sie bereits gekostet haben. Sonst werden Sie in Dinge beißen, die Sie früher angeekelt ausgespien haben. 2

Wintersonnenwende, Erwachen
Bleiben Sie ruhig und halten Sie die Augen offen. Meiden Sie Situationen, deren Ausgang ungewiss ist. 2

Anziehung
Zeigen Sie sich so, wie Sie sind; verbergen Sie nichts. So ziehen Sie entspannende Situationen an. 1

Fruchtbarkeit
Wenn der Mond voll ist, nimmt er wieder ab. Ein weiser Mensch weiß daher genau, wann eine Phase der Entspannung naht. 5

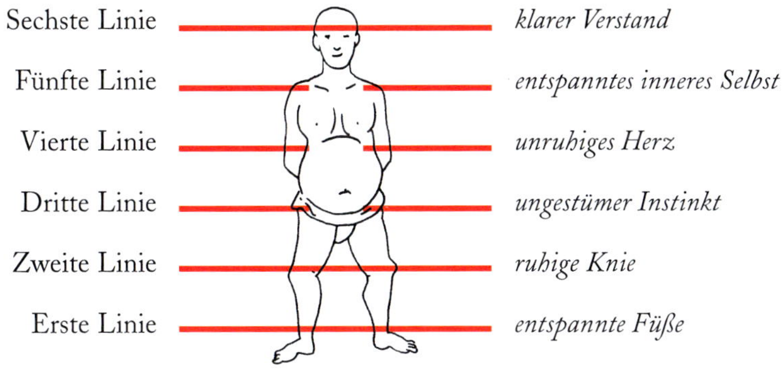

Die einzelnen Linien

Sechste Linie
Der Berggipfel zeigt an, dass Sie den Überblick und inneren Frieden besitzen, sodass Sie körperlich und geistig nicht von Situationen abhängig werden, aus denen Sie sich später nur schwer befreien können. Behalten Sie im Auge, dass Sie nicht nach Sicherheit, sondern vorübergehend nach Entspannung suchen.

Fünfte Linie
Unter dem Gipfel des Berges breitet sich die üppige Erdoberfläche aus, aus der alle Dinge hervorgehen. Seien Sie sich darüber im Klaren, dass diese oberflächliche Schönheit vergänglich ist, und genießen Sie sie aus vollen Zügen. Sehen Sie nicht unter den Panzer der Schildkröte, denn dann würden Sie sich tiefer mit den Dingen befassen, als wirklich notwendig ist.

Vierte Linie
Am Fuß des Berges, verborgen unter der Erdoberfläche, hallt der Donner wie ein ruhelos schlagendes Herz. Der Mond ist verschwunden, und Sie haben keine Übersicht. Sie sind in Gefahr, Ihr Herz an die Gefühle zu verlieren, die Sie während der Entspannungsphase erlebt haben. Genießen Sie die Erinnerung, beruhigen Sie Ihr Herz und gehen Sie zur Tagesordnung über.

Dritte Linie
Der Vollmond verschwindet hinter der Erde, ehe der Donner seinen höchsten Punkt erreicht. Sie haben sich für den Augenblick dem Gefühl hingegeben, nicht von dieser Welt zu sein. Geraten Sie nicht in Versuchung, noch weiter zu entspannen, weil Sie dann große Anstrengungen unternehmen müssten, um wieder auf die Erde zurückzukehren.

Zweite Linie
Der Anfang des Donners und der zunehmende Mond sind mit dem ungeduldigen Unterkiefer, der durch einen klaren Verstand (Oberkiefer) kontrolliert wird, verbunden. Im Augenblick sollten Sie nichts beginnen und Ihre Zähne in nichts verbeißen. Bleiben Sie ruhig, und halten Sie die Augen offen.

Erste Linie
Der dunkle Mond wartet ruhig, bis ihn das Sonnenlicht erreicht. Auch für Sie ist dies eine Zeit der Entspannung. Wenn Sie etwas begegnen, das ihnen Freude bereitet, dann zögern Sie nicht, es anzunehmen – denken Sie aber daran, dass der Mond wieder abnimmt, wenn er voll ist.

Hinweis
Das Hexagramm Sun wird von *Nahrung (27)* beherrscht. Der unbewegliche Oberkiefer (sechste Linie) ist wie ein klarer Verstand, der weiß, welche geistige und körperliche Nahrung der inneren Entspannung dient (Linien drei bis einschließlich fünf), sodass ein eifriger Unterkiefer (zweite Linie) seine Zähne nicht in die falschen Angelegenheiten schlägt.

Starke und schwache Wandlungslinien
In Ihrem Hexagramm sollten Sie besonders auf die Wandlungslinien achten. Eine starke Linie zeigt an, dass Sie die Situation mit zu viel Kraft angehen, eine schwache Linie verlangt eine kühnere Haltung.

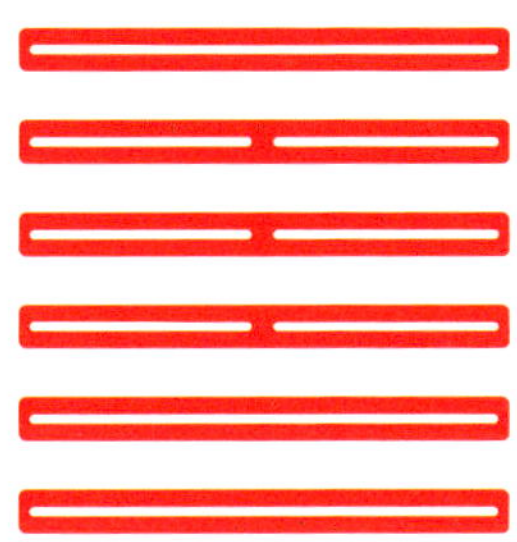

***I Ging* – ein geschlossenes System**
Die Antwort auf Ihre Frage finden Sie nicht nur im Ausgangshexagramm. Zur tieferen Einsicht sollten Sie auch die verschiedenen einzelnen Hexagramme beachten, aus denen das Ausgangshexagramm besteht. Die Zahl hinter den Hexagrammen verweist auf die Seite, auf der Sie die ausführliche Interpretation nachlesen können. Durch Wandlungslinien ergibt sich ein Folgehexagramm.

Wie das Leben selbst, so ist auch das *I Ging* ein wundersames geschlossenes Labyrinth, aus dem Sie nur entkommen, indem Sie das Buch schließen.

Das Folgehexagramm
Dadurch, dass sich die Wandlungslinien in ihr Gegenteil verkehren – aus einer unterbrochenen Linie wird eine durchgezogene und umgekehrt –, entsteht ein Folgehexagramm, das Auskunft über eine künftige Lebensphase gibt. Die Informationen auf der linken Seite sind bei der Beschäftigung mit diesem Hexagramm am hilfreichsten, weil Folgehexagramme keine Wandlungslinien enthalten. Die Informationen auf der rechten Seite können natürlich auch aufschlussreich sein.

Diese Hexagramme sind Bestandteile des Ausgangshexagramms und geben Ihnen weitere Hinweise zu Ihrer derzeitigen Situation.

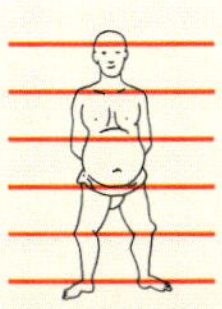

Die Linien entsprechen unterschiedlichen Körperbereichen. Die Stichworte geben Ihnen einen Einblick in Ihre derzeitige körperliche und geistige Verfassung.

Starke Wandlungslinie
Schwache Wandlungslinie

Ein Gefäß, in dem sich so viel Wasser befindet, dass es überfließt. Daher: Überfluss, Profit und auffüllen

YÎ (Vermehrung)

Das Zeichen Yi steht für materiellen Überfluss, durch den Sie in der Lage sind, Ihrem inneren Wesen Aufmerksamkeit zu schenken.

Der in diesem Hexagramm über den Berggipfel wehende Wind symbolisiert den Gedankenfluss, mit dessen Hilfe Sie alle Dinge analysieren, die die Erde hervorbringt. Der Donner, der auf die Möglichkeiten der Situation hinweist, zeigt, dass sich die Erde in all Ihrer Pracht vor Ihnen ausbreitet. Der über der Erde thronende Berg ist ein Zeichen dafür, dass Sie inneren Frieden und den Überblick über all die unterschiedlichen, von irdischen Wesen angenommenen Verhaltensweisen besitzen. Diese Zeichen deuten darauf hin, dass Sie in Zeiten des Überflusses, in denen Sie nicht für die grundlegenden Notwendigkeiten des Lebens wie Nahrung, Unterkunft und Schutz kämpfen müssen, Zeit und Energie zur Verfügung haben. Sie können diese zur geistigen Entwicklung nutzen, dabei vorsichtig die Welt beobachten und der Funktionsweise auf den Grund gehen. Hüten Sie sich in solchen Zeiten vor der Versuchung, noch mehr materielle Güter anzusammeln und so diese einzigartige Gelegenheit zur geistigen Entwicklung zu vergeuden.

Vermehrung
Die Kombination von materiellem Reichtum und spiritueller Armut in einer Person ist eine Gefahr für die Welt. Wirkliche Fruchtbarkeit gründet sich auf einem Bewusstsein für den Wert materiellen Besitzes, verbunden mit spirituellem Bewusstsein. Der unten umrissene Wachstumsprozess (von unten nach oben gelesen) zeigt, wie Sie dies erreichen können.

Die gesegnete Verbindung
Ziehen Sie sich weiter rechtzeitig vom Übermaß der von Ihnen gesammelten Eindrücke zurück, und denken Sie dann gelassen und ruhig über diese nach.

Beobachtung, Betrachtung
Im Allgemeinen sieht man nur das, was man sehen will. Ihre Wahrnehmung filtert das heraus, von dem Sie glauben, es sei nützlich, der Rest entgeht Ihrer Aufmerksamkeit. Ändern Sie Ihren Standpunkt, damit Sie eine neue Lebensperspektive entwickeln können.

Die Zerstörung der Vergangenheit
Wenn Sie einen gewissen materiellen Wohlstand erreicht haben, sollten Sie Rückschau halten, um den tatsächlichen Wert materiellen Besitzes verstehen zu können. Er darf Ihr spirituelles Wachstum nicht behindern.

Nahrung
Je unabhängiger Sie werden, umso stärker entdecken Sie, wie viele Anstrengungen zur Sicherung der Grundbedürfnisse notwendig und welche materiellen Besitztümer wirklich von Wert sind. Den Lebensunterhalt zu verdienen, ist nicht immer angenehm.

Wintersonnenwende, Erwachen
Schon früh im Leben hängt Ihr Überleben von der Nahrung ab. Dabei ist gleichgültig, ob Sie in einer hölzernen Krippe oder einer goldenen Wiege liegen.

YÎ

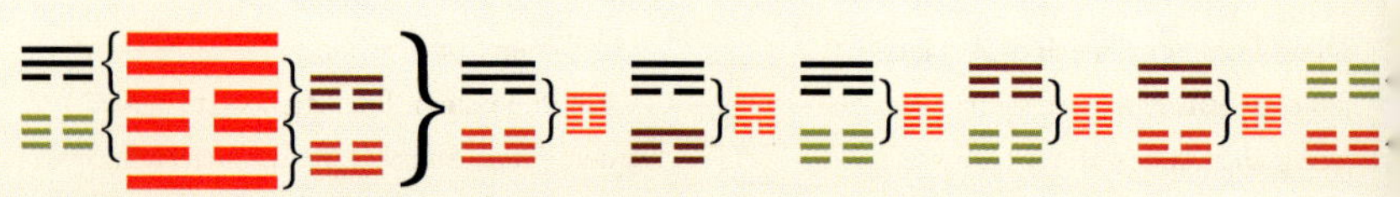

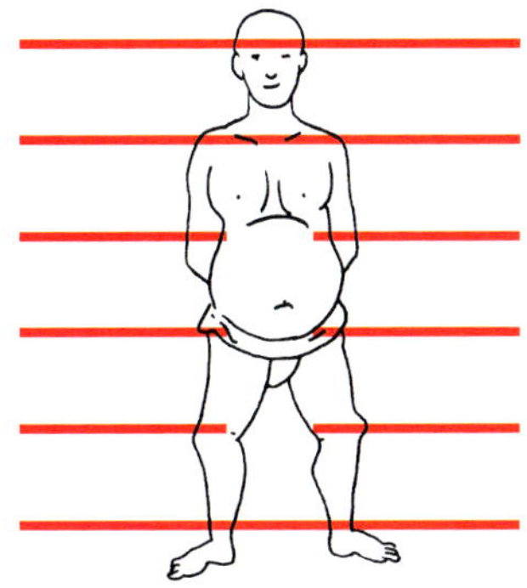

Die einzelnen Linien

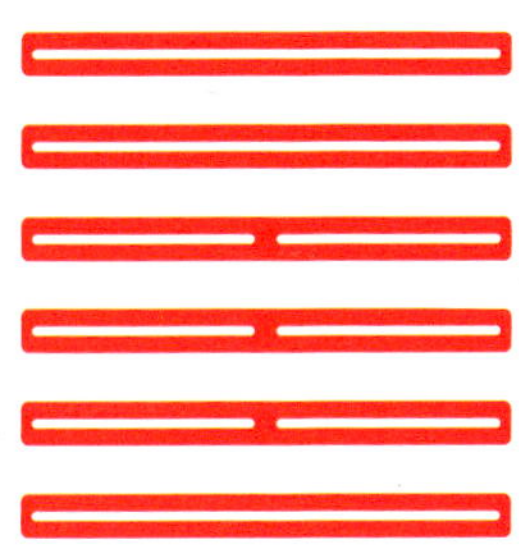

Sechste Linie
Der aufkommende Wind zeigt an, dass Sie sich der spirituellen Normen und Werte noch nicht bewusst sind und sich darauf konzentrieren, die materiellen Besitztümer anzuhäufen, die Ihr Herz begehrt. Ihr materieller Hunger trägt nichts zu Ihrer Umwelt bei und wird viel Groll verursachen.

Fünfte Linie
Das Innerste des Windes bzw. Ihr Bewusstsein ist mit dem Berggipfel verbunden. Überblick und innerer Friede sind wesentlich für eine besinnliche Lebensart. Sie konsumieren nicht mehr als Sie brauchen, und durch Einsicht und Ehrlichkeit sind Sie ein fruchtbarer Quell für Ihre Umgebung.

Vierte Linie
Unter dem Berggipfel breitet sich die Erdoberfläche aus. Sie haben alles, was Ihr Herz begehrt. Wenn Sie sich um echte innere Zuversicht bemühen, sollten Sie Ihre Aufmerksamkeit jetzt auf Ihre geistige Entwicklung richten.

Dritte Linie
Unter der Erde am Fuß des Berges grollt der Donner. Aus dem Überlebenswillen heraus haben Sie materielle Sicherheit durch Mittel und Wege angesammelt, die Sie bei hellem Tageslicht nicht ertragen. Verarbeiten Sie Ihre Vergangenheit, und konzentrieren Sie sich auf die geistige Entwicklung, damit Sie den Weg der goldenen Mitte gehen können, der Ihnen ein Entkommen aus dem irdischen Morast ermöglicht.

Zweite Linie
Tief unter der Erdoberfläche erschüttert der Donner die Wurzeln Ihrer Existenz. Sie werden sich des Wunders des Lebens bewusst. Dies ist etwas, das tiefer geht als die Anhäufung materieller Besitztümer, die Sie belasten. Jetzt, da Sie wissen, was unter dem Panzer der Schildkröte verborgen ist, richten Sie Ihren Rücken gerade auf und geben Ihr Wissen weiter.

Erste Linie
Der aufkommende Donner steht für das Erwachen und die Unterstützung der eigenen Person. Stehen Sie auf Ihren eigenen Füßen, halten Sie die Augen offen und bekämpfen Sie die Abhängigkeit von irdischen Dingen. Echtes Wachstum ist ein Zusammenspiel zwischen dem Ansammeln materieller Besitztümer und der Suche nach geistiger Entwicklung.

Hinweis
Das Hexagramm Yi wird von der *Nahrung (27)* bestimmt. Der unbewegliche Oberkiefer (sechste Linie) steht in Verbindung mit Ihrer inneren Sicherheit, die sowohl vom materiellen, wie auch vom geistigen Wohlstand abhängt. Daher leben Sie nicht einfach nur von physischer Nahrung (Linien zwei bis einschließlich vier), sondern stellen auch sicher, dass Ihr erwartungsvoller Unterkiefer (erste Linie) seine Zähne in die Wurzeln Ihrer geistigen Entwicklung schlägt.

Starke und schwache Wandlungslinien
In Ihrem Hexagramm sollten Sie besonders auf die Wandlungslinien achten. Eine starke Linie zeigt an, dass Sie die Situation mit zu viel Kraft angehen, eine schwache Linie verlangt eine kühnere Haltung.

I Ging – ein geschlossenes System
Die Antwort auf Ihre Frage finden Sie nicht nur im Ausgangshexagramm. Zur tieferen Einsicht sollten Sie auch die verschiedenen einzelnen Hexagramme beachten, aus denen das Ausgangshexagramm besteht. Die Zahl hinter den Hexagrammen verweist auf die Seite, auf der Sie die ausführliche Interpretation nachlesen können. Durch Wandlungslinien ergibt sich ein Folgehexagramm.

Wie das Leben selbst, so ist auch das *I Ging* ein wundersames geschlossenes Labyrinth, aus dem Sie nur entkommen, indem Sie das Buch schließen.

Das Folgehexagramm
Dadurch, dass sich die Wandlungslinien in ihr Gegenteil verkehren – aus einer unterbrochenen Linie wird eine durchgezogene und umgekehrt –, entsteht ein Folgehexagramm, das Auskunft über eine künftige Lebensphase gibt. Die Informationen auf der linken Seite sind bei der Beschäftigung mit diesem Hexagramm am hilfreichsten, weil Folgehexagramme keine Wandlungslinien enthalten. Die Informationen auf der rechten Seite können natürlich auch aufschlussreich sein.

Diese Hexagramme sind Bestandteile des Ausgangshexagramms und geben Ihnen weitere Hinweise zu Ihrer derzeitigen Situation.

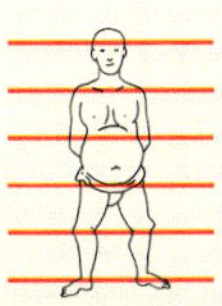

Die Linien entsprechen unterschiedlichen Körperbereichen. Die Stichworte geben Ihnen einen Einblick in Ihre derzeitige körperliche und geistige Verfassung.

Starke Wandlungslinie
Schwache Wandlungslinie

益 42

Eine Hand, die die Vorderseite eines doppelseitigen Gegenstandes festhält, seine Rückseite ist verschwunden. Im erweiterten Sinne heißt dieses Zeichen: sich entscheiden oder irgendwo eine Wohnung nehmen.

夬

KWÂI (Erfüllung)

Die linke und die rechte Hand stehen für materiellen Gewinn und geistige Entwicklung. Das Zeichen Kwâi deutet darauf hin, dass eine Entscheidung getroffen wurde. Der Vorzug wurde der Vorderseite des Gegenstandes gegeben. Dies zeigt an, dass Erfüllung durch die Entwicklung innerer Weisheit erreicht wird und dass diese mehr Sicherheit bietet als die äußerliche Erscheinung.

Das Hexagramm ist aus drei Himmeln aufgebaut, die auf dem Sumpf/Mond ruhen und darauf hindeuten, dass Sie, um zu innerer Weisheit zu gelangen, sich von den illusorischen Gedanken befreien müssen, die Ihrem Leben bis jetzt einen Sinn gegeben haben. Die einzige Wahrheit, auf die Sie Ihre Existenz bauen können, ist die unendliche Weite des unteren, wahren Himmels, von dem Sie so viel wissen wie Ihre Füße. Verlieren Sie sich also nicht in der Illusion eines Himmels auf Erden, der an Ihren Knien (zweite Linie) beginnt und der das Körperliche sowie materiellen Gewinn über alles stellt. Sie sollten auch den oberen Himmel, der Ihrem Selbsterhaltungstrieb entspricht, zurückweisen (dritte Linie); er symbolisiert ein mythisches Universum, das Sicherheit vorgaukelt, indem es die Ihnen angeborene, innere Leere mit einem Sinn erfüllt.

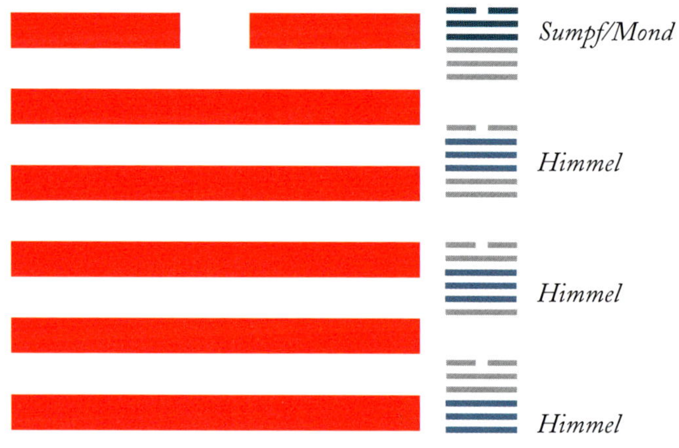

Erfüllung (43)
Wenn Sie an einen Himmel auf Erden glauben und materiellen Gewinn verherrlichen, werden Sie enttäuscht sein, sobald Sie verarmen, krank oder schwach werden. Wenn Sie aus Unsicherheit heraus Zuflucht in einem mythischen Universum suchen, wird eine Zeit kommen, in der Sie von Zweifeln geplagt werden. Sie können das irdische Spiel nur genießen, wenn Sie sich von Illusionen befreien. Beziehen Sie Ihre Einsichten bei Tag von der ewigen Sonne, die die Erde das ganze Jahr über erleuchtet. Stellen Sie sich in der Nacht der unergründlichen Weite des wahren Himmels.

Schöpferische Kraft
Die unendlichen Weiten der Himmel, die auf die eine oder andere Art und Weise diese Erde umkreisen und ein Gleichgewicht gewährleisten, das diese Kugel in ihrer Umlaufbahn hält, lassen sich mit jeder beliebigen Illusion füllen. Wenn Sie sich um geistige Entwicklung bemühen und standhaft alle Illusionen zurückweisen, verwandeln Sie das universelle Spiel der Kräfte in ein inneres Gleichgewicht von Geben und Nehmen. Dann können Sie wie die Erde und der Mond sein, die sich rhythmisch und glückselig im Sonnenlicht drehen, und Sie werden Erfüllung in allem finden, was immer Sie durch die schöpferische Kraft des Himmels hervorbringen.

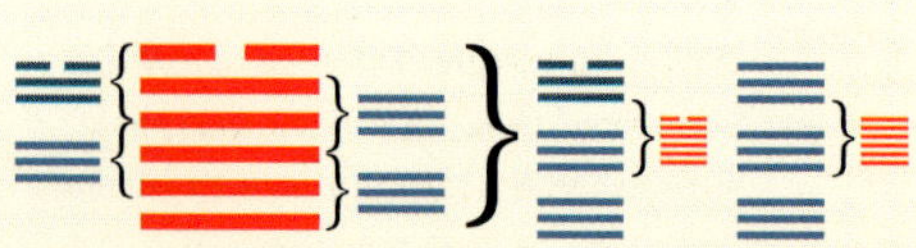

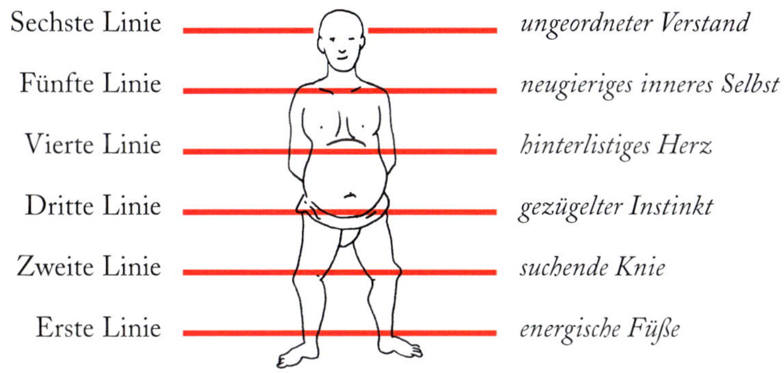

Die einzelnen Linien

Sechste Linie
Der Vollmond steht am Himmel und wird bald abnehmen. Solange Sie sein trügerisches Licht (das für materiellen Gewinn und/oder den Mythos steht) auf die Ebene der Wahrheit erheben, werden Sie schmählich getäuscht werden. Konzentrieren Sie sich auf die Vorstellung, dass Sie sich am irdischen Spiel erfreuen wollen, ohne sich in Illusionen zu verlieren.

Fünfte Linie
Der zunehmende Mond geht im mythischen Himmel auf. Ihre innere Festigkeit wird arg auf die Probe gestellt, weil Sie von Illusionen umgeben sind. Es ist, als ob Sie ein Beet aus Setzlingen jäten müssen, in dem sich das Unkraut kaum von den Pflanzen, die Sie später ernten wollen, unterscheidet.

Vierte Linie
Der Neumond erscheint am illusorischen Himmel. Geben Sie nicht vor, die Sonne zu sein, während jeder sehen kann, dass Ihre Gedanken in Wirklichkeit so dunkel wie eine verdorbene Frucht sind. Sie wollen alles, was Ihr Herz begehrt, und rechtfertigen dies durch die Behauptung, dass die äußere Erscheinung das wahre Licht sei.

Dritte Linie
Der wahre Himmel wird vom illusorischen Himmel überdeckt. Im Versuch, Ihre Angst vor der inneren Leere zu mindern, nehmen Sie eine entschlossene Haltung ein. Machen Sie diesem Verhalten vernünftigerweise ein Ende, weil Sie dadurch Ihrem Selbsterhaltungstrieb etwas vormachen.

Zweite Linie
Das Innere des wahren Himmels wird überschattet von der Vorstellung, dass materieller Gewinn alles sei. Wenn Sie während der Nacht der unendlichen Weite des wahren Himmels gegenüberstehen, erschrecken Sie vor der banalen Vorstellung, dass irdischer Besitz und die übertriebene Aufmerksamkeit auf die äußere Erscheinung Ihnen mehr Sicherheit geben könnten.

Erste Linie
An der äußeren Grenze des wahren Himmels fragen Sie sich immer noch, ob es eine überzeugende Erklärung für die Sie umkreisenden unendlichen Weiten gibt. Es ist, als wollten Sie durch einfaches Bewegen Ihrer Zehen vorankommen, obwohl Sie wissen, dass dieser Versuch absurd ist.

Hinweis
Das Hexagramm Kwâi wird von der sechsten Linie bestimmt, die Ihren Verstand ☱ repräsentiert, der sich an Illusionen klammert. Sie suchen nach einer inneren Rechtfertigung ☰ für Ihr Verhalten. Lernen Sie von Ihren Füßen (erste Linie). Diese zeigen keine Neigung, Sie aus Eigeninteresse, Angst oder Unsicherheit zu tragen, sondern dienen Ihnen so unparteiisch wie das Universum, das Sie mit seiner Energie versorgt.

Starke und schwache Wandlungslinien
In Ihrem Hexagramm sollten Sie besonders auf die Wandlungslinien achten. Eine starke Linie zeigt an, dass Sie die Situation mit zu viel Kraft angehen, eine schwache Linie verlangt eine kühnere Haltung.

I Ging – **ein geschlossenes System**
Die Antwort auf Ihre Frage finden Sie nicht nur im Ausgangshexagramm. Zur tieferen Einsicht sollten Sie auch die verschiedenen einzelnen Hexagramme beachten, aus denen das Ausgangshexagramm besteht. Die Zahl hinter den Hexagrammen verweist auf die Seite, auf der Sie die ausführliche Interpretation nachlesen können. Durch Wandlungslinien ergibt sich ein Folgehexagramm.

Wie das Leben selbst, so ist auch das *I Ging* ein wundersames geschlossenes Labyrinth, aus dem Sie nur entkommen, indem Sie das Buch schließen.

Das Folgehexagramm
Dadurch, dass sich die Wandlungslinien in ihr Gegenteil verkehren – aus einer unterbrochenen Linie wird eine durchgezogene und umgekehrt –, entsteht ein Folgehexagramm, das Auskunft über eine künftige Lebensphase gibt. Die Informationen auf der linken Seite sind bei der Beschäftigung mit diesem Hexagramm am hilfreichsten, weil Folgehexagramme keine Wandlungslinien enthalten. Die Informationen auf der rechten Seite können natürlich auch aufschlussreich sein.

Diese Hexagramme sind Bestandteile des Ausgangshexagramms und geben Ihnen weitere Hinweise zu Ihrer derzeitigen Situation.

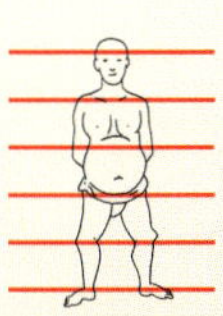

Die Linien entsprechen unterschiedlichen Körperbereichen. Die Stichworte geben Ihnen einen Einblick in Ihre derzeitige körperliche und geistige Verfassung.

Starke Wandlungslinie
Schwache Wandlungslinie

KÂU (Eine reife Beziehung)

Das Zeichen Kâu bedeutet sich zu paaren und zu reproduzieren. Aus seinem Aufbau kann man erkennen, dass es eine Verbindung zwischen der Vermehrung und der Weitergabe von Wissen gibt. Die junge Frau gebiert neues Leben, dem die Erkenntnisse des Prinzen zuteil werden.

Das Hexagramm besteht aus drei Himmeln und dem Wind (dem Reich der Vorstellung), der sich mit der unteren Körperhälfte verbindet. Dies lässt an die erste Lebensphase denken, in der das Denken allein auf körperliches Überleben gerichtet ist. Sie werden davor gewarnt, Ihre Gedanken nicht immer auf den unteren Himmel, der an den Knien beginnt, und die äußerliche Zurschaustellung sowie materiellen Gewinn zu richten. Verlieren Sie sich genauso wenig im mittleren Himmel, der am Unterbauch bzw. dem Instinkt beginnt, wo der Wind seinen Ursprung hat. Dieser Himmel symbolisiert ein mythisches Universum, von dem Sie scheinbare Sicherheit ableiten, indem Sie sich auf die Fortpflanzung konzentrieren, um Ihrer angeborenen inneren Leere einen Sinn zu geben. Das Überleben der Art ist wichtig, aber eine kultivierte und reife Beziehung zum irdischen Leben hängt vom Grad der entwickelten geistigen Einsicht ab. Dies bedeutet, dass Sie es Ihrem Herzen erlauben, sich mit der inneren Weite des oberen, wahren Himmels zu verbinden und das dort von Ihnen gesammelte Wissen in die Erziehung Ihrer Nachkommen einfließen lassen.

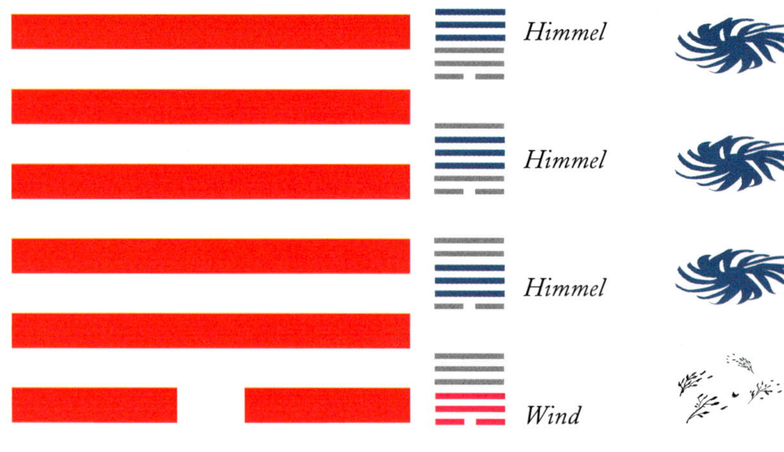

Eine reife Beziehung (44) (44

Die Erde ist die Quelle allen Lebens. Dennoch ist es unklug, sich an diese starke und fruchtbare weibliche Kraft zu binden. Eine reife Beziehung zur Erde besteht darin, sich auf die unendliche Weite des Himmels zu konzentrieren, von dem die Erde ihre schöpferische Kraft bezieht, und irdische Dinge als Amme zu betrachten, von der Sie sich früher oder später trennen müssen. Seit Jahrtausenden war diese Beziehung ein Teil der Weisheitslehren. So können Sie dies erreichen:

Schöpferische Kraft 1

Die unendlichen Weiten der Himmel, die diese Erde umkreisen und ein Gleichgewicht gewährleisten, das diese Kugel in ihrer Umlaufbahn hält, lassen sich mit jeder beliebigen Illusion füllen. Wenn Sie sich um geistige Entwicklung bemühen und standhaft alle Illusionen zurückweisen, verwandeln Sie das universelle Spiel der Kräfte in ein inneres Gleichgewicht von Geben und Nehmen. Sie werden nicht immer mit anderen übereinstimmen, jedoch aufrichtig sein.

Eine reife Beziehung (44

Fortpflanzung und die Weitergabe von Wissen gehen Hand in Hand. Wenn Sie erst einmal erkannt haben, dass jeder Himmelskörper sich unabhängig durch das Universum bewegt und seine eigene Art entwickelt hat, im Gleichgewicht zu bleiben, werden Sie Ihren Kindern die Chance geben, sich auf der Grundlage ihrer eigenen Fähigkeiten selbst eine Position zu sichern. Individuen, die zu sich selbst gefunden haben, können sich an andere binden, ohne aufdringlich zu sein oder sich selbst völlig zu verlieren. Wenn Sie sich in etwas verlieren müssen, dann lassen Sie es die unendliche Weite des Himmels sein. Dadurch werden Sie lernen, sich von materiellen Dingen zu befreien.

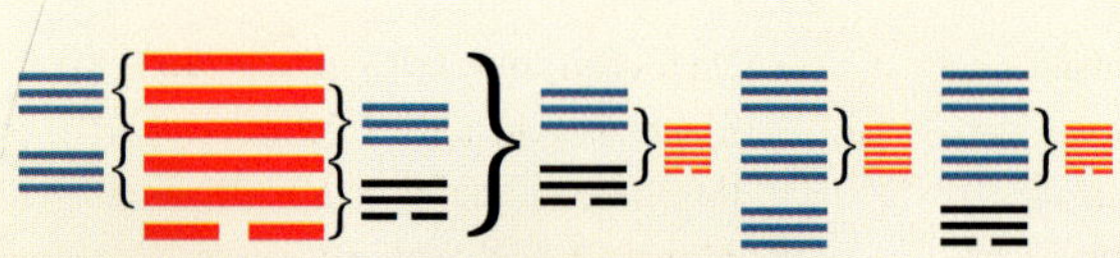

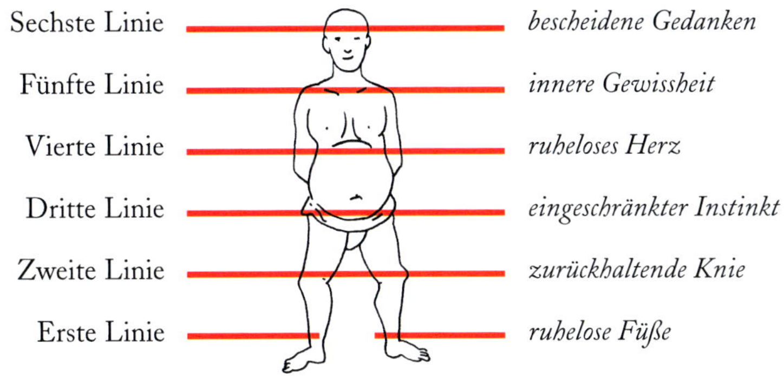

Die einzelnen Linien

Sechste Linie
Die äußere Grenze des wahren Himmels, die durch Gedanken unmöglich erfasst werden kann, geschweige denn durch Worte, zeigt, dass Sie sich selbst und andere zum Narren halten, wenn Sie versuchen, schlüssige Aussagen über sie zu machen. Es ist unklug, mit geistigen Fähigkeiten anzugeben, wenn Worte alles sind, was Sie zu deren Untermauerung vorbringen können.

Fünfte Linie
Das Innerste des wahren Himmels, der von einem Rest des mythischen Himmels überschattet wird, ist wie eine reife Frucht, die von den Blättern eines Baumes verdeckt wird. Es ist besser, zur Vermittlung Ihrer Erkenntnisse, die nur schwer in Worte zu fassen sind, Metaphern zu verwenden.

Vierte Linie
Der wahre Himmel liegt hinter illusorischen Himmeln verborgen. Sie werfen Ihre Netze aus, um einen Partner zu fangen, aber Ihre Vorliebe für äußere Erscheinung macht Sie unsicher, was Sie anderen zu bieten haben. Hören Sie auf zu drängen und wenden Sie Ihre Aufmerksamkeit nach innen, um zu erkennen, was Sie wirklich wollen.

Dritte Linie
Im illusorischen Himmel regt sich der Wind. Sie prahlen mit körperlicher Kraft, hinter dieser Fassade verbergen sich jedoch primitive Beweggründe. Der Selbsterhaltungstrieb ist nur ein Aspekt. Stellen Sie sicher, dass Sie auch Ihrer spirituellen Seite etwas zu bieten haben.

Zweite Linie
Inmitten des Windes bzw. Ihres Bewusstseins sind Sie fast von der Vorstellung frei, die äußere Erscheinung bedeute den Himmel auf Erden. Es ist besser, sich dem wahren Himmel zuzuwenden, um weitere spirituelle Einsichten zu sammeln, bevor Sie Ihre körperlichen Fähigkeiten nutzen.

Erste Linie
Das Ende des Windes zeigt an, dass Sie Ihre Wünsche laut herausschreien, sich auf ewig an die Erde klammern und, wie die Luft selbst, Ihren Weg in alles um Sie herum erzwingen wollen. Wenn Sie sich dessen bewusst sind, dass jeder Atemzug Ihr letzter sein kann, wird es Ihnen leichter fallen, sich von materiellen Dingen freizumachen.

Hinweis
Das Hexamgramm Kâu wird von der ersten Linie bestimmt: Ihren Füßen, die Sie auf festen Boden stellen. Die aus dem Überlebenswillen herrührende Suche nach Stabilität (dritte Linie) ist seit dem ersten Atemzug ☴ ein Teil Ihrer selbst. Richten Sie Ihren Rücken gerade auf (zweite Linie), während Sie erwachsen werden, und wenden Sie Ihre Aufmerksamkeit dem oberen, wahren Himmel ☰ (vierte Linie), innerer Gelassenheit (fünfte Linie) und einer umsichtigen Urteilsfähigkeit zu.

Starke und schwache Wandlungslinien
In Ihrem Hexagramm sollten Sie besonders auf die Wandlungslinien achten. Eine starke Linie zeigt an, dass Sie die Situation mit zu viel Kraft angehen, eine schwache Linie verlangt eine kühnere Haltung.

***I Ging* – ein geschlossenes System**
Die Antwort auf Ihre Frage finden Sie nicht nur im Ausgangshexagramm. Zur tieferen Einsicht sollten Sie auch die verschiedenen einzelnen Hexagramme beachten, aus denen das Ausgangshexagramm besteht. Die Zahl hinter den Hexagrammen verweist auf die Seite, auf der Sie die ausführliche Interpretation nachlesen können. Durch Wandlungslinien ergibt sich ein Folgehexagramm.

Wie das Leben selbst, so ist auch das *I Ging* ein wundersames geschlossenes Labyrinth, aus dem Sie nur entkommen, indem Sie das Buch schließen.

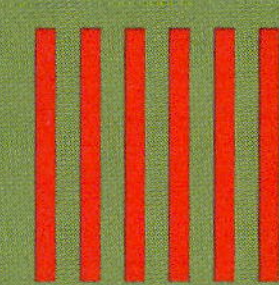

Das Folgehexagramm
Dadurch, dass sich die Wandlungslinien in ihr Gegenteil verkehren – aus einer unterbrochenen Linie wird eine durchgezogene und umgekehrt –, entsteht ein Folgehexagramm, das Auskunft über eine künftige Lebensphase gibt. Die Informationen auf der linken Seite sind bei der Beschäftigung mit diesem Hexagramm am hilfreichsten, weil Folgehexagramme keine Wandlungslinien enthalten. Die Informationen auf der rechten Seite können natürlich auch aufschlussreich sein.

Diese Hexagramme sind Bestandteile des Ausgangshexagramms und geben Ihnen weitere Hinweise zu Ihrer derzeitigen Situation.

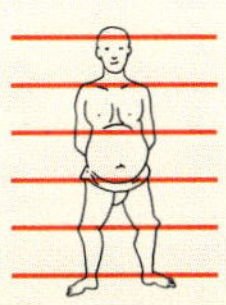

Die Linien entsprechen unterschiedlichen Körperbereichen. Die Stichworte geben Ihnen einen Einblick in Ihre derzeitige körperliche und geistige Verfassung.

Starke Wandlungslinie
Schwache Wandlungslinie

TZHUI (Einheit von Körper und Seele)

Das Zeichen Tzhui bedeutet, Getreide zu bündeln oder zu ernten. Der Soldat repräsentiert körperliche Kraft. Das Getreide, das er auf seinen Schultern trägt, steht für Erfahrungen, die er in der Schlacht gegen die irdische Materie gesammelt hat. Der wahre Krieger zieht konzentriert in das Gefecht und ist auf den Tod vorbereitet. Deshalb ordnet er vorher seine Angelegenheiten und trennt die Spreu seiner Erfahrungen vom Weizen, sodass er unbelastet von der Vergangenheit fest in der Gegenwart verankert ist. Auf diese Weise geläutert, begegnet er der Zukunft.

In diesem Hexagramm symbolisiert der Berg einen weit entfernten, hoch über der Erde liegenden See, zu dem Sie sich zurückziehen. Der Sumpf/Mond und der Wind am Berggipfel deuten darauf hin, dass Sie alle Erinnerungen an Ihre Vergangenheit wachrufen und diejenigen Dinge aussprechen, die Ihnen auf der Seele liegen. Indem Sie sich mit Ihren vermeintlichen Wahrheiten an den Himmel wenden und herausfinden, ob diese vor der Ewigkeit Bestand haben, können Sie zu tiefen Einsichten gelangen. So können Sie sich von Illusionen befreien – die Spreu vom Weizen trennen – so wie der Mond unvermittelt wieder abnimmt, sobald er voll ist. Alles was wirklich von Wert ist, verwandelt sich in innere Gewissheit (fünfte Linie), die der Ausgangspunkt für den über die Erde wehenden Wind ist. Nach Ihrem Rückzug zum See werden Sie mit der von Ihnen erworbenen Weisheit zurückkehren.

Einheit von Körper und Seele (45)
Wenn Sie in der Gegenwart leben, dann genießen Sie jeden Augenblick. Ihre Vergangenheit schränkt Sie nicht ein, und Sie sind sich des vergänglichen Wesens Ihres Daseins bewusst. Die folgenden Hinweise (von unten nach oben) führen im Tempel Ihrer Persönlichkeit zur Ganzheit.

Dynamischer Verstand 28
Die Erkenntnis, dass es sich bei der Wahrnehmung anderer um eine Projektion handelt, vereint Körper und Geist. Wenden Sie Ihre Aufmerksamkeit dem Himmel zu, der das Leben unparteiisch aufrechterhält, und erkennen Sie, dass Sie sich – wie der abnehmende Vollmond – von allen Illusionen befreien können.

Das Spiel der Liebe 31
Wenn Sie ein wahrer Krieger sind, werden Sie Frieden mit allen schließen, die Sie verletzt, hintergangen oder verlassen haben, und Sie werden auch allen danken, die Sie verletzt, hintergangen und verlassen haben, denn durch diese Vergangenheit erlangten Sie Einsicht.

Die gesegnete Verbindung 53
Versuchen Sie, inneren Frieden zu finden, damit Sie die vorherige Wahrheit ganz zu schätzen wissen und die Vergangenheit unvoreingenommen sehen können.

Beobachtung, Betrachtung 20
Im Allgemeinen sehen Sie nur, was Sie sehen wollen. Es sind Ihre Vorurteile, die andere zu Freunden oder Feinden machen. Erkennen Sie, dass Ihre Feinde so freundlich waren, Ihnen diese Lektion beizubringen.

Die Zerstörung der Vergangenheit 23
Nach einem Kampf ziehen Sie sich vom Schlachtfeld zurück, um entweder über die Euphorie des Sieges nachzudenken oder Ihre Wunden zu lecken.

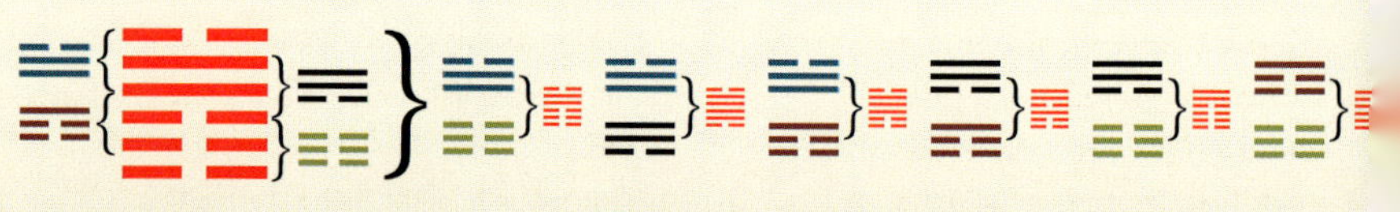

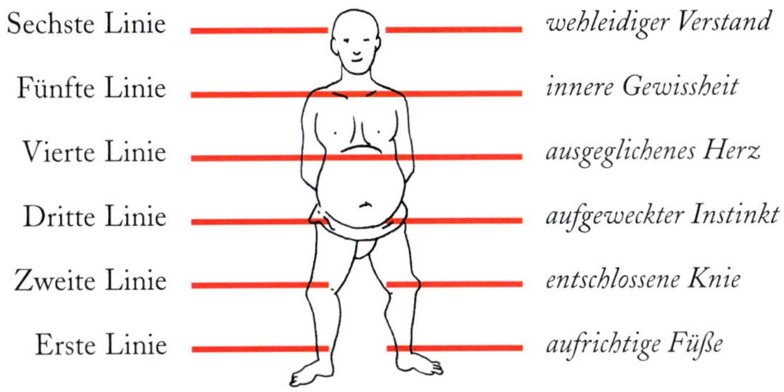

Die einzelnen Linien

Sechste Linie
Der Vollmond, der wieder abnehmen wird, zeigt, dass Sie sich – wenn auch zögerlich – von Gedanken und Idealen abwenden, die Ihnen lieb waren. Alle Gedanken basieren auf der Dualität. Wenn Sie die Dunkelheit lieben, weisen Sie das Licht zurück und umgekehrt. Binden Sie sich nicht auf Dauer an etwas, und bleiben Sie immer für Veränderung offen.

Fünfte Linie
Der zunehmende Mond und der Ursprung des Windes bzw. Ihre Atmung stehen für die innere Gewissheit, dass Sie damit beginnen können, sich von allem zu befreien, was Ihnen lieb ist, bevor es einen festen Platz in Ihrem Leben erhalten hat. Eine ruhige Atmung bewahrt Sie davor, sich körperlich an etwas zu binden, das Ihnen seelische Probleme bereiten könnte.

Vierte Linie
Über dem Berggipfel geht herausfordernd der Neumond auf, aber das Innerste des Windes bzw. Ihre Ein- und Ausatmung lässt Ihr Herz gleichmäßig schlagen. Wenn Sie ruhig weiter atmen, werden Sie Ihr Herz nicht leicht an Dinge hängen, die die Einheit zwischen Körper und Seele beeinträchtigen.

Dritte Linie
Unter dem Berggipfel weht der Wind (Ihre Atmung) über die Erdoberfläche, aus der alle Dinge hervorgehen. Ausgehend von allem was Sie um sich herum sehen, versuchen Sie, Körper und Seele zu vereinen. Sie besitzen aber keinen Überblick und müssen eine Sache sein lassen, sobald Sie sich auf eine andere konzentrieren. Durch Erfahrung wird man klug!

Zweite Linie
Am Fuß des Berges, der unter der Erdoberfläche verborgen ist, können Sie die wirklichen Wurzeln Ihrer Existenz sehen. Sobald Sie erkennen, dass alles und alle nach dem Licht streben, werden Sie sich von durch Vorurteile geprägten Vorstellungen über andere verabschieden. Ein neuer Frühling bricht an, weil Sie zur Einheit von Körper und Seele gefunden haben.

Erste Linie
Sie sind wie Ihre Füße, die, tief in der Erde verankert, Teil einer Einheit sind. Schauen Sie auf die Wurzeln, die sich zum Licht hin bewegen. Auch Sie können Ihren Weg finden, indem Sie Erleuchtung durch andere suchen.

Hinweis
Das Hexagramm Tzhui wird vom *Dynamischen Verstand (28)* dominiert. Wenn Sie Ihr Herz an eine Illusion ☱ gehängt haben, dann suchen Sie nach innerer Gewissheit ☴, um die Situation zu retten. Auf diese Weise können Sie eine Einheit von Körper und Geist ☶ erreichen, die es Ihnen ermöglicht, in der Gegenwart zu verweilen.

Starke und schwache Wandlungslinien
In Ihrem Hexagramm sollten Sie besonders auf die Wandlungslinien achten. Eine starke Linie zeigt an, dass Sie die Situation mit zu viel Kraft angehen, eine schwache Linie verlangt eine kühnere Haltung.

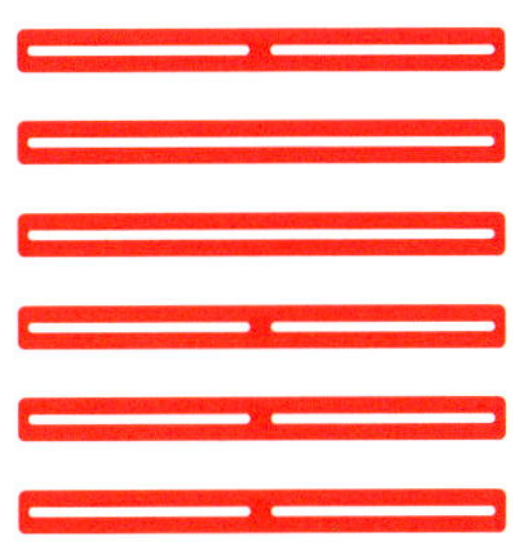

***I Ging* – ein geschlossenes System**
Die Antwort auf Ihre Frage finden Sie nicht nur im Ausgangshexagramm. Zur tieferen Einsicht sollten Sie auch die verschiedenen einzelnen Hexagramme beachten, aus denen das Ausgangshexagramm besteht. Die Zahl hinter den Hexagrammen verweist auf die Seite, auf der Sie die ausführliche Interpretation nachlesen können. Durch Wandlungslinien ergibt sich ein Folgehexagramm.

Wie das Leben selbst, so ist auch das *I Ging* ein wundersames geschlossenes Labyrinth, aus dem Sie nur entkommen, indem Sie das Buch schließen.

Das Folgehexagramm
Dadurch, dass sich die Wandlungslinien in ihr Gegenteil verkehren – aus einer unterbrochenen Linie wird eine durchgezogene und umgekehrt –, entsteht ein Folgehexagramm, das Auskunft über eine künftige Lebensphase gibt. Die Informationen auf der linken Seite sind bei der Beschäftigung mit diesem Hexagramm am hilfreichsten, weil Folgehexagramme keine Wandlungslinien enthalten. Die Informationen auf der rechten Seite können natürlich auch aufschlussreich sein.

Diese Hexagramme sind Bestandteile des Ausgangshexagramms und geben Ihnen weitere Hinweise zu Ihrer derzeitigen Situation.

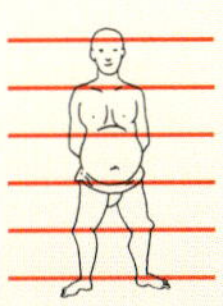

Die Linien entsprechen unterschiedlichen Körperbereichen. Die Stichworte geben Ihnen einen Einblick in Ihre derzeitige körperliche und geistige Verfassung.

Starke Wandlungslinie
Schwache Wandlungslinie

萃

升

SHÊNG (Erblühen, Aufsteigen)

Das Zeichen Shêng bedeutet in der Hierarchie aufsteigen. Im alten China wurde die Zahl Zehn (als + dargestellt) als die vollkommene Ziffer angesehen, die sowohl die Vorstellung von Sein oder Nichtsein als auch die fünf Hauptrichtungen der Schöpfung (Ost, West, Süd, Nord und Mitte) enthielt. Dieses Zeichen deutet darauf hin, dass Sie Ihr Leben selbst in der Hand haben und dass Sie sich durch Taten entwickeln.

Das Hexagramm wird von der Erde abgedeckt, die alle Dinge hervorbringt. Dies zeigt an, dass unterschwellig alle Möglichkeiten zur Entwicklung bzw. zum Erblühen vorhanden sind. In der frühen Phase Ihres Lebens konzentrieren Sie sich nur auf das Überleben. Daher bleibt der Wind bzw. Ihr Bewusstsein so lange eng mit Ihrem Selbsterhaltungstrieb verbunden, bis Sie eine andere Weltanschauung entwickeln. Alles, was über einen Lebenswillen verfügt, strebt zum Licht, das in südlicher Richtung im Zenit über der Erde steht. Deshalb beginnt der aufsteigende Donner – die treibende Kraft hinter der Entwicklung – mit Ihrem Selbsterhaltungstrieb (dritte Linie). Der Sumpf/Mond, der auf Ihren Knien (zweite Linie) ruht, wird durch das freudige Streben des Lichtes symbolisiert. Diese Lebenseinstellung trägt letztendlich Früchte. An jenem sehr frühen Punkt der Entwicklung ist es noch in Ordnung, wenn Sie Ihr Herz an die Illusion des Vollmondes vergeuden, denn während Sie erblühen, lernen Sie, die äußerliche Darstellung von der Wirklichkeit zu unterscheiden.

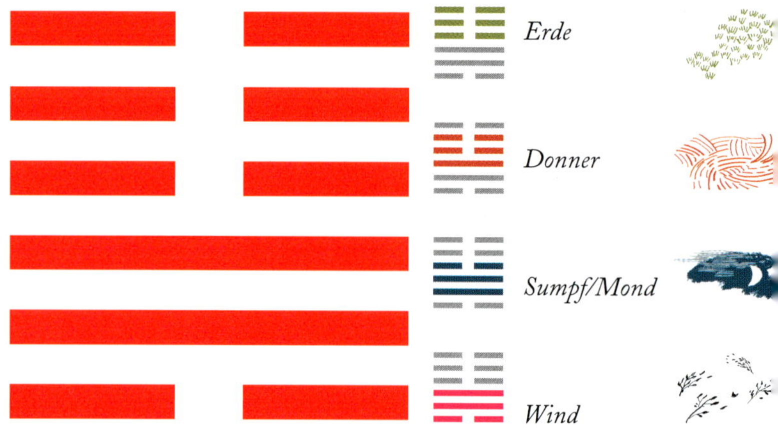

Erblühen, Aufsteigen (4
Ihr Selbsterhaltungstrieb ist auf Wachstum ausgerichtet und wendet sich jedem Lebensfunken zu. Stirbt einer davon ab, konzentriert er sich sofort auf einen anderen, anstatt abzuwarten, bis der erste wieder aufflackert. Auf diese Weise nähern Sie sich immer weiter der wahren Quelle des Lichts. Sobald Ihr Bewusstsein die Regie übernimmt, neigen Sie dazu, diese weisen Lektionen zu ignorieren. Zur Erinnerung ist der Weg des Instinkts deshalb unten beschrieben (von unten nach oben).

Wintersonnenwende, Erwachen 2
Erwachen bedeutet, sich der Sonne zuzuwenden, die Sie nur dann als die wahre Quelle allen Lichts erkennen, wenn Sie sich der Dualität im Leben bewusst werden.

Anziehung 1
Mit Ausnahme des wahren Lichts besitzt jede äußere Erscheinung eine attraktive und eine unattraktive Seite. Verharren Sie nicht in unattraktiven Umständen, wenn diese ihren Reiz verloren haben.

Fruchtbarkeit 5
Eine fruchtbare Phase dauert nur so lange, wie Sie das Gefühl haben, »voller« zu werden. Sie ist vorbei, sobald Sie das Gefühl haben, auf irgendeine Weise Verluste zu erleiden.

Kontinuität, ausgeglichene Bewegung 3
Wenn Sie Irrlichtern folgen, wird Ihr Körper irgendwann in einen Spannungszustand geraten, der Ihrem Wachstumsprozess nicht förderlich ist.

Dynamischer Verstand 2
In der Frühphase Ihres Lebens können Sie zwischen äußerer Darstellung und Wirklichkeit nicht unterscheiden. Es schadet nicht, Irrlichtern zu folgen, wenn Sie sich von diesen abwenden, sobald sie schwächer strahlen.

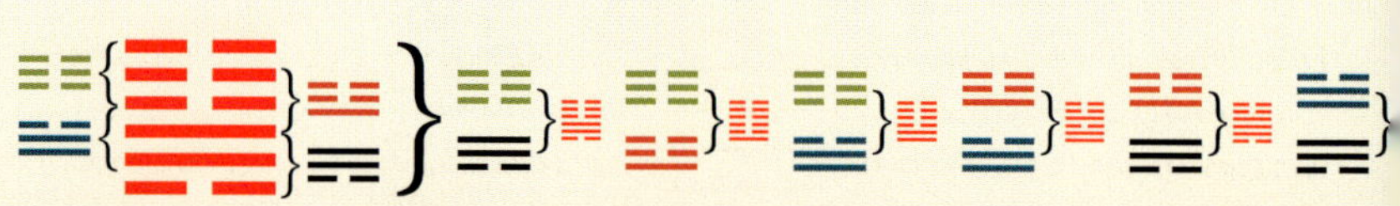

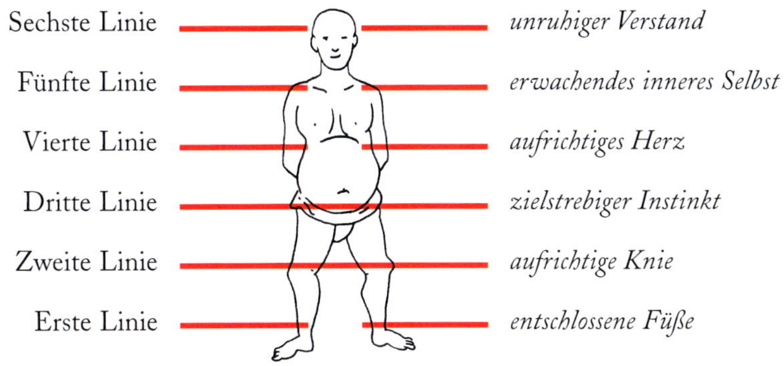

Die einzelnen Linien

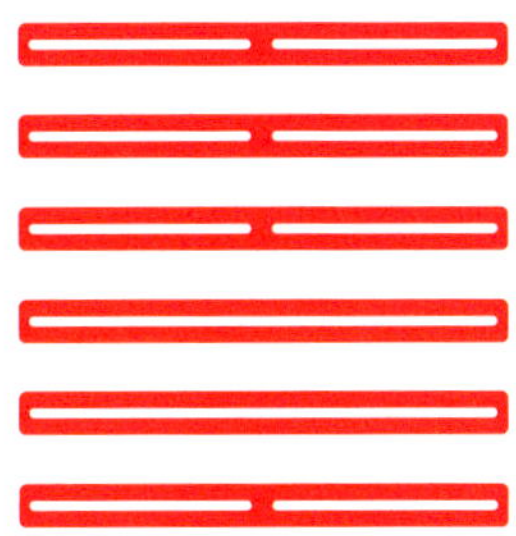

Sechste Linie
Ohne einen Bezugspunkt wandern Ihre Gedanken ziellos über die Erdoberfläche, aus der alle Dinge hervorgehen. In dieser Phase Ihres Lebens, in der Sie nicht zwischen äußerer Erscheinung und der Wirklichkeit unterscheiden können, ist es nicht ratsam, sich an irgendetwas festzuhalten – es sei denn, Ihr Instinkt drängt Sie dazu.

Fünfte Linie
Der Donner grollt unter der Erde. Sie haben die Wurzeln Ihrer Existenz gesehen und sich vom trügerischen Mondlicht befreit, das seine Anziehungskraft verloren hat. Anstatt sich verunsichern zu lassen, sollten Sie sich in aufblühender innerer Zuversicht auf das wahre Licht konzentrieren, das sich über die Dualität erhebt.

Vierte Linie
Der Vollmond, der wieder abnehmen wird, und der pulsierende Donner tief unter der Erdoberfläche zeigen, dass Sie sich – mit ruhig schlagendem Herzen – von einem trügerischen Licht haben leiten lassen. Jetzt, da Sie die Illusion durchschauen, wenden Sie sich von ihrem Glanz ab und sind aufrichtig dankbar für den Beitrag, den sie zu Ihrer Entwicklung geleistetet haben.

Dritte Linie
Der Anfang des Windes, des Donners und des zunehmenden Mondes sind Zeichen, dass Sie instinktiv etwas folgen, das Licht in die Dunkelheit in Ihrem Inneren bringt. Seien Sie achtsam, und wenden Sie sich von diesem Licht ab, sobald es schwächer wird oder seine Anziehungskraft verliert.

Zweite Linie
Das Innerste des Windes und des Neumonds deuten an, dass Sie es ehrlich und unbewusst zulassen, von körperlichen Impulsen geleitet zu werden und dass Sie jedem schwachen Lichtschein folgen, der auftaucht. So entwickeln Sie einen festen Standpunkt. Gleichzeitig werden Sie bewusster, ein neuer Frühling kommt und Ihre Entscheidungen werden schwieriger.

Erste Linie
Der Wind umspielt Ihre Füße, die stets bereit sind, weiterzuziehen. Nichts hält Sie davon ab, aufzubrechen und einem Licht zu folgen, das Sie zu einem größeren Bewusstsein führen wird, als es Ihnen Ihre Füße offenbaren.

Hinweis
Das Hexagramm Shêng wird vom *Dynamischen Verstand (28)* dominiert. In der frühesten Lebensphase ist Ihr Bewusstsein ☴ an den Selbsterhaltungstrieb gebunden (dritte Linie), der jedem Licht ☳ folgt, das die Entwicklung anregt. Dieses Wachstum wird schließlich in diejenige Richtung ☳ geleitet, wo es auf das wahre Licht des Lebens trifft, durch das die irdische Materie ☷ gespeist wird.

Starke und schwache Wandlungslinien
In Ihrem Hexagramm sollten Sie besonders auf die Wandlungslinien achten. Eine starke Linie zeigt an, dass Sie die Situation mit zu viel Kraft angehen, eine schwache Linie verlangt eine kühnere Haltung.

***I Ging* – ein geschlossenes System**
Die Antwort auf Ihre Frage finden Sie nicht nur im Ausgangshexagramm. Zur tieferen Einsicht sollten Sie auch die verschiedenen einzelnen Hexagramme beachten, aus denen das Ausgangshexagramm besteht. Die Zahl hinter den Hexagrammen verweist auf die Seite, auf der Sie die ausführliche Interpretation nachlesen können. Durch Wandlungslinien ergibt sich ein Folgehexagramm.

Wie das Leben selbst, so ist auch das *I Ging* ein wundersames geschlossenes Labyrinth, aus dem Sie nur entkommen, indem Sie das Buch schließen.

Das Folgehexagramm
Dadurch, dass sich die Wandlungslinien in ihr Gegenteil verkehren – aus einer unterbrochenen Linie wird eine durchgezogene und umgekehrt –, entsteht ein Folgehexagramm, das Auskunft über eine künftige Lebensphase gibt. Die Informationen auf der linken Seite sind bei der Beschäftigung mit diesem Hexagramm am hilfreichsten, weil Folgehexagramme keine Wandlungslinien enthalten. Die Informationen auf der rechten Seite können natürlich auch aufschlussreich sein.

Diese Hexagramme sind Bestandteile des Ausgangshexagramms und geben Ihnen weitere Hinweise zu Ihrer derzeitigen Situation.

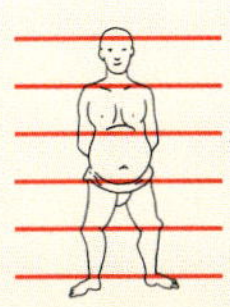

Die Linien entsprechen unterschiedlichen Körperbereichen. Die Stichworte geben Ihnen einen Einblick in Ihre derzeitige körperliche und geistige Verfassung.

Starke Wandlungslinie
Schwache Wandlungslinie

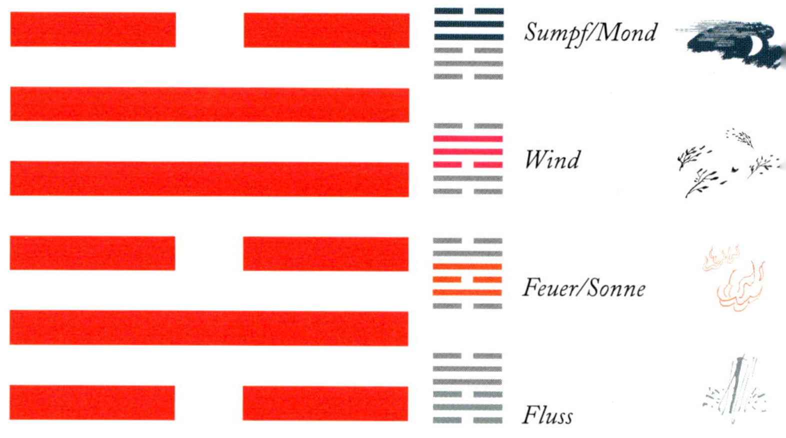

K'UN (Absterben, Reinigung)

Das Zeichen K'un steht für die Müdigkeit, die eine Person dazu zwingt, sich unter einem Baum auszuruhen. Ein Baum wächst dem Sonnenlicht entgegen, wobei seine Zweige und Blätter nicht weiter in den Himmel reichen, als seine Wurzeln es erlauben. Dies ist ein Zeichen dafür, dass Sie sich am Gleichgewicht und unermüdlichen Wachstum des Baumes ein Beispiel nehmen sollten. Dieser erlaubt es jedem, unter seiner schattigen Krone Frieden zu finden.

Das Hexagramm deutet darauf hin, dass Sie glauben, durch die Konzentration auf das unsichere Licht vom Sumpf/Mond hätten Sie zu Weisheit und innerer Zuversicht gefunden. Weil Ihr Atem bzw. der Wind ebenfalls mit dem Licht Ihres inneren Feuers verbunden ist, brennt es unruhig. Daraus ergibt sich, dass Ihr Lebensweg (der dahin strömende Fluss) dem Rhythmus des Mondes folgt: In einem Augenblick bemühen Sie sich heftig darum, Ihren Mitmenschen zu gefallen, und dann brechen Sie vor Erschöpfung zusammen. Sie sind wie ein Baum, der sich weiter ausgebreitet hat, als seine Wurzeln zu tragen vermögen. Er bietet keinen Halt und ist kein Vorbild, weil er ständig umzukippen droht – ähnlich wie ein überladenes Regal, das mit Büchern, in denen sich nur leere Seiten befinden, voll gestopft ist.

Absterben, Reinigung (47

Durch Absterben bzw. Umwandlung werden Körper und Seele in völligem Gleichgewicht gehalten. Wenn Sie Ihre geistige Nahrung in körperliche Handlungen verwandeln, wird Ihr höheres Wissen ständig durch die Wirklichkeit überprüft, und Sie bleiben fest im Boden verankert. Die folgenden Hinweise zeigen Ihnen, wie Sie sich fest im Leben verwurzeln.

Dynamischer Verstand 28

Legen Sie Ihre alten Denkweisen ab, sobald Sie feststellen, dass diese Ihre Körperfunktionen und Ihre Lebensfreude beeinträchtigen.

Innere Wandlung, Verarbeiten 49

Denken Sie daran, dass sich Ihre Lebenseinstellung durch jede neue Einsicht wandelt, obwohl die körperlichen Anforderungen des Lebens gleich bleiben.

Die Beherrschung des inneren Wesens 37

Ihre geistige Einstellung ist verantwortlich für Ihr körperliches Wohlergehen. Ignorieren Sie aber nicht Ihre physischen Bedürfnisse.

Erlösung 59

Durch Beobachtung Ihrer körperlichen Bedürfnisse lernen Sie, diese mit Ihrem Handeln in Einklang zu bringen. Sie können niemanden etwas über das Leben mitteilen, wenn Sie meinen, darüber erhaben zu sein.

Eingeschränkte Bewegung 64

Sie setzen Ihr Wissen in die Tat um, doch sobald jemand Ihnen keinen Glauben schenkt oder Sie mit weiteren Argumenten überhäuft, fühlen Sie sich wie ein junger Fuchs, der sich dumm verhalten hat. Solcherlei Dinge kommen oft vor. Niemand kennt den Sinn des Lebens, Sie sollten also Ihre Eindrücke nicht hüten, als ob diese eine höhere Weisheit wären.

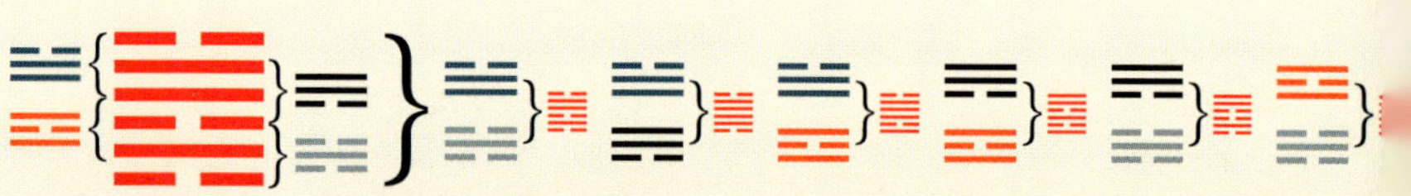

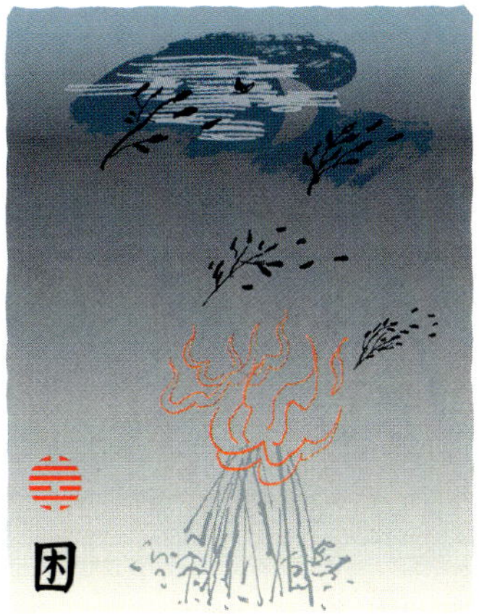

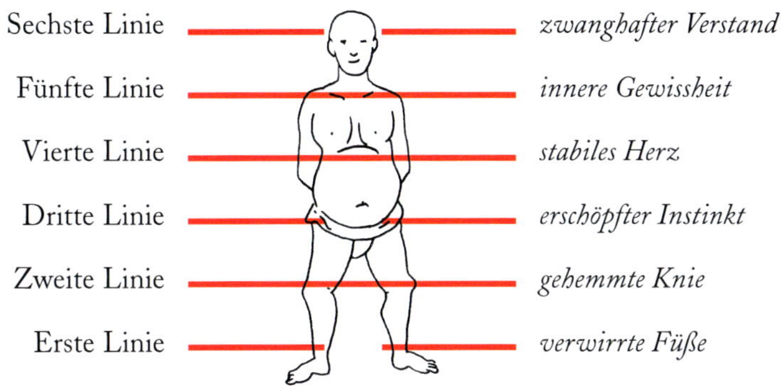

Die einzelnen Linien

Sechste Linie
Ihr Geist klammert sich an die Illusion des Vollmonds, der im Abnehmen begriffen ist. Sie haben sich in eine schwierige Situation gebracht, weil Sie eine äußere Erscheinung zur »Wahrheit« erhoben. Bestehen Sie nicht arrogant auf »Wahrheiten«, wenn diese der Wirklichkeit nicht standhalten.

Fünfte Linie
Der zunehmende Mond und der Anfang des Windes bzw. Ihre Atmung zeigen an, dass Sie sich selbst zum Narren halten und dass Sie unsicher sind, wenn Sie Ihre Eindrücke auf die Ebene von »Wahrheiten« erheben, ohne diese zuerst in der Praxis zu überprüfen. Nur wenn Sie Ihre Gedanken in Wort und Tat umsetzen, können Sie erkennen, was sie wirklich wert sind.

Vierte Linie
Der Neumond symbolisiert ein verlockendes Licht, das Lebensfreude und Wachstum fördern kann, solange Sie Ihr Herz nicht zu sehr daran hängen. Lassen Sie Ihr inneres Feuer mittels Ihrer Atmung (der Mitte des Windes) gleichmäßig brennen, um nicht atemlos hinter Vergänglichem herzurennen.

Dritte Linie
Der Kern des inneren Feuers brennt schwach, weil der Wind bzw. Ihre Atmung erschöpft ist. Dies zeigt, dass Sie Ihrem Selbsterhaltungstrieb keine Beachtung schenken und die Lebensenergie Ihres Körpers wie der Saft von einem sterbenden Baum tropft. Schenken Sie der Illusion keine Beachtung, und konzentrieren Sie sich auf Ihre Atmung, damit Sie den körperlichen Bedürfnissen wieder Aufmerksamkeit schenken können.

Zweite Linie
Das dahin strömende Innerste des Wassers und der Anfang des sich nach oben streckenden inneren Feuers symbolisieren eine kraftlose Lebenseinstellung. Geistige Überanstrengung macht Sie schwach in den Knien. Ruhen Sie sich unter einem Baum aus, und nehmen Sie sich ein Beispiel an ihm.

Erste Linie
Das Wasser fließt, es wird aber nicht von Lebensenergie gespeist. Sie versuchen, auf Ihren Füßen zu stehen, fallen aber nach hinten um und liegen da wie ein vom Wind umgerissener Baum, dessen Wurzeln in die Luft ragen. Sie sollten sich schämen, Ihren Körper derart vernachlässigt zu haben.

Hinweis
Das Hexagramm K'un wird vom *Dynamischen Verstand (28)* bestimmt. Weil Ihr Geist (sechste Linie) sich an den zu- und wieder abnehmenden Mond ☱ anlehnt, schwindet die Gewissheit, die Sie glaubten, erlangt zu haben. Als Ergebnis davon bleibt Ihr Atem ☴ in Ihrem Hals stecken und Ihr inneres Feuer ☲ kann nicht optimal brennen, wodurch Ihr Lebensrhythmus ☵ beeinträchtigt wird.

Starke und schwache Wandlungslinien
In Ihrem Hexagramm sollten Sie besonders auf die Wandlungslinien achten. Eine starke Linie zeigt an, dass Sie die Situation mit zu viel Kraft angehen, eine schwache Linie verlangt eine kühnere Haltung.

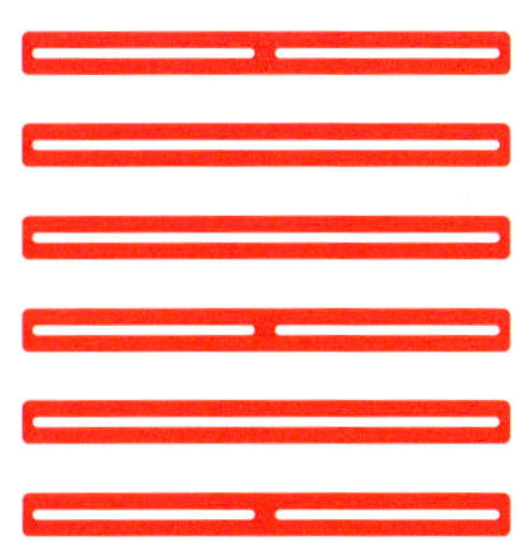

***I Ging* – ein geschlossenes System**
Die Antwort auf Ihre Frage finden Sie nicht nur im Ausgangshexagramm. Zur tieferen Einsicht sollten Sie auch die verschiedenen einzelnen Hexagramme beachten, aus denen das Ausgangshexagramm besteht. Die Zahl hinter den Hexagrammen verweist auf die Seite, auf der Sie die ausführliche Interpretation nachlesen können. Durch Wandlungslinien ergibt sich ein Folgehexagramm.

Wie das Leben selbst, so ist auch das *I Ging* ein wundersames geschlossenes Labyrinth, aus dem Sie nur entkommen, indem Sie das Buch schließen.

Das Folgehexagramm
Dadurch, dass sich die Wandlungslinien in ihr Gegenteil verkehren – aus einer unterbrochenen Linie wird eine durchgezogene und umgekehrt –, entsteht ein Folgehexagramm, das Auskunft über eine künftige Lebensphase gibt. Die Informationen auf der linken Seite sind bei der Beschäftigung mit diesem Hexagramm am hilfreichsten, weil Folgehexagramme keine Wandlungslinien enthalten. Die Informationen auf der rechten Seite können natürlich auch aufschlussreich sein.

Diese Hexagramme sind Bestandteile des Ausgangshexagramms und geben Ihnen weitere Hinweise zu Ihrer derzeitigen Situation.

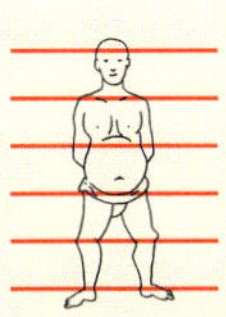

Die Linien entsprechen unterschiedlichen Körperbereichen. Die Stichworte geben Ihnen einen Einblick in Ihre derzeitige körperliche und geistige Verfassung.

Starke Wandlungslinie
Schwache Wandlungslinie

Ein Stück Land, das in acht Parzellen unterteilt ist, die wiederum im Besitz von acht Familien sind. Der mittlere Bereich besitzt eine gute Lage und wird von allen genutzt. 井

CHING (Inneres Wachstum, Verfeinerung)

Im Zeichen Ching stehen die acht Felder für die acht Trigramme, auf denen das *I Ging* basiert und von denen die 64 Hexagramme abgeleitet werden. Ihm liegt der Gedanke zugrunde, dass der Regen, der auf die Felder (oder Trigramme) fällt, deren spezielle Energien aufnimmt, die sich unter der Erde vermischen und dann aus der Quelle gezogen werden können. Wenn Sie sich erst einmal das dem *I Ging* zugrunde liegende Wissen angeeignet haben, können auch Sie zu einer lebendigen Wissensquelle werden.

In diesem Hexagramm werden Ihre innere Zuversicht und Ihr Selbsterhaltungstrieb durch das Feuer/die Sonne bestimmt, sodass Ihr Herz und Verstand Ihr Wissen ehrlich und unvoreingenommen teilen können. Der durch das Feuer/die Sonne erwärmte Sumpf/Mond steht für unerschöpfliche Lebensfreude, die ständig vom Regen gespeist wird. Dies deutet auch darauf hin, dass vorübergehende Illusionen immer der Realität untergeordnet sein werden. Weil der Wind bzw. Ihre Atmung mit Ihrem Lebensinstinkt verbunden sind, gehen Sie entspannt und wach durch das Leben. Alle diese Eigenschaften machen Sie zu einer Quelle der Inspiration für andere.

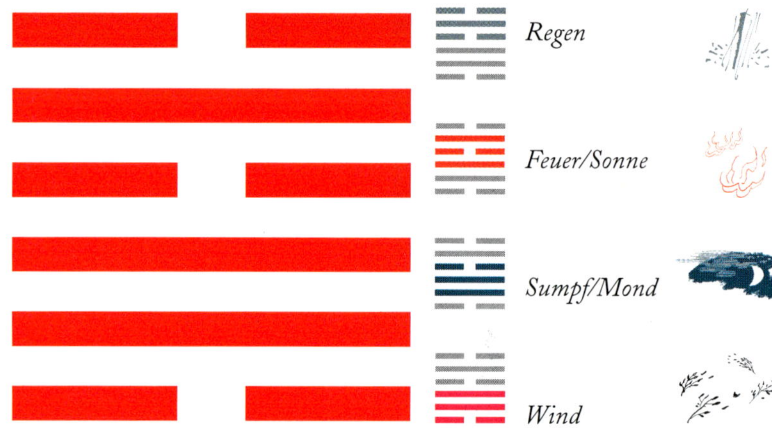

Inneres Wachstum, Verfeinerung (4
Indem Sie die grundlegenden Prinzipien des Lebens erforschen, werden Sie eine Quelle der Inspiration für andere, die ihren Wissensdurst stillen können. Rechtfertigen Sie nichts, wenn jemand um Rat bittet und Ihre Antwort nicht zufrieden stellend findet. Aus den folgenden Hinweisen können Sie Erkenntnisse ziehen (von unten nach oben).

Erfolgreiche Bewegung 6
Es ist ein Zeichen von Weisheit, die auf Erfahrung beruht, wenn Sie sich nicht in eine Situation verrennen, mit der Ihre innere Zuversicht nicht umgehen kann.

Regelmäßig und ordentlich 6
Regnet es zu viel, wird der Sumpf überflutet; regnet es zu wenig, trocknet er aus. Wenn Sie aus Unsicherheit vorgeben, anders zu sein als Sie sind, vergehen Sie sich an Ihrem wahren Selbst und werden unglaubwürdig.

Dualität 3
Der Mond nimmt zu und wieder ab. Solange Sie leben, sind Sie der Dualität unterworfen und jede Antwort, die Sie finden, wird mehrdeutig sein. Während Ihre Selbsterkenntnis wächst, wird Ihre innere Wahrnehmung immer klarer.

Auflösung, Zerfließen 5
Indem Sie darauf hinweisen, dass Ihr Atem und die Sonne lebensnotwendig sind, veranschaulichen Sie die grundlegenden Prinzipien des Lebens.

Dynamischer Verstand 2
Sie können nie eine klar umrissene Antwort auf die Frage nach dem Sinn des Lebens geben, aber Sie können versuchen, mehr Licht in Ihr Dasein zu bringen.

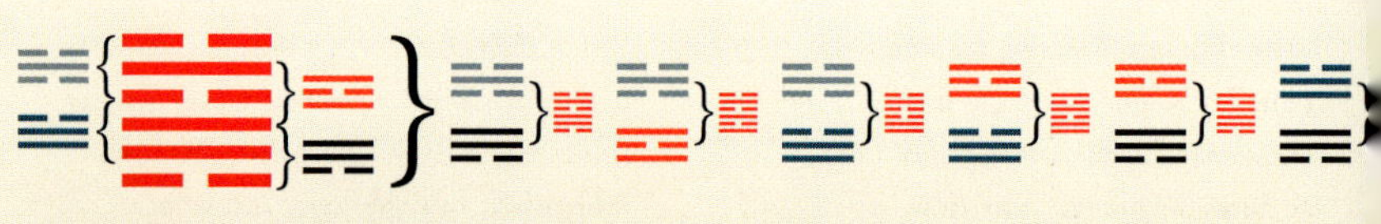

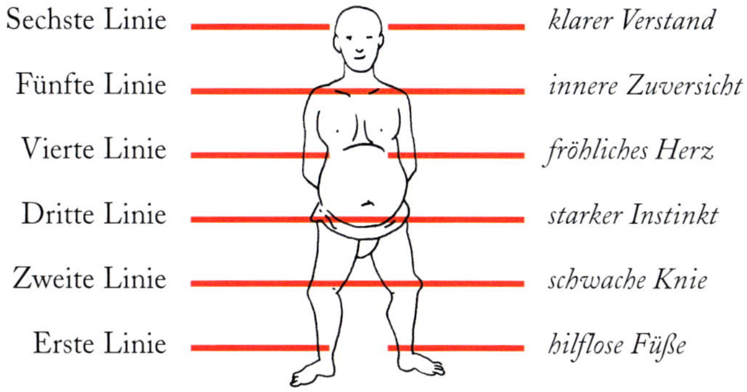

Die einzelnen Linien

Sechste Linie
Das frei strömende fruchtbare Regenwasser deutet darauf hin, dass Sie ein überfließender Quell des Wissens sind, der den Durst aller stillen kann. Daher sollten Sie sich nicht verschließen – als ob Sie die Quelle abdecken würden –, weil Sie dann Gefahr laufen, an der eigenen Weisheit zu ersticken.

Fünfte Linie
Das Zentrum des fließenden Wasser und die Flammen Ihres inneren Feuer deuten darauf hin, dass Sie über eine innere Zuversicht verfügen, die Ihnen erlaubt, mit warmem Herzen aufbauende Worte zu sprechen. Verrennen Sie sich nicht in eine Situation, die mehr Energie erfordert, als Sie besitzen.

Vierte Linie
Beim Vollmond besteht die Gefahr, dass Sie Ihre wahre innere Einsicht und Ihr fruchtbares Wissen ignorieren. Die Reinheit der Quelle ist wiederhergestellt, sobald Sie nicht mehr Illusionen nachlaufen. Sind Sie sich erst einmal des Wertes äußerer Erscheinung und der Realität bewusst, haben Sie es nicht mehr nötig, sich – aus Unsicherheit – anders zu geben, als Sie sind.

Dritte Linie
Der zunehmende Mond und der Anfang sowohl des inneren Feuers als auch des Windes deuten darauf hin, dass Sie ein klarer Wissensquell sind. Sie meiden aber instinktiv die Begegnung mit einer Illusion, durch die Ihr Herz beunruhigt werden kann. Solange Sie ruhig atmen und einen klaren Blick behalten, werden Sie sich und andere nicht enttäuschen.

Zweite Linie
Der mit der Mitte des Windes bzw. Ihrer Ein- und Ausatmung verbundene Neumond bestimmt Ihre Lebenseinstellung. Sie hängen einem trügerischen Licht nach und sind so unglaubhaft wie ein durchlöcherter Eimer, der, kaum dass er die Quelle verlassen hat, auch schon wieder leer ist. Sie täuschen sich selbst, wenn Sie sich vormachen, so Durst stillen zu können.

Erste Linie
Das Ende des Windes stellt eine schlammige Quelle dar. Sie sind wie Ihre Füße, die keine Antwort wissen und nur dazu dienen, Sie durch das irdische Leben zu tragen. Daher sollten Sie nicht versuchen, anderen als Quelle der Inspiration zu dienen, außer Sie wollen etwas über Unwissenheit lernen.

Hinweis
Das Hexagramm Ching wird von *Erfolgreicher Bewegung (63)* bestimmt. Ihr inneres Feuer ☳ ist so stark, dass keine Wolke Ihren Geist verhüllt (sechste Linie) und Sie immer in der Lage sein werden, sich klar mitzuteilen ☵. Ihr Herz (vierte Linie) schlägt freudig, weil es zusammen mit Ihrer Atmung ☴ im Einklang mit dem irdischen Rhythmus ☱ steht, was bedeutet, dass das Leben für Sie leichter wird.

Starke und schwache Wandlungslinien
In Ihrem Hexagramm sollten Sie besonders auf die Wandlungslinien achten. Eine starke Linie zeigt an, dass Sie die Situation mit zu viel Kraft angehen, eine schwache Linie verlangt eine kühnere Haltung.

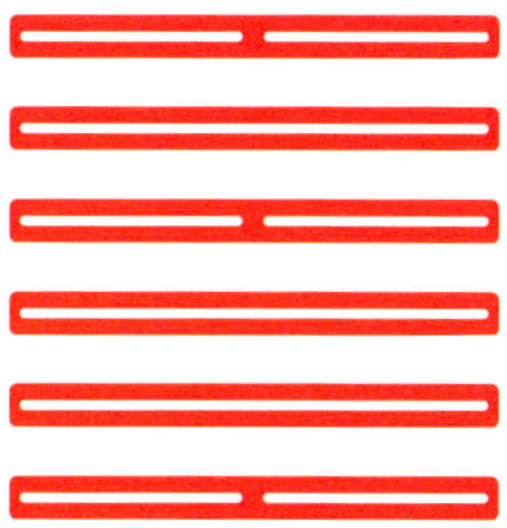

***I Ging* – ein geschlossenes System**
Die Antwort auf Ihre Frage finden Sie nicht nur im Ausgangshexagramm. Zur tieferen Einsicht sollten Sie auch die verschiedenen einzelnen Hexagramme beachten, aus denen das Ausgangshexagramm besteht. Die Zahl hinter den Hexagrammen verweist auf die Seite, auf der Sie die ausführliche Interpretation nachlesen können. Durch Wandlungslinien ergibt sich ein Folgehexagramm.

Wie das Leben selbst, so ist auch das *I Ging* ein wundersames geschlossenes Labyrinth, aus dem Sie nur entkommen, indem Sie das Buch schließen.

Das Folgehexagramm
Dadurch, dass sich die Wandlungslinien in ihr Gegenteil verkehren – aus einer unterbrochenen Linie wird eine durchgezogene und umgekehrt –, entsteht ein Folgehexagramm, das Auskunft über eine künftige Lebensphase gibt. Die Informationen auf der linken Seite sind bei der Beschäftigung mit diesem Hexagramm am hilfreichsten, weil Folgehexagramme keine Wandlungslinien enthalten. Die Informationen auf der rechten Seite können natürlich auch aufschlussreich sein.

Diese Hexagramme sind Bestandteile des Ausgangshexagramms und geben Ihnen weitere Hinweise zu Ihrer derzeitigen Situation.

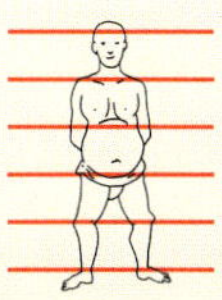

Die Linien entsprechen unterschiedlichen Körperbereichen. Die Stichworte geben Ihnen einen Einblick in Ihre derzeitige körperliche und geistige Verfassung.

Starke Wandlungslinie
Schwache Wandlungslinie

井  48

Ein Schaffell

Das ungegerbte Fell eines gehäuteten Schafes liegt ausgebreitet da und wird von zwei Händen bearbeitet.

Zwei Hände

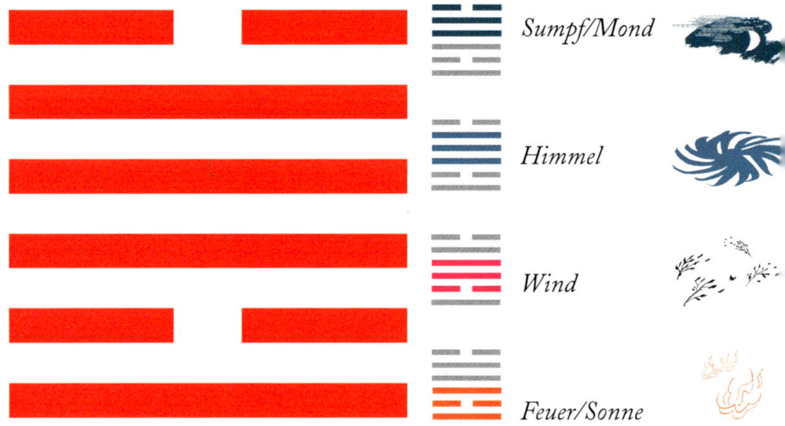

KO (Innere Wandlung, Verarbeiten)

Das Zeichen Ko bedeutet häuten und weist auf innere Wandlung in dem Sinne hin, dass eine Haut (oder äußerliche Hülle) von einem neuen inneren Wesen wie ein altes Kleidungsstück abgeworfen wird. Es weist symbolisch darauf hin, dass Sie bewusster werden und sich von einem sanften »Schaf« zu einem intelligenten menschlichen Wesen wandeln, dessen Blick auf die Welt sich ändert, während die Schöpfung und ihre Verhältnisse gleich bleiben.

Das Hexagramm zeigt, dass Sie durch die Erweiterung Ihres Horizonts den Geschehnissen eine neue Bedeutung beimessen. Während Sie die Notwendigkeiten der äußeren Welt erkennen, wird sich Ihr inneres Selbst der schöpferischen Kraft des Himmels bewusst, und Sie müssen sich nicht mehr an die Illusion des Sumpfes/Mondes klammern. Ihre Gefühle befinden sich in zunehmendem Maße stärker mit dem Feuer/der Sonne (dem wahren Licht des Lebens) und dem Wind (ihrem Atem) im Einklang, von denen in diesem Stadium nichts zu sehen ist. Werden Sie sich erst einmal dieser Lebensenergien bewusst, versetzen diese Sie doch in die Lage, fest, vollkommen und mit einem ruhig schlagenden Herzen in der Welt zu stehen. Vielleicht haben Sie dann das Gefühl, Ihre ursprünglich durch Illusionen getrübte Umgebung habe sich verändert. Das Leben als solches ist aber im Grunde genommen das Gleiche geblieben.

Innere Wandlung, Verarbeiten (49

Indem Sie hinter jeder dualistischen Form, der Sie begegnen, nach der Wahrheit suchen, nähern Sie sich der Realität. Sie brauchen die Schöpfung nicht zu verbessern und müssen das auch nicht. Nur durch innere Wandlung erlangen Sie die Einsicht, dass alles so ist, wie es sein soll. Die folgenden Hinweise (von unten nach oben) zeigen Ihnen den Weg der Wandlung, an den Sie nur glauben werden, wenn Ihr inneres Selbst ihn erlebt hat.

Erfüllung 43

Der einzige jetzt noch verbliebene Gedanke ist der, dass Sie sich am irdischen Spiel erfreuen wollen, ohne sich Illusionen hinzugeben.

Dynamischer Verstand 28

Befreien Sie sich von Ansichten, wenn Sie feststellen, dass diese Ihre Körperfunktionen beeinträchtigen oder Ihre Lebensfreude mindern.

Eine reife Beziehung 4

Sie haben eine reife Beziehung zur Erde, wenn Sie Ihre Aufmerksamkeit auf die unendliche Weite des Himmels lenken, aus der die Erde ihre schöpferische Kraft bezieht. Wenn Ihnen der Vezicht auf materielle Dinge leicht fällt, sind Sie offen für das Unbekannte.

Einmütige Absicht 13

Wer bin ich, woher komme ich und wohin gehe ich? Die Antwort erhalten Sie, indem Sie in sich selbst suchen. Suchen Sie, bis Sie zu einer Lebenseinstellung gefunden haben, die so authentisch und unvoreingenommen ist wie die von Himmel und Sonne.

Die Beherrschung des inneren Wesen 3

Bringen Sie Ihre Atmung in Einklang mit dem tiefen, vom Himmel ausgestrahlten Frieden. Vermeiden Sie, dass ihr inneres Feuer angefacht oder gedämpft wird.

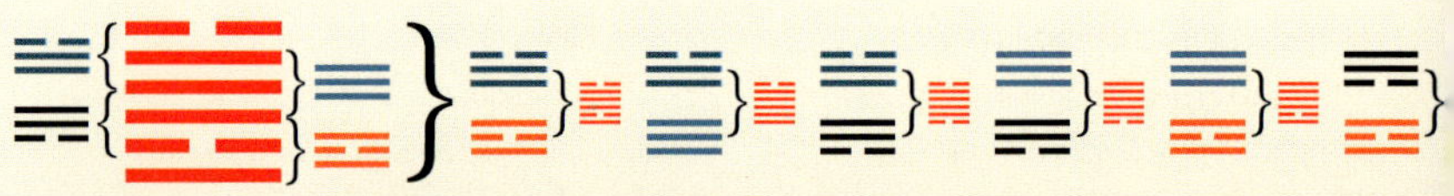

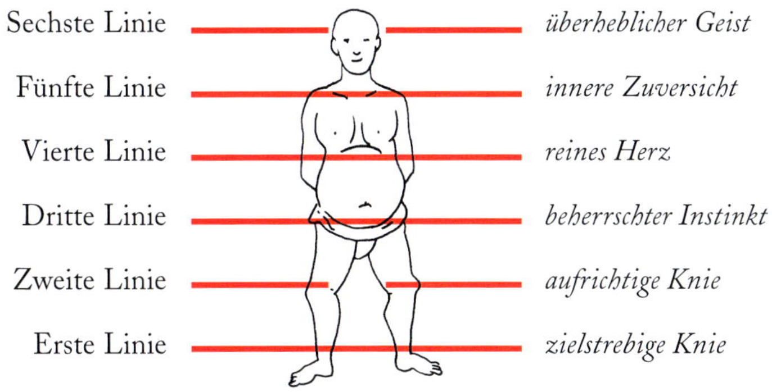

Die einzelnen Linien

Sechste Linie
Der wieder abnehmende Vollmond zeigt an, wann Sie eine Illusion durchschauen und sich aus ihr befreien können. Ihr inneres Selbst verändert sich – wie ein Leopard, der im Bruchteil einer Sekunde aus schläfrigem Gleichmut zum Angriff aufspringt. Tun Sie dies nicht, verändern Sie sich äußerlich wie der Mond, Ihr inneres Wesen aber unterliegt immer noch einem Irrglauben.

Fünfte Linie
Der zunehmende Mond und die äußerste Grenze der Himmel deuten an, dass Sie sich, wenn Sie einmal zu innerer Zuversicht gelangt sind, des irdischen Lebens erfreuen können, ohne sich mehr zu verändern als die Streifen auf einem Tigerfell. Es macht weder äußerlich noch innerlich etwas aus, ob die Streifen eines Tigers schwarz auf gelb oder gelb auf schwarz sind.

Vierte Linie
Das betörende Licht des Neumonds, der im Zentrum des inneren Himmels aufgeht, ist ein harmloses Trugbild, das Ihr Herz berührt und Ihnen Mut zum Leben schenkt und so unbewusst Ihre Atmung (der Anfang des Windes) beschleunigt. Es schadet nicht, sich gehen zu lassen, solange Sie zwischen der äußeren Erscheinung und der Realität unterscheiden können.

Dritte Linie
Ihr Selbsterhaltungstrieb basiert auf zwei Gewissheiten des Himmels: Dem Zentrum des Windes (Ihrer Ein- und Ausatmung) und der Sonne (Ihr gleichmäßig brennendes inneres Feuer). Durchdenken Sie jede von Ihnen in Erwägung gezogene Veränderung gründlich, bevor Sie etwas unternehmen.

Zweite Linie
Das Ende des Windes oder der Augenblick vor dem Einatmen, in dem Ihr inneres Feuer sanft glimmt, zeigt eine Phase des Nachdenkens an. Danach entscheiden Sie sich, Ihre Lebenseinstellung zu ändern. Da Ihre Knie bereit sind, sich zu bewegen, richten Sie sich auf und treffen Sie die richtige Entscheidung!

Erste Linie
Der mit Ihren Füßen verbundene Ursprung des Feuers weist darauf hin, dass die Zeit nicht reif für eine Veränderung ist. Halten Sie das fest, was Sie haben, denn eine Veränderung in dieser Phase bringt Ihnen nichts. In naiver Unwissenheit würden Sie einer Illusion folgen, die Sie teuer zu stehen käme.

Hinweis
Das Hexagramm Ko wird vom *Dynamischen Verstand (28)* bestimmt. Indem Sie sich von einer Illusion befreien (sechste Linie) und sie zu innerer Zuversicht verwandeln (fünfte Linie), können Sie die schöpferische Kraft des Himmels ☰ tief in sich selbst spüren und so sicher wie die Sonne ☲ im Leben stehen. Dadurch wird Ihre Atmung ☴ ruhig, und Sie können sich reinen Herzens am irdischen Spiel erfreuen (vierte Linie).

Starke und schwache Wandlungslinien
In Ihrem Hexagramm sollten Sie besonders auf die Wandlungslinien achten. Eine starke Linie zeigt an, dass Sie die Situation mit zu viel Kraft angehen, eine schwache Linie verlangt eine kühnere Haltung.

***I Ging* – ein geschlossenes System**
Die Antwort auf Ihre Frage finden Sie nicht nur im Ausgangshexagramm. Zur tieferen Einsicht sollten Sie auch die verschiedenen einzelnen Hexagramme beachten, aus denen das Ausgangshexagramm besteht. Die Zahl hinter den Hexagrammen verweist auf die Seite, auf der Sie die ausführliche Interpretation nachlesen können. Durch Wandlungslinien ergibt sich ein Folgehexagramm.

Wie das Leben selbst, so ist auch das *I Ging* ein wundersames geschlossenes Labyrinth, aus dem Sie nur entkommen, indem Sie das Buch schließen.

Das Folgehexagramm
Dadurch, dass sich die Wandlungslinien in ihr Gegenteil verkehren – aus einer unterbrochenen Linie wird eine durchgezogene und umgekehrt –, entsteht ein Folgehexagramm, das Auskunft über eine künftige Lebensphase gibt. Die Informationen auf der linken Seite sind bei der Beschäftigung mit diesem Hexagramm am hilfreichsten, weil Folgehexagramme keine Wandlungslinien enthalten. Die Informationen auf der rechten Seite können natürlich auch aufschlussreich sein.

Ein Kochtopf auf einem dreibeinigen Gestell 鼎

TING (Auflösen, Zerfließen)

Das Zeichen Ting, das einen Kochtopf zeigt, symbolisiert den Körper, der seine Lebensenergie aus der Nahrung bezieht und Sinneseindrücke in klare Erkenntnisse verwandelt. Löst sich die Nahrung auf, dann wird ihr Nährwert freigesetzt. Auf die gleiche Weise müssen Sinneseindrücke im inneren Selbst gereinigt werden, damit die Wahrheit von der äußeren Erscheinung getrennt werden kann.

In diesem Hexagramm sind das Feuer/die Sonne und der Wind (innere Zuversicht und Atmung) für den Prozess der Auflösung von grundlegender Bedeutung. Ein gleichmäßig brennendes inneres Feuer basiert auf einer tiefen und konzentrierten Atmung. Überprüfen Sie Ihre geistige Nahrung bzw. Ihre Gedanken in Ihrem inneren Himmel – dort sollte tiefer Friede herrschen –, um etwaige Einflüsse auf Ihr Herz, Ihren Instinkt oder Ihre Lebenseinstellung zu entdecken. Auf diese Weise können Sie herausfinden, ob irgendetwas im Argen liegt. Sowohl der Sumpf/Mond als auch der Wind entstammen dem Kern des Himmels (dritte Linie) bzw. Ihrem Instinkt. Ihr Instinkt, der auf das Überleben gerichtet ist, warnt Sie vor drohenden Illusionen, indem er Ihren Atem unruhig werden lässt. Solange Sie diese Signale beachten, werden Sie immer wissen, was zu tun ist.

Auflösung, Zerfließen
Feuer und Luft verwandeln Brennmaterial in seine Bestandteile. Verbinden Sie die Atmung mit der inneren Zuversicht, dann können Sie die Ursache für körperliche und geistige Beschwerden sehen und diese auflösen. Die folgenden Hinweise können helfen.

Dualität
Indem Sie die Dualität in Ihrem inneren Selbst überprüfen, lernen Sie deren Nährwert kennen.

Tiefe Einsicht, großer Besitz
Um tiefe Einsicht zu entwickeln, müssen Sie wissen, dass Sie jede von Ihnen wahrgenommene Dualität auflösen können, indem Sie erkennen, dass es sich dabei um Ihre eigene Projektion handelt.

Erfüllung
Konzentrieren Sie sich darauf, das irdische Spiel genießen zu wollen, ohne sich in Illusionen zu verlieren.

Dynamischer Verstand
Befreien Sie sich von bestimmten Ansichten, wenn Sie bemerken, dass sie Ihre Atmung und die Körperfunktionen behindern.

Eine reife Beziehung
Sich auf die unendliche Weite des Himmels zu konzentrieren, von der die Erde ihre schöpferische Kraft ableitet, ist ein Zeichen für eine reife Beziehung zur Erde. Wenn Sie leicht auf materielle Dinge verzichten können, werden Sie stets auf eine entspannte Art und Weise leben.

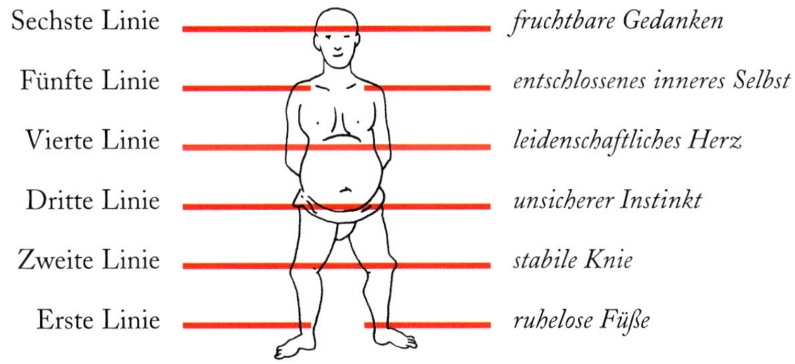

Die einzelnen Linien

Sechste Linie
Die Flammen des Feuers zeigen, dass die Wahrheit, sobald sie von der äußerlichen Darstellung befreit ist, die Entwicklung klarer Gedanken unterstützt. Sie sind wie ein Kochtopf mit Jadegriffen, der für fruchtbares Wissen und geistigen Reichtum steht. Wenn Sie Illusionen durchschauen, leben Sie entspannt.

Fünfte Linie
Der Vollmond und das Zentrum des Himmels bzw. Ihre innere Zuversicht kämpfen um die Macht über Ihren Geist. Sie sind wie ein Kochtopf mit goldenen Griffen, die an Metallringen hängen (damit man den Topf tragen kann). Lassen Sie sich von der Illusion keine Ringe umlegen und wegtragen. Übernehmen Sie diejenigen Informationen, die für Sie wertvoll sind und erkennen Sie, dass die äußere Erscheinung irgendwann ihren Glanz verliert.

Vierte Linie
Das schwelende Feuer wird vom zunehmenden Mond überstrahlt, der den Frieden Ihres inneren Himmels stört. Sie machen aus der äußeren Erscheinung eine Wahrheit, die Ihre Atmung behindert. Verlieren Sie sich nicht an eine Illusion. Wenn auch nur eines der Beine, auf denen der Kochtopf steht, weg bricht, versickert Ihre Weisheit, ohne ihren Zweck erfüllt zu haben.

Dritte Linie
Der im Zentrum Ihres inneren Himmels (Ihres Kochtopfs) aufgehende Neumond schwächt zwar nicht Ihren Selbsterhaltungstrieb, aber beunruhigt den Anfang des Windes bzw. Ihre Atmung. Bevor Sie sich einer Sache widmen, die sich als Illusion herausstellt, durchschauen Sie diese.

Zweite Linie
Der Anfang des inneren Himmels symbolisiert einen vollen Kochtopf, dessen Inhalt in der Mitte des Windes (Ihrer Ein- und Ausatmung) explodiert ist. Ihre Lebenseinstellung wird durch Ihre Knie bestimmt. So lange Sie das Gefühl haben, dass diese Sie unterstützen, kann nichts Sie enttäuschen.

Erste Linie
Das Ende des Windes (außer Atem sein) deutet auf Erschöpfung hin. Wenn Sie wählerisch mit dem sind, was gut oder schlecht für Sie ist, drehen Sie das unterste des Kochtopfs nach oben und verhalten sich, als ob Ihre Weisheit in den Füßen zu finden sei. Atmen Sie für den Augenblick nur ein.

Hinweis
Das Hexagramm Ting wird vom *Dynamischen Verstand (28)* bestimmt. Durch tiefes und konzentriertes Atmen ☴, das mit Ihrem Selbsterhaltungstrieb in Einklang steht (dritte Linie), können Sie den wahren Wert ☰ geistiger Nahrung überprüfen. Auf diese Weise durchschaut Ihre innere Zuversicht ☲ eine Illusion ☱, wodurch Sie fruchtbare Gedanken (sechste Linie) entwickeln können.

Starke und schwache Wandlungslinien
In Ihrem Hexagramm sollten Sie besonders auf die Wandlungslinien achten. Eine starke Linie zeigt an, dass Sie die Situation mit zu viel Kraft angehen, eine schwache Linie verlangt eine kühnere Haltung.

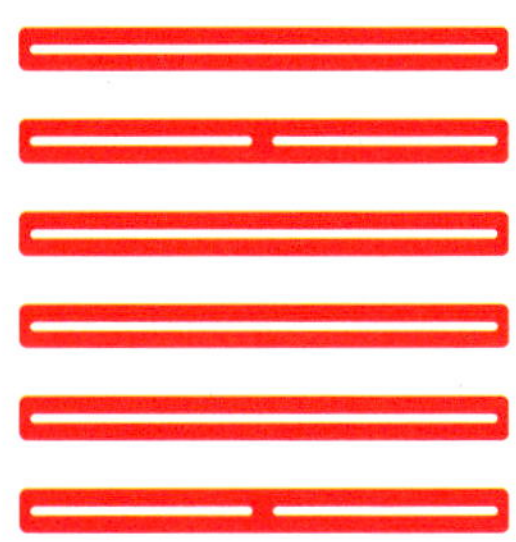

***I Ging* – ein geschlossenes System**
Die Antwort auf Ihre Frage finden Sie nicht nur im Ausgangshexagramm. Zur tieferen Einsicht sollten Sie auch die verschiedenen einzelnen Hexagramme beachten, aus denen das Ausgangshexagramm besteht. Die Zahl hinter den Hexagrammen verweist auf die Seite, auf der Sie die ausführliche Interpretation nachlesen können. Durch Wandlungslinien ergibt sich ein Folgehexagramm.

Wie das Leben selbst, so ist auch das *I Ging* ein wundersames geschlossenes Labyrinth, aus dem Sie nur entkommen, indem Sie das Buch schließen.

Das Folgehexagramm
Dadurch, dass sich die Wandlungslinien in ihr Gegenteil verkehren – aus einer unterbrochenen Linie wird eine durchgezogene und umgekehrt –, entsteht ein Folgehexagramm, das Auskunft über eine künftige Lebensphase gibt. Die Informationen auf der linken Seite sind bei der Beschäftigung mit diesem Hexagramm am hilfreichsten, weil Folgehexagramme keine Wandlungslinien enthalten. Die Informationen auf der rechten Seite können natürlich auch aufschlussreich sein.

Diese Hexagramme sind Bestandteile des Ausgangshexagramms und geben Ihnen weitere Hinweise zu Ihrer derzeitigen Situation.

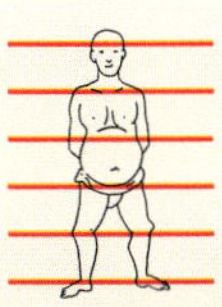

Die Linien entsprechen unterschiedlichen Körperbereichen. Die Stichworte geben Ihnen einen Einblick in Ihre derzeitige körperliche und geistige Verfassung.

o Starke Wandlungslinie
x Schwache Wandlungslinie

CHEN (Bestätigung, Sammlung)

Das Zeichen Chen bedeutet schütteln oder erschüttern. Sein Aufbau deutet darauf hin, dass das zyklische Auftreten eines Ereignisses Sie beunruhigt, weil Sie es nicht genau vorhersehen können, obwohl seine Ankunft von einem gewissen Maß an Spannung angekündigt wird. Dieses Unbehagen ist eine Vorahnung, die Sie nur erschüttern kann, solange Sie noch nicht mit ihr vertraut sind. Wenn Sie erst einmal erkennen, wofür sie steht, bestätigt sich lediglich, was Sie bereits vermuten.

In diesem Hexagramm symbolisiert der am Fuß des Berges entstehende niedrige Donner eine unerklärliche Sache, die sich Ihnen aufdrängt und Sie beunruhigt. Die Regenwolke, von der der Berggipfel verhüllt wird, deutet auf eine Wachstumsphase hin, die Sie im voraus nicht beeinflussen können. Indem Sie Ihren inneren Frieden bewahren und sich einer sehr genauen Selbstprüfung unterziehen, können Ihre Gefühle bestätigt werden, und Sie können ruhig abwarten, bis sich die natürliche Spannung bzw. der obere Donner löst.

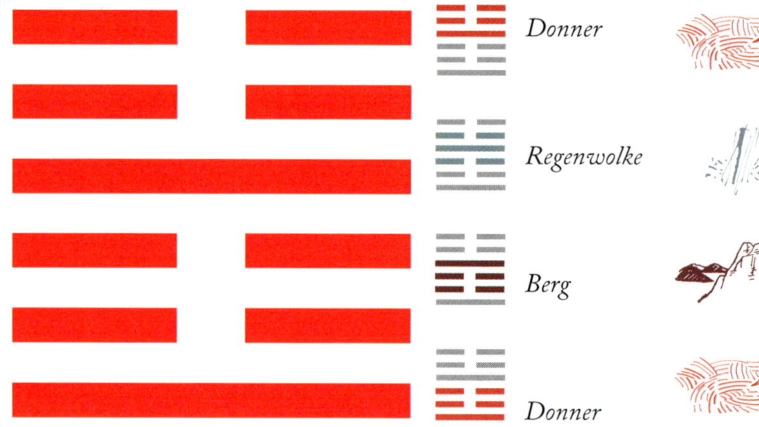

Bestätigung, Sammlung
Ein beunruhigendes Gefühl kündigt eine gewaltsame Befreiung an. Wenn Sie Ruhe bewahren und sich auf Ihr inneres Selbst konzentrieren, können Sie einen Blick auf die Ursache Ihrer Beklemmung werfen. Die Bestätigung der Vorahnung wird Sie erschüttern, aber auch erlösen. Befolgen Sie die Hinweise (von unten nach oben), um den Schrecken zu mildern.

Den Knoten durchschneiden
Es ist nicht ratsam, Druck auszuüben oder geduldig zu analysieren, wie Sie sich von den beklemmenden Gefühlen befreien können. Lassen Sie die Dinge ihren Lauf nehmen, ohne dass Ihre Beunruhigung in Angst und später in Panik umschlägt.

Unterdrückung
Wenn Sie ahnen, dass Sie sich in einer Situation befinden, die Ihren Lauf nehmen muss, dann richten Sie Ihre Energie – zum Guten oder Schlechten – auf diejenigen Dinge, die Ihre Aufmerksamkeit erfordern.

Anfängliche Schwierigkeiten
Da Sie nicht wissen, wodurch Ihre Beunruhigung hervorgerufen wurde oder wie Sie sie loswerden, wäre es klug sich zurückzuziehen, um Ihren geistigen und körperlichen Zustand genauer zu betrachten.

Verwirrung
Wenn Sie von Gefühlen überwältigt werden, die Sie nur vage kennen, aber nicht klar benennen können, werden Sie unruhig.

Nahrung
Alle von Ihnen aufgenommenen Informationen werden verarbeitet und bekommen innerhalb Ihres Weltbildes eine neue Bedeutung.

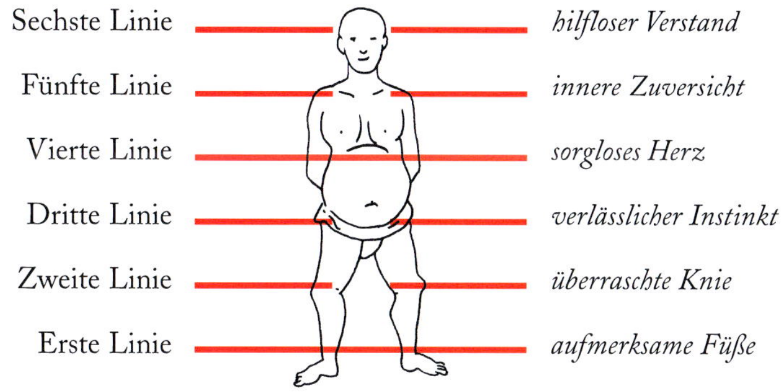

Die einzelnen Linien

Sechste Linie
Das Ende des Donners zeigt an, dass sich ein Durchbruch ereignet hat. Vermutung und Gewissheit werden eins. Wenn Sie ein ungutes Vorgefühl nicht ausgedrückt haben, werden Sie so schockiert wie ein unwissendes Mädchen sein, das zum ersten Mal sein Menstruationsblut sieht.

Fünfte Linie
Der gegen die Regenwolken prallende Donner deutet darauf hin, dass eine gewaltige Spannung in der Luft liegt. Tief im Inneren sind Sie sich sicher, dass sich etwas ereignen wird. Sie vermuten zwar, was es sein könnte, aber Sie wissen, dass Sie Energie vergeuden, wenn Sie sich deswegen sorgen. Es wäre gut, darüber zu reden, um dann wieder zum Tagesgeschäft überzugehen.

Vierte Linie
Der Donner entspringt auf dem Berggipfel, wo der Regen einen See bildet. Sie sind sich einer bedrohlichen Störung bewusst, aber glauben Sie nicht, Ihre Weisheit reiche aus, um damit fertig zu werden. Schütten Sie jetzt Ihr Herz aus, sonst finden Sie sich später unter Schock im Morast wieder.

Dritte Linie
Unter dem Berggipfel rollt der Donner durch einen Nebel aus Regen herauf. Sie haben keinen Überblick und Ihre Beunruhigung beansprucht Sie viel zu stark. Setzen Sie das fruchtbare Wissen, das andere Ihnen anbieten, in Wort und Tat um, sonst laufen Sie Gefahr, von Angst überwältigt zu werden.

Zweite Linie
Im Zentrum des Donners, am Fuß des Berges, werden Sie derart von Sorgen überwältigt, dass Sie fürchten, den Verstand zu verlieren. Hören Sie auf, sich zu grämen. Richten Sie sich auf, und denken Sie an einem friedlichen, ruhigen Ort über die Ursache Ihrer Sorgen nach. Stellt der Schrecken sich ein, werden Sie erkennen, dass Sie nichts zu verlieren haben.

Erste Linie
Der Anfang des Donners weist auf den Beginn der Beunruhigung hin. Lassen Sie Ihren Unterkiefer nicht herunterfallen oder beißen Sie die Zähne nicht zusammen, sondern sagen Sie Ihre Meinung. Vielleicht kann Ihnen jemand sagen, was in der Luft liegt, sodass Sie über Ihre Sorgen lachen können. Wenn nicht, haben Sie zumindest Ihren Gefühlen Luft gemacht.

Hinweis
Das Hexagramm Chen wird von *Nahrung (27)* bestimmt. Äußern Sie Ihre Meinung ☳ (Unterkiefer/erste Linie und Oberkiefer/vierte Linie) (vierte Linie), das erleichtert und erlaubt es Ihrem fruchtbaren Wissen ☵ zu fließen, wodurch die Spannung herabgesetzt wird. Es ist ungewiss, wann der Schrecken ☳ (oberes Trigramm) auftaucht, Sie werden aber nicht so schwer erschüttert sein, wenn Sie innerlich gelassen bleiben.

Starke und schwache Wandlungslinien
In Ihrem Hexagramm sollten Sie besonders auf die Wandlungslinien achten. Eine starke Linie zeigt an, dass Sie die Situation mit zu viel Kraft angehen, eine schwache Linie verlangt eine kühnere Haltung.

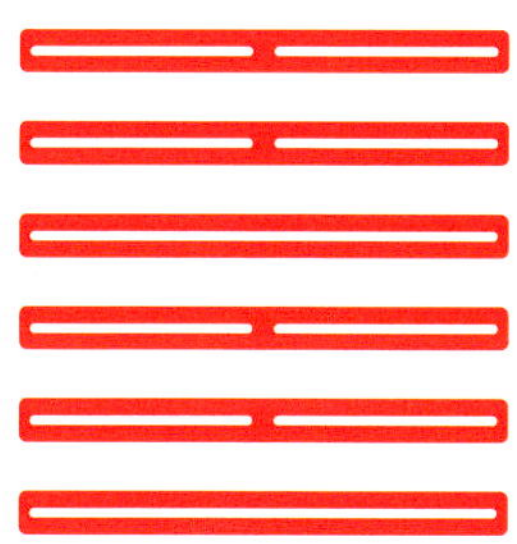

***I Ging* – ein geschlossenes System**
Die Antwort auf Ihre Frage finden Sie nicht nur im Ausgangshexagramm. Zur tieferen Einsicht sollten Sie auch die verschiedenen einzelnen Hexagramme beachten, aus denen das Ausgangshexagramm besteht. Die Zahl hinter den Hexagrammen verweist auf die Seite, auf der Sie die ausführliche Interpretation nachlesen können. Durch Wandlungslinien ergibt sich ein Folgehexagramm.

Wie das Leben selbst, so ist auch das *I Ging* ein wundersames geschlossenes Labyrinth, aus dem Sie nur entkommen, indem Sie das Buch schließen.

Das Folgehexagramm
Dadurch, dass sich die Wandlungslinien in ihr Gegenteil verkehren – aus einer unterbrochenen Linie wird eine durchgezogene und umgekehrt –, entsteht ein Folgehexagramm, das Auskunft über eine künftige Lebensphase gibt. Die Informationen auf der linken Seite sind bei der Beschäftigung mit diesem Hexagramm am hilfreichsten, weil Folgehexagramme keine Wandlungslinien enthalten. Die Informationen auf der rechten Seite können natürlich auch aufschlussreich sein.

Diese Hexagramme sind Bestandteile des Ausgangshexagramms und geben Ihnen weitere Hinweise zu Ihrer derzeitigen Situation.

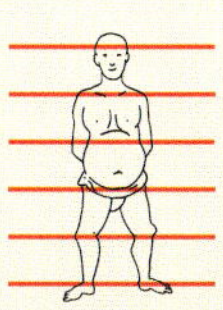

Die Linien entsprechen unterschiedlichen Körperbereichen. Die Stichworte geben Ihnen einen Einblick in Ihre derzeitige körperliche und geistige Verfassung.

Starke Wandlungslinie
Schwache Wandlungslinie

震 ䷲ 51

Sich plötzlich umdrehen und jemandem geradewegs in die Augen sehen 艮

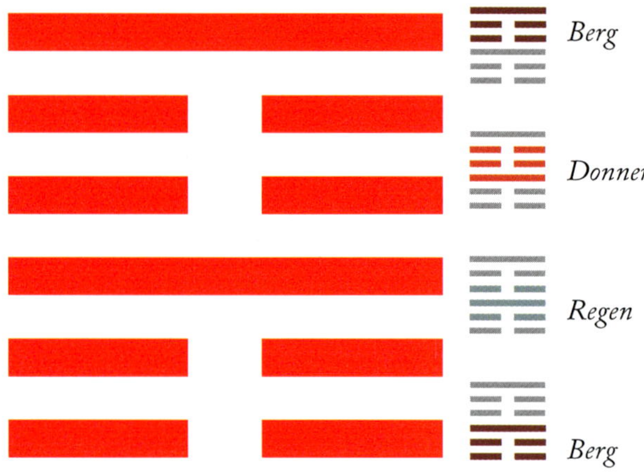

KÊN (Ruhend und gelassen)

Das Zeichen Kên bedeutet unbezähmbar, auflehnend, gelassen und herausfordernd. Diese Eigenschaften werden überzeugend von einem Berg repräsentiert. Auch Sie können ein Bewusstsein entwickeln, sodass Ihre äußere Erscheinung Ihre innere Kraft widergespiegelt.

Das Hexagramm ist aus zwei Bergen aufgebaut: Der eine im Vordergrund wird von einer Regenwolke verhüllt, die das fruchtbare Wissen symbolisiert, während der andere im Hintergrund vom grollenden Donner angegriffen wird und für Ruhelosigkeit steht. Wenn Sie über ein Wissen verfügen, durch das Sie Ihre Erscheinung in Dunst hüllen, sodass Sie sich an jede Situation anpassen können, sind Sie wie der Berg im Vordergrund. Dies erklärt auch, warum Sie die Zuversicht besitzen, sich plötzlich umzudrehen und jemanden direkt in die Augen zu blicken. Sie können diese Art des unerschütterlichen Selbstbewusstseins entwickeln, indem Sie sich zum Meditieren an den Fuß des Berges im Hintergrund zurückziehen. Dort erkennen Sie, dass Ihre Gedanken so ruhelos sind wie der Donner, denn Sie versuchen, sich durch die Vorstellung dessen, was Sie auf dem Berggipfel erleben werden, der Gegenwart zu entziehen. Wenn Sie erkennen, dass der einzige Weg, um dies herauszufinden, im Klettern besteht, werden Sie auch verstehen, dass Sie der Zukunft gelassen entgegensehen können, wenn Sie mit der Gegenwart Ihren Frieden geschlossen haben. Dann sind Sie wie der Berg im Vordergrund.

Ruhend und gelassen (5
Wenn Sie ruhen, sind Sie wie Ihre Wirbelsäule: ein Bündel aus Nervenfasern, das mit Bedacht Ihren Körper stützt und steuert. Haben Sie erst einmal den gleichen Frieden in Ihrem Kopf, Brustkorb und Magen entwickelt, verschwindet Ihr Ego, und alles, was Sie über sich sagen können, ist, dass Sie Bewusstsein sind, das sich seiner bewusst ist. Die folgenden Hinweise zeigen, wie Sie dies erreichen können.

Nahrung 2
Ernähren Sie sich nicht durch Gedanken an das nächste Essen, wenn Sie das aktuelle noch nicht beendet haben.

Jugendliche Unschuld 4
Benehmen Sie sich nicht wie eine turbulente Wasserflut, die blind der Zukunft entgegeneilt. Seien Sie neugierig, aber bewegen Sie sich wie ein murmelnder Bach, der Felder bewässert und eine Freude darstellt.

Den Knoten durchschneiden 4
Wenn dunkle Wolken Sie umhüllen, dann nehmen Sie sich Zeit, das Problem zu lösen. Schneiden Sie den Knoten aber erst durch, wenn Ihre Geduld am Ende ist. Nur wirkliche Berge haben endlose Geduld.

Unterdrückung 6
Wenn Sie Harmonie ausstrahlen, werden andere Sie als einen Berg wahrnehmen, der bezwungen werden muss. Bisweilen sind Sie besser dran, wenn die Menschen Sie als Hügel wahrnehmen.

Anfängliche Schwierigkeit 3
Ziehen Sie sich zurück, wenn Sie Ihre Erlebnisse verarbeiten müssen, und nehmen Sie wieder am Leben teil, wenn die Zeit dazu gekommen ist. Dann gleicht Ihr Wissen nicht einem aufgewühlten Durcheinander, das um jeden Preis nach Befreiung verlangt.

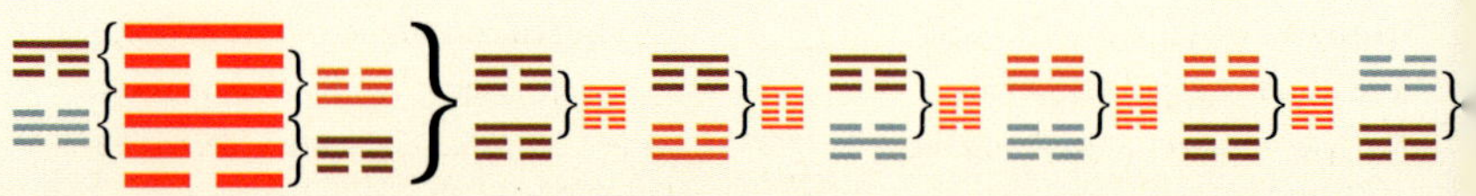

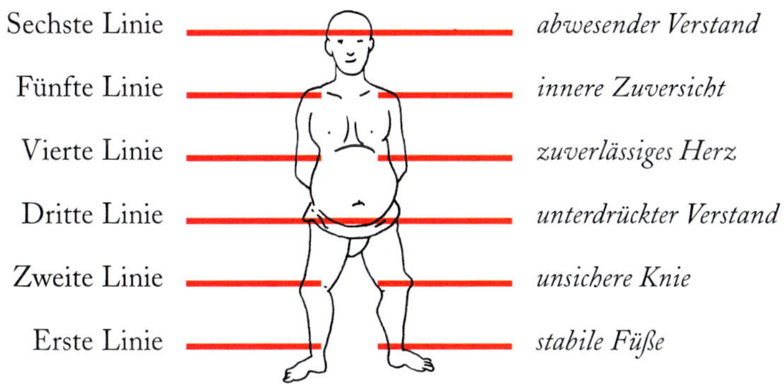

Die einzelnen Linien

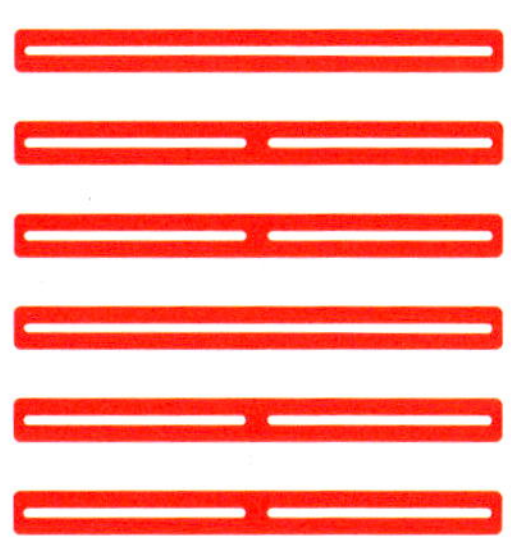

Sechste Linie
Sie waren ein guter Schüler und sind wie der Berggipfel geworden: Ein Leuchtfeuer des inneren und äußeren Friedens. Bleiben Sie sich dessen bewusst, dass nur das Hier und Jetzt zählt. Eilen Sie den Ereignissen nicht voraus und geben Sie nicht damit an, alle Probleme sofort lösen zu können.

Fünfte Linie
Das Ende des Donners unter dem Berggipfel deutet darauf hin, dass der Unterkiefer bzw. der Anfang des Donners (dritte Linie) im Zaum gehalten werden. Das bedeutet, dass Sie andere nicht endlos mit Geschwätz belasten, nur um Ihr Wissen vorzuführen. Sprechen Sie nur, wenn Sie die innere Gewissheit haben, dass Sie etwas Wichtiges zu sagen haben.

Vierte Linie
Der fruchtbare Regen und das pulsierende Innerste des Donners am Fuß des Berges stehen für ein gleichmäßig schlagendes Herz, das sich nicht an die erste Illusion hängt, die des Weges kommt. Durch Meditation entwickeln Sie Frieden und Gelassenheit, hüten Sie sich aber vor der Versuchung durch den Stolz.

Dritte Linie
Der Donner steigt aus dem See zum Berggipfel auf. Dies deutet darauf hin, dass Ihre Meditation gestört wird, weil Sie Ihre körperlichen Impulse nicht im Griff haben. Ihr Instinkt schreit nach Bewegung, während sich Ihr Herz auf den inneren Frieden konzentriert. Wasser muss fließen, also quälen Sie sich nicht: Befreien Sie sich.

Zweite Linie
Unter dem Berggipfel strömt das Wasser fort. Sie haben Ihre Knie nicht unter Kontrolle und wollen den Berg hinunter rasen wie Wasser. Wegen dieses Verlangens sind Sie vielleicht unglücklich, aber in diesem Stadium sollten Sie zuerst dem Bedürfnis nachgeben, ehe Sie einen neuen Meditationsversuch unternehmen.

Erste Linie
Der Fuß des Berges symbolisiert, dass Sie noch nicht ganz zur Ruhe gekommen sind. Tiefe Meditation verankert Sie fest in der Gegenwart. Sie sind wie Ihre Füße, die noch immer nicht wissen, wo sie hingeschickt werden.

Hinweis
Das Hexagramm Kên wird von *Nahrung (27)* bestimmt. Meditation ist die Nahrung, die Sie von Kopf (sechste Linie) bis Bauch (dritte Linie) mit Frieden versorgt. Sobald Sie im Besitz innerer Zuversicht (fünfte Linie) und eines verlässlichen Herzens (vierte Linie) sind, das sich nicht an irgendetwas hängt, wandeln Sie diese Errungenschaft zu Ihrer Lebenseinstellung (erste und zweite Linie).

Starke und schwache Wandlungslinien
In Ihrem Hexagramm sollten Sie besonders auf die Wandlungslinien achten. Eine starke Linie zeigt an, dass Sie die Situation mit zu viel Kraft angehen, eine schwache Linie verlangt eine kühnere Haltung.

I Ging – ein geschlossenes System
Die Antwort auf Ihre Frage finden Sie nicht nur im Ausgangshexagramm. Zur tieferen Einsicht sollten Sie auch die verschiedenen einzelnen Hexagramme beachten, aus denen das Ausgangshexagramm besteht. Die Zahl hinter den Hexagrammen verweist auf die Seite, auf der Sie die ausführliche Interpretation nachlesen können. Durch Wandlungslinien ergibt sich ein Folgehexagramm.

Wie das Leben selbst, so ist auch das *I Ging* ein wundersames geschlossenes Labyrinth, aus dem Sie nur entkommen, indem Sie das Buch schließen.

Das Folgehexagramm
Dadurch, dass sich die Wandlungslinien in ihr Gegenteil verkehren – aus einer unterbrochenen Linie wird eine durchgezogene und umgekehrt –, entsteht ein Folgehexagramm, das Auskunft über eine künftige Lebensphase gibt. Die Informationen auf der linken Seite sind bei der Beschäftigung mit diesem Hexagramm am hilfreichsten, weil Folgehexagramme keine Wandlungslinien enthalten. Die Informationen auf der rechten Seite können natürlich auch aufschlussreich sein.

Diese Hexagramme sind Bestandteile des Ausgangshexagramms und geben Ihnen weitere Hinweise zu Ihrer derzeitigen Situation.

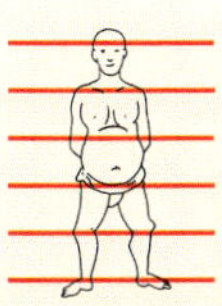

Die Linien entsprechen unterschiedlichen Körperbereichen. Die Stichworte geben Ihnen einen Einblick in Ihre derzeitige körperliche und geistige Verfassung.

Starke Wandlungslinie
Schwache Wandlungslinie

KIEN (Die gesegnete Verbindung)

Das Zeichen Kien steht für langsam durchnässt werden, für aufsteigen und sich langsam vorwärts bewegen. Die verschiedenen Symbole deuten darauf hin, dass Sie sich gelassen mit dem Strom des Lebens bewegen und es vermeiden können zu ertrinken, weil Sie in der Lage sind, sich aus jedem Strudel zu befreien, der droht, Sie in die Tiefe zu ziehen.

In dem Hexagramm stehen der Berg und der Wind für Überblick, Frieden und entspanntes Atmen, das sich im Einklang mit dem Rhythmus des Himmels befindet. Weil der Wind mit Feuer/Sonne und dem fruchtbaren Regen verbunden ist, besitzen Sie auch einen klaren Geist, innere Zuversicht, ein ausgeglichenes Herz und einen energischen Instinkt. Mit diesen Fähigkeiten sind Sie ein idealer Erdenbewohner. Wenn Sie eine wirkliche Verbindung mit der Erde eingehen wollen, sollten Sie deren Rhythmus folgen und im Sommer aktiv sein, im Winter ruhen, im Frühjahr erscheinen und im Herbst verschwinden. Dies bedeutet, dass Ihre Verbindung mit der Erde nur dann gesegnet ist, wenn Sie die Jahreszeiten in sich selbst und anderen respektieren und wissen, wann es an der Zeit ist zu pflügen, zu säen, zu ernten und zu ruhen.

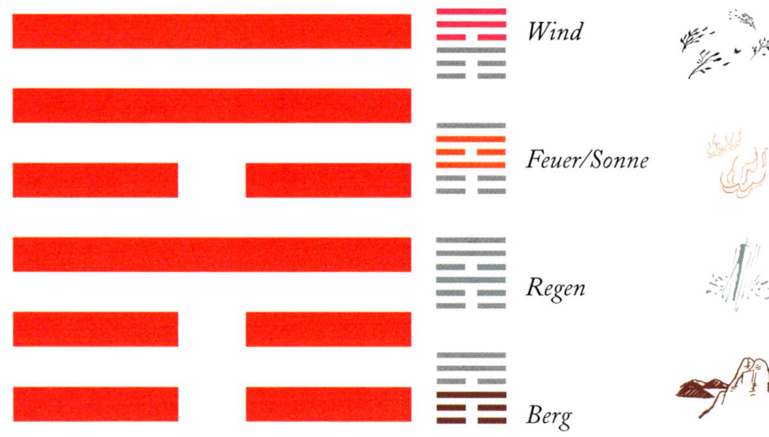

Die gesegnete Verbindung
Die Erde ist wie eine weise alte Frau mit einer ewig jugendlichen Ausstrahlung. Wenn Sie das Leben so wie sie genießen wollen, dann verweilen Sie nicht in einer Situation, die ihrem Wesen zuwiderläuft. Der Weg zu einem langen, gesunden Leben ist wie folgt:

Die Beherrschung des inneren Wesens
Eine ruhige Atmung gewährleistet, dass Ihr inneres Feuer gleichmäßig brennt und nicht durch Wut oder Unvermögen angefacht oder erstickt wird.

Erlösung
Beobachten Sie Ihre physischen Bedürfnisse, um zu lernen, sie mit Ihren Handlungen in Einklang zu bringen.

Eingeschränkte Bewegung
Wenn Sie sich nicht wie ein junger, unerfahrener Fuchs bewegen wollen, lassen Sie sich nicht zu Taten hinreißen, für die die Zeit noch nicht reif ist.

Der weise Mensch
Der weise Mann ist wie die Sonne, die den Berggipfel krönt. Dieser alte Fuchs bewegt sich unparteiisch und mit innerem Frieden über die Erde.

Anfängliche Schwierigkeit
Die Jahreszeiten dienen Ihnen als Leitfaden dafür, wie Sie diese Schwierigkeiten überwinden. Pflügen Sie, wenn die Zeit dazu gekommen ist, säen Sie, wenn es Zeit zum Säen ist, ernten Sie, wenn die Früchte reif sind, und ruhen Sie, wenn die Natur ruht.

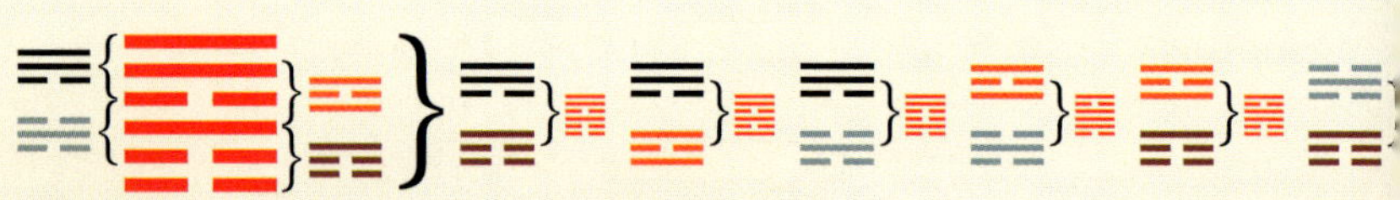

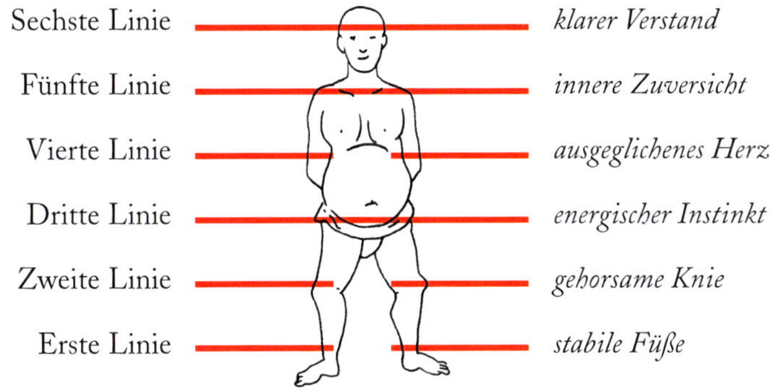

Die einzelnen Linien

Sechste Linie
Der Anfang des Windes deutet auf ein Erwachen aus tiefem Schlaf hin. Sie sind wie eine Wildgans, die sich darauf vorbereitet, ihren Wirkungskreis zu erweitern und von ihrer »Brutstätte« aufzubrechen. Fliegen Sie nicht los, solange Sie noch nicht ganz wach sind, das wäre gefährlich.

Fünfte Linie
Die Mitte des Windes bzw. das Ein- und Ausatmen gewährleistet, dass Ihr inneres Feuer wie eine reine Flamme brennt. Wenn Sie wie eine Wildgans sind, landen Sie auf einem Hügel. Dort sind Sie ein Leuchtfeuer für andere und öffnen sich Ihrer Umgebung, aber geben sie Acht, daß Sie nicht so nass werden, dass Sie nicht mehr entkommen können.

Vierte Linie
Das Innerste des Feuers/der Sonne befindet sich hinter dem letzten Rest der Regenwolken und der Wind legt sich. Wenn Sie wie eine Wildgans sind, dann achten Sie auf die Bäume und wissen, dass es höchste Zeit zum Aufbruch ist, sobald die Blätter fallen. Warten Sie nicht länger, sonst verschwenden Sie Energie und werden niemals in der Lage sein aufzubrechen.

Dritte Linie
Der Anfang des Feuers hat kaum Einfluss auf den Schnee auf dem Berggipfel. Wenn Sie wie eine Wildgans sind, wissen Sie, dass Ihr Instinkt bei Gefahr geweckt wird. Daher können Sie Ihr körperliches Wesen in tiefem Frieden hinter sich lassen und durch Meditation in Ihrem Geist aufsteigen.

Zweite Linie
Unter dem Berggipfel fließt das Wasser klar und frisch ab. Wenn Sie wie eine Wildgans sind, wissen Sie, dass es jetzt an der Zeit ist, das Leben in vollen Zügen zu genießen, ohne sich von einem hohen Gipfel in ein tiefes Tal zu stürzen, aus dem Sie nie mehr herauskommen werden.

Erste Linie
Am Fuß des Berges sind Sie wie eine Wildgans, die sich nach einer langen Reise der Küste nähert, oder wie jemand, der aus einer tiefen Meditation zurückkehrt. Unter allen Umständen müssen Sie als erstes wieder zu Kräften kommen. In dieser Phase haben Sie nicht mehr Urteilsfähigkeit als Ihre Füße, die einfach nur glücklich sind, festen Boden erreicht zu haben.

Hinweis
Das Hexagramm Kien wird vom Wasser ☵ bestimmt. Es beginnt zu fließen, sobald der Schnee auf dem Berg ☶ durch Sonneneinstrahlung ☲ schmilzt. Der Wind ☴ zeigt an, dass Sie dem Rhythmus der Natur folgen – wie eine Wildgans, die sich den Jahreszeiten gemäß über die Erde bewegt und sich nicht dazu hinreißen läßt, länger zu bleiben, als die Natur es erlaubt.

Starke und schwache Wandlungslinien
In Ihrem Hexagramm sollten Sie besonders auf die Wandlungslinien achten. Eine starke Linie zeigt an, dass Sie die Situation mit zu viel Kraft angehen, eine schwache Linie verlangt eine kühnere Haltung.

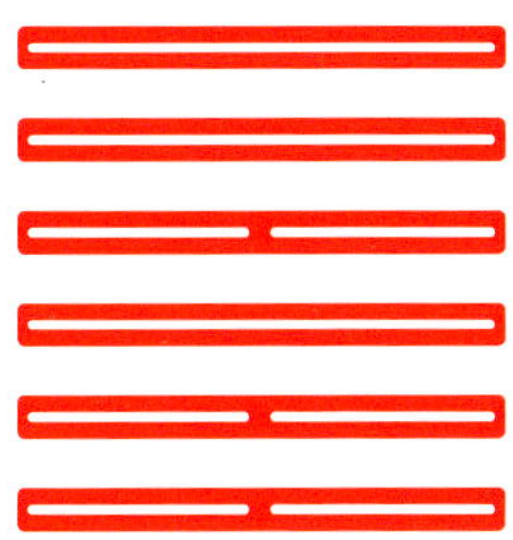

***I Ging* – ein geschlossenes System**
Die Antwort auf Ihre Frage finden Sie nicht nur im Ausgangshexagramm. Zur tieferen Einsicht sollten Sie auch die verschiedenen einzelnen Hexagramme beachten, aus denen das Ausgangshexagramm besteht. Die Zahl hinter den Hexagrammen verweist auf die Seite, auf der Sie die ausführliche Interpretation nachlesen können. Durch Wandlungslinien ergibt sich ein Folgehexagramm.

Wie das Leben selbst, so ist auch das *I Ging* ein wundersames geschlossenes Labyrinth, aus dem Sie nur entkommen, indem Sie das Buch schließen.

Das Folgehexagramm
Dadurch, dass sich die Wandlungslinien in ihr Gegenteil verkehren – aus einer unterbrochenen Linie wird eine durchgezogene und umgekehrt –, entsteht ein Folgehexagramm, das Auskunft über eine künftige Lebensphase gibt. Die Informationen auf der linken Seite sind bei der Beschäftigung mit diesem Hexagramm am hilfreichsten, weil Folgehexagramme keine Wandlungslinien enthalten. Die Informationen auf der rechten Seite können natürlich auch aufschlussreich sein.

歸妹

Die Ankunft der Braut im Hause des Bräutigams, wo sie als verheiratete Frau leben wird. Heirat — 歸

妹

Ein Mädchen

Ein kleiner Baum. Auch: Ein Kreis und Ablehnung

Die jüngere Schwester: verführerisch, aber unreif

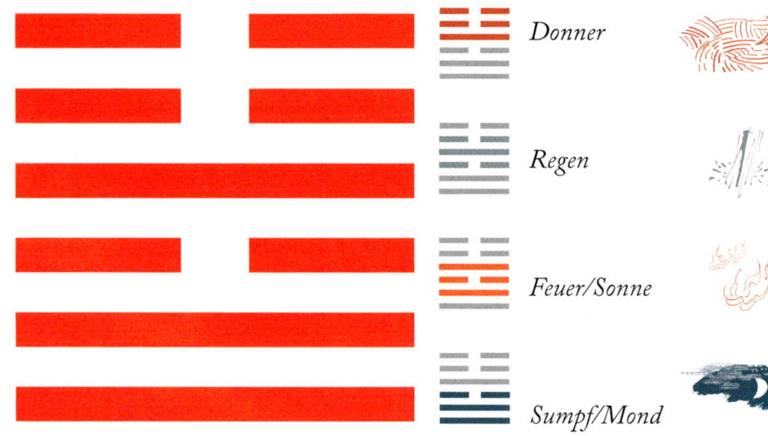

KWEI MEI (Fruchtbarkeit)

Das Zeichen Kwei Mei steht für eine Folge von Hochzeiten, an denen eine junge, unreife Frau beteiligt ist. Es repräsentiert die zyklische Vermählung der Sonne mit dem Mond. Dieser nimmt ab und zu und verfügt nicht über die Fruchtbarkeit seiner älteren Schwester, der Erde.

In diesem Hexagramm wird der Sumpf/Mond von der Sonne beleuchtet und durch den Regen mit Wasser versorgt, sodass er nicht austrocknet oder über die Ufer tritt. Der Donner symbolisiert den vollkommenen Mondzyklus. Der Mond beeinflusst das Gleichgewicht des Wassers auf der Erde und somit auch die Körperflüssigkeiten. Sein trügerisches, aber auch sehr verführerisches Licht erweckt sexuelle Begierden. Diese siegen über die Vernunft und stellen die Bedeutung des Körperlichen über die des Geistigen. Der Mond (die jüngere Schwester der Erde) ist außerordentlich verführerisch und nützlich, solange Sie seiner Energie den entsprechenden Platz in Ihrem Leben einräumen.

Fruchtbarkeit
Die subtile Energie des Mondes übt einen kaum fassbaren Einfluss auf irdische Aktivitäten aus. Anfangs wird die fruchtbarste Zeit, durch diese Energie zu lernen, fast intuitiv wahrgenommen, und wenn Sie es wagen, diesen Gefühlen zu vertrauen, entwickeln sie sich zu einer inneren Überzeugung. Die folgenden Anweisungen (von unten nach oben) erläutern, wie diese Energie gesteuert werden kann.

Den Knoten durchschneiden
Nach dieser Erklärung sollte es deutlich geworden sein, dass der Mond Ihnen etwas zu bieten hatte, dies aber nicht mehr der Fall ist. Es ist an der Zeit, sich dieses Mühlsteins um Ihren Hals zu entledigen.

Abschluss
Wenn die Sonne im Zenit steht, beginnt sie zu sinken. Wenn Sie erkennen, dass die Sonne weiterhin scheint, wissen Sie, dass Sie ebenso strahlen können, indem Sie der Dunkelheit den Zutritt verwehren.

Erfolgreiche Bewegung
Verhalten Sie sich wie ein alter Fuchs, und strahlen Sie in jeder Situation Ihren inneren Frieden aus.

Regelmäßig und ordentlich
Der Mond geht auf und wieder unter. Sie gelangen zur Wahrheit, wenn Sie erkennen, was von der äußeren Erscheinung übrig bleibt, nachdem die Maske gefallen ist.

Dualität
Der Mond nimmt zu und wieder ab. Die Sonne erlischt nie. Verlassen Sie sich nicht auf die äußere Erscheinung, und suchen Sie weiter nach dem wahren Licht hinter dem Leuchten.

Sechste Linie		*gehorsamer Verstand*
Fünfte Linie		*innere Zuversicht*
Vierte Linie	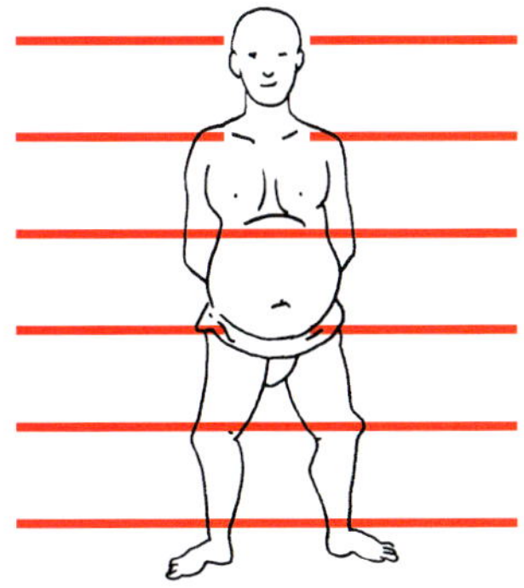	*ruhiges Herz*
Dritte Linie		*zielstrebiger Instinkt*
Zweite Linie		*kontrollierte Knie*
Erste Linie		*stabile Füße*

Die einzelnen Linien

Sechste Linie
Das Ende des Donners bzw. der dunkle Mond ist wie eine Frau, die einen leeren Korb trägt. Wenn Ihr Kopf so leer wie der Korb ist, haben Sie keine zwanghaften Gedanken mehr. Sie haben die Überprüfung Ihrer Erfahrungen bestanden, weil Sie Illusionen nicht zu »Wahrheiten« erhoben haben.

Fünfte Linie
Das Innerste des Donners, in dem das Wasser seinen höchsten Punkt erreicht, steht für den Vollmond. Dieser ist wie eine verführerische junge Frau, die ihre ältere Schwester (die Erde) an Attraktivität übertrifft. Mit Hilfe Ihrer inneren Zuversicht können Sie ungehindert und spielerisch aus Illusionen lernen.

Vierte Linie
Der Anfang des Donners, der das Wasser ansteigen lässt, und die letzten Strahlen der untergehenden Sonne künden den zunehmenden Mond an. Dieser lässt Ihr Herz so laut schlagen, dass man es hören kann. Sie sind nicht in Gefahr, einer Illusion zu folgen, seien Sie aber wachsam und verhindern Sie, dass Ihr wahres Licht unterdrückt wird. Verführung liegt in der Luft.

Dritte Linie
Das Innerste des Feuers/der Sonne und der prasselnde Regen halten die reflektierende Oberfläche des Sumpfes/Mondes im Gleichgewicht. Wenn Sie das wahre Licht zum Licht Ihres Lebens machen, wird die äußere Darstellung zu einer wohltuenden Anregung, die Sie nie dauerhaft beherrschen wird.

Zweite Linie
Der morgendliche Sonnenschein unter der spiegelnden Oberfläche des Sumpfes bzw. der zunehmende Mond, der sehnsüchtig auf die Sonne blickt, deuten darauf hin, dass Sie eine dunkle Phase in Ihrem Leben abschließen und sich dem wahren Licht zuwenden. Hüten Sie sich vor Illusionen, durch die Sie Ihre ehrliche Einstellung dem Leben gegenüber verlieren könnten.

Erste Linie
Der Neumond ist wie eine verkrüppelte Frau, der es noch immer leicht fällt, sich zu bewegen. Ihr zu folgen, stellt kein Problem dar, solange Sie fester als sie im Leben stehen. Ein neuer Zyklus dämmert herauf. Obwohl Sie nicht wissen, was dieser bringen wird, können Sie ihm folgen, um die Wahrheit hinter der äußeren Erscheinung zu entdecken.

Hinweis
Das Hexagramm Kwei Mei wird von der Bewegung ☳ des Mondes ☱ bestimmt. Wenn Sie Ihren Selbsterhaltungstrieb (dritte Linie) mit dem wahren Licht ☳ bzw. Ihrer geistigen Entwicklung in Einklang bringen, werden Sie nicht in erster Linie von Ihren sexuellen Trieben geleitet und in der Lage sein, aus der äußeren Erscheinung, die die Grundlage Ihres körperlichen Verlangens ☷ ist, zu lernen.

Starke und schwache Wandlungslinien
In Ihrem Hexagramm sollten Sie besonders auf die Wandlungslinien achten. Eine starke Linie zeigt an, dass Sie die Situation mit zu viel Kraft angehen, eine schwache Linie verlangt eine kühnere Haltung.

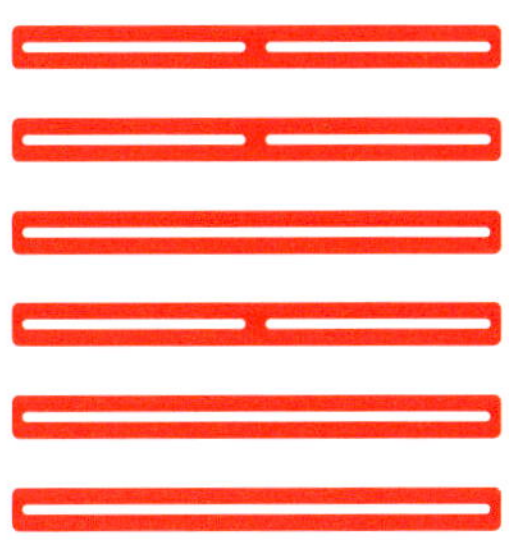

***I Ging* – ein geschlossenes System**
Die Antwort auf Ihre Frage finden Sie nicht nur im Ausgangshexagramm. Zur tieferen Einsicht sollten Sie auch die verschiedenen einzelnen Hexagramme beachten, aus denen das Ausgangshexagramm besteht. Die Zahl hinter den Hexagrammen verweist auf die Seite, auf der Sie die ausführliche Interpretation nachlesen können. Durch Wandlungslinien ergibt sich ein Folgehexagramm.

Wie das Leben selbst, so ist auch das *I Ging* ein wundersames geschlossenes Labyrinth, aus dem Sie nur entkommen, indem Sie das Buch schließen.

Das Folgehexagramm
Dadurch, dass sich die Wandlungslinien in ihr Gegenteil verkehren – aus einer unterbrochenen Linie wird eine durchgezogene und umgekehrt –, entsteht ein Folgehexagramm, das Auskunft über eine künftige Lebensphase gibt. Die Informationen auf der linken Seite sind bei der Beschäftigung mit diesem Hexagramm am hilfreichsten, weil Folgehexagramme keine Wandlungslinien enthalten. Die Informationen auf der rechten Seite können natürlich auch aufschlussreich sein.

Diese Hexagramme sind Bestandteile des Ausgangshexagramms und geben Ihnen weitere Hinweise zu Ihrer derzeitigen Situation.

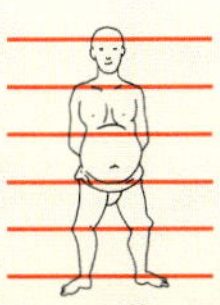

Die Linien entsprechen unterschiedlichen Körperbereichen. Die Stichworte geben Ihnen einen Einblick in Ihre derzeitige körperliche und geistige Verfassung.

Starke Wandlungslinie
Schwache Wandlungslinie

歸妹 

FÊNG (Abschluss)

Das Zeichen Fêng steht für Ernte und Überschwänglichkeit, Reichtum und Üppigkeit. Aus dem Aufbau des Zeichen heraus wird deutlich, dass der Fleischtopf bzw. Ihr körperliches Wesen von oberen und unteren Linien begrenzt wird. Dies deutet darauf hin, dass Sie vom Getreide bzw. Ihrem geistigen Reichtum niedergedrückt werden. Sie sollten damit aufhören, sich kleiner zu machen, als Sie sind. Lassen Sie Ihre Weisheit aufleuchten wie die ewige Sonne.

Das Hexagramm deutet darauf hin, dass Ihre Lebenseinstellung auf dem Zeichen Feuer/Sonne basiert, Sie aber Ihre innere Zuversicht hinter der reflektierenden Erscheinung des Sumpfes/Mondes verbergen, weil Sie Angst davor haben, Ihr Wissen der Außenwelt zu zeigen. Sie können Ihr Herz (vierte Linie) von dem Schatten befreien, den Sie aus Angst erzeugt haben, indem Sie Ihren Atem (den Wind) vom Einfluss des Mondes befreien. Dann wird Ihr inneres Feuer gleichmäßig brennen. Wenn Ihr Herz wieder gleichmäßig schlägt und so ehrlich ist wie der herannahende Donner, sind Sie völlig Sie selbst. Unter extremen Umständen können Sie, wie es der freie Wille oder der Selbsterhaltungstrieb diktiert, die äußere Erscheinung zur Verhüllung Ihrer inneren Zuversicht benutzen.

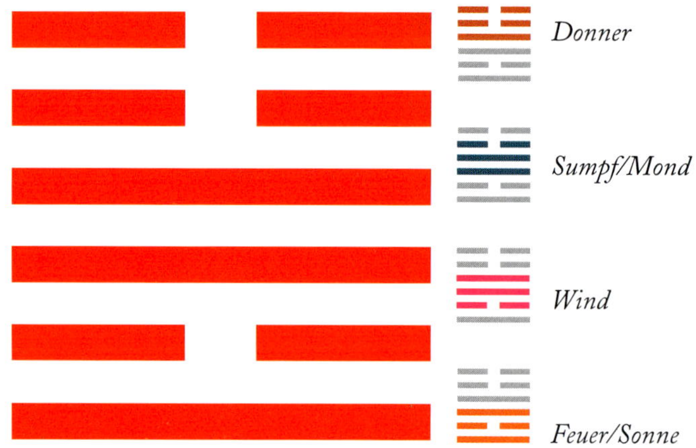

Abschluss
Haben Sie keine Angst, durch die Weitergabe Ihres Wissens Perlen vor die Säue zu werfen, nur weil andere Ihnen nicht glauben, nicht zuhören, aufbrausend oder wütend reagieren. Seien Sie – wie die Sonne – vollkommen Sie selbst, und lassen Sie Ihr inneres Licht ruhig und unvoreingenommen strahlen, unabhängig davon, ob andere dies von Ihnen verlangen. Die folgenden Anweisungen (von unten nach oben) können Ihnen dabei helfen, Ihr Licht nicht weiter zu verstecken.

Fruchtbarkeit
Jetzt, da Sie die Wirkung der äußeren Erscheinung kennen, nutzen Sie diese als Maske in Situationen, die Ihnen unangenehm sind oder bedrohlich erscheinen.

Kontinuität, ausgeglichene Bewegung
Ihr Herz schlägt am gleichmäßigsten und längsten, wenn Ihre Atmung im Einklang mit der körperlichen Leistung steht, anstatt durch eine unausgeglichene geistige Einstellung beeinflusst zu werden.

Dynamischer Verstand
Sobald Sie feststellen, dass Ihre Einstellung Sie körperlich beeinträchtigt und dadurch Ihre Lebensfreude mindert, sollten Sie sie ablegen.

Innere Wandlung, Verarbeiten
Seien Sie sich dessen bewusst, dass Sie die Schöpfung nicht zu verbessern brauchen – und das auch nicht tun können. Nur durch eine innere Wandlung können Sie zur Einsicht kommen, dass alles so ist, wie es sein soll.

Die Beherrschung des inneren Wesens
Stimmen Sie Ihre Atmung auf den von der Sonne ausgestrahlten intensiven Frieden ein, damit sich Ihr Herz aus Angst vor Ablehnung nicht wie der abnehmende Mond zusammenzieht.

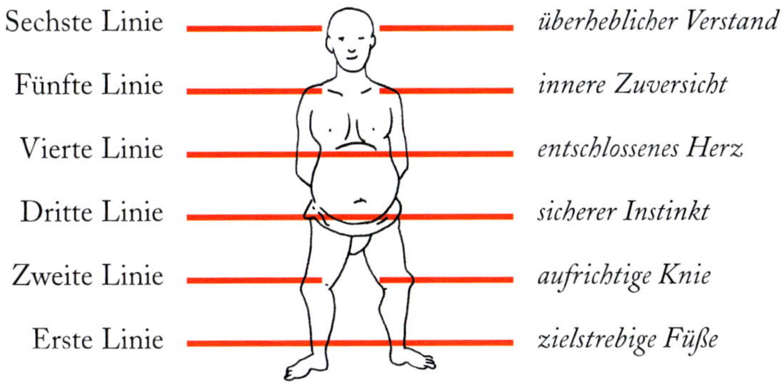

Die einzelnen Linien

Sechste Linie
Das Ende des Donners symbolisiert den abnehmenden Mond, den Sie als das wahre Licht ansehen. Das Reich Ihrer Gedanken ist wie eine Ruine mit einer prachtvollen Fassade, die Ihren Mangel an innerer Zuversicht verbirgt. Voller Hoffnung warten Sie darauf, dass jemand an die Eingangstüre klopft, aber niemand schnappt sich den Köder.

Fünfte Linie
Die Mitte des Donners und der im Abnehmen begriffene Vollmond weisen darauf hin, dass Ihr Herz gleichmäßig schlagen wird, sobald Sie aufhören, Illusionen nachzujagen. Jetzt, da Sie wissen, wie Sie mit der äußeren Erscheinung umgehen müssen, können Sie diese in Situationen, die Ihnen unangenehm sind oder die Sie als bedrohlich empfinden, als Maske benutzen.

Vierte Linie
Der zunehmende Mond und der Anfang sowohl des Donners als auch des Windes deuten darauf hin, dass Sie immer noch Illusionen benutzen, um Ihre Unsicherheit zu verbergen. Langsam werden Sie sich aber der Absurdität Ihres Verhaltens bewusst. Ein aufrichtiges Herz schlägt am längsten.

Dritte Linie
Die Mitte des Windes bzw. ein gleichmäßiges Ein- und Ausatmen ermöglicht es Ihrem inneren Feuer, wie die Sonne zu scheinen und den Neumond anzustrahlen. Um gelassen und unvoreingenommen zu sein, sollten Sie Ihre Instinkte hinter einem einfachen, unauffälligen Äußeren verbergen.

Zweite Linie
Das Ende des Windes bzw. der Augenblick der Einatmung weisen darauf hin, dass der Kern Ihres inneren Feuers so schwach leuchtet wie ein weit entfernter Stern. Sie sollten Ihr inneres Feuer nicht in Ihrer Haltung gegenüber dem Leben erkennbar werden lassen. Benutzen Sie die äußere Darstellung wie eine Nebelwand, mit der Sie Ihre innere Zuversicht verbergen.

Erste Linie
Der Anfang des Feuers, der so passiv wie Ihre Füße ist, schwelt solange bis er geschürt wird. Solange Sie atmen und über innere Zuversicht verfügen, können Sie Ihr Feuer auflodern lassen. Haben Sie keine Angst davor, völlig Sie selbst zu sein und Ihr inneres Licht erstrahlen zu lassen wie die Sonne.

Hinweis
Das Hexagramm Fêng wird vom Wind ☴ bestimmt, der wie der Donner ☳ in der vierten Linie bzw. Ihrem Herzen entsteht. Wenn Sie den Wind, bzw. Ihre Atmung vom Rhythmus des Sumpfes/Mondes ☱ befreit haben, werden Sie wie die Sonne zur Mittagszeit innere Zuversicht (zweite Linie) ausstrahlen, weil Sie das Feuer/die Sonne ☲ nicht mehr als notwendiges Übel betrachten.

Starke und schwache Wandlungslinien
In Ihrem Hexagramm sollten Sie besonders auf die Wandlungslinien achten. Eine starke Linie zeigt an, dass Sie die Situation mit zu viel Kraft angehen, eine schwache Linie verlangt eine kühnere Haltung.

***I Ging* – ein geschlossenes System**
Die Antwort auf Ihre Frage finden Sie nicht nur im Ausgangshexagramm. Zur tieferen Einsicht sollten Sie auch die verschiedenen einzelnen Hexagramme beachten, aus denen das Ausgangshexagramm besteht. Die Zahl hinter den Hexagrammen verweist auf die Seite, auf der Sie die ausführliche Interpretation nachlesen können. Durch Wandlungslinien ergibt sich ein Folgehexagramm.

Wie das Leben selbst, so ist auch das *I Ging* ein wundersames geschlossenes Labyrinth, aus dem Sie nur entkommen, indem Sie das Buch schließen.

Das Folgehexagramm
Dadurch, dass sich die Wandlungslinien in ihr Gegenteil verkehren – aus einer unterbrochenen Linie wird eine durchgezogene und umgekehrt –, entsteht ein Folgehexagramm, das Auskunft über eine künftige Lebensphase gibt. Die Informationen auf der linken Seite sind bei der Beschäftigung mit diesem Hexagramm am hilfreichsten, weil Folgehexagramme keine Wandlungslinien enthalten. Die Informationen auf der rechten Seite können natürlich auch aufschlussreich sein.

LÜ (Der weise Mensch)

Das Zeichen Lü steht für eine zeitlich begrenzte Unterkunft, für Reisende, Fremde oder Soldaten. Der Reisende, der sich unterwegs Anderen anschließt, sollte sich wie ein Gast benehmen. Sie verhalten sich klug, wenn Sie Bescheidenheit an den Tag legen, nur reden, wenn man Sie darum bittet, nicht über Dinge sprechen, von denen Sie nichts verstehen, sich nicht in die Angelegenheiten anderer einmischen und wissen, dass Reden Silber und Schweigen Gold ist.

In dem Hexagramm weist das Feuer/die Sonne darauf hin, dass Sie über eine innere Zuversicht verfügen, die nur zum Teil hinter dem äußerlichen Glanz des Sumpfes/Mondes verborgen ist. Der Wind bzw. Ihre Atmung ist mit Ihrem inneren Feuer verbunden und basiert auf dem Frieden, der von dem stabilen Berg ausgestrahlt wird. Sie gehen ruhig und würdevoll durch das Leben. Ihre Lebenseinstellung lässt erkennen, dass Sie, wenn es Ihnen gefällt, nicht so naiv sind, wie Sie zu sein vorgeben. Wie ein großer Baum, der eine Menge Wind abfängt, können Sie in die Falle des Stolzes tappen, was Ihr Untergang wäre.

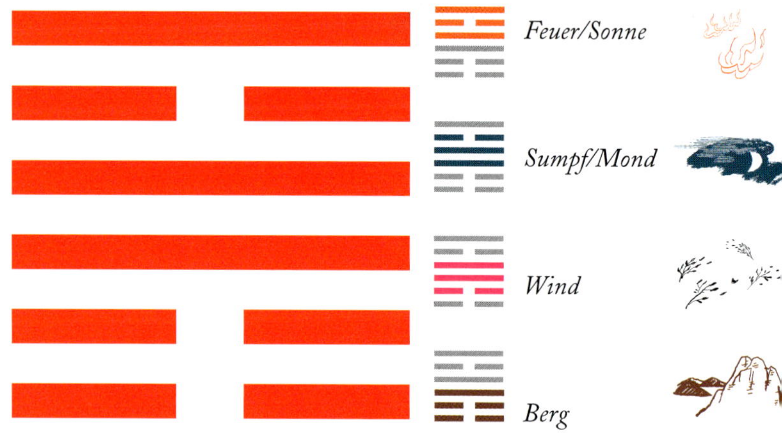

Der weise Mensch (56

Ein weiser Mensch ist wie die Sonne, die den Berggipfel krönt. Wenn man Ihren Rat sucht, erteilen Sie ihn – unvoreingenommen und mit innerer Ruhe. Aber seien Sie bescheiden, und äußern Sie Ihre Meinung erst, wenn man Sie darum bittet, und sprechen Sie, wenn andere bereit sind, Ihnen zuzuhören. Sie können lernen, weise zu werden, indem Sie den unten stehenden Anweisungen folgen.

Dualität 38

Selbstbewusstsein ist Ihre Verteidigung gegen eine äußere Darstellung, die auf Unsicherheit basiert. Es lehrt Sie, den wahren Wert anderer zu beurteilen.

Auflösung, Zerfließen 50

Überprüfen Sie mit Hilfe Ihrer inneren Gewissheit den Eindruck, den jemand auf Sie macht. Wenn Sie ruhig und gleichmäßig atmen, können Sie spüren, mit wem Sie es in Wirklichkeit zu tun haben.

Dynamischer Verstand 28

Folgen Sie nicht den Vorstellungen anderer Menschen, wenn Ihre Atmung dadurch behindert wird. Konzentrieren Sie sich auf Ihre eigenen Angelegenheiten.

Das Spiel der Liebe 3

Die Liebe zu sich selbst und anderen hängt von Ihrem Lebenswillen ab. Dieser basiert auf innerer Zuversicht und gewährleistet, dass Sie nicht aus einem Gefühl der Ohnmacht heraus andere zurechtweisen.

Die gesegnete Verbindung 53

Diese Verbindung ist nur gesegnet, wenn Sie – für sich selbst und andere – wissen, wann es an der Zeit ist zu pflügen, zu säen, zu ernten und zu ruhen.

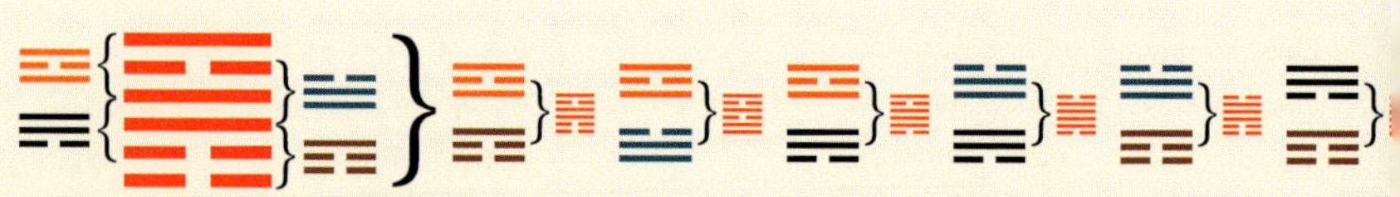

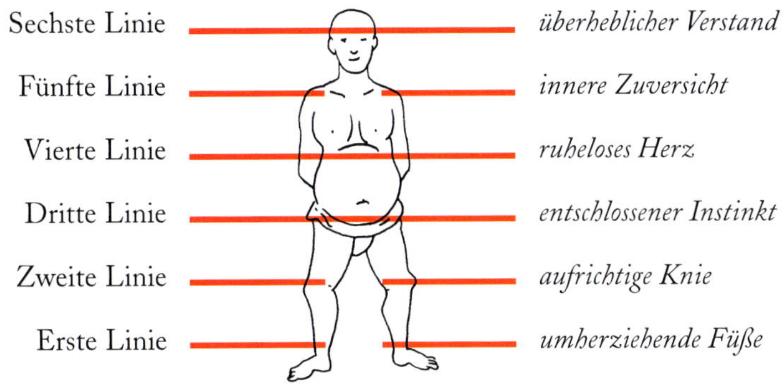

Die einzelnen Linien

***I Ging* – ein geschlossenes System**
Die Antwort auf Ihre Frage finden Sie nicht nur im Ausgangshexagramm. Zur tieferen Einsicht sollten Sie auch die verschiedenen einzelnen Hexagramme beachten, aus denen das Ausgangshexagramm besteht. Die Zahl hinter den Hexagrammen verweist auf die Seite, auf der Sie die ausführliche Interpretation nachlesen können. Durch Wandlungslinien ergibt sich ein Folgehexagramm.

Wie das Leben selbst, so ist auch das *I Ging* ein wundersames geschlossenes Labyrinth, aus dem Sie nur entkommen, indem Sie das Buch schließen.

Sechste Linie
Die Sonne steht im Zenit und bringt Verwirrung in Ihren durch die Dualität geprägten Geist. Sie versuchen, Ihre Mitmenschen zurechtzuweisen, sobald Ihnen aber Ihre eigene Medizin verabreicht wird, purzeln Sie schreiend vom hohen Ross. Hochmut kommt vor dem Fall.

Fünfte Linie
Das Innerste des Feuers/der Sonne bzw. Ihre innere Zuversicht versteckt sich nicht hinter dem im Abnehmen begriffenen Vollmond. Dies lässt darauf schließen, dass Sie jemanden entschlossen und unvoreingenommen mit der Wahrheit konfrontieren. Anfangs bringt Ihnen dies keinen Dank ein, später jedoch wird man Ihre Aufrichtigkeit zu schätzen wissen.

Vierte Linie
Der Anfang Ihres inneren Feuers und der Wind (Ihre Atmung) werden vom zunehmenden Mond überschattet. Dies weist darauf hin, dass Sie sich in einer Gesellschaft, deren Gespräche sich auf Illusionen gründen, wie ein höflicher Gast verhalten. Ziehen Sie sich freundlich schweigend zurück.

Dritte Linie
Der Neumond kontrolliert den Berggipfel und die Mitte des Windes (Ihre Ein- und Ausatmung). Dies lässt darauf schließen, dass Sie unsicher sind und sich unhöflich verhalten, indem Sie andere durch Worte belästigen. Weil Sie Ihren Mund nicht halten können, verderben Sie sich jede Chance, von Ihrer Umgebung akzeptiert zu werden.

Zweite Linie
Die Position unter dem Berggipfel und am Ende des Windes (der Augenblick der Einatmung) deutet auf eine bescheidene Einstellung gegenüber dem Leben und eine angemessene Verhaltensweise hin. Sie wissen, wann es an der Zeit ist, zuzuhören, zu reden und sich zurückzuziehen.

Erste Linie
Am Fuß des Berges haben Sie keinen Überblick und reißen viele alte Wunden auf. Sie mischen sich offen in die Angelegenheiten anderer Menschen ein und benehmen sich wie ein Elefant im Porzellanladen, wodurch Sie alle gegen sich aufbringen.

Hinweis
Das Hexagramm Lü wird vom *Dynamischen Verstand (28)* dominiert. Konzentrieren Sie Ihren Geist ☴ nicht auf die vom Sumpf/Mond ☱ hervorgerufene Illusion, weil Sie sich dann in der Einbildung verrennen könnten, Sie seien der wahre Vertreter des Feuers/der Sonne ☲. Nehmen Sie sich ein Beispiel am Berg ☶, damit Sie mit beiden Beinen fest auf der Erde stehen können.

Starke und schwache Wandlungslinien
In Ihrem Hexagramm sollten Sie besonders auf die Wandlungslinien achten. Eine starke Linie zeigt an, dass Sie die Situation mit zu viel Kraft angehen, eine schwache Linie verlangt eine kühnere Haltung.

Das Folgehexagramm
Dadurch, dass sich die Wandlungslinien in ihr Gegenteil verkehren – aus einer unterbrochenen Linie wird eine durchgezogene und umgekehrt –, entsteht ein Folgehexagramm, das Auskunft über eine künftige Lebensphase gibt. Die Informationen auf der linken Seite sind bei der Beschäftigung mit diesem Hexagramm am hilfreichsten, weil Folgehexagramme keine Wandlungslinien enthalten. Die Informationen auf der rechten Seite können natürlich auch aufschlussreich sein.

Diese Hexagramme sind Bestandteile des Ausgangshexagramms und geben Ihnen weitere Hinweise zu Ihrer derzeitigen Situation.

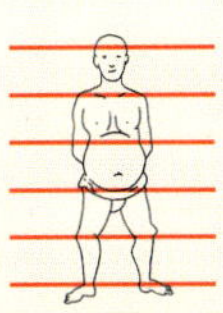

Die Linien entsprechen unterschiedlichen Körperbereichen. Die Stichworte geben Ihnen einen Einblick in Ihre derzeitige körperliche und geistige Verfassung.

Starke Wandlungslinie
Schwache Wandlungslinie

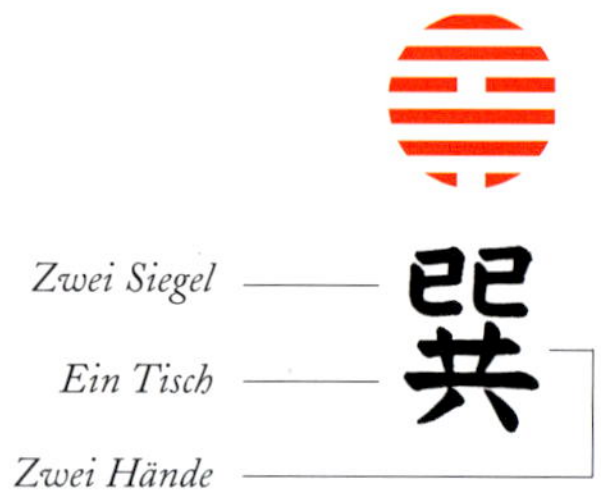

Auf einem Tisch liegen zwei amtliche Siegel, die ausgewählten Beamten als Zeichen ihres Amtes übergeben werden.

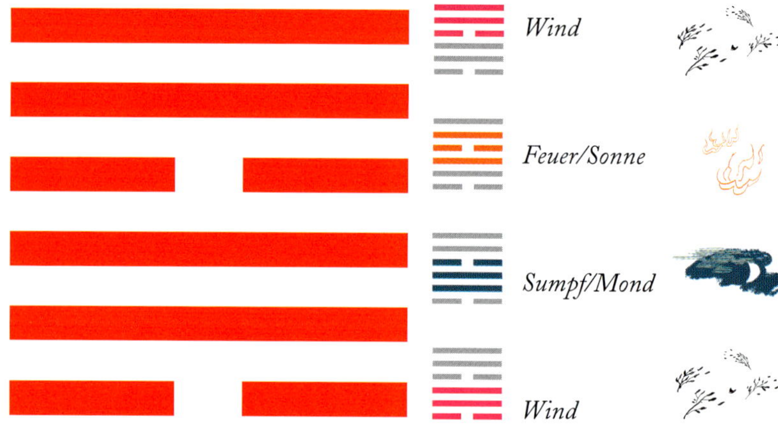

SUN (Die Worte abwägen)

Das Zeichen Sun steht für die Reihe von Verwaltungsbeamten, die die Befehle ihrer Herren so genau wie möglich weitergeben, damit die Vorstellungen und Ideale der übergeordneten Autorität in die Praxis umgesetzt werden. Es wird auch Ihnen geraten, Ihre Gedanken rein zu halten und Ihren Worten Taten folgen zu lassen. Wenn Sie um jeden Preis Nein sagen, um andere loszuwerden, oder Ihre Worte auf illusorischen Vorstellungen basieren, werden Sie das Vertrauen Ihrer Mitmenschen verlieren.

In diesem Hexagramm symbolisiert das obere Trigramm des Windes das Reich Ihrer Gedanken. Dort entwickeln Sie eine Vision, die durch das untere Trigramm des Windes bzw. Ihre Atmung in Wort und Taten umgesetzt wird. Wenn Ihr Geist sich ein Beispiel an dem Feuer/der Sonne nimmt, haben Sie die innere Gewissheit, dass in Ihren Worten Wahrheit enthalten ist. Wenn Sie Ihr Herz jedoch an die äußere Erscheinung des Sumpfes/Mondes verschenken, reden Sie viel heiße Luft und aus Ihren Ideen wird nie etwas anderes werden als Luftschlösser, mit denen Sie sich selbst und andere zum Narren halten. Worte entscheiden über die Zukunft. Wenn sich in Ihnen Gedanken und Ideale widerspiegeln, die nicht mit den Gesetzen der Natur oder den Normen und Werten der zivilisierten Gesellschaft übereinstimmen, wären Sie besser beraten, zu schweigen.

Die Worte abwägen (57
Es ist ein Zeichen von Weisheit, dass Sie erst sprechen, wenn Sie wissen, dass Sie Ihr Wort halten können. Indem Sie sagen, was Sie tun, und tun, was Sie sagen, entwickeln Sie Selbstvertrauen und gewinnen auch das Vertrauen anderer, sodass Sie mit innerer Ruhe durch das Leben gehen können. Die folgenden Hinweise lehren Sie eine Vertrauen erweckende Atmung.

Die Beherrschung des inneren Wesens 37
Stimmen Sie das Reich Ihrer Gedanken auf die intensive Ruhe der Sonne ein. Diese überblickt alles und beleuchtet alle Aspekte einer Angelegenheit.

Aufrichtigkeit 61
Wenn Sie aufrichtig sind, werden Sie feststellen, dass man das Geheimnis des Lebens nicht in Worte fassen kann. Dies gibt Ihnen aber nicht das Recht, Ihre Vorstellung von der Wahrheit absichtlich zu verzerren.

Dualität 38
Selbsterkenntnis schützt vor einer äußeren Haltung, die auf Unsicherheit basiert. Ihre Worte sind aufrichtig.

Auflösung, Zerfließen 50
Überprüfen Sie mit Hilfe Ihrer inneren Gewissheit den Eindruck, den andere auf Sie machen. Wenn Sie ruhig und gleichmäßig atmen, können Sie spüren, mit wem Sie es in Wirklichkeit zu tun haben.

Dynamischer Verstand 28
Sprechen Sie keine Worte aus, durch die Ihre Atmung unregelmäßig wird. Es ist besser zuzugeben, dass Sie etwas nicht wissen, als sich zur Aufrechterhaltung Ihrer Fassade in lächerlichen Ausführungen zu ergehen, denn dies mindert Ihre Lebensfreude.

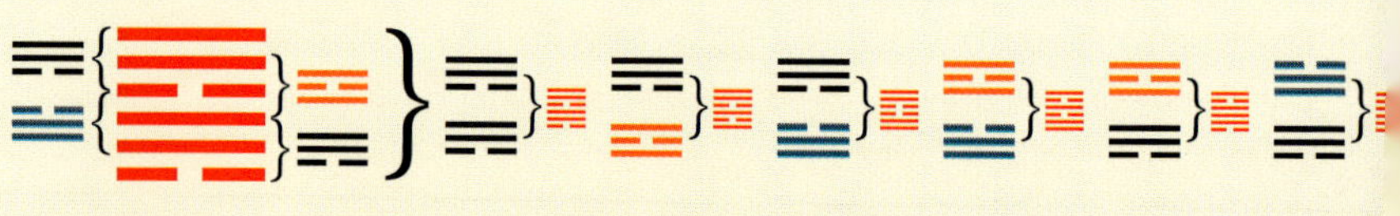

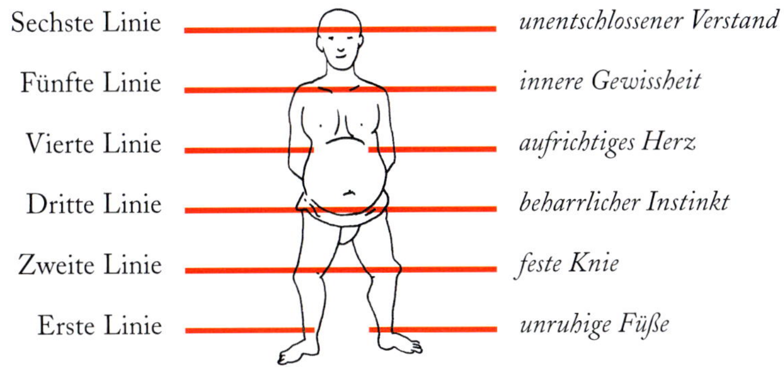

Die einzelnen Linien

Sechste Linie
Der Anfang des Windes symbolisiert ein erwachendes Bewusstsein, das noch keine Vorstellung über die mögliche Wirkung von Worten hat. Sobald Sie erwacht sind, beginnt Ihr Geist zu rasen, und Sie können Ihren Redefluss nicht stoppen. In Ihrem Falle wäre ein Sprechverbot angebracht.

Fünfte Linie
Die Mitte des Windes bzw. Ihr Bewusstsein basiert auf Ihrer inneren Gewissheit, die wie eine reine Flamme brennt. Alles, was Sie sagen, ist gut durchdacht. Obwohl man Ihnen zuerst nicht vertraut, wird man Ihnen schließlich doch glauben, denn Sie lassen Ihren Worten stets Taten folgen. Ändern Sie an Ihrer Einstellung nicht das Geringste.

Vierte Linie
Der unausweichlich abnehmende Vollmond und das Ende des Windes bzw. die Worte, die Sie mit der Ehrlichkeit und Unvoreingenommenheit der Sonne aussprechen, sind Zeichen dafür, dass Sie Illusionen verabscheuen, aus dem Herzen sprechen und somit das Gemüt anderer berühren können.

Dritte Linie
Der zunehmende Mond überstrahlt Ihr schlummerndes inneres Feuer, weil der Anfang des Windes bzw. Ihre Atmung kraftlos ist. Aus Unsicherheit setzen Sie – auf eine ziemlich hinterhältige Art und Weise – alle verfügbaren Mittel ein, um Ihre Worte in Taten umzusetzen. Sie hoffen immer noch darauf, Ihr Luftschloss bauen zu können.

Zweite Linie
Der Neumond und die Mitte des Windes bzw. Ihre Ein- und Ausatmung stehen für Ihren Mund, dem es angesichts der Frage, ob Sie Ihre verschwommenen Vorstellungen in die Tat umsetzen wollen, nicht die Sprache verschlägt. Sie befragen andere, um herauszufinden, was Sie auf sich nehmen. Diese aufrichtige Lebenseinstellung wird von allen gut geheißen.

Erste Linie
Das Ende des Windes weist darauf hin, dass Sie eine Atempause einlegen. Sie können Ihre Worte nicht mit Ihren Taten vereinbaren, stehen ängstlich herum und scharren mit den Füßen. Sie wissen jetzt nicht, was Sie sagen oder tun sollen. Seien Sie wie ein Soldat, der gelassen auf seinen Befehl wartet.

Hinweis
Das Hexagramm Sun wird vom *Dynamischen Verstand (28)* dominiert. Richten Sie Ihre Gedanken bzw. den oberen Wind ☴ nicht auf die durch den Sumpf/Mond ☱ hervorgerufene Illusion, denn dann werden Sie Dinge versprechen, die Sie nicht halten können. Konzentrieren Sie sich auf Ihre innere Gewissheit ☲, sodass auf jedes von Ihnen gesprochene Wort (☴, unterer Wind) eine Tat folgen kann.

Starke und schwache Wandlungslinien
In Ihrem Hexagramm sollten Sie besonders auf die Wandlungslinien achten. Eine starke Linie zeigt an, dass Sie die Situation mit zu viel Kraft angehen, eine schwache Linie verlangt eine kühnere Haltung.

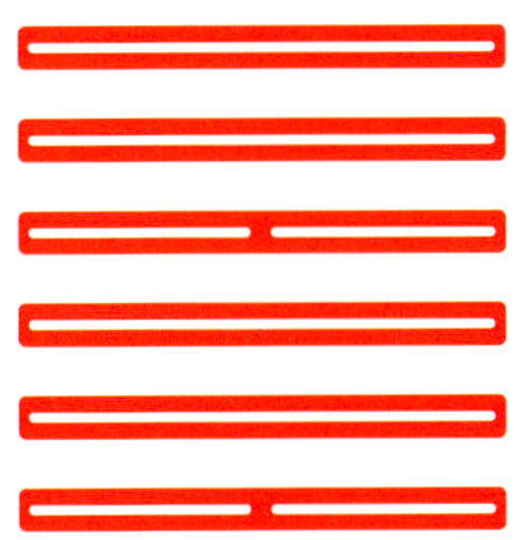

I Ging **– ein geschlossenes System**
Die Antwort auf Ihre Frage finden Sie nicht nur im Ausgangshexagramm. Zur tieferen Einsicht sollten Sie auch die verschiedenen einzelnen Hexagramme beachten, aus denen das Ausgangshexagramm besteht. Die Zahl hinter den Hexagrammen verweist auf die Seite, auf der Sie die ausführliche Interpretation nachlesen können. Durch Wandlungslinien ergibt sich ein Folgehexagramm.

Wie das Leben selbst, so ist auch das *I Ging* ein wundersames geschlossenes Labyrinth, aus dem Sie nur entkommen, indem Sie das Buch schließen.

Das Folgehexagramm
Dadurch, dass sich die Wandlungslinien in ihr Gegenteil verkehren – aus einer unterbrochenen Linie wird eine durchgezogene und umgekehrt –, entsteht ein Folgehexagramm, das Auskunft über eine künftige Lebensphase gibt. Die Informationen auf der linken Seite sind bei der Beschäftigung mit diesem Hexagramm am hilfreichsten, weil Folgehexagramme keine Wandlungslinien enthalten. Die Informationen auf der rechten Seite können natürlich auch aufschlussreich sein.

Diese Hexagramme sind Bestandteile des Ausgangshexagramms und geben Ihnen weitere Hinweise zu Ihrer derzeitigen Situation.

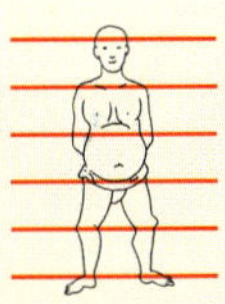

Die Linien entsprechen unterschiedlichen Körperbereichen. Die Stichworte geben Ihnen einen Einblick in Ihre derzeitige körperliche und geistige Verfassung.

Starke Wandlungslinie
Schwache Wandlungslinie

巽

Ein Mensch spricht freundliche Worte, die Kummer zerstreuen und Freude sowie Wohlbefinden fördern.

兑

TUI (Ermutigung)

Das Zeichen Tui steht für Augenblicke des spontanen und unschuldigen Gebens und Nehmens. Menschliche Geschöpfe sind soziale Wesen, die vom Tag ihrer Geburt an gelernt haben, ihre Umgebung zu spiegeln. Dadurch verfügen sie über die Gabe, anderen Mut zusprechen zu können.

In dem Hexagramm wird diese Eigenschaft durch die Wiederholung der Trigramme symbolisiert, die für den Sumpf/Mond stehen. Dies weist darauf hin, dass Sie von Kopf bis Fuß ein Wesen sind, das Energie aufnimmt und abgibt. Ihre Ausstrahlung spiegelt Ihr inneres Feuer wider, das durch die Atmung angefacht wird. Aus diesem Grund bilden der Wind und das Feuer/die Sonne den Kern des Hexagramms. Ihre kulturellen und gesellschaftlichen Vorurteile basieren im Allgemeinen auf Feindseligkeit und der Vorstellung, dass alles seinen Preis hat. Wenn Sie diese Gedanken zurückdrängen können, wird ein Gefühl intensiver menschlicher Wärme auftauchen. Indem Sie Ihre Atmung harmonisch mit Ihrem Selbsterhaltungstrieb abstimmen und dieser Sie in gefährlichen oder schweren Zeiten warnt, können Sie Ihr Herz frei sprechen lassen. Sie werden intuitiv wissen, wann die Zeit hierfür vorüber ist.

Ermutigung
Jeder, der schon einmal erlebt hat, dass ein freundliches Wort oder eine Geste wieder die Lebensgeister erweckte, weiss, wie wichtig dies ist. Unterdrücken Sie daher die Fähigkeit, eine solche Freude schenken zu können, nicht dadurch, dass Sie materiellem Besitz hinterher jagen oder glauben, Sie seien zu kultiviert und intellektuell für eine solche Handlungsweise. Die folgenden Anmerkungen zeigen, wie Sie diese Quelle der Ermunterung spontan sprudeln lassen können.

Dynamischer Verstand
Verstricken Sie sich nicht in den Vorstellungen anderer, wenn sich Ihr Atem dadurch beschleunigt.

Innere Wandlung, Verarbeiten
Erkennen Sie, dass Sie die Schöpfung nicht verbessern brauchen und das auch nicht tun können. Nur durch innere Wandlung können Sie zur Erkenntnis gelangen, dass alles so ist, wie es sein soll.

Die Beherrschung des inneren Wesens
Harmonisieren Sie Ihre Atmung mit dem tiefen Frieden der Sonne, um nicht aus Angst vor Zurückweisung zu verschwinden wie der abnehmende Mond.

Aufrichtigkeit
Wenn Sie aufrichtig sind, wissen Sie, dass man das Geheimnis des Lebens nicht in Worte fassen kann, und Sie sprechen anderen aufmunternde Worte zu.

Dualität
Selbstkenntnis schützt Sie davor, sich aus Unsicherheit heraus anders zu geben als Sie sind, und sorgt somit dafür, dass Sie Ihre Worte ehrlich meinen.

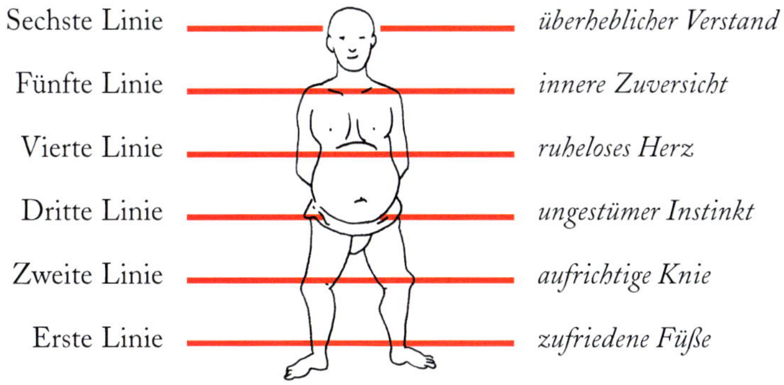

Die einzelnen Linien

Sechste Linie
Der im Abnehmen begriffene Vollmond zeigt an, dass Sie die Absicht haben, Ihren Mitmenschen Glück zu bescheren, aber nicht in Betracht ziehen, dass Sie die Freude anderer nicht lange aufrecht erhalten können. Sprechen Sie Worte, die Lebensfreude zum Ausdruck bringen, und belasten Sie sich nicht mit dem Gedanken, dass das Glück anderer Menschen von Ihnen abhängt.

Fünfte Linie
Der Anfang des Windes bzw. Ihre Atmung wird unter dem Einfluss des zunehmenden Mondes unregelmäßig. Dies deutet darauf hin, dass Sie versuchen, andere zu ermutigen, obwohl Sie sehen, dass diese in Illusionen verstrickt sind. Lassen Sie sich nicht auf eine Diskussion ein, sondern sprechen Sie Worte, durch die das Leben angenehmer wird.

Vierte Linie
Der Neumond und das innere Feuer, das in der Mitte des Windes (Ihrer Ein- und Ausatmung) brennt, symbolisieren einen endlosen Strom ermutigender Worte mit didaktischem Unterton. Trotz Ihrer Aufgeregtheit sind Sie anderen ein Beispiel, denn Sie bringen ihnen echte Wärme entgegen.

Dritte Linie
Das Ende des Windes bzw. Ihre Ausatmung werden nicht durch Ihr inneres Feuer gespeist, sodass Ihr Instinkt vom Vollmond gesteuert wird. Sie sind nur an der kurzfristigen Befriedigung Ihrer eigenen Bedürfnisse interessiert. Dieser vorübergehende Anreiz wird weder Ihnen noch anderen Trost spenden oder Ermutigung bringen.

Zweite Linie
Der zunehmende Mond und der Anfang Ihres inneren Feuers bestimmen Ihre Lebenseinstellung. Sie strahlen Aufrichtigkeit und Lebensfreude aus, sodass Ihre Anwesenheit ausreicht, um andere kurzfristig aufzumuntern.

Erste Linie
Der Neumond deutet darauf hin, dass Sie das von anderen empfangene Licht reflektieren. Wenn Sie an einen Augenblick zurückdenken, in dem Ihre Lebensfreude durch aufmunternde Worte wiederhergestellt wurde, können Sie eine Kraft ausstrahlen, durch die andere aufgemuntert werden.

Hinweis
Das Hexagramm Tui wird vom *Dynamischen Verstand (28)* bestimmt. Wenn Sie Ihre Atmung ☴ dem Frieden angleichen, den das Feuer/die Sonne ☲ ausstrahlt, werden Sie über eine positive und nicht durch Egoismus getrübte Lebenseinstellung ☲ (unten) verfügen und können dadurch anderen spontan Ermunterung ☱ (oben) zusprechen.

Starke und schwache Wandlungslinien
In Ihrem Hexagramm sollten Sie besonders auf die Wandlungslinien achten. Eine starke Linie zeigt an, dass Sie die Situation mit zu viel Kraft angehen, eine schwache Linie verlangt eine kühnere Haltung.

***I Ging* – ein geschlossenes System**
Die Antwort auf Ihre Frage finden Sie nicht nur im Ausgangshexagramm. Zur tieferen Einsicht sollten Sie auch die verschiedenen einzelnen Hexagramme beachten, aus denen das Ausgangshexagramm besteht. Die Zahl hinter den Hexagrammen verweist auf die Seite, auf der Sie die ausführliche Interpretation nachlesen können. Durch Wandlungslinien ergibt sich ein Folgehexagramm.

Wie das Leben selbst, so ist auch das *I Ging* ein wundersames geschlossenes Labyrinth, aus dem Sie nur entkommen, indem Sie das Buch schließen.

Das Folgehexagramm
Dadurch, dass sich die Wandlungslinien in ihr Gegenteil verkehren – aus einer unterbrochenen Linie wird eine durchgezogene und umgekehrt –, entsteht ein Folgehexagramm, das Auskunft über eine künftige Lebensphase gibt. Die Informationen auf der linken Seite sind bei der Beschäftigung mit diesem Hexagramm am hilfreichsten, weil Folgehexagramme keine Wandlungslinien enthalten. Die Informationen auf der rechten Seite können natürlich auch aufschlussreich sein.

Diese Hexagramme sind Bestandteile des Ausgangshexagramms und geben Ihnen weitere Hinweise zu Ihrer derzeitigen Situation.

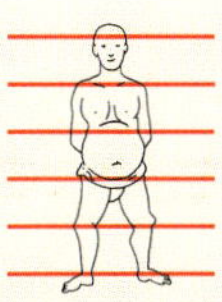

Die Linien entsprechen unterschiedlichen Körperbereichen. Die Stichworte geben Ihnen einen Einblick in Ihre derzeitige körperliche und geistige Verfassung.

Starke Wandlungslinie
Schwache Wandlungslinie

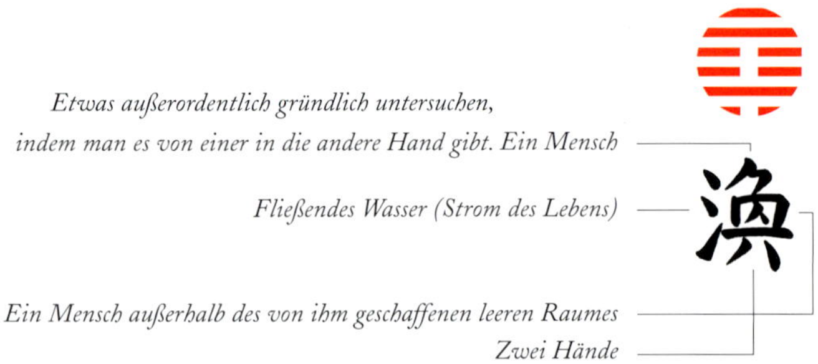

HWÂN (Erlösung)

Das Zeichen Hwân bedeutet Entfernen, Auflösen, Öffnen und Entwickeln. Der Aufbau des Zeichens deutet darauf hin, dass Sie sich öffnen, indem Sie sich des Egos entledigen, das sich im Laufe Ihres Lebens gebildet hat, und zu der Unschuld zurückfinden, die Sie bei Ihrer Geburt, als Ihr Leben noch ungetrübt war, besaßen.

In diesem Hexagramm symbolisieren der Wind auf dem Berg und der vom Fluss aufsteigende Donner, dass Sie sich durch tiefe Meditation vom Strom des Lebens befreit haben und Ihre Vergangenheit objektiv betrachten. Bei Ihrer Geburt waren Sie wie ein leeres Blatt Papier, dass in den Strom des Lebens geworfen wurde. Wenn Sie im Geiste zu diesem Augenblick zurückkehren und es sich dann erlauben, auf das Hier und Jetzt zuzutreiben, werden Sie jeder Situation wieder begegnen, die bei Ihnen einen Eindruck hinterlassen hat. Wenn Sie erkennen, dass Sie ohne diese nie in der Gegenwart angekommen wären, können Sie sie verarbeiten und sich von ihr befreien. Auf diese Weise heilen Sie sich und gelangen letztendlich wieder in Ihren ursprünglichen, unberührten Zustand. Jetzt, da Ihre Atmung nicht mehr durch Ihr verletztes Ego gestört wird, schlägt Ihr Herz gleichmäßig und beschleunigt sich nur bei körperlicher Anstrengung. Sie spüren das Wunder Ihres körperlichen Wesens und begegnen Ihrer Umgebung ohne das geringste Vorurteil, so als ob Sie neu geboren wären.

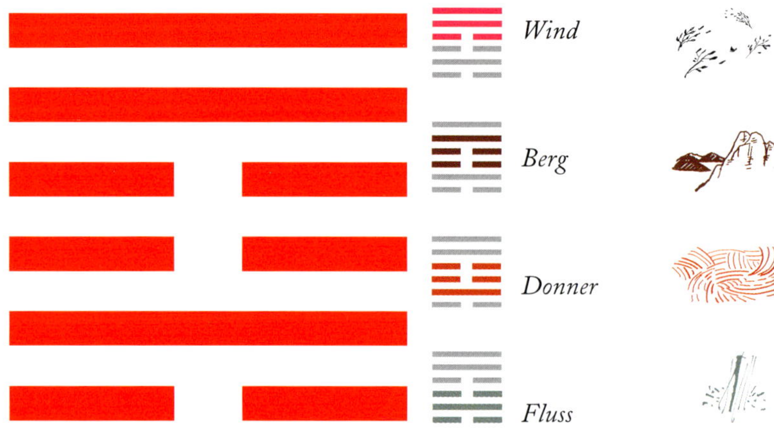

Erlösung (5

Sobald Sie Ihren Geist von Vorurteilen befreit haben, wird Ihre Selbstbeherrschung den intensiven Frieden des Himmels widerspiegeln, der die Erde auf ihrer Umlaufbahn hält und ein natürliches Gleichgewicht gewährleistet. Sobald Gedanken, Worte und Taten miteinander verbunden sind, sind Sie identisch mit Ihrem wahren Wesen. Die folgenden Anmerkungen zeigen, wie Sie sich von Ihrem Ego befreien können.

Die gesegnete Verbindung 53

Die Erde ist wie eine weise alte Frau mit einer ewig jungen Ausstrahlung. Wenn Sie das Leben ebenso wie diese genießen wollen, dann verweilen Sie nicht in Situationen, die mit Ihrem Wesen unvereinbar sind.

Vermehrung 42

Wahres Wachstum basiert auf dem Bewusstsein, dass geistige Entwicklung nicht durch das Streben nach materiellen Besitztümern behindert werden darf.

Nahrung 27

Die Abfallprodukte Ihrer körperlichen Ernährung werden ausgeschieden. Die Eindrücke, die Ihre Erfahrungen hinterlassen, verweilen in Ihrem Körper. Unterziehen Sie sich einer gründlichen Selbstbetrachtung.

Jugendliche Unschuld 4

Sie können Ihre Kindheit nicht wieder aufleben lassen, indem Sie Ihr Ego gehen lassen. Damals waren Sie wie Wasser, das haltlos einen Berg hinunterstürzt.

Den Knoten durchschneiden 40

Treiben Sie wie ein Blatt langsam auf dem Strom des Lebens dahin. Wenn Neugierde Sie an das Ufer lockt, dann klammern Sie sich nicht daran fest. Beobachten Sie die Situation. Sagen Sie Ihre Meinung, wenn man Sie darum bittet, um dann weiter zu ziehen.

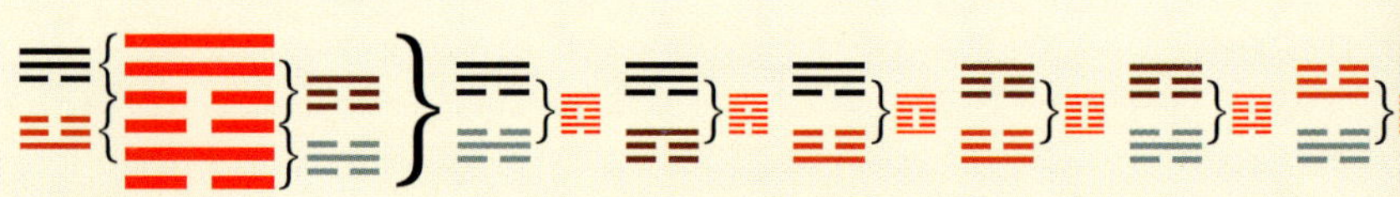

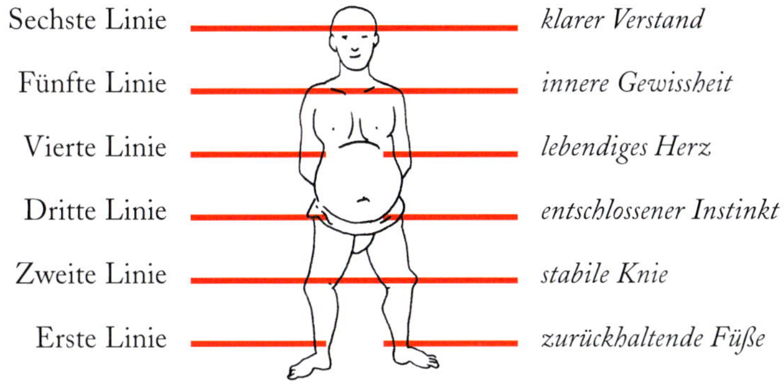

Die einzelnen Linien

Sechste Linie
Der Anfang des Windes bzw. Ihr Bewusstsein, das aus tiefer Meditation erwacht, weist darauf hin, dass Sie unbelastet von Gedanken an die Vergangenheit sind. Die seelischen Wunden sind verheilt. Die Narben werden Ihren Instinkt wecken, wenn Sie falsche Entscheidungen treffen.

Fünfte Linie
Die Position in der Mitte des Windes bzw. Ihrer Ein- und Ausatmung auf dem Berggipfel deutet darauf hin, dass Sie während tiefer Meditation Ihre Vergangenheit abwägen. Sie treiben die Angst in Form von Schweiß aus, der von Ihrem Körper herabrinnt und Platz für innere Zuversicht schafft.

Vierte Linie
Unter dem Berggipfel verliert der Donner seine Kraft, und das Ende des Windes weist darauf hin, dass die ruhige Atmung nicht durch Ihre Vergangenheit in Mitleidenschaft gezogen wird. Bei körperlicher Anstrengung und wenn Ihr Instinkt Sie auf eine Gefahr aufmerksam macht, schlägt Ihr Herz schneller. Dies deutet darauf hin, dass Sie den wahren Wert anderer unvoreingenommen einschätzen können.

Dritte Linie
Das Innerste des Donners grollt am Fuß des Berges, dort wo der Fluss beginnt. Sie wägen ab, ob Sie auf dem Strom des Lebens weiter ohne Vorurteil und Argwohn reisen können. Lassen Sie sich vom Selbsterhaltungstrieb leiten, er trägt die Narben vergangener Erlebnisse und warnt Sie vor Gefahr.

Zweite Linie
Der Donner erweckt das Innerste im Strom des Lebens. Wenn Sie Ihre Vergangenheit durch Meditation verarbeitet haben, können Sie eine neue Weltanschauung entwickeln. Wenn Sie durch bittere Erfahrung gelernt haben, müssen Sie nicht mehr in die gleiche Situation geraten wie früher.

Erste Linie
Das fließende Wasser droht, Sie umzuwerfen. Wollen Sie sich im Leben behaupten, dann müssen Ihre Füße durch einen starken Willen kontrolliert werden. Begeben Sie sich nur dann in den Strom des Lebens, wenn Ihre Atmung ruhig ist und Sie nicht – wie es in Ihrer Kindheit der Fall war – wie Wasser sind, das einen Berg hinabstürzt.

Hinweis
Das Hexagramm Hwân wird von der *Nahrung (27)* dominiert. Indem Sie sich den von Ihnen beschrittenen Weg in Erinnerung rufen ☳ (zweite Linie) und die Erlebnisse noch einmal verarbeiten, um innere Gewissheit (fünfte Linie) zu erlangen, und Ihr Atem ☶ nicht mehr durch bittere Gedanken (sechste Linie) behindert wird, ermöglichen Sie es Ihrem Herzen (vierte Linie), ruhig zu schlagen und können sich auf Ihren Selbsterhaltungstrieb konzentrieren (dritte Linie). So finden Sie wieder zu sich selbst und stehen mit beiden Füßen (erste Linie) fest auf der Erde.

Starke und schwache Wandlungslinien
In Ihrem Hexagramm sollten Sie besonders auf die Wandlungslinien achten. Eine starke Linie zeigt an, dass Sie die Situation mit zu viel Kraft angehen, eine schwache Linie verlangt eine kühnere Haltung.

***I Ging* – ein geschlossenes System**
Die Antwort auf Ihre Frage finden Sie nicht nur im Ausgangshexagramm. Zur tieferen Einsicht sollten Sie auch die verschiedenen einzelnen Hexagramme beachten, aus denen das Ausgangshexagramm besteht. Die Zahl hinter den Hexagrammen verweist auf die Seite, auf der Sie die ausführliche Interpretation nachlesen können. Durch Wandlungslinien ergibt sich ein Folgehexagramm.

Wie das Leben selbst, so ist auch das *I Ging* ein wundersames geschlossenes Labyrinth, aus dem Sie nur entkommen, indem Sie das Buch schließen.

Das Folgehexagramm
Dadurch, dass sich die Wandlungslinien in ihr Gegenteil verkehren – aus einer unterbrochenen Linie wird eine durchgezogene und umgekehrt –, entsteht ein Folgehexagramm, das Auskunft über eine künftige Lebensphase gibt. Die Informationen auf der linken Seite sind bei der Beschäftigung mit diesem Hexagramm am hilfreichsten, weil Folgehexagramme keine Wandlungslinien enthalten. Die Informationen auf der rechten Seite können natürlich auch aufschlussreich sein.

Diese Hexagramme sind Bestandteile des Ausgangshexagramms und geben Ihnen weitere Hinweise zu Ihrer derzeitigen Situation.

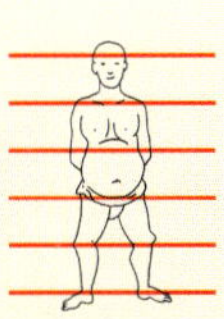

Die Linien entsprechen unterschiedlichen Körperbereichen. Die Stichworte geben Ihnen einen Einblick in Ihre derzeitige körperliche und geistige Verfassung.

Starke Wandlungslinie
Schwache Wandlungslinie

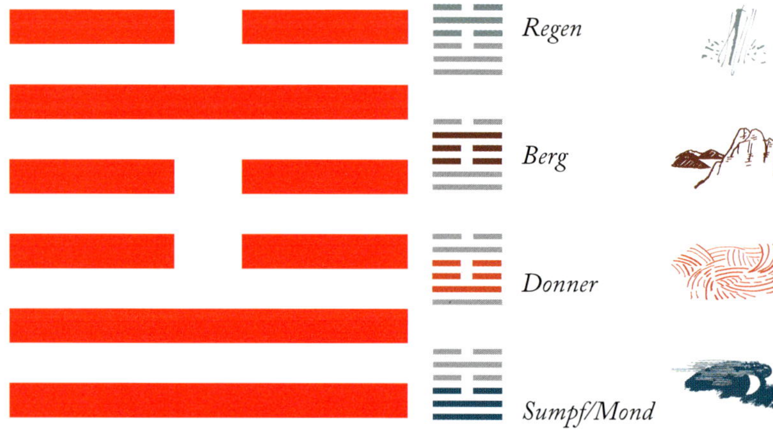

KIEH (Regelmäßig und ordentlich)

Das Zeichen Kieh stellt einen Teil einer Bambussprosse (zwischen zwei Knoten) dar und bedeutet zeitliche Einschränkung, Vorbedingung oder Mäßigung. Aus dem Aufbau des Zeichens kann man folgern, dass eine regelmäßige, auf der natürlichen Ordnung basierende Lebensweise das Risiko von Erschöpfung und Stress vermindert.

In diesem Hexagramm fällt der Regen nach den Gesetzmäßigkeiten des Himmels und füllt den See auf dem Berggipfel, der überfließt, wenn er zu voll wird. Dies symbolisiert einen gefestigten Menschen, der nicht mehr geistige und körperliche Nahrung aufnimmt, als er in einer bestimmten Zeit bei sich behalten bzw. verdauen kann. Wenn Sie diese Einstellung haben, sind Sie sich auch des Sumpfes/Mondes bewusst und wissen durch Beobachtung, wie voll er ist, wann es Zeit ist, Anstrengungen zu unternehmen oder wann Sie die Zügel schleifen lassen können. Dadurch können Sie andere anregen – mit entsprechender Ordnung und Energieeinsatz –, aktiv zu werden oder sich zu entspannen.

Regelmäßig und ordentlich
Wenn Sie nach zu strengen Regeln leben, mindert sich Ihre Lebensfreude; fehlende Regelmäßigkeit führt zu Gleichgültigkeit. Der Mond nimmt zu und wieder ab. Wenn Sie den Bauch voll haben, ist es Zeit, Ihre Anstrengungen und Erfahrungen in Ruhe zu verdauen. Die folgenden Anmerkungen zeigen, wie Sie diese Ordnung erreichen können. (6

Anfängliche Schwierigkeit
Geben Sie zur rechten Zeit, und ziehen Sie sich wieder rechtzeitig zurück. Sie machen einen Fehler, wenn Sie erst warten, bis Sie erschöpft sind, bevor Sie sich zurückziehen, weil Ihnen dann bei der Aussicht, wieder am Leben teilzunehmen, der Mut sinkt. 3

Verwirrung
Wachstum und Verwirrung gehen Hand in Hand. Lassen Sie zu, dass auf eine Phase des Wachstums eine des Nachdenkens folgt. 3

Nahrung
Zu viel und zu wenig körperliche oder geistige Nahrung sind schlecht für Sie. 2

Entspannung
Sie haben gekämpft, um an körperliche und geistige Nahrung zu gelangen. Nehmen Sie sich jetzt die Zeit, das zu genießen, was Sie haben, sodass materielle Dinge Sie nicht belasten. 4

Fruchtbarkeit
Eine Wachstumsphase dauert so lange an, wie Sie das Gefühl haben, voller zu werden, und sie ist vorbei, wenn Sie spüren, dass Ihre Energie schwindet. 5

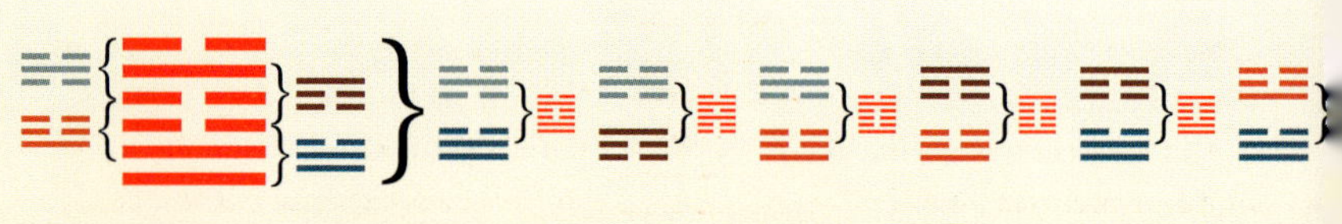

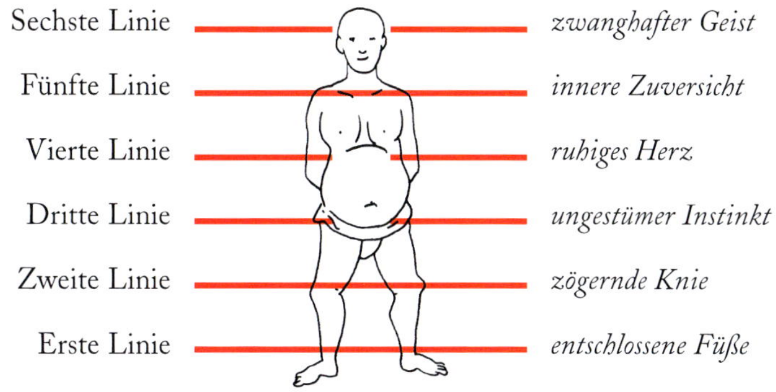

Die einzelnen Linien

Sechste Linie
Niemand kann vorhersagen, wann es regnen wird. Auch wenn Sie spüren, dass Regen in der Luft liegt, fühlen Sie erst Erleichterung, wenn der Schauer kommt. Ganz ähnlich können Sie sich wegen eines Problems den Kopf zerbrechen, bis plötzlich eine zufriedenstellende Lösung auftaucht. Die Erfahrung lehrt Sie, wann es Zeit ist, zu grübeln oder zu ruhen.

Fünfte Linie
Das Regenwasser bildet auf dem Berggipfel einen See. Dies ist ein Zeichen dafür, dass Sie entspannt sind, solange Sie über innere Zuversicht verfügen und den Überblick behalten. Sie haben die richtige Lebenseinstellung gefunden und können Ihr Wissen nutzen. Sie helfen anderen gerne, denn Sie führen ein geregeltes Leben und sind ordentlich.

Vierte Linie
Das unter dem Berggipfel und dem Ende des Donners bzw. dem abnehmenden Mond abfließende Regenwasser deutet darauf hin, dass Sie die Situation mit einem ruhig schlagenden Herzen überblicken. Dadurch, dass Sie Ihr Wissen an andere weitergeben, sammeln Sie neue Erfahrungen.

Dritte Linie
Am Fuß des Berges und in der Mitte des Donners erzittert der Vollmond. Dies weist darauf hin, dass sie keine Ordnung kennen. Blind folgen Sie Ihrem für Illusionen entflammten Instinkt und lassen dadurch alle Vernunft außer Acht. Schieben Sie nicht den Umständen die Schuld zu. Denken Sie über Ihr eigenes Verhalten nach, und suchen Sie die Ursache in sich selbst.

Zweite Linie
Der Anfang des Donners und der zunehmende Mond symbolisieren eine Phase, in der Sie sich zurückziehen und das genießen können, was Sie haben. Lassen Sie sich nicht von äußeren Angelegenheiten verführen. Die von der Natur aufrechterhaltene absolute Ordnung wird Sie schon früh genug wieder zu Taten rufen – viel zu früh, Ihrer Meinung nach.

Erste Linie
Der Neumond steht für Ruhe und Nachdenken. Von Natur aus sind Ihre Füße dazu geschaffen, Sie zu tragen. Wenn diese aber das Kommando übernehmen, stellt sich die Frage nach Regelmäßigkeit und Ordnung nicht.

Hinweis
Das Hexagramm Kieh wird von der *Nahrung (27)* bestimmt. Ihre innere Zuversicht (fünfte Linie) bzw. Ihr Oberkiefer deutet darauf hin, dass Ihr Geist (sechste Linie) oder der See ☱ auf dem Berggipfel ☶ überfließt, sodass Sie Ihren Unterkiefer (zweite Linie) entspannen können. Ihr Instinkt (dritte Linie) und Ihr Herz (vierte Linie), die vom Donner ☳ beeinflusst werden, und der Mond ☵ warnen Sie vor körperlicher Erschöpfung.

Starke und schwache Wandlungslinien
In Ihrem Hexagramm sollten Sie besonders auf die Wandlungslinien achten. Eine starke Linie zeigt an, dass Sie die Situation mit zu viel Kraft angehen, eine schwache Linie verlangt eine kühnere Haltung.

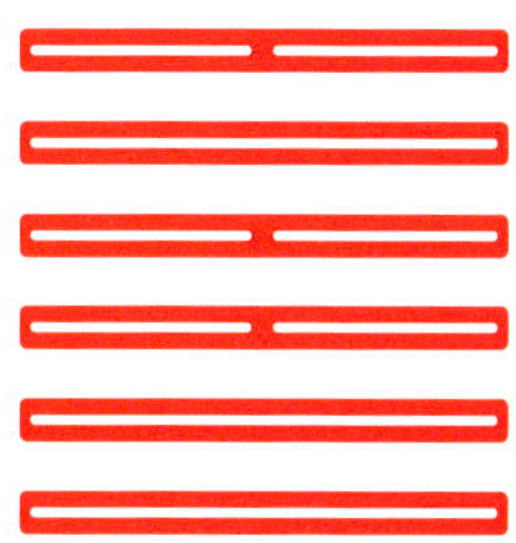

***I Ging* – ein geschlossenes System**
Die Antwort auf Ihre Frage finden Sie nicht nur im Ausgangshexagramm. Zur tieferen Einsicht sollten Sie auch die verschiedenen einzelnen Hexagramme beachten, aus denen das Ausgangshexagramm besteht. Die Zahl hinter den Hexagrammen verweist auf die Seite, auf der Sie die ausführliche Interpretation nachlesen können. Durch Wandlungslinien ergibt sich ein Folgehexagramm.

Wie das Leben selbst, so ist auch das *I Ging* ein wundersames geschlossenes Labyrinth, aus dem Sie nur entkommen, indem Sie das Buch schließen.

Das Folgehexagramm
Dadurch, dass sich die Wandlungslinien in ihr Gegenteil verkehren – aus einer unterbrochenen Linie wird eine durchgezogene und umgekehrt –, entsteht ein Folgehexagramm, das Auskunft über eine künftige Lebensphase gibt. Die Informationen auf der linken Seite sind bei der Beschäftigung mit diesem Hexagramm am hilfreichsten, weil Folgehexagramme keine Wandlungslinien enthalten. Die Informationen auf der rechten Seite können natürlich auch aufschlussreich sein.

Ein Pfeil fliegt ins Schwarze einer Zielscheibe. — 中

Ein weiblicher Vogel verteidigt seine Brut mit den Klauen. — 孚

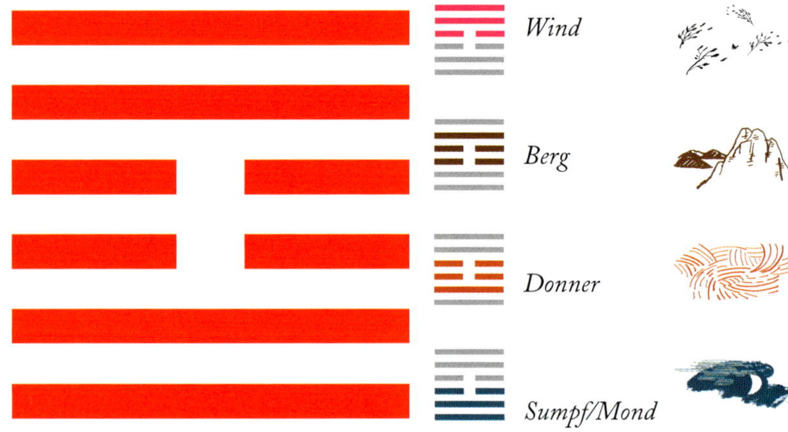

KUNG FÛ (Aufrichtigkeit)

Die Zeichen Kung und Fû deuten auf eine natürliche Aufrichtigkeit hin. Die Symbolik lässt auf eine Art Instinktverhalten schließen, das auf den Erhalt Ihrer geistigen Freiheit gerichtet ist – notfalls sogar unter Einsatz Ihres Lebens.

In dem Hexagramm weist der Wind bzw. Ihr Atem, der im Himmel entsteht und vom Berggipfel herabweht, darauf hin, dass Sie Ihre Umgebung objektiv und mit innerer Zuversicht betrachten. Ihr Herz schlägt mit dem Frieden, den das Universum ausstrahlt. Wenn es durch Ihren Selbsterhaltungstrieb gewarnt wird, schlägt es langsamer oder schneller. Die Instinkte Ihres Körpers sind an den Mondzyklus gebunden, der mit Ebbe und Flut den Wasserstand auf der Erde bestimmt, sodass Ihre Lebenseinstellung mit einem natürlichen, von persönlichen Vorlieben unabhängigen Rhythmus harmoniert. Damit durchschauen Sie künstliches oder aufgesetztes Verhalten und bereiten sich rechtzeitig auf eine Reaktion vor. Weil Sie das Herz am rechten Fleck haben, belästigen Menschen, die wie Fische in irdische Freuden eingetaucht sind, Sie nicht mir ihren Vorstellungen, sondern behandeln Sie respektvoll.

Aufrichtigkeit (61)
Solange sich das Geheimnis des Lebens einer Beschreibung entzieht, hat jeder Mensch das Recht, sich gemäß seiner natürlichen Neigungen und Einsichten zu entwickeln, vorausgesetzt man gesteht auch anderen dieses Recht zu. Die folgende Hinweise erläutern, wie Sie sich diese Aufrichtigkeit bewahren können.

Die gesegnete Verbindung 53
Eine Verbindung mit der irdischen Existenz ist nur dann wirklich gesegnet, wenn Sie erkennen, wann es Zeit ist, zu pflügen, zu säen, zu ernten und zu ruhen.

Vermehrung 42
Wahres Wachstum basiert auf der Erkenntnis, dass das Verlangen nach materiellem Besitz Ihrer geistigen Entwicklung nicht im Wege stehen darf.

Nahrung 27
Lassen Sie es nicht zu, mit Gedanken gemästet zu werden, die Sie als unappetitlich empfinden, und sorgen Sie dafür, dass andere nicht gegen ihren Willen dazu gezwungen werden, aus Ihrer Krippe zu essen.

Entspannung 41
Sobald Sie den Überblick besitzen, können Sie sich an den Einblicken erfreuen, die Ihre Umgebung bietet, durch die Sie auf diese Entwicklungsstufe gelangt sind.

Fruchtbarkeit 54
Wann immer die fruchtbare Vielfalt durch Gleichförmigkeit bedroht ist, ist es für Sie an der Zeit, Widerstand zu leisten.

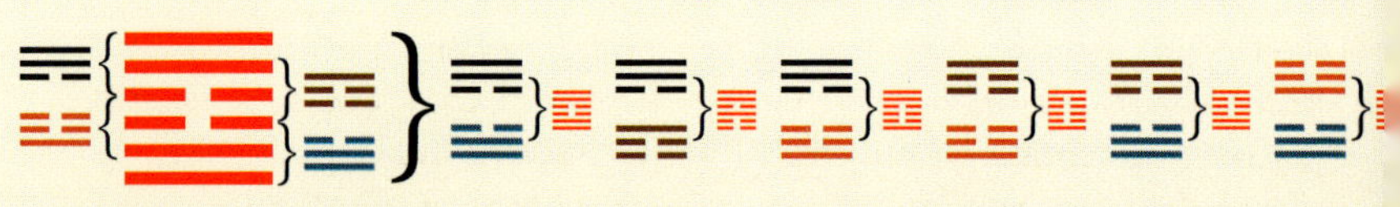

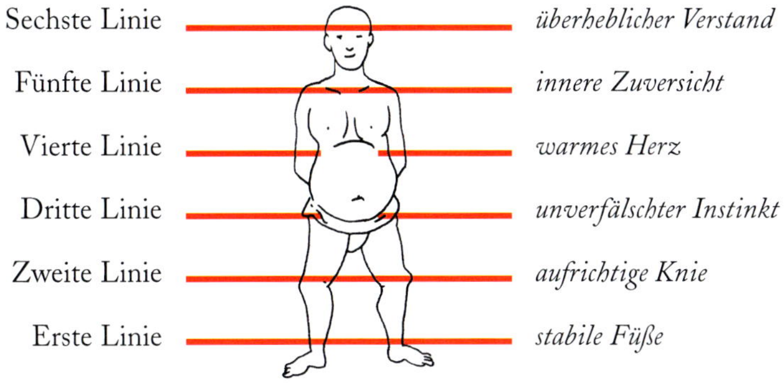

Die einzelnen Linien

Sechste Linie
Der Anfang des Windes bzw. Ihrer Atmung deutet auf ein erwachendes Bewusstsein hin. Fühlen Sie sich anderen nicht überlegen, nur weil Sie einen Überblick über das Leben haben und eher als diese in der Lage sind, das Geheimnis des Lebens in Worte zu fassen. Seien Sie kein Hahn, der in der Morgenröte seinen Sieg hinausschreit und den Eindruck erweckt, er sei es gewesen, der den Himmel aufgeweckt habe.

Fünfte Linie
Die Mitte des Windes bzw. Ihre Ein- und Ausatmung auf dem Berggipfel zeigt, dass Sie Übersicht besitzen und über innere Zuversicht verfügen. Ihre Worte sind aufrichtig, und Sie sind anderen eine Inspiration, denn Sie wissen, wann es an der Zeit ist zu pflügen, zu säen, zu ernten und zu ruhen.

Vierte Linie
Das Ende sowohl des Windes als auch des Donners unter dem Berggipfel weist darauf hin, dass Sie die Übersicht behalten und sich instinktiv – wie ein Pferd, das einen Karren zieht – aus einer Situation befreien, in der die Vorstellungen eines anderen Sie belasten. Sie schneiden sich von diesem »Mondkarren« los, ehe er mit Illusionen überfüllt ist und können so wieder frei atmen.

Dritte Linie
Am Fuß des Berges, der in der Mitte des Donners erzittert, hängt der Vollmond wie eine gigantische Illusion über Ihrem Kopf. Ihr Selbsterhaltungstrieb warnt Sie, Vorstellungen zu folgen, die Sie in der einen Minute mit Lyrik erfüllen und in der nächsten in Tränen ausbrechen lassen.

Zweite Linie
Der Anfang des Donners und der zunehmende Mond stehen für eine aufrichtige Lebenseinstellung. Sie bieten anderen die Möglichkeit, sich in Ihnen zu spiegeln, und verteilen das Ihnen eigene intuitive Wissen, ohne aufdringlich zu sein oder zu behaupten, es sei die Wahrheit.

Erste Linie
Der Neumond zeigt, dass Sie genauso ehrlich sind wie Ihre Füße, die Ihnen immer folgen. Passen Sie auf, übernehmen Sie keine Ansichten, die andere Ihnen aufdrängen, wenn Sie diese als unangenehm empfinden, denn sonst machen Sie sich zum Sklaven anderer.

Hinweis
Das Hexagramm Kung Fû wird von der *Nahrung (27)* bestimmt. Ihre innere Zuversicht (fünfte Linie) strahlt auf Ihre Lebenseinstellung (zweite Linie) aus. Sie basiert auf einer natürlichen, ungezwungenen Atmung ☴, die Ihr Herz (vierte Linie) ruhig schlagen lässt. Ihr Instinkt (dritte Linie) warnt Sie, wenn die Ansichten ☱ anderer Menschen eine Gefahr für Ihre Entwicklung darstellen.

Starke und schwache Wandlungslinien
In Ihrem Hexagramm sollten Sie besonders auf die Wandlungslinien achten. Eine starke Linie zeigt an, dass Sie die Situation mit zu viel Kraft angehen, eine schwache Linie verlangt eine kühnere Haltung.

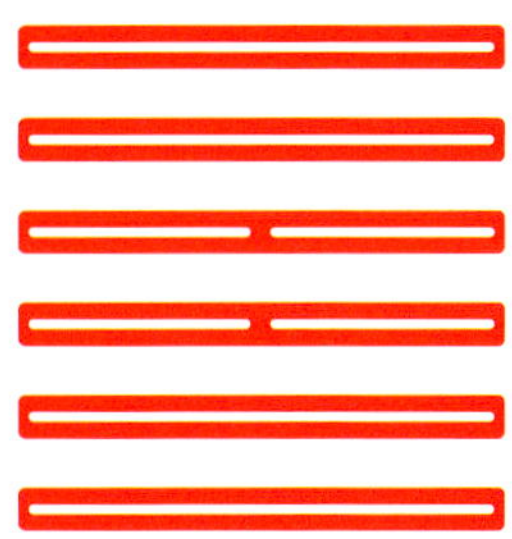

***I Ging* – ein geschlossenes System**
Die Antwort auf Ihre Frage finden Sie nicht nur im Ausgangshexagramm. Zur tieferen Einsicht sollten Sie auch die verschiedenen einzelnen Hexagramme beachten, aus denen das Ausgangshexagramm besteht. Die Zahl hinter den Hexagrammen verweist auf die Seite, auf der Sie die ausführliche Interpretation nachlesen können. Durch Wandlungslinien ergibt sich ein Folgehexagramm.

Wie das Leben selbst, so ist auch das *I Ging* ein wundersames geschlossenes Labyrinth, aus dem Sie nur entkommen, indem Sie das Buch schließen.

Das Folgehexagramm
Dadurch, dass sich die Wandlungslinien in ihr Gegenteil verkehren – aus einer unterbrochenen Linie wird eine durchgezogene und umgekehrt –, entsteht ein Folgehexagramm, das Auskunft über eine künftige Lebensphase gibt. Die Informationen auf der linken Seite sind bei der Beschäftigung mit diesem Hexagramm am hilfreichsten, weil Folgehexagramme keine Wandlungslinien enthalten. Die Informationen auf der rechten Seite können natürlich auch aufschlussreich sein.

Diese Hexagramme sind Bestandteile des Ausgangshexagramms und geben Ihnen weitere Hinweise zu Ihrer derzeitigen Situation.

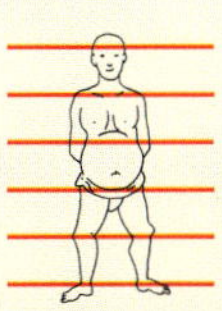

Die Linien entsprechen unterschiedlichen Körperbereichen. Die Stichworte geben Ihnen einen Einblick in Ihre derzeitige körperliche und geistige Verfassung.

Starke Wandlungslinie
Schwache Wandlungslinie

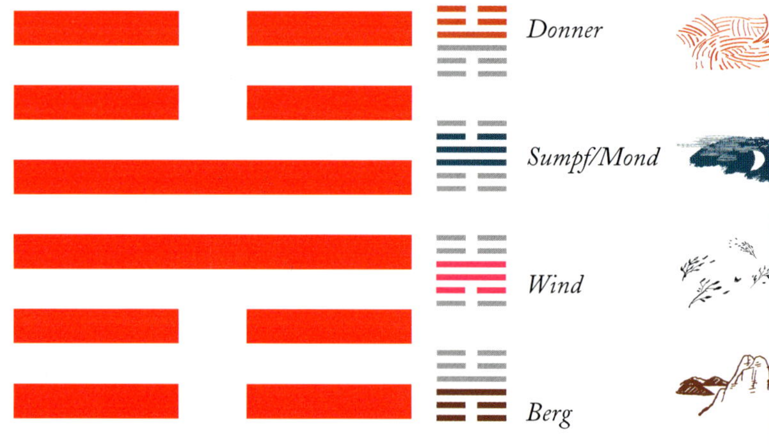

HSIÂO KWO (Unterdrückung)

Die Zeichen Hsiâo und Kwo stehen für Sünde, die vergeben wird, oder für eine Notlüge. In einer Situation, in der Ihre Freiheit eingeengt ist und Sie wegen einer drohenden schweren Bestrafung nicht zu Ihrer Überzeugung stehen können, ist es angebracht, die Wahrheit, von der Sie bis ins Mark durchdrungen sind, zu verdrehen, bis sich das Blatt wendet.

In diesem Hexagramm wird der feste Berg von den Strahlen des Sumpfes/Mondes verhüllt, die sich ständig verändern. Dies weist darauf hin, dass Sie hinter der Fassade scheinbarer Resignation Ihre unerschütterliche Lebenseinstellung verbergen. Da ein intolerantes Regime auf der gleichen trügerischer Gewissheit aufgebaut ist, können Sie sich in Übereinstimmung mit Ihrer Umgebung und wie ein Schilfrohr im Wind bewegen. Der Wind bzw. Ihre Atmung (vierte Linie) konzentriert sich ganz darauf, dass Ihr Herz ruhig schlägt, um Ihren entschlossener Selbsterhaltungstrieb vor der Außenwelt zu verbergen. Zuversichtlich können Sie sich darauf konzentrieren, eine mit dem Wind harmonierende Lebensphilosophie zu übernehmen, denn aus Erfahrung wissen Sie, dass jeder Wind sich früher oder später wieder legt.

Unterdrückung
Bleiben Sie durch scheinbare Unterwürfigkeit unauffällig. Wenn Ihre Umgebung von einem intoleranten Regime tyrannisiert wird, seien Sie vorsichtig in Wort und Tat. Zeigen Sie Mitgefühl, wenn das Regime trauert, und schlagen Sie zu, sobald sich die Gelegenheit bietet. Wenn Sie die folgenden Hinweise beachten, können Sie sich über die Unterdrückung stellen. (6

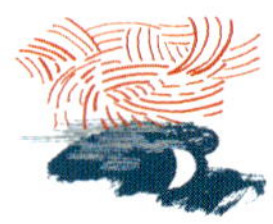

Fruchtbarkeit
Verändern Sie Ihre äußere Erscheinung wie der Mond und folgen Sie den Bewegungen des Regimes, so als ob Sie ihm angehören würden. 5

Kontinuität, ausgeglichene Bewegung
Passen Sie auf, dass Ihre rebellischen Gedanken nicht den Herzrhythmus stören, und bringen Sie die Atmung mit Ihrem Selbsterhaltungstrieb in Einklang, damit Sie sich nicht durch unbedachte Reaktionen verraten. 3

Dynamischer Verstand
Wenn Sie die Wahrheit, die Sie bis in das Mark Ihrer Knochen hinein spüren, verdrehen müssen, dann tun Sie das und vergeben sich diese harmlose Heuchelei. 2

Das Spiel der Liebe
Das irdische Leben wird charakterisiert von einem Auf und Ab. Wenn Sie Ihren inneren Frieden bewahren und wachsam sind, werden Sie feststellen, dass Unterdrückung vorübergeht und Sie aus ihr lernen können. 3

Die gesegnete Verbindung
Diese Heirat ist nur dann wirklich gesegnet, wenn Sie im Hinblick auf sich selbst und andere wissen, wann es an der Zeit ist zu pflügen, zu säen, zu ernten und zu ruhen. 5

HSIÂO KWO

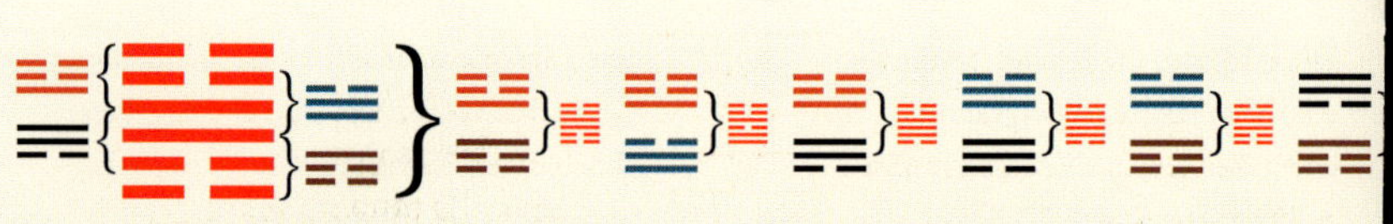

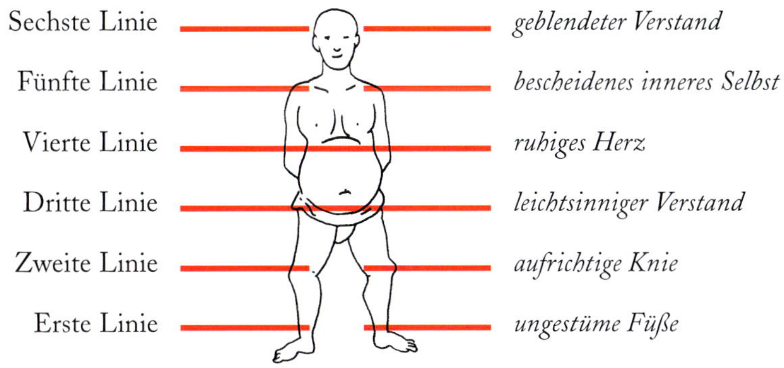

Die einzelnen Linien

Sechste Linie
Der nahende Donner deutet darauf hin, dass Sie sich nicht im Griff haben und es törichterweise Ihrem Mund erlauben, Ihrer Unsicherheit Ausdruck zu verleihen. Diese leise Stimme, die immer wieder wegfliegt wie eine quakende Ente, muss im Zaum gehalten werden – oder man wird Sie bald zu ewiger Stille verurteilen.

Fünfte Linie
Im Innersten des Donners hängt der Vollmond über der Erde wie ein böses Auge, was darauf hinweist, dass Tyrannei schwächt. Machen Sie vorerst unbesorgt weiter. Wenn Sie spüren, dass Sie etwas sagen wollen, für das die Zeit nicht reif ist, dann beißen Sie sich auf die Zunge, bevor Ihnen die Worte herausrutschen.

Vierte Linie
Der zunehmende Mond und der Anfang sowohl des Donners als auch des Windes deuten auf ein ruhig schlagendes Herz hin, das nicht von beunruhigenden Gedanken beeinflusst wird. Sie verstecken sich gelassen hinter einer Nebelwand und passen sich solange der Umgebung an, bis die Luft wieder rein ist.

Dritte Linie
Der Neumond hängt in der Mitte des Windes auf dem Berggipfel. Dies weist darauf hin, dass Sie sich arrogant verhalten. Sie können Ihren Mund nicht halten und verstecken sich hinter einer Nebelwand, die so durchsichtig wie Glas ist. Sie ziehen Ärger auf sich.

Zweite Linie
Das Ende des Windes (Ihre Ausatmung) unter dem Berggipfel deutet darauf hin, dass Sie gut beraten wären, eine Haltung anzunehmen, die Sie schwach und bedürftig erscheinen lässt. Hinter dieser Fassade versteckt sich ein ungebrochenes Selbst mit einer unerschütterlichen inneren Zuversicht.

Erste Linie
Am Fuß des Berges können Sie sich nicht verstecken. Auch vermögen Sie es nicht, den Berg unbemerkt hinauf zu steigen. Verhalten Sie sich wie Ihre Füße, die so unschuldig wie ein neugeborenes Kind sind und selbst dann nichts sagen können, wenn man zu ihnen spricht.

Hinweis
Das Hexagramm Hsiâo Kwo wird vom *Dynamischen Verstand (28)* bestimmt. Wenn Sie vorgeben, nichts zu wissen (sechste Linie), und Ihre innere Zuversicht (sechste Linie) hinter der Illusion des Vollmondes ☷ verbergen, werden andere Sie für einen Einfaltspinsel halten. Benutzen Sie die ruhige Atmung, um diese Künstlichkeit zu Ihrer körperlichen Haltung zu machen, und Ihre Tarnung ist perfekt.

Starke und schwache Wandlungslinien
In Ihrem Hexagramm sollten Sie besonders auf die Wandlungslinien achten. Eine starke Linie zeigt an, dass Sie die Situation mit zu viel Kraft angehen, eine schwache Linie verlangt eine kühnere Haltung.

***I Ging* – ein geschlossenes System**
Die Antwort auf Ihre Frage finden Sie nicht nur im Ausgangshexagramm. Zur tieferen Einsicht sollten Sie auch die verschiedenen einzelnen Hexagramme beachten, aus denen das Ausgangshexagramm besteht. Die Zahl hinter den Hexagrammen verweist auf die Seite, auf der Sie die ausführliche Interpretation nachlesen können. Durch Wandlungslinien ergibt sich ein Folgehexagramm.

Wie das Leben selbst, so ist auch das *I Ging* ein wundersames geschlossenes Labyrinth, aus dem Sie nur entkommen, indem Sie das Buch schließen.

Das Folgehexagramm
Dadurch, dass sich die Wandlungslinien in ihr Gegenteil verkehren – aus einer unterbrochenen Linie wird eine durchgezogene und umgekehrt –, entsteht ein Folgehexagramm, das Auskunft über eine künftige Lebensphase gibt. Die Informationen auf der linken Seite sind bei der Beschäftigung mit diesem Hexagramm am hilfreichsten, weil Folgehexagramme keine Wandlungslinien enthalten. Die Informationen auf der rechten Seite können natürlich auch aufschlussreich sein.

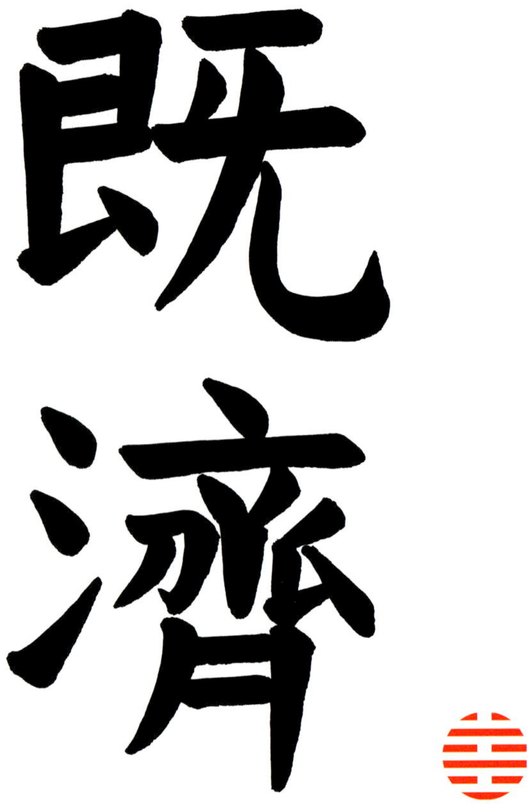

Die tägliche Schüssel chinesische Suppe — 既
Einatmen und hinunterschlucken
Fließendes Wasser — 濟
Ein Getreidefeld. Absolute Harmonie, ein Ganzes, Ordnung

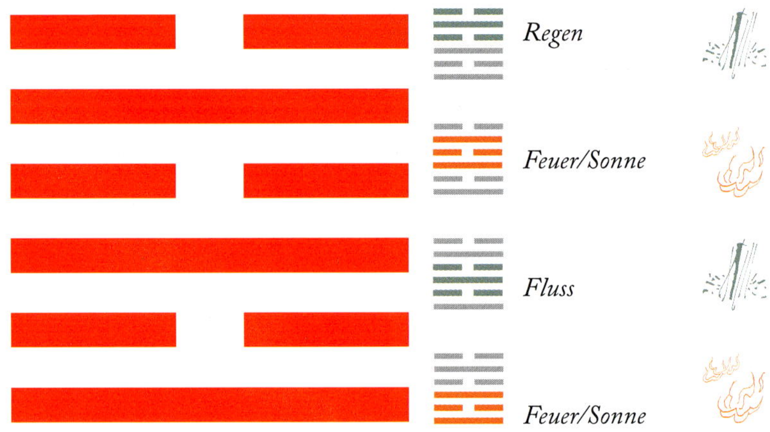

KÎ CHI (Erfolgreiche Bewegung)

Das Zeichen Kî steht für das Atmen und die tägliche Ernährung und das Zeichen Chi für die erfolgreiche Überquerung eines Flusses. Daraus kann man ableiten, dass Ihr Leben harmonisch weitergeht, wenn Sie ruhig atmen, Ihre täglichen Erlebnisse auf eine ausgeglichene Art und Weise verarbeiten und dadurch innere Zuversicht entwickeln. Dann ist Ihr Geist absolut geordnet, wie das Kornfeld, das Nahrung symbolisiert.

Im Hexagramm ist das obere Feuer/Sonne zum Teil von Regenwolken verhüllt, was darauf hinweist, dass Ihre innere Zuversicht ganz von konzentriertem Denken beansprucht wird. Diese Gedanken sind eine Quelle fruchtbaren Wissens, die zu neuen Einsichten führt. Das tiefer liegende Feuer/Sonne und der Fluss stehen für Ihre körperliche Erscheinung, die am längsten währt, wenn Sie den Ereignissen nicht entgegen eifern oder den Dingen nachlaufen. Dann schlägt Ihr Herz ruhig und kann eine Lebenseinstellung bewahren, die auf innerem Frieden basiert. Was Sie am Ende Ihrer Reise durch das Leben erwartet, ist selten angenehm. Die Sonne geht sogar dann auf, wenn wir tot sind. Die Frage, ob Ihr so sorgsam angesammeltes inneres Licht weiterhin leuchten wird, hängt wie eine dunkle Wolke über Ihrem Geist.

Erfolgreiche Bewegung
Letzten Endes bricht die Sonne durch jede Wolkenschicht. Genauso können Sie jede irdische Erscheinung durchschauen, indem Sie Ihrem Licht erlauben, diese von allen Seiten zu beleuchten. Im Laufe Ihres Lebens bieten sich immer passende Gelegenheiten. Wenn Sie alle Rätsel untersuchen, wird schließlich nur eine einzige Frage übrig bleiben – und diese wird erst beantwortet, wenn Sie sich aufgelöst haben. Die folgenden Hinweise lösen eine Reihe von Problemen.

Wasser, der Lebensspender
Die ideale Art, durch das Leben zu gehen, ist die, sich wie ein ruhig dahinfließender Fluss zu bewegen. Dieser überwindet alle Hindernisse und mündet ins Meer, ohne sich an irgendetwas festzuhalten.

Eingeschränkte Bewegung
Benehmen Sie sich nicht wie ein junger Fuchs, der nicht schaut, wohin er springt. Ehe Sie etwas Neues anfangen, sollten Sie der aktuellen Situation auf den Grund gehen. Sie werden sehen, dass alles, was Sie nicht lösen, Ihnen auf die eine oder andere Weise immer wieder begegnet.

Feuer, das verwandelnde Element
Sind Sie sich erst einmal bewusst, dass Ihr inneres Feuer aus klarer Einsicht besteht, dann begreifen Sie den Wert Ihres Körpers als Brennstoff.

Erfolgreiche Bewegung
Bewegen Sie sich wie ein alter Fuchs, der zuerst alle Aspekte einer Situation beschnüffelt und nur dann handelt, wenn er begriffen hat, um was es sich dreht.

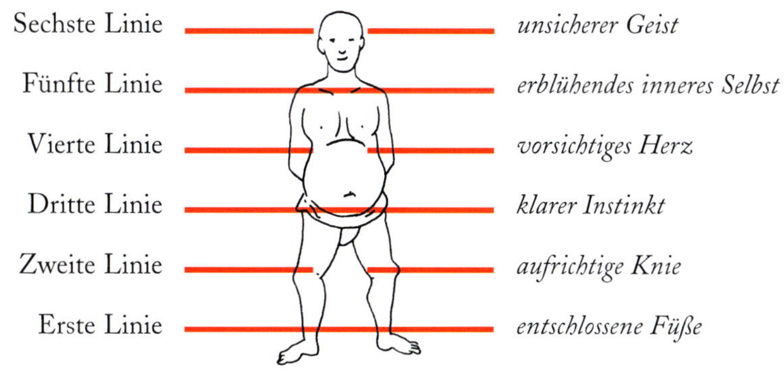

Die einzelnen Linien

Sechste Linie
Das Rätsel des Todes schwebt wie eine dunkle Wolke über Ihrem Kopf. Wenn Sie jeden Tag als neues Abenteuer mit ungewissem Ausgang betrachten, wird es Ihnen möglich sein, den letzten Schritt mit der gleichen Einstellung zu gehen.

Fünfte Linie
Die Sonne scheint weiter, auch wenn sie hinter der Mitte einer Regenwolke verborgen ist. Glauben Sie daher nicht, es gäbe kein Licht mehr, nur weil Sie es derzeit nicht sehen können. Verbauen Sie sich Ihre Zukunft nicht. Wenn Sie in einem Anfall von Niedergeschlagenheit Ihren Ochsen erschlagen, können Sie nicht mehr pflügen. Bauen Sie auf ihre innere Zuversicht.

Vierte Linie
Der Kern Ihres inneren Feuers löst die letzten Fetzen der Wolkenschicht auf, sodass Sie Ihre derzeitige Situation erforschen und den Blick auf etwas Neues richten können. Sie sind äußerst besonnen und treffen jede erdenkliche Vorsichtsmaßnahme, ehe Sie die Lebensreise fortsetzen.

Dritte Linie
Die aufgehende Sonne und die Flammen über dem unteren Feuer trachten danach, die Herrschaft über den Strom des Lebens zu erlangen. Dieser Versuch ist so sinnlos wie das Bemühen, im Voraus alle zukünftigen düsteren Gedanken vertreiben zu wollen. Ihr Selbsterhaltungstrieb warnt Sie rechtzeitig. Eilen Sie den Ereignissen nicht voraus.

Zweite Linie
Der Kern des Feuers versucht, das fließende Wasser zum Verdunsten zu bringen. Dies weist darauf hin, dass Sie Ihre harmonische Lebenseinstellung verlieren werden, wenn Sie ein Problem, das Sie nicht wirklich packen können, wütend bekämpfen. Nehmen Sie Abstand, und untersuchen Sie die Situation gründlich von allen Seiten, um sie zu durchschauen.

Erste Linie
Der Anfang des Feuers steht für einen feurigen Beginn Ihrer Reise durch das Leben. Sie sind wie ein junger, unerfahrener Fuchs, der nicht schaut, wohin er springt. Denken Sie in Ruhe über Ihre Erfahrungen nach, um daraus zu lernen. Dann können Sie sich wie ein alter, schlauer Fuchs bewegen.

Hinweis
Das Hexagramm Khî Chi wird durch Feuer/Sonne ☲ bestimmt. Feurig treten Sie in den Strom des Lebens ein. Legen Sie sich eine Lebenseinstellung (zweite Linie) zu, die in Einklang mit Ihrer inneren Zuversicht (fünfte Linie) steht. Lassen Sie sich nicht zu Taten verleiten, vor denen Sie Ihr Instinkt (dritte Linie) warnt, und beherrschen Sie Ihre Gedanken so, dass Ihr Herz (vierte Linie) ruhig schlägt.

Starke und schwache Wandlungslinien
In Ihrem Hexagramm sollten Sie besonders auf die Wandlungslinien achten. Eine starke Linie zeigt an, dass Sie die Situation mit zu viel Kraft angehen, eine schwache Linie verlangt eine kühnere Haltung.

***I Ging* – ein geschlossenes System**
Die Antwort auf Ihre Frage finden Sie nicht nur im Ausgangshexagramm. Zur tieferen Einsicht sollten Sie auch die verschiedenen einzelnen Hexagramme beachten, aus denen das Ausgangshexagramm besteht. Die Zahl hinter den Hexagrammen verweist auf die Seite, auf der Sie die ausführliche Interpretation nachlesen können. Durch Wandlungslinien ergibt sich ein Folgehexagramm.

Wie das Leben selbst, so ist auch das *I Ging* ein wundersames geschlossenes Labyrinth, aus dem Sie nur entkommen, indem Sie das Buch schließen.

Das Folgehexagramm
Dadurch, dass sich die Wandlungslinien in ihr Gegenteil verkehren – aus einer unterbrochenen Linie wird eine durchgezogene und umgekehrt –, entsteht ein Folgehexagramm, das Auskunft über eine künftige Lebensphase gibt. Die Informationen auf der linken Seite sind bei der Beschäftigung mit diesem Hexagramm am hilfreichsten, weil Folgehexagramme keine Wandlungslinien enthalten. Die Informationen auf der rechten Seite können natürlich auch aufschlussreich sein.

Diese Hexagramme sind Bestandteile des Ausgangshexagramms und geben Ihnen weitere Hinweise zu Ihrer derzeitigen Situation.

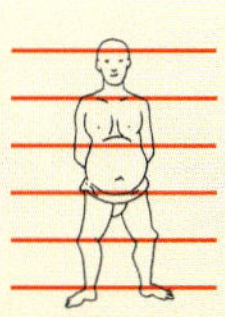

Die Linien entsprechen unterschiedlichen Körperbereichen. Die Stichworte geben Ihnen einen Einblick in Ihre derzeitige körperliche und geistige Verfassung.

Starke Wandlungslinie
Schwache Wandlungslinie

未

濟

Ein großer Baum. Auch ein Zyklus oder Ablehnung — 未

Fließendes Wasser — 濟

Ein Getreidefeld. Vollkommene Harmonie, ein Ganzes, Ordnung

Feuer/Sonne

Regen

Feuer/Sonne

Fluss

WEI CHI (Eingeschränkte Bewegung)

Das Zusammenspiel der Zeichen Wei und Chi weist darauf hin, dass Sie wie ein großer Baum Ihre Umgebung überblicken und Eindrücke sammeln, ohne diese in die Tat umzusetzen. Trotzdem stehen Sie unter dem Eindruck, dass Sie über eine innere Zuversicht verfügen, die in jeder Hinsicht so nahrhaft wie das Kornfeld ist. Sie sollten den Wert Ihrer Gedanken in der Praxis überprüfen, ehe Sie sie auf die Ebene klarer Einsicht erheben.

In diesem Hexagramm deutet das obere Feuer/Sonne darauf hin, dass Sie die wie eine dicke Wolkenschicht unter Ihnen hängende Lernsituation nüchtern betrachten. Sie beobachten Entwicklungen aus der Distanz, sodass Sie nicht aus Erfahrung wissen, wie es ist, in einen Schauer zu geraten. Wenn Sie erst einmal diese vermeintliche innere Zuversicht zu Ihrer Lebenseinstellung machen, erkennen Sie, dass Sie Fortschritte machen können. Aber mangels Erfahrung stolpern Sie immer wieder über die für das Leben typischen, unerwarteten Wendungen.

Eingeschränkte Bewegung (64)

Verhalten Sie sich nicht wie die Sonne, die teilnahmslos das irdische Leben beobachtet, sonst sind Sie zwar theoretisch gut informiert, bewegen sich aber in der Praxis wie ein junger, unerfahrener Fuchs, der seine Bewegungsfähigkeit verloren hat, was ihn zur leichten Beute macht. Durch die folgenden Hinweise können Sie wieder zu einem alten, schlauen Fuchs werden.

Feuer, das verwandelnde Element 30

Sind Sie sich erst einmal bewusst, dass Ihr inneres Feuer nur durch Erfahrung zu klarer Einsicht führt, dann begreifen Sie den Wert Ihres Körpers als Brennstoff.

Erfolgreiche Bewegung 63

Bewegen Sie sich wie ein alter Fuchs, der ein Problem von allen Seiten her beschnüffelt und nicht beim ersten Anzeichen von Verstehen davonläuft. Er folgt seinem Instinkt, um die Situation zu erforschen.

Wasser, der Lebensspender 29

Die ideale Art, durch das Leben zu gehen, ist die, sich wie ein ruhig dahinfließender Fluss zu bewegen. Dieser überwindet alle Hindernisse und mündet ins Meer, ohne sich an irgendetwas festzuhalten.

Eingeschränkte Bewegung 64

Benehmen Sie sich nicht wie ein junger Fuchs, der nicht schaut, wohin er springt. Ehe Sie etwas Neues anfangen, sollten Sie der aktuellen Situation auf den Grund gehen. Sie werden sehen, dass alles, was Sie nicht lösen, Ihnen auf die eine oder andere Weise immer wieder begegnet.

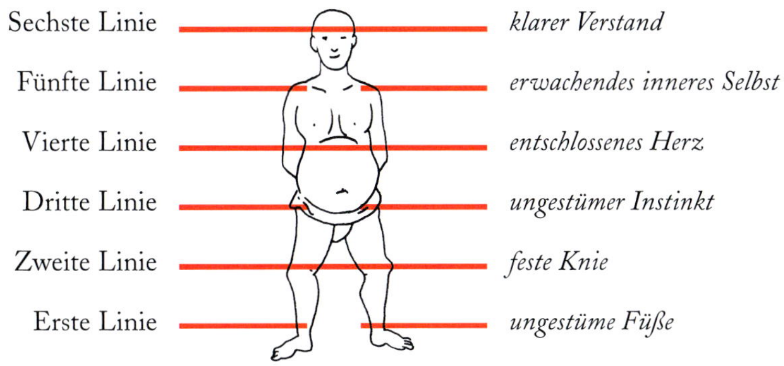

Die einzelnen Linien

Sechste Linie
Sie bilden sich ein, die Weisheit der Sonne auszustrahlen, und sind trunken von Ihren vermeintlichen Einsichten. Überprüfen Sie die Brauchbarkeit Ihrer Ansichten gründlich – auch wenn Sie vielleicht herausfinden, dass Sie sich wie ein junger, unerfahrener Fuchs benehmen.

Fünfte Linie
Das Innerste der Sonne wird von den letzten Resten einer Wolkenschicht verhüllt. Der aufrichtige Mensch überprüft seine Schlussfolgerungen, um deren tatsächlichen Wert herauszufinden, ehe er dieses theoretische Wissen auf die Ebene innerer Zuversicht erhebt und anderen anbietet.

Vierte Linie
Die ersten Sonnenstrahlen und die Flammen des unteren Feuers brechen durch das Zentrum der Wolkenschicht. Sie brennen darauf, am Leben zu bleiben, und sind daher entschlossen, den praktischen Wert Ihrer vermeintlich klaren Einsichten zu überprüfen, um Ihr Herz von allen Illusionen zu befreien.

Dritte Linie
Das Innerste des Feuers versucht, Einfluss auf das fließende Wasser zu nehmen. Dies symbolisiert, dass Sie versuchen, eine Situation zu erforschen, ohne sich selbst körperlich zu beteiligen. Haben Sie keine Angst vor diesem Schritt. Erweitern Sie Ihren Blickwinkel, und verlassen Sie sich auf Ihren Selbsterhaltungstrieb, der Sie bei Gefahr warnt.

Zweite Linie
Die Mitte des Flusses und der Anfang des Feuers weisen darauf hin, dass Sie noch immer zu unerfahren sind, um sich direkt mit einem Problem zu befassen. Verfahren Sie wie ein schlauer Fuchs, der eine ihm unbekannte Situation erst von allen Seiten beschnüffelt und dieser nur dann auf den Grund geht, wenn er angefangen hat, sie zu verstehen.

Erste Linie
Das fließende Wasser hat keine Ahnung, wohin es strömt. Seien Sie nicht wie ein junger Fuchs, der nicht schaut, wohin er springt. Untersuchen Sie eine Situation zuerst gründlich und bleiben Sie, wo Sie sind. Genau wie ein Baum werden Sie einen besseren Überblick bekommen, wenn Sie wachsen.

Hinweis
Das Hexagramm Wei Chi wird von dem Feuer/der Sonne ☲ bestimmt. Durch passives Beobachten (erste Linie) erhalten Sie eine Vorstellung davon, wie Sie sich verhalten sollen. Erheben Sie diese Gedanken (sechste Linie) nur dann auf die Ebene innerer Zuversicht (fünfte Linie), wenn Sie sie zu Ihrer Lebenseinstellung gemacht haben (zweite Linie). Dann können Sie mittels Ihres Herzens (vierte Linie) und Ihres Selbsterhaltungstriebs (dritte Linie) entscheiden, ob die Eindrücke praxistauglich sind.

Starke und schwache Wandlungslinien
In Ihrem Hexagramm sollten Sie besonders auf die Wandlungslinien achten. Eine starke Linie zeigt an, dass Sie die Situation mit zu viel Kraft angehen, eine schwache Linie verlangt eine kühnere Haltung.

***I Ging* – ein geschlossenes System**
Die Antwort auf Ihre Frage finden Sie nicht nur im Ausgangshexagramm. Zur tieferen Einsicht sollten Sie auch die verschiedenen einzelnen Hexagramme beachten, aus denen das Ausgangshexagramm besteht. Die Zahl hinter den Hexagrammen verweist auf die Seite, auf der Sie die ausführliche Interpretation nachlesen können. Durch Wandlungslinien ergibt sich ein Folgehexagramm.

Wie das Leben selbst, so ist auch das *I Ging* ein wundersames geschlossenes Labyrinth, aus dem Sie nur entkommen, indem Sie das Buch schließen.

Das Folgehexagramm
Dadurch, dass sich die Wandlungslinien in ihr Gegenteil verkehren – aus einer unterbrochenen Linie wird eine durchgezogene und umgekehrt –, entsteht ein Folgehexagramm, das Auskunft über eine künftige Lebensphase gibt. Die Informationen auf der linken Seite sind bei der Beschäftigung mit diesem Hexagramm am hilfreichsten, weil Folgehexagramme keine Wandlungslinien enthalten. Die Informationen auf der rechten Seite können natürlich auch aufschlussreich sein.

Diese Hexagramme sind Bestandteile des Ausgangshexagramms und geben Ihnen weitere Hinweise zu Ihrer derzeitigen Situation.

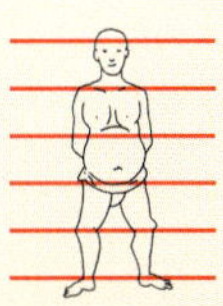

Die Linien entsprechen unterschiedlichen Körperbereichen. Die Stichworte geben Ihnen einen Einblick in Ihre derzeitige körperliche und geistige Verfassung.

Starke Wandlungslinie
Schwache Wandlungslinie